浙江财经大学中国语言文学一流学科学术丛刊

论语精读

赵文源 译注

ZHEJIANG UNIVERSITY PRESS
浙江大学出版社

大成至聖文宣王

孔子像

（故宫南熏殿旧藏《至圣先贤像册》，现藏台北故宫博物院）

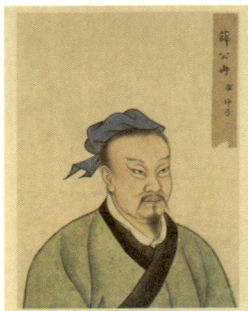

孔门十哲及曾子

（故宫南熏殿旧藏《至圣先贤像册》，现藏台北故宫博物院）

传为吴道子所绘的《先师孔子行教像》

（山东曲阜孔庙圣迹殿石刻拓片）

西狩获麟

（明代彩绘绢本《孔子圣迹图册》，现藏山东曲阜孔府博物馆）

前　　言

　　如果，只能从历史长河中选出一个人来代表灿烂的中国古代文明，那么，这个人无疑会是孔子；如果，只能从浩瀚书海中找出一部书来体现孔子博大精深的思想，那么，这部书无疑会是《论语》。

　　孔丘（前551—前479），字仲尼。孔子是后人对他的尊称。孔子所处的春秋时代是一个动荡不安的时代。那时的中国是令人失望的，到处是诸侯混战，自私自利者比比皆是，原有的人际关系濒临崩溃，社会处于混乱状态。借用孔门弟子宰我的话来形容，那是一个"礼坏乐崩"（17.21。数码为《论语》的章节号，下同）的时代。

　　孔子出生于一个没落的贵族家庭，他以谋求个人成功为出发点，后来成为以恢复古代文化传统为己任的"圣人"。最初，孔子打破"学在官府"的惯例，广收门徒，开创儒家学派，借此扩大自己的影响力，四五十岁就成为天下闻名的大学问家。但孔子真正热衷的是从政，他奔走于列国宫廷之间，希冀遇到贤明君主，以实现自己的政治抱负。孔子为此差不多整整奋斗了一生，他也的确得到过官位，但在位时间很短，对现实政治的影响可说是微乎其微。孔子最终把满腔热情和全部精力都转而投入到教育上来，把完成未竟之业的希望寄托在年轻人的身上。孔子首创的私家讲学顺应了文化下移的历史潮流，是中华民族文化的光辉开端，为其后战国诸子蜂起，百家争鸣开辟了道路。

　　孔子为人真诚，个性堪称完美，极富人格魅力。他处事不偏不倚，通权达变，讲求实际；但同时又是一个坚定的理想主义者。他高举"仁"的旗帜，关怀国计民生，斥责暴君苛政，念念不忘恢复西周盛世"郁郁乎文哉"的"礼"。

　　"仁"和"礼"都是孔子思想的核心范畴。孔子讲"仁"，往往侧重点各有不同，极大地丰富了"仁"的内涵。他提出的"仁"，融人伦道德、政治理想于一炉，合自我、他人、家、国、天下为一体，将孝、悌、忠、信的道德观念扩大到政治关系之中，构建出一种宗法制的伦理、政治思想体系。从现有的古文字材料看，"仁"字最早出现在春秋晚期的侯马盟书中。"仁"是会意兼形声字，用二、人会亲善待人之意。《说文·人部》："仁，亲也，从人，从二。"在《论语》中，"仁"这个字共出现109

次,有 58 章论及。孔子所说的"仁"有时指以爱人为基本规定的处理人际关系的一种普遍准则,如:"樊迟问仁。子曰'爱人'。"(12.22)孟子据此明言"仁者爱人"(《孟子·离娄下》)。有时"仁"指恭敬、宽厚、诚信、聪敏、恩惠等具体的行为规范,比如孔子在回答子张问仁时,对仁的内容,作过这样的说明:"能行五者于天下,为仁矣",五者为"恭、宽、信、敏、惠"(17.6)。有时"仁"又指的是道德修养所达到的境界,如:"克己复礼为仁"(12.1),就是说通过约束自我而做到言行举止都合于礼,这就是仁。孔子把"仁"作为人生追求的最高理想,提出"志士仁人,无求生以害仁,有杀身以成仁"(15.9),这是孔子对人类文明建设与理想情操完善的一大贡献。孔子还对于什么不是仁作过解释,说"巧言令色,鲜矣仁"(1.3、17.17)。而根据有若的理解,"仁"的根本在于孝父敬兄,主张"孝弟也者,其为仁之本与"(1.2)。孝悌不仅是推己及人的出发点,而且也是"礼"的核心表现。

仁是规范人们相互关系的原则,要求与人相处心存真诚,反省责己,"其身正,不令而行;其身不正,虽令不从"(13.6)。还要克制私心,将心比心,推己及人,一方面"己欲立而立人,己欲达而达人"(6.30),另一方面"己所不欲,勿施于人"(12.2、15.24),曾子将此称为"忠恕"之道(4.15)。"礼"是指西周以来君主等级制社会的传统秩序和体制以及与此相应的礼节仪式和道德规范,是君主和臣民应当共同遵守的准则。"礼"和"仁"是表里关系,"仁"统帅"礼","礼"是贯彻"仁"的具体措施。孔子说:"人而不仁,如礼何?"(3.3)孔子设想用"仁"这种伦理道德来充实作为社会准则的"礼",使冷冰冰的"礼"具有了真诚的温情,将其由人们行为的外在约束转化成为人心的内在要求,从而得到自觉的遵守。

在孔子的理想国中,君主应当把"博施于民而能济众"(6.30)视作最高境界,谨严修身,以身作则,控制租赋徭役以富民教民;臣民则各尽职守,努力劳作以尊奉君主。从个人的角度来说,孔子强调的是责任而非权利,这多少有些一厢情愿,看似迂阔。然而作为政治哲学之一,实践证明了儒家哲学的显著成效。从整个人类历史上看,中国大概是这个星球上治理水平最高的地区,这和孔子学说所发挥的作用不无关系。

孔子自称"述而不作"(7.1),并没有留下什么亲手编写的著作。六经(《诗》、《书》、《礼》、《乐》、《易》、《春秋》),这些中国最古老的典籍,大约只是经过孔子之手整理的讲义教材。古书中有关孔子思想言行的资料虽然不胜枚举,但多不可信。一般认为,由孔门弟子或再传弟子记录编纂的《论语》,是研究孔丘思想最可靠的依据。《左传》与《史记·孔子世家》中的相关记载也较可靠,同为研究孔子思想的重要资料。

　　《论语》是记载孔子及其弟子言论行事的资料汇编。《论语》多三言两语为章，但言简意赅，内容广泛，发人深省。所论多半涉及人类社会生活问题，论及如何立身行事，如何处理人与人、人与社会的关系等，展现了孔子在政治、哲学、伦理、教育等各方面的思想。编者甚至还细心地记下了不少孔子的生活习惯和细节。这部儒家的经典著作，对中国的历史进程产生过深远持久的影响。

　　关于《论语》名称的来由，班固《汉书·艺文志》云："《论语》者，孔子应答弟子时人及弟子相与言而接闻于夫子之语也。当时弟子各有所记。夫子既卒，门人相与辑而论纂，故谓之《论语》。"这一说法，大体可信。有趣的是，与孔子同处"轴心时代"（Axial Period）①的古希腊哲学家苏格拉底也是个"述而不作"的大宗师，要了解他的言论和思想只能依靠他的大弟子柏拉图《申辩篇》、《斐德罗斯篇》、《克里多篇》、《泰阿泰德篇》等对话集。大约是受到这种巧合的启发，有人把《论语》解释为"孔门对话集"。赵纪彬《〈论语新论〉导言》："'论'字有'整理''撰次'等义；'语'字谓'二人相等而说'，有'论难''答述'等义（陆德明《经典释文》卷二四，《论语音义》）；就字面直译，'论语'就是经过整理、撰次的对话，也就是'对话集'之义。……依此（班固《汉书·艺文志》及何异孙《十一经问对》卷一），则《论语》就是一部《孔门对话集》。"

　　东汉刘熙《释名·释典艺》："《论语》，记孔子与弟子所语之言也。论，伦也，有伦理也。语，叙也，叙己所欲说也。"古人根据刘熙的说法，历来把"论语"的

----

　　①　"轴心时代"或"轴心期"（Achsenzeit）是德国哲学家、精神病学家卡尔·雅斯贝斯（Karl Jaspers，1883—1969）在 1949 年出版的《历史的起源和目标》（Vom Ursprung und Ziel der Geschichte）一书中提出的著名命题。他认为，公元前 800 年至公元前 200 年这六百年之间，尤其是公元前 500 年前后，在人类文明史上曾经出现过一个学术思想空前活跃、文化成就异彩纷呈的时代。"轴心时代"发生的地区大概在北纬 30 度上下，即北纬 25 至 35 度这一区间。世界各个区域的文明经过早期发展之后，形成了三大古典文化中心，即中国、印度、希腊。这三个地区分别发生了非同寻常的文化事件，出现了非凡的文化人物。在中国，老子、孔子（前 551—前 479）、墨子（约前 468—前 376）、孟子（约前 372—前 289）、庄子（约前 369—前 286）等贤哲辈出；在印度，婆罗门教的经典《奥义书》（Upani Sad）等问世，释迦牟尼（Śākyamuni，约前 565—约前 486）创立了佛教；在小亚细亚和希腊，先有诗人荷马（Homer；Homeros），后有所谓以西方哲学思想的开创者泰勒斯（Thales，约前 624—前 547）为首的"希腊七贤"，继而出现了唯物主义哲学家和辩证法大师赫拉克利特（Herakleitos，约前 540—前 480）、历史学家希罗多德（Herodotus，约前 484—约前 425）和修昔底德（Thucydides，约前 460—约前 401）、哲学家苏格拉底（Socrates，前 469—前 399）、柏拉图（Platon，前 427—前 347）和亚里士多德（Aristotle，前 384—前 322）等等。这些伟大人物提出的思想观念，奠定了各大文明之后两千多年的走势。

"论"字读为"伦"。《现代汉语词典》(第7版)等当代权威辞书都依此说标注"论语"的读音为"lún yǔ"。这样释读"论语",当然有它的道理,但也有人有不同的看法。黄怀信主撰《论语汇校集释·前言》:"'论'字当如字读而释为议。那么,'论语',就是'大家共同商议论定的语录'(即经过讨论的语录)之义。读'论'为'伦'虽亦可通,但毕竟为通假,非书名用字所宜。如此看来,传统以'伦语'之音读'论语',实不合宜。"这个说法也是可以接受的。

关于《论语》的编辑者,历来众说纷纭。一般认为今本《论语》非写定于一时,原始记录杂出于众手,经孔丘弟子编辑,最后由再传弟子增订完成。后人根据曾参在《论语》的突出表现(《论语》不但对曾参无一处不称"子",而且记其言行的篇幅仅次于孔子),断定编纂者中有战国初期的孔门再传弟子。杨伯峻《论语译注·导言》:"《论语》的编定者或者就是这班曾参的学生。因此,我们说《论语》的着笔当开始于春秋末期,而编辑成书则在战国初期,大概是接近于历史事实的。"

《论语》的结集、流传、改编、定型经历了相当长的时间。根据《汉书·艺文志》的记载,西汉初年有三种不同的抄本流传:①《鲁论语》20篇为鲁人所传,今《论语》的篇章即依此而定;②《齐论语》22篇为齐人所传;③《古论语》21篇相传出于曲阜孔子住宅壁中。这三种本子除了篇数不同外,在章次、文字和解说上都有出入。西汉末年,汉成帝的师傅张禹本授《鲁论语》,并讲《齐论语》,对齐、鲁两派择善而从,编成《论语章句》二十篇(即《张侯论》),由于张禹地位尊贵,遂被"立于学官",盛行于汉代。据《经典释文·叙录》,东汉末年郑玄以《鲁论语》为底本,参考《齐论语》《古论语》,为之作注。三国时何晏汇集汉魏各家注解,作《论语集解》,今本《论语》就是在这个基础上形成的。

《论语》作为儒家的经典著作,编成后即在孔门传述。至西汉中期,儒家思想被确定为正统思想之后,汉人对它的研究更为兴盛,尊《论语》为"五经之錧鎋,六艺之喉衿"(东汉赵岐《〈孟子章句〉题词》)。南宋朱熹将《论语》、《大学》、《中庸》、《孟子》合成《四书》,使《论语》在儒家经典中的地位益高。历代研究《论语》的学者很多。至近代为止,据日本学者林泰辅《论语年谱》的不完全统计,古今中外有关《论语》的研究和论释文献多达三千种之多。

正如习近平主席所说:"孔子创立的儒家学说以及在此基础上发展起来的儒家思想,对中华文明产生了深刻影响,是中国传统文化的重要组成部分。儒家思想同中华民族形成和发展过程中所产生的其他思想文化一道,记载了中华民族自古以来在建设家园的奋斗中开展的精神活动、进行的理性思维、创造的文化成果,反映了中华民族的精神追求,是中华民族生生不息、发展壮大的重要滋养。"

(2014 年 9 月 24 日《在纪念孔子诞辰 2565 周年国际学术研讨会暨国际儒学联合会第五届会员大会开幕会上的讲话》)要认识中国古代文化、认识中华民族特性、认识当今中国人精神世界历史的来由,必须研究孔子、研究以《论语》代表的儒学经典。在今天民族复兴的伟大时刻,让我们一起读《论语》、学国学,传承优秀传统文化,为人类发展贡献中国智慧。

　　本书是为大学生编著的一个《论语》读本,同样适合中等水平以上的读者阅读。书中对《论语》经文的解释大体依据何晏、皇侃、朱熹诸家旧注而断以己意,个别注释也参考了杨伯峻、李泽厚、孙钦善、李零等今人的意见。为了帮助读者深入研读《论语》这部经典,本书的经文部分使用了繁体字以保存古籍原貌,每篇之前都撰有【解题】对该篇的要点略作提示,每章经文都有【注】、【译】,所有重要章节后面还附有【记】铺陈该章旨意,其说法多取自前人,也有一些笔者自己学习《论语》的心得管见。笔者的水平有限,其中不可避免地会有错误、疏漏,敬请广大读者不吝指正。

赵文源

目　　录

学而篇第一 …………………………………………………………… 1

为政篇第二 …………………………………………………………… 15

八佾篇第三 …………………………………………………………… 31

里仁篇第四 …………………………………………………………… 50

公冶长篇第五 ………………………………………………………… 63

雍也篇第六 …………………………………………………………… 82

述而篇第七 …………………………………………………………… 101

泰伯篇第八 …………………………………………………………… 121

子罕篇第九 …………………………………………………………… 134

乡党篇第十 …………………………………………………………… 154

先进篇第十一 ………………………………………………………… 172

颜渊篇第十二 ………………………………………………………… 192

子路篇第十三 ………………………………………………………… 207

宪问篇第十四 ………………………………………………………… 223

卫灵公篇第十五 ……………………………………………………… 243

季氏篇第十六 ………………………………………………………… 260

阳货篇第十七 ………………………………………………………… 271

微子篇第十八 ………………………………………………………… 288

子张篇第十九 ………………………………………………………… 299

尧曰篇第二十 ………………………………………………………… 311

附录一:孔子事略 …………………………………………………… 317

附录二:《论语》人物小传 ………………………………………… 320

附录三:研读《论语》参考书目 …………………………………… 360

后　　记 ……………………………………………………………… 362

学而篇第一

【题解】 "学而"两字取自"学而时习之"。《论语》各篇原不标题，后人撷取每篇第一章第一句开头两三个字或关键词语以为篇名。

《学而篇》共16章，其中孔子语录9章（包含子贡与孔子的对话1章），另外7章为孔门弟子语录（有若3章、曾参2章、子夏1章及子禽和子贡的对话1章）。本篇的宗旨大体以谈修养、学习为主，而辅之以交友、治国等内容。篇中提出"主忠信"，"孝弟也者，其为仁之本与"等伦理思想和"敬事而信，节用而爱人，使民以时"等社会政治观点。因为有若和曾参被尊称为"有子""曾子"（《论语》中对孔子弟子称"子"的只有有若、曾参、闵子骞、冉有四人），而同为孔门弟子的子夏、子贡却不尊称"子"，只称字，所以前人根据这种差别猜想本篇是有若和曾参的弟子编写的。

出自本篇的名言或成语有：学而时习之、有朋自远方来、犯上作乱、巧言令色、三省吾身、贤贤易色、无友不如己者、慎终追远、温良恭俭让、和为贵等。

1.1 子曰〔一〕："學而時習之〔二〕，不亦説乎〔三〕？有朋自遠方來，不亦樂乎〔四〕？人不知而不慍〔五〕，不亦君子乎〔六〕？"

【注】 〔一〕子："子"是古人对老师的尊称。邢昺《注疏》："子者，古人称师曰子。"《论语》"子曰"的"子"都是指孔子。何晏《集解》引马融曰："子者，男子之通称，谓孔子也。""夫子"为古人对男子的敬称。孔子之时，凡是做过大夫的、或为学者所宗的，都可以被称为"夫子"。孔

1

门尊称孔子为"夫子"。顾炎武认为"子"就是"夫子"的简称:"《论语》称孔子为子,盖夫子而省其文,门人之辞也。"(《日知录》卷四《大夫称子》)〔二〕时习:按时复习。何晏《集解》引王肃曰:"时者,学者以时诵习之。诵习以时,学无废业,所以为说怿。"《国语》中有"夕而习复",可以作为佐证。《国语·鲁语下》:"士朝受业,昼而讲贯,夕而习复,夜而计过无憾,而后即安。"上引之语是与孔子同时的鲁国大夫公父文伯之母敬姜夫人的话,说的是士人不可好逸恶劳,日日要按时做事,"夕而习复"就是于傍晚复习。日日按时复习,自然又有经常复习之意。朱熹《集注》把"时习"解作"时时习之",也通。习有"复习""练习"意,还有"演习""实习"之义。孔门"六艺"(礼、乐、射、御、书、数)中的礼(仪节)、乐(音乐)、射(射箭)、御(驾车)是实用技能,必须靠反复操练才能掌握。"习"当然要重复,但并不只是重复。"习"是要在重复中悟出新意,不断有所发现,即"温故而知新"(2.11)。"识记"(memorization)是学习心理学的范畴。为了牢固记住学习材料,必须在学习过后立即复习。孔子"学而时习之"的学习格言就是说识记需要复习。19世纪德国心理学家H.艾宾浩斯(Hermann Ebbinghaus),为证明这个基本的学习规律,曾作过系统实验。〔三〕说(yuè):"兑"的被通假字。后作"悦"。喜悦、高兴、愉快的意思。朱熹《集注》:"说,悦同。……说,喜意也。既学而又时时习之,则所学者熟,而中心喜说,其进自不能已矣。"〔四〕"有朋"句:孔子认为,交友的目的在于提高自己的道德修养。有朋自远方来,可以通过切磋学问提高自身修养,因此愉悦。《礼记·学记》:"独学而无友,则孤陋而寡闻。"自学而无友切磋,则不免有孤陋寡闻之弊。何晏《集解》引包咸曰:"同门曰朋。"宋翔凤《朴学斋札记》认为"朋"是指孔门弟子,即自远方而来向孔子求教者。在上古汉语中,"朋"和"友"是有区别的。《易·兑》:"君子以朋友讲习。"孔颖达疏"同门曰朋,同志曰友"。然而,现在引用此句,都把"朋"当"朋友"来理解了。〔五〕愠(yùn):怨恨、含怒。何晏《集解》:"愠,怒也。凡人有所不知,君子不怒。"〔六〕君子:《论语》的"君子"与"小人"相对,有时指有修养之人("有德者"),有时指有地位之人("有位者"),有时兼指两者。这里的"君子"是就道德修养而言的。朱熹《集注》:"君子,成德之名。""人不知"句:君子学习是为了提高自身修养,小人学习是为了炫耀求利,因此能做到"人不知而不愠"的,只有君子。《荀子·劝学》:"古之学者为己,今之学者为人。君子之学也,以美其身;小人之学也,以为禽犊(禽和犊是馈赠之礼,喻干禄进身之物)。"《荀子》中的这句话正是演绎此意。

【译】 孔子说:"学了之后而又按时去温习,不也是值得高兴的事吗? 有朋友从远处来相会,不也是值得快乐的事吗? 别人不了解自己,我却不怨恨人家,不也是君子吗?"

【记】 本章主旨讲人生的目标在于成就君子。在成就君子的过程中,往往困难重重,但也有快乐之事,比如学习和交友。学习、交友的目的都是为了提高修养,而提高修养的目的就是成为君子。本章是《论语》全书首篇首章,引人注目,其中必定蕴藏着某种深意。而由于三句话看似散漫,语境缺失,自古以来歧见纷出。今人刘家齐认为这三句话是讲孔子乐天知命的君子风度:"学而时习之"(孔子之学为时代所用),"有朋自远方来"(孔子之学不为时代所用,但有人从远方来与孔子论道),都是快乐的;如果终生潦倒、不为人知,也不必心怀怨恨(《学而时习之章新解》,《齐鲁学刊》1986 年第 6 期)。可备一说。

1.2 有子曰:"其爲人也孝弟〔一〕,而好犯上者〔二〕,鮮矣〔三〕;不好犯上,而好作亂者,未之有也〔四〕。君子務本〔五〕,本立而道生〔六〕。孝弟也者,其爲仁之本與〔七〕!"

【注】〔一〕其:连词。假设之辞。如果,假若。孝弟(tì):孝顺父母,敬从兄长。弟,通"悌"。敬爱和顺从兄长。陆德明《释文》:"弟,音悌。本亦作悌。"朱熹《集注》:"善事父母为孝,善事兄长为弟。"〔二〕好(hào):喜欢、爱好,与"恶"(wù)相对。下同。犯:冒犯,抵触。犯上:冒犯或违抗尊长。朱熹《集注》:"犯上,谓干犯在上之人。"〔三〕鲜(xiǎn):少。何晏《集解》:"鲜,少也。"〔四〕未之有也:即"未有之也"。在上古汉语中否定词"未"的否定句中,代词充当的宾语总是放在动词之前。〔五〕务本:重视或专心致力于根本。〔六〕道:道理,法则。即下文之"仁"。〔七〕"孝弟"句:"仁"的概念古已有之,孔子赋予了它新的内涵。仁是孔子思想体系的核心,是孔子社会政治、伦理道德的最高精神境界和标准,是孔子学说的最高范畴和基本内容。仁的含义极广,诸如爱人、忠恕、克己复礼、谨言慎行等。由本章可知,"仁"的社会作用在于调和、维护封建宗法等级关系,孝弟作为"仁"之根本,是维系以血缘为纽带的父系家长制嫡长子继承的封建宗法关系的基本品德。《管子·戒》:"孝弟者,仁之祖也;忠信者,交之庆也。内不考孝弟,外不正忠信,泽其四经而诵学者,是亡其身者也。"也是此意。古书中"仁""人"两字本多混写。宋·陈善认为《论语》中有三处"仁"即是"人"。《扪虱新话·古人多假借用字》:"古人多假借用字。《集古录》言汉人以'欧阳'为'羊眉''寿'为'麇'之类,皆由古文字少,故假借用之耳。今观《论语》中如曰'孝弟也者,其为仁之本与',又曰'观过,斯知仁矣',又曰'井有仁焉'。窃谓此'仁'字皆当作'人',盖是假借用之。而学者以其字之为仁也,多曲为之解,求其说而不得,故依汉人例敢以'仁''人'为通用之文,不然则'井有仁焉'为仁义之'仁',果何谓乎?"但此处的"仁"应与上句"本立而道生"的"道"相呼应,恐怕与《论语》中其他两处当"人"讲的"仁"不同。与(與):同"歟",疑问语气词。

【译】 有子说:"假如为人孝悌(孝顺爹娘、敬从兄长),却又喜欢冒犯上司,这种人是极少的;不喜欢冒犯上司,却喜欢造反作乱的,这种人从未有过。君子专心致力于根本,根本确立了,那么'道'就会随之产生出来。孝悌,大概就是

3

'仁'的根本吧!"

【记】　本章讲孝与悌是仁之根本。虽然本章不是孔子的原话,但孔子也把孝悌当作修身的根本,参见"入则孝,出则悌"(1.6)。孝与悌并非是儒家首创的道德传统。古人说:百善孝为先。中国古代家庭在生产、消费、储蓄和保险等方面,都发挥着无可替代的社会作用。古人为了低成本、高效益地维护家庭组织,发展出了"孝"的伦理道德。作为一种维系以血缘为纽带的父系家长制嫡长子继承的封建宗法关系的基本的道德力量,本来是适应中国古代社会的宗法等级制度而提出来的,其作用在于维持社会制度与秩序的稳定。孔子及其弟子特别重视孝悌,将其推崇为最基本的道德规范,强调孝悌可以使人们形成服从统治者的习惯,防止被统治者犯上作乱。弗洛姆《说爱》:"在权威主义道德中,只有一种罪过,这就是不服从;只有一种美德,它就是服从。"孝悌,作为奴性枷锁,有束缚人自由的一面,但同时必须看到,其人文关怀的一面也是中华民族优秀的道德传统。今天我们应该继承这种优良传统,取其精华,去其糟粕,在新时代将孝道发扬光大。

1.3　子曰:"巧言令色〔一〕,鲜矣仁〔二〕。"

【注】　〔一〕巧言令色:用花言巧语和伪善的面目取悦于人。何晏《集解》引包咸曰:"巧言,好其言语;令色,善其颜色。皆欲令人悦之。"朱熹《集注》:"巧,好。令,善也。好其言,善其色,致饰于外,务以悦人,则人欲肆而本心之德亡矣。"〔二〕鲜(xiǎn):少。有旧注认为这里的"鲜"其实是无的意思。朱熹《集注》:"圣人辞不迫切,专言鲜,则绝无可知,学者所当深戒也。"

【译】　孔子说:"花言巧语,面目伪善,'仁'德必然少得可怜。"

【记】　本章讲仁是内心的至诚之德。求仁不是求人,孔子一贯反对巧言令色以取悦于人。类似的话还有:"巧言、令色、足恭,左丘明耻之,丘亦耻之"(5.25)、"巧言乱德"(15.27)。孔子对这一班无耻小人的鄙弃之情,溢于言表。曾子对"令色"有过最生动最经典的描绘。《孟子·滕文公下》引曾子曰:"胁肩谄笑,病于夏畦。"(耸起肩膀,装出一副讨好人的笑脸,这真比顶着夏天的毒日头在菜地里干活还要累啊。)仁人有尊严。为取悦于人而放弃自己的尊严,这是为君子所不齿的。

1.4　曾子曰："吾日三省吾身〔一〕——爲人謀而不忠乎〔二〕？與朋友交而不信乎〔三〕？傳不習乎〔四〕？"

【注】〔一〕日：每天。三省(xǐng)：省察三事。省：自我检查，反省，内省。古代汉语中的"三""九"多是"虚数"，泛指多数。清·汪中《述学·释三九》："因而生人之措辞，凡一二之所不能尽者，则约之三，以见其多。三之所不能尽者，则约之九，以见其极多，此言语之虚数也。实数可稽也，虚数不可执也。"但《论语》中的"三""九"等数字，却多为"实数"，而非泛指。这里的"三省"就是反省下文三件事。〔二〕为(wèi)：介词。谋：策划，这里指考虑事情。忠：忠诚无私，尽心竭力。朱熹《集注》："尽己之谓忠。"〔三〕信：诚实不欺。朱熹《集注》："以实之谓信。"〔四〕传(chuán)：名词。传授，指老师所传授的学业。朱熹《集注》："传，谓受之于师。"

【译】曾子说："我每天省察自己三件事：替别人谋划没有尽心竭力吧？与朋友交往没有坦诚相待吧？老师所传授的学业没有仔细温习吧？"

【记】本章讲修身必须时时自省、事事谨慎。孔子没有具体地讲过反省功夫。曾子发明的这个"三省"，是内敛、含蓄的自我批评的修养方法，深刻地影响了中国文化。朱熹《集注》："曾子以此三者日省其身，有则改之，无则加勉，其自治诚切如此，可谓得为学之本矣。而三者之序，则又以忠信为传习之本也。"

1.5　子曰："道千乘之國〔一〕，敬事而信〔二〕，節用而愛人〔三〕，使民以時〔四〕。"

【注】〔一〕道(dǎo)：通"導(导)"，治理。何晏《集解》引包咸曰："道，治也。"千乘(shèng)：兵车一千辆。朱熹《集注》："千乘，诸侯之国，其地可出兵车千乘者也。"古时以一车四马为一乘，国家的军赋以乘计，故拥有车乘的多少，能反映一个国家军力的强弱。春秋初期，大诸侯国也没有千辆兵车。《左传·僖公二十八年》记载的城濮之战中，晋文公只有七百乘。孟子曰："春秋无义战。"(《孟子·尽心下》)各国竞相展开疯狂的军备竞赛，到孔子之时，"千乘之国"已不算大国。子路说"千乘之国摄乎大国之间"(11.26)。战国时期诸侯国，小者称千乘，大者称万乘。〔二〕敬事：敬慎处事。敬：指严肃谨慎的办事态度。朱熹《集注》："敬者，主一无适之谓。"事：指政务。〔三〕用：财用、费用。爱人：爱护百姓，即惠民。邢昺《注疏》："省节财用，不奢侈，而爱养人民，以为国本。""人"与"用"是源与流的关系，费用取之于民，故此句将"节用"与"爱人"对举。〔四〕使：役使，指驱使百姓做各种徭役。何晏《集解》引包咸曰："作事使民，必以其时，不妨夺农务。"时：农闲。朱熹《集注》："时，谓农隙之时。"以时：按时，即

"不违农时"。《孟子·梁惠王上》:"不违农时,谷不可胜食也。"古代中国是农业社会,民以食为天,如果因为繁多苛严的徭役耽误了耕作季节,影响了粮食生产,将直接威胁到国家的稳定。

【译】 孔子说:"治理拥有一千辆兵车的国家,办事要严肃认真,讲话要讲求信用,要节约用度,要惠爱人民,役使百姓要在农闲时节。"

【记】 本章是孔子"德治"的治国大纲。朱熹《集注》:"言治国之要,在此五者,亦务本之意也。"本章是孔子讲给有权位的"君子"听的。

1.6 子曰:"弟子〔一〕,入则孝,出则悌〔二〕,谨而信〔三〕,泛爱众〔四〕,而亲仁〔五〕。行有馀力,则以学文〔六〕。"

【注】 〔一〕弟子:即子弟。为人弟者与为人子者,泛指年幼之人。邢昺《注疏》:"男子后生为弟。言为人弟与子者,入事父兄则当孝与弟也。"〔二〕入、出:儿子出入的地方是父母的居所。《礼记·内则》:"由命士以上,父子皆异宫。昧爽而朝,慈以旨甘,日出而退,各从其事。日入而夕,慈以旨甘。""命士"(受有正式爵命的士)以上的人物,父子都要分宅居住。子要早晚向父母请安,怀着敬爱的心情向父母进献美食。〔三〕谨:谨慎,慎重。朱熹《集注》:"谨者,行之有常也。信者,言之有实也。""谨而信"即"敬事而信"(1.5)。〔四〕泛(汎):广泛。邢昺《注疏》:"汎者,宽博之语。"〔五〕仁:即"仁人"。用法与"井有仁焉"(6.26)相同。朱熹《集注》:"亲,近也。仁,谓仁者。"〔六〕行:个人的修养,指礼义的实践。文:文献。指知识和技能。朱熹《集注》:"余力,犹言暇日。以,用也。文,谓《诗》《书》六艺之文。"

【译】 孔子说:"后生子弟在家就应孝顺父母;出外就应敬爱兄长;谨慎从事,言而有信,博爱大众而亲近仁人。这样躬行礼义、实践仁德之后,尚有余力,就用来学习知识和技能。"

【记】 本章讲修身的次序。育德是修身的根本,学文习礼在其次。提高修养的方法就是求实务本,学以致用。前几句讲德育的次序。以反映宗族血缘关系亲情之爱的孝、悌为根本,由此进而扩大为泛爱众人,最终达到仁。最后两句讲先育德,后学文。清代绛州秀才李毓秀紧扣本章二十五字,以三言韵语写成了一千余字的《弟子规》。这部蒙学读本以孝、悌、仁、爱、信为核心,规定了子弟居家在外所应遵循的礼仪规范和言行准则。《弟子规》开篇总叙把本章改写为:"弟子规,圣人训。首孝悌,次谨信。泛爱众,而亲仁。有余力,则学文。"

1.7 子夏曰:"賢賢易色〔一〕;事父母,能竭其力;事君,能致其身〔二〕;與朋友交,言而有信。雖曰未學,吾必謂之學矣。"

【注】 〔一〕贤贤易色:这句话歧解较多。杨伯峻《译注》:"一般的解释是:'用尊贵优秀品德的心来交换(或者改变)爱好美色的心。'照这种解释,这句话的意义就比较空泛。陈祖范的《经咫》、宋翔凤的《朴学斋札记》等书却说,以下三句,事父母、事君、交朋友,各指一定的人事关系;那么,'贤贤易色'也应该是指某一种人事关系而言,不能是一般的泛指。奴隶社会和封建社会把夫妻间关系看得极重,认为是'人伦之始'和'王化之基',这里开始便谈它,是不足为奇的。我认为这话很有道理。'易'有交换、改变的意义,也有轻视(如言'轻易')、简慢的意义。因之我便用《汉书》卷七十五《李寻传》颜师古注的说法,把'易色'解为'不重容貌'。"〔二〕致:奉献,即勇于奉献,甚至豁出性命。朱熹《集注》:"致,犹委也。委致其身,谓不有其身也。"

【译】 子夏说:"〔对妻子〕能看重德行,看轻容貌;侍奉父母,能尽心竭力;服事君主,能尽力献身;与朋友交往,说话诚实守信。这样的人,虽自称未曾学文习礼,我一定说他已经学习过了。"

【记】 本章强调道德的重要。子夏认为学习的根本目的在于完善品德,如果品德已经完善,就不必在意学习的过程。子夏是孔门"十哲"之一,属"文学"(文章博学)科(见11.3)。孔子曾告诫子夏:"女为君子儒,无为小人儒!"(6.13)似乎子夏只看重学问而忽视道德,但本章子夏的话却认为道德修养比学问重要得多。古人早就看到了子夏的话与孔子说法的不同,认为本章是偏激之辞。朱熹《集注》引吴棫:"子夏之言,其意善矣。然辞气之间,抑扬太过,其流之弊,将或至于废学。必若上章夫子之言(1.6),然后为无弊也。"

1.8 子曰:"君子不重,則不威;學則不固〔一〕。主忠信〔二〕。無友不如己者〔三〕。過,則勿憚改〔四〕。"

【注】 〔一〕固:固蔽、固陋。何晏《集解》引孔安国曰:"固,蔽也。"又,解为固执,亦通。同"勿固"(9.4)、"疾固"(14.32)之"固"。〔二〕忠信:忠诚诚信。朱熹《集注》:"人不忠信,则事皆

无实,为恶则易,为善则难,故学者必以是为主焉。""主忠信"又见于"主忠信,徙义,崇德也"(12.10)。"主忠信"以下又见9.25,有错简之嫌。〔三〕无友不如己者:此句歧见纷出。"无"可以当"不要"(9.25重出章作"毋")讲,也可以当"没有"讲;"友"可以当"朋友"讲,也可以当"交朋友"讲;"如"可以当"及、比得上"讲,也可以当"像、类似"讲。"无友不如己者"的大意是勉励人与君子结交,主要有三种解说:(1)不要跟不如自己的人交朋友。邢昺《注疏》:"'无友不如己者',言无得以忠信不如己者为友也。"朱熹《集注》:"无,毋通,禁止辞也。友所以辅仁,不如己,则无益而有损。"(2)不要跟与自己志不同、道不合的人交朋友。陈天祥《四书辨疑》卷二:"'如'字不可作'胜'字说。如,似也。……如己者德同道合,自然相友。《孟子》曰:'一乡之善士斯友一乡之善士,一国之善士斯友一国之善士,天下之善士斯友天下之善士。'此皆友其如己者也。如己者友之,胜于己者己当师之,何可望其为友邪? 如己与胜己者既有分别,学者于此可无疑矣。"江声《论语俟质》:"不如非谓不及也,如以不及己而不友之,则彼胜己者将亦以我为不及而不吾友矣,友道毋乃绝乎? 不如,所为不相如也。不相如则彼此皆无所取资,友之何益,故曰'道不同不相为谋'。即使同焉,为学己则志在潜修,下学而上达,彼则志在求名务博以矜世,是即不如己者。盖同志为友,志同则相切相摩,日就月将,交相益也。不如是则友之何为?"(3)没有不如自己的朋友。李泽厚《论语今读》:"'无友不如己者',作自己应看到朋友的长处解,即别人总有优于自己的地方,并非真正不去结交不如自己的朋友,或所交朋友都超过自己。如是后者,在现实上不可能,在逻辑上作为普遍原则,任何人将不可能有朋友。所以它只是一种劝勉之辞。"皆言之成理。译文姑且从第二说。〔四〕惮(dàn):怕、畏惧。何晏《集解》引郑玄曰:"惮,难也。"

【译】 孔子说:"君子,如果不庄重,就没有威仪;读书学习之后,就不会再自以为是,顽固浅陋。要以忠和信两种道德为主,恪守忠诚诚信。不要跟志不同、道不合的人交朋友。有了过错,就不要怕改正。"

【记】 本章讲君子的修养功夫。涉及内容散漫,似乎记录的是孔子谈话的大纲,先后说到了君子的仪表、学习、育德、交友和勇于改错。

1.9 曾子曰:"慎终〔一〕,追远〔二〕,民德归厚矣。"

【注】 〔一〕终:老死。这里指父母的死亡。慎终:敬慎地处理父母的丧事,指居丧能尽礼。《礼记·檀弓》引子思:"丧三日而殡,凡附于身者,必诚,必信,勿之有悔焉耳矣。三月而葬,凡附于棺者,必诚,必信,勿之有悔焉耳矣。丧三年以为极,亡则弗之忘矣。故君子有终身之忧,而无一朝之患。故忌日不乐。"慎终的具体内容指附身(装殓)、附棺(埋葬)必诚必信。〔二〕追远:虔诚祭祀,怀念祖先。邢昺《注疏》:"追远者,远谓亲终既葬,日月已远也,孝子感时

念亲,追而祭之,尽其敬也。"

【译】 曾子说:"谨慎地办理父母的丧事,虔诚地追念远代祖先,老百姓的道德自然就会归于敦厚了。"

【记】 本章讲作为统治术的孝道。统治者通过行孝影响民众道德。有权位的君子慎终追远,其社会作用是使民风归于淳朴厚道。何晏《集解》引孔安国曰:"慎终者,丧尽其哀。追远者,祭尽其敬。君能行此二者,民化其德,皆归于厚也。""慎终追远"是孝道的体现。古代宗法社会以血缘亲族关系为纽带,故"慎终追远"关系到世俗民风,参见"孝弟也者,其为仁之本与"(1.2)、"君子笃于亲,则民兴于仁"(8.2)。

1.10　子禽問於子貢曰:"夫子至於是邦也〔一〕,必聞其政,求之與? 抑與之與〔二〕?"子貢曰:"夫子溫、良、恭、儉、讓以得之〔三〕。夫子之求之也,其諸異乎人之求之與〔四〕?"

【注】 〔一〕夫子:古人对男子的一种敬称。凡做过大夫的人,都可以取得这一敬称。孔子曾为鲁国司寇,孔门尊称孔子为夫子。皇侃《义疏》:"夫子即孔子也。《礼》:身经为大夫者,则得称为夫子。孔子为鲁大夫,故弟子呼之为夫子也。"《论语》中的"夫子"都特指孔子。后世亦沿称老师为夫子。〔二〕抑:连词。还是。表示选择。〔三〕温、良、恭、俭、让:子贡总结的孔子的五种美德:温和、善良、恭敬、节制、谦让。朱熹《集注》:"温,和厚也。良,易直也。恭,庄敬也。俭,节制也。让,谦逊也。五者,夫子之盛德光辉接于人者也。"这也是儒家提倡的待人接物的准则。〔四〕其诸:犹或者。表示不肯定的推测的语气。朱熹《集注》:"其诸,语辞也。"

【译】 子禽问子贡:"孔夫子每到一个国家,必然听得到那个国家的政事,是请求来的呢? 还是人家自愿告诉他的呢?"子贡说:"先生温和、善良、恭敬、节制、谦让,全凭这些而得到的。先生的这种求得的方式,和别人那种强求而得的方式,或者不相同吧?"

【记】 本章记子贡赞孔子盛德(温、良、恭、俭、让)的感召力。子贡说孔子的人格魅力光辉照人,但周游列国的结果却是一场空,这该怎么解释呢? 朱熹《集注》引张栻:"夫子至是邦必闻其政,而未有能委国而授之以政者。盖见圣人之仪刑而乐告之者,秉彝好德之良心也,而私欲害之,是以终不能用耳。"孔子本人有极高的修养,但他并未能实现自己的政治抱负,最终是以一个教书先生的身份了此一生的。当然,温、良、恭、俭、让是儒者的风范,不是革命家的本色。毛泽东有同样著名的语录:"革命不是请客吃饭,不是做文章,不是绘画绣花,不能那样雅致,那样从容不迫,文质彬彬,那样温良恭俭让。"(《湖南农民运动考察报告》)

1.11　子曰:"父在,觀其志〔一〕;父没,觀其行〔二〕;三年無改於父之道〔三〕,可謂孝矣。"

【注】　〔一〕其:指代儿子。志:志向,想法。参见"有父兄在,如之何其闻斯行之"(11.22)。〔二〕没:通"殁"(mò)。死。朱熹《集注》:"父在,子不得自专,而志则可知。父没,然后其行可见。故观此足以知其人之善恶。"〔三〕三年:指三年丧。古代社会的基本丧制,丧服中最重的一种。臣为君、子为父、妻为夫等要服丧三年。参见"高宗谅阴,三年不言"(14.40)、"三年之丧,期已久矣"(17.21)。道:政道,指施政的方法。参见"孟庄子之孝也,其他可能也;其不改父之臣与父之政,是难能也"(19.18)。

【译】　孔子说:"父亲在世的时候,〔因为儿子无权独立行动,〕要观察他的志向;父亲死去以后,要考察他的实际作为;如果守丧三年之中不改变父亲传下来的政道,就可以说尽孝了。"

【记】　本章讲儿子在父亲死后的孝行。孝当然包括赡养父母,也包括延续传统。而继承父亲的遗志就是延续传统的具体表现。关于"三年无改于父之道"的内涵,南宋·朱熹引尹焞:"如其道,虽终身无改可也。如其非道,何待三年?然则三年无改者,孝子之心有所不忍故也。"又引游酢:"三年无改,亦谓在所当改而可以未改者耳。"

1.12　有子曰:"禮之用,和爲貴〔一〕。先王之道〔二〕,斯爲美〔三〕;小大由之〔四〕。有所不行,知和而和,不以禮節之,亦不可行也〔五〕。"

【注】　〔一〕礼:区别尊卑贵贱的典章制度及与之相应的道德规范和礼节仪式。用:施行。和:恰当,和谐。《礼记·中庸》:"喜怒哀乐之未发,谓之中;发而皆中节,谓之和。中也者,天

下之大本也;和也者,天下之达道也。致中和,天地位焉,万物育焉。"杨树达《论语疏证》:"事之中节者皆谓之和,不独喜怒哀乐之发一事也。《说文》云:'龢,调也。''盉,调味也。'乐调谓之龢,味调谓之盉,事之调适者谓之和,其义一也。和今言适合,言恰当,言恰到好处。"〔二〕先王:指前代贤明君王。〔三〕斯:此。美:善。〔四〕由:遵循。小大由之:小事、大事皆须遵循之。朱熹《集注》:"先王之道,此其所以为美,而小事大事无不由之也。"〔五〕"有所不行"句:何晏《集解》引马融曰:"人知礼贵和,而每事从和,不以礼为节,亦不可行。"

【译】 有子说:"礼的施行,以和谐恰当为贵。过去历代圣明君王的治道,好就好在这里,大事小事无不遵循这一原则。如果有行不通的时候,只知和为贵而一味求和,不用一定的礼仪制度来加以节制,那也是不可行的。"

【记】 本章记有若"和为贵"的礼治思想。"礼之用,和为贵"的儒家礼治观,意在森严的等级社会中建立和谐的氛围。有子认为,和是礼的最高境界,但和必须要用礼来加以节制。礼是道德规范,也是典章制度。在实践礼的过程中,需要必要的强制手段才能达到和的境界。礼的根本作用在于强调等级差异。儒家认为,人人遵守符合其身份和地位的行为规范,便能达到孔子所说的"君君,臣臣,父父,子子"的境地,贵贱、尊卑、长幼、亲疏有别的理想社会秩序便可维持,国家便能长治久安。反之,弃礼而不用,或不遵守符合身份、地位的行为规范,儒家的理想社会和伦常便无法维持,国家也就不可得而治。因此儒家极端重视礼在国家治理中的作用,提出礼治的口号。孔子认为推行礼治即是为政。

1.13 有子曰:"信近於義,言可復也〔一〕。恭近於禮,遠恥辱也〔二〕。因不失其親,亦可宗也〔三〕。"

【注】 〔一〕近:接近、靠近,引申为符合。复:谓实践诺言。朱熹《集注》:"复,践言也。"古书有"复言"一词,见于《左传》等书。《国语·楚语下》:"周而不淑,复言而不谋身,展也。"晋·韦昭注:"复言,言可复,不欺人也。"孔子认为,义有大小之分,信也有大小之分。信守的诺言如果合乎大义,则属大信,故可实践;而死守不合大义的小信,则是不可取的。如"言必信,行必果,硁硁然小人哉"(13.20)、"好信不好学,其蔽也贼"(17.8)。〔二〕远:动词,使动用法,使……远离。俗语说"礼多人不怪",孔子则认为,恭敬而不以礼节之,就会变成可耻的巧言令色。参见"足恭"(5.25),以及"恭而无礼则劳"(8.2)。〔三〕"因不"句:"因不失其亲"即亲亲(爱自己的亲族)。参见"君子笃于亲"(8.2)、"君子不施其亲"(18.10)。因:亲,亲近。宗:尊敬,尊崇。何晏《集解》引孔安国曰:"因,亲也。言所亲不失其亲,亦可宗敬。"

【译】 有子说："许下的诺言如果合乎义,这样的诺言就是可实践的了。态度恭敬如果合乎礼,就不致遭受侮辱了。亲近的人中没有遗漏自己的亲族,那也是可尊崇的。"

【记】 本章记孔子讲许诺、行礼和做事的三条原则。信近于义,言可复也。如果信不近于义,那言也就不必复了。孔子周游列国,经过蒲邑。正遇上公叔氏依据蒲邑背叛卫国,蒲邑人扣留了孔子。孔子的弟子公良孺等人拼死突围,经过激烈战斗,公叔氏惧怕,与孔子展开谈判。《史记·孔子世家》:"蒲人惧,谓孔子曰:'苟毋适卫,吾出子。'与之盟,出孔子东门。孔子遂适卫。子贡曰:'盟可负邪?'孔子曰:'要盟也,神不听。'""要盟"即被强迫订立的盟约。孔子认为如果有神的话,那神也一定是不可要挟、欺骗的,所以城下之盟不合乎义,不足为信,是不必履行的诺言。

1.14 子曰:"君子食無求飽〔一〕,居無求安,敏於事而慎於言〔二〕,就有道而正焉〔三〕,可謂好學也已〔四〕。"

【注】 〔一〕君子:这里是指有德者。无:副词。表示否定,相当于"不"。〔二〕敏于事:在办事情上敏捷。慎于言:在说话上谨慎。〔三〕有道:指有道德之人。何晏《集解》引孔安国曰:"有道,有道德者。"正:匡正。〔四〕好(hào)学:喜爱学习。已:通"矣"。朱熹《集注》:"不求安饱者,志有在而不暇及也。敏于事者,勉其所不足。慎于言者,不敢尽其所有余也。然犹不敢自是,而必就有道之人,以正其是非,则可谓好学矣。"

【译】 孔子说:"君子,饮食不贪求饱足,居住不贪求舒适,做事敏捷,说话谨慎,就教于有道德之人来匡正自己,这样,就可以说是好学的了。"

【记】 本章记孔子所列举的好学的几个标准。好学的君子因为志向远大,对物质生活条件要求不高;但在做事说话上,对自己的要求很高。这些还不够,再加上见贤思齐,才能称得上"好学"。朱熹《集注》:"不求安饱者,志有在而不暇及也。敏于事者,勉其所不足。慎于言者,不敢尽其所有余也。然犹不敢自是,而必就有道之人,以正其是非,则可谓好学矣。"

1.15 子貢曰:"貧而無諂,富而無驕,何如〔一〕?"子曰:"可也;未若貧而樂〔二〕,富而好禮者也。"

子貢曰:"《詩》云:'如切如磋,如琢如磨〔三〕。'其斯之謂與?"子曰:"賜也,始可與言《詩》已矣,告諸往而知來者〔四〕。"

【注】 〔一〕何如:如何,怎么样。用于询问。〔二〕未若:不如,比不上。贫而乐:《史记·仲尼弟子列传》引此句作"贫而乐道",皇侃《义疏》本"乐"下也有"道"字,与下文"富而好礼"对举,当有所据。何晏《集解》引郑玄曰:"乐,谓志于道,不以贫为忧苦。"〔三〕如切如磋,如琢如磨:诗句引自《诗·卫风·淇奥》。切、磋、琢、磨是古代治玉石器、骨器等的四种不同工艺。《尔雅·释器》:"骨谓之切,象谓之磋,玉谓之琢,石谓之磨。"《淇奥》是以精益求精的治器之法喻修身治学之道。〔四〕诸:之于。往:过去。来:未来。往、来喻事物的两个方面。何晏《集解》引孔安国曰:"子贡知引《诗》以成孔子义,善取类,故然之。往告之以贫而乐道,来答以切磋琢磨。"此句可与"赐也闻一知二"(5.9)、"举一隅而以三隅反"(7.8)互参。

【译】 子贡说:"贫穷却不谄媚,富有却不骄横,怎么样?"孔子说:"可以了;但是还比不上虽贫穷却怡然自乐,富有却谦虚好礼。"

子贡说:"《诗》说:'如象牙经过切磋,似美玉经过琢磨。'大概就是说的这类精益求精的事吧?"孔子说:"赐(子贡)呀,现在可以跟你讨论《诗》了,告诉你一个方面,你就能推知另一个方面啦。"

【记】 本章记孔子与子贡谈修身。孔子教导子贡,乐道和好礼是修身的更高层次。子贡通过和孔子谈《诗》,体悟到修身治学要不断精益求精的道理。孔子认为《诗》从属于"礼",论《诗》的目在于教育人"成人",所以孔子多用类比,断章取义地赋《诗》。

1.16 子曰:"不患人之不己知〔一〕,患不知人也。"

【注】 〔一〕患:忧虑,担心。"不己知"就是"不知己"(不了解自己)。上古汉语用"不""毋""未""莫"等否定词的否定句中,代词充当的宾语常常放在动词之前。《论语》中相同结构的句子还有:"不患人之不己知"(14.30)、"不病人之不己知也"(15.19)。这是上古汉语正常的表达方式,并不是特殊的"倒装"。此句是用否定词"不"的否定句,但句中有的宾语放在动词之前("不己知"),有的宾语并没有放在动词之前("不知人"),这表明古人对这一语法的使用并不严格。但在用否定词"未""莫"的句子里,代词充当的宾语置于动词之前的规律很严

格,少有例外。

【译】 孔子说:"不要忧虑别人不了解自己,而要担心自己不了解别人。"

【记】 本章记孔子提倡反省的修身方法,与本篇第一章最后一句"人不知而不愠"呼应。朱熹《集注》引尹焞曰:"君子求在我者,故不患人之不己知。不知人,则是非邪正或不能辨,故以为患也。"遇事首先反省是孔子的一贯主张,如:"人不知而不愠"(1.1)、"不患人之不己知,患其不能也"(14.30)、"君子病无能焉,不病人之不己知也"(15.19)。

为政篇第二

【题解】 《为政篇》共 24 章,均为孔子语录。

《为政篇》的内容比较杂,包含了多个主题。(一)第 1 章和第 3 章谈"德政";(二)第 2 章论《诗》;(三)第 4 章记孔子自述七十年生涯;(四)第 5 章至第 8 章谈"孝",分别记录了孔子对孟懿子、孟武伯、子游和子夏四人问孝的回答;(五)第 9 章评颜回;(六)第 10 章谈观人之法;(七)第 11 章谈为师的资格;(八)第 12 章至第 14 章谈"君子"的人格;(九)第 15 章至第 17 章论"学";(十)第 18 章至第 21 章论为政之道;(十一)第 22 章谈"信";(十二)第 23 章谈"礼";(十三)第 24 章谈不淫祀和见义勇为的中庸之道。篇中提出:"道之以政,齐之以刑,民免而无耻;道之以德,齐之以礼,有耻且格"等政治观点;"学而不思则罔,思而不学则殆""知之为知之,不知为不知"等认识论观点。在该篇中提问的弟子有孟懿子、樊迟、子游、子夏、子贡和子张。颜回也首次出现在孔子的谈话中。

出自本篇的名言或成语有:为政以德、众星共之、一言以蔽之、三十而立、四十不惑、五十知天命、六十耳顺、从心所欲不逾矩、君子不器、君子周而不比、小人比而不周、学而不思则罔、思而不学则殆、知之为知之、不知为不知、多闻阙疑、慎言其余、多见阙殆、慎行其余、举直错诸枉、举善而教不能、人而无信、不知其可等。

2.1　子曰:"爲政以德,譬如北辰居其所而衆星共之〔一〕。"

【注】 〔一〕北辰:古书上指北极星。《尔雅·释天》:"北极谓之北辰。"晋·郭璞注:"北

15

极,天之中,以正四时。"邢昺《注疏》:"极,中也;辰,时也。居天之中,人望之在北,因名北极。斗杓所建,以正四时,故云北辰。《论语》云:'为政以德,譬如北辰。'是也。"北极星(pole star)即小熊座 α,中国星名为北辰(勾陈一)。北极星距离我们约 400 光年,它是目前一段时期内距北天极最近的亮星,距极点不足 1°,因此,对于地球上的观测者来说,它好像不参与周日运动,总是位于北天极处,因而被称为北

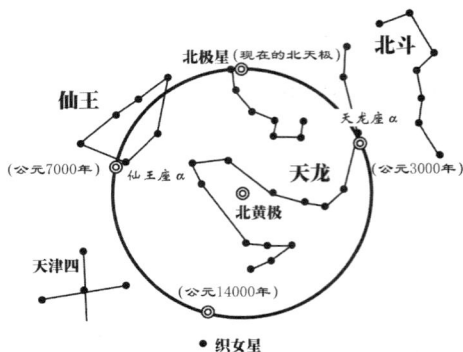

极星。孔子所见之"北辰"并不是我们今天所见之北极星。天极以约 26000 年的周期围绕黄极运动。在这期间,一些离北天极较近的亮星顺次被称为北极星。公元前 2750 年前后,天龙座 α(中名右枢)曾是北极星。小熊座 α 成为北极星只是近一千年来的事。公元 1000 年时,它距北天极达 6°。1940 年以来,小熊座 α 距北天极已不足 1°。大约在公元 2100 年前后,小熊座 α 将逐渐远离北天极,公元 4000 年时,仙王座 γ 将成为北极星,公元 7000 年、10000 年、14000 年时的北极星将依次为仙王座 α(中名天钩五)、天鹅座 α(中名天津四)、天琴座 α(中名织女星)。共:古本亦作"拱"。《吕氏春秋·有始》:"极星与天俱游,而天枢不移。"汉·高诱注:"《语》曰:'譬如北辰居其所而众星拱之。'"拱之本义为拱手(两手相合于胸前,表示恭敬),引申为拱卫、环绕。朱熹《集注》:"共,音拱,亦作拱。政之为言正也,所以正人之不正也。德之为言得也,得于心而不失也。北辰,北极,天之枢也。居其所,不动也。共,向也,言众星四面旋绕而归向之也。为政以德,则无为而天下归之,其象如此。"杨伯峻《译注》:"共同拱,与《左传》僖公三十二年'尔墓之木拱矣'的'拱'意义相近,环抱、环绕之意。"因为北极星相对不动,总是位于北天极处,而众星环绕其旋转,所以孔子说"北辰居其所而众星共之"。此章以北极星比喻当政者,以众星比喻民众。

【译】 孔子说:"当政者运用道德来治理国政,自己便会像北极星一般安居北极;民众就会像众星一样,井然有序地环绕着它。"

【记】 此章讲治国理政要把道德建设放在首位。周公鉴于夏、商两代灭亡的教训,提出"以德配天"说,主张"敬德保民""明德慎罚"(《书·康诰》)。这一思想是孔子主张"德治"(为政以德)的依据。

2.2 子曰:"《诗》三百[一],一言以蔽之,曰:'思无邪[二]。'"

【注】 〔一〕《诗》三百:《诗经》是中国最早的诗歌总集。它收集了从西周初年(公元前 11

世纪)到春秋中叶(公元前 6 世纪)大约 500 年间的诗歌 305 篇(另有只存篇名而无文辞的《南陔》《白华》《华黍》《由庚》《崇丘》《由仪》6 篇"笙诗")。《诗经》在先秦称为《诗》,或举其成数称"诗三百"。至汉代,《诗》被朝廷正式奉为儒家经典之一,才出现《诗经》的名称,并沿用至今。朱熹《集注》:"《诗》三百十一篇,言三百者,举大数也。"〔二〕思无邪:"思无邪"一语出自《诗·鲁颂·駉》:"思无邪,思马斯徂。""思"在《駉》原诗中多为无义的语首助词。孔子此章所云"思无邪",与《駉》之旨无涉。孔子只是借用这三个字来总结他删《诗》的编辑原则。

【译】 孔子说:"《诗》三百篇,用一句话来总结它,就是'思无邪'(心思纯正无邪)。"

【记】 此章"思无邪"三个字是孔子总结他删《诗》的编辑思想,同时也是孔子衡量文艺作品的标准。孔子出于教学的需要,利用他收集到的若干抄本对《诗》进行了校勘整理,即所谓"删诗"。《史记·孔子世家》:"古者诗三千余篇,及至孔子,去其重,取可施于礼义,上采契、后稷,中述殷、周之盛,至幽、厉之缺,始于衽席,故曰'《关雎》之乱以为《风》始,《鹿鸣》为《小雅》始,《文王》为《大雅》始,《清庙》为《颂》始'。三百五篇孔子皆弦歌之,以求合《韶》《武》《雅》《颂》之音。礼乐自此可得而述,以备王道,成六艺。"后世以司马迁去古较近,所言必有因而然,多信之。然亦有疑者,如唐·孔颖达、清·崔述等。凡有成就,归美孔子,当然不可信,但认定孔子不可能删诗的,只能是臆说。《诗经》篇章众多,自出众手,历岁久远,布地辽广,实在无法用"思无邪"一句话来概括其丰富内容。所以,"思无邪"应当是"可施于礼义"的删诗标准,是孔子总结的他自己整理《诗》的编辑原则。

2.3　子曰:"道之以政〔一〕,齊之以刑〔二〕,民免而無恥〔三〕;道之以德,齊之以禮,有恥且格〔四〕。"

【注】 〔一〕道:教导,引导。朱熹《集注》:"道,音导,下同。道,犹引导,谓先之也。"〔二〕齐:使整齐如一,整理,整顿。朱熹《集注》:"齐,所以一之也。道之而不从者,有刑以一之也。"〔三〕免:逃脱,逃避。《广雅·释诂四》:"免,脱也。"《说文解字》无"免"字。清·段玉裁《说文解字注》:"免:兔逸也。从兔不见足会意。许书失此字,而形声多用为偏旁,不可阙也。今补。……兔不见获于人则谓之免。……引伸之,凡逃逸者皆谓之免。"朱熹《集注》:"免而无耻,谓苟免刑罚。而无所羞愧,盖虽不敢为恶,而为恶之心未尝忘也。"〔四〕格:至,来,引申为归服、归顺。朱熹《集注》:"格,至也。言躬行以率之,则民固有所观感而兴起矣,而其浅深厚

薄之不一者,又有礼以一之,则民耻于不善,而又有以至于善也。一说,格,正也。《书》曰:'格其非心。'"《礼记》引用过孔子类似的话。《礼记·缁衣》:"子曰:'夫民,教之以德,齐之以礼,则民有格心;教之以政,齐之以刑,则民有遁心。'"唐·孔颖达疏:"格,来也。君若教民以德,整民以礼,则民有归上之心。"

【译】 孔子说:"如果用政令来教导人民,用刑罚来整顿人民,人民一心只想逃避制裁而没有羞耻之心;如果用道德来教导人民,用礼教来整顿他们,人民不但会有羞耻之心,而且还会真心归服。"

【记】 本章讲德治的优越性。孔子所倡导的德治就是主张以道德去感化人、教育人。德治要求统治者以身作则,充分发挥对民众的道德教化作用。通过道德教化,使人心归于善良。在孔子看来,德治与法治相比,是更彻底、更根本和更积极的治国理论。

2.4 子曰:"吾十有五而志於學〔一〕,三十而立〔二〕,四十而不惑〔三〕,五十而知天命〔四〕,六十而耳順〔五〕,七十而從心所欲,不踰矩〔六〕。"

【注】 〔一〕有:通"又"。古汉语用于整数与零数之间。古人以十五岁为入学之年。《礼记·王制》:"乐正崇四术,立四教。"东汉·郑玄注《尚书传》曰:"年十五始入小学,十八入大学。"〔二〕立:建树,成就。指立足于礼,时时处处遵循礼。参见:"立于礼"(8.8)、"不学礼,无以立"(16.13)、"不知礼,无以立也"(20.3)。〔三〕不惑:明辨是非而不受迷惑。参见"知者不惑"(9.29、14.28)。活到四十岁时,人生经验已经丰富,不再为复杂的世事所迷惑。郭沫若《孔丘》:"孔丘四十已不惑,欧谚人从四十始。"英文有谚语"Life begins at forty"(人生四十方始),说人到四十岁才刚算是一生的开始。现代人的预期寿命与孔子时代的早已不可同日而语了,所以对孔子的这些话要灵活理解。〔四〕天命:关于天命,古人有两种看法:一种把"天"当作有意志的"至上神","天命"即是天的命令;一种把"天"视为无意志的自然,"天命"是万事万物发展的规律。知天命:知晓不可抗拒的天命而听天由命。孔子讲天命,但谈得不多且不系统,也无意深究天命的含义。孔子关于"天命"的相关说法见:"命"(6.10、9.1、14.36);"知命"(20.3);"知天命"(2.4、16.8);"畏天命"(16.8)。此外,子夏还说过有名的"死生有命,富贵在天"(12.5)。孔子知天命的努力应当与学《易》有关,参见"五十以学《易》"(7.17)。〔五〕耳顺:顺于耳,喻神志清明,善于听人之言。何晏《集解》引郑玄曰:"耳闻其言,而知其微旨。"一说是听到任何话都不介意。朱熹《集注》:"声入心通,无所违逆,知之至,不思而得

也。"〔六〕从心：随心。一说"从"同"纵"，放纵。从心所欲：随心所欲；随自己心意，想怎样就怎样。踰（yú）：同"逾"，超过，越过。矩：本义为曲尺（画方形或直角的用具），引申为法度、常规。"七十"句：是说七十岁的孔子已经达到随遇而安的自由境界。人活七十古来稀，等到人情练达、无欲无求，也难再有超越常规的想法与可能。朱熹《集注》："从，随也。矩，法度之器，所以为方者也。随其心之所欲，而自不过于法度，安而行之，不勉而中也。"

【译】 孔子说："我十五岁，立志做学问；三十岁，能遵照礼仪立足于社会；四十岁，能辨难解疑不迷惑；五十岁，能乐天知命；六十岁，能闻人言语而洞悉世情；到了七十岁，更能随心所欲，而又从来不越出规矩。"

【记】 本章是暮年孔子自述其生命历程，包括进德修业和认识能力提高的六个阶段（基本以十年为一个单位）。这六个阶段经历了一个从自律到自觉的飞跃，除去神秘的"知天命"，大致上平实地总结了孔子不断积累经验的一生。

2.5 孟懿子問孝。子曰："無違〔一〕。"
樊遲御，子告之曰："孟孫問孝於我，我對曰，無違。"樊遲曰："何謂也?"子曰："生，事之以禮；死，葬之以禮，祭之以禮。"

【注】 〔一〕违：违背。这里特指违背礼法。东汉·王充《论衡·问孔》："问曰：孔子之言'毋违'，毋违者，礼也。孝子亦当先意承志，不当违亲之欲。孔子言'毋违'，不言'违礼'，懿子听孔子之言，独不为嫌于毋违志乎？樊迟问何谓，孔子乃言：'生，事之以礼；死，葬之以礼，祭之以礼。'使樊迟不问，'毋违'之说，遂不可知也。懿子之才，不过樊迟，故《论语》篇中不见言行。樊迟不晓，懿子必能晓哉？"清·黄式三《〈论语〉后案》："古人凡背礼者谓之违。"

【译】 孟懿子向孔子请教孝道。孔子说："不要违背。"
樊迟给孔子赶马车，孔子便告诉他说："孟孙向我问孝道，我答复说：'不要违背。'"樊迟说："这话是什么意思?"孔子说："父母活着的时候，按照礼法来服侍他们；死了之后，按照礼法来安葬他们，按照礼法来祭祀他们。"

【记】 本章讲孝道的精髓在以礼行孝。礼教的本质在于区分尊卑贵贱。天子、诸侯、大夫、士、庶人各有不相同的礼仪。地位在下的人超越本分，冒用地位在上的人的礼仪，就是"僭越"。鲁国最有权势的"三家"都是大夫（孟懿子是"三家"之一),但常僭用鲁公(诸侯)之礼,甚至僭用天子之礼。这种僭越,是孔子最不满、最痛心的。本章或许是针对此事而说的。孔子不便直接斥责前来问孝的孟懿子,只用"无违"两个字来打发。这也表现出了孔子说话微言大义的特点。

2.6 孟武伯问孝。子曰:"父母唯其疾之忧〔一〕。"

【注】 〔一〕其:指代子女(孝子)。"父母唯其疾之忧"句说因为孝子不会做出违背礼法的事来让父母担忧,所以父母只担忧孝子生病之类的事。何晏《集解》引马融曰:"言孝子不妄为非,唯疾病然后使父母忧。"参见:"一朝之忿,忘其身,以及其亲,非惑与"(12.21)。一说"其"指代父母。东汉·王充《论衡·问孔》:"武伯善忧父母,故曰'唯其疾之忧'。武伯忧亲,懿子违礼。"《淮南子·说林训》:"忧父之疾者子,治之者医,进献者祝,治祭者庖。"东汉·高诱注:"《论语》曰:'父母唯其疾之忧。'故曰忧之者子。"

【译】 孟武伯向孔子请教孝道。孔子说:"做爹娘的只怕子女生病。"

【记】 本章讲孝行的一个最低标准。孝的本质是报恩,为了回报父母的养育之恩,而孝顺孝敬父母。此章并没有讲养老送死,只是说孝子应当谨言慎行、处处小心,不要让父母为自己担心。

2.7 子游问孝。子曰:"今之孝者,是謂能養。至於犬馬〔一〕,皆能有養;不敬,何以別乎?"

【注】 〔一〕至于:介词,表示另提一事,引进另一话题。张相《诗词曲语词汇释·至如(至于)》:"至如(至于),犹云就使或就是也。……按《论语·为政》:'至于犬马,皆能有养,不敬,何以别乎?'古义本如此,言就是犬马,亦皆有养也。"

【译】 子游向孔子请教孝道。孔子说:"如今所谓的孝,只是指能够赡养爹娘而言。至于狗马等畜类,都能够为人所蓄养;如果对父母没有孝敬之心,怎么区别赡养与蓄养呢?"

【记】 本章讲孝以敬为本。子女赡养父母,除了在物质上对父母进行帮助外,更重要的是在于感情上的抚慰父母,让父母保持应有的尊严。

2.8　子夏問孝。子曰："色難〔一〕。有事,弟子服其勞;有酒食,先生饌〔二〕,曾是以爲孝乎〔三〕?"

【注】〔一〕色难:此句费解,当有省略。前人对"色"解说不一。据下文,"色"当是"愉色",即子女侍奉父母时所表现出来的敬爱和悦的容色态度。《礼记》说孝子事亲应不失其孺子之心,而不应用成人之道。《礼记·祭义》:"孝子之有深爱者必有和气,有和气者必有愉色,有愉色者必有婉容。孝子如执玉,如奉盈,洞洞属属然,如弗胜,如将失之。严威、俨恪,非所以事亲也,成人之道也。"〔二〕先生:年长者,长辈。清·刘台拱《论语骈枝》:"《论语》言'弟子'者七,其二皆年幼者,其五谓门人。言'先生'者二,皆谓年长者。"何晏《集解》引马融曰:"先生,谓父兄。"亦通。馔(zhuàn):吃喝,供给吃喝。朱熹《集注》:"馔,饮食之也。"〔三〕曾(céng):乃。《说文解字·八部》:"曾,词之舒也。"清·段玉裁注:"按,曾之言乃也。《诗》:'曾是不意''曾是在位''曾是在服''曾是莫听';《论语》:'曾是以为孝乎''曾谓泰山不如林放乎';《孟子》:'尔何曾比子于管仲',皆训为乃,则合语气。赵注《孟子》曰:'何曾犹何乃也。'是也。是以朁训为曾,'朁不畏明'者,乃不畏明也。皇侃《论语疏》曰:'曾犹尝也。'尝是以为孝乎,绝非语气。盖曾字古训乃,子登切,后世用为曾经之义,读才登切,此今义、今音,非古义古音也。"

【译】　子夏向孔子请教孝道。孔子道:"儿子在父母前经常有愉悦的容色,是件难事。有事情,年轻人效劳;有酒有肴,年长的人吃喝,难道这竟可认为是孝么?"

【记】　本章也讲孝以敬为本。如果子女对父母没有恭敬之心,服侍态度不好,脸色难看,那么即使赡养了父母也没有尽到孝道。

2.9　子曰:"吾與回言終日,不違〔一〕,如愚。退而省其私〔二〕,亦足以發〔三〕,回也不愚。"

【注】〔一〕不违:依从,不违拗。何晏《集解》引孔安国曰:"不违者,无所怪问,于孔子之言,默而识之,如愚。"参见:"回也非助我者也,于吾言无所不说"(11.4)。〔二〕退:指散学退还个人居处。私:私室,指独处,独自钻研和自我实践。邢昺《注疏》:"回既退还,而省察其在私室与二三子说释道义,亦足以发明大体。"朱熹《集注》:"私,谓燕居独处,非进见请问之时。"〔三〕发:发挥,发明。朱熹《集注》:"发,谓发明所言之理。"参见:"问一知十"(5.9)。

【译】　孔子说："我整天给颜回讲学,他从来没有提出异议,像一个蠢人。等散学之后,观察他的独自钻研和实践,却完全可以发挥所学的内容,看来颜回并不愚笨。"

【记】　本章记孔子赞美颜回的学习态度。孔子对颜回的认识经历了一个小小的曲折。《老子》第四十五章:"大直若屈,大巧若拙,大辩若讷。"颜回正是这种大智若愚的人。

2.10　子曰:"視其所以〔一〕,觀其所由〔二〕,察其所安〔三〕。人焉廋哉〔四〕? 人焉廋哉?"

【注】　〔一〕以:作为。朱熹《集注》:"以,为也。为善者为君子,为恶者为小人。"〔二〕由:经由,经过。所由:所经过的道路,指以往的经历。〔三〕安:犹善,爱好,嗜好。《左传·庄公十年》:"公曰:'衣食所安,弗敢专也,必以分人。'"清·俞樾《群经平议·春秋左传一》:"衣食所安,亦谓所善也,言虽己之所善,而必以分人也。"〔四〕焉:安,怎样。廋(sōu):隐藏,藏匿。朱熹《集注》:"焉,何也。廋,匿也。重言以深明之。"古人往往用重复一句话的方式来表示强调或肯定无疑的语气,《论语》中多有其例。

【译】　孔子说:"视察他现时的作为,观察他以往的经历,考察他养成的嗜好。一个人还能隐瞒什么呢? 一个人还能隐瞒什么呢?"

【记】　本章讲观察人的方法。只要全面考察一个人现在和以往的表现,以及个人爱好,就可以准确地了解一个人的本质。《大戴礼记》有与本章类似的表述。《大戴礼记·文王官人》:"听其声,处其气,考其所为,观其所由,察其所安;以其前占其后,以其见占其隐,以其小占其大。此之谓'视中'也。"史书上留下的观人术还有不少,如《史记·魏世家》所载战国名臣李克提出的五条取相标准:"居视其所亲,富视其所与,达视其所举,穷视其所不为,贫视其所不取,五者足以定之矣。"

2.11　子曰:"温故而知新〔一〕,可以爲師矣。"

【注】　〔一〕温故而知新:前人对此句有两种解释。(1)既不遗忘旧有的知识又学习新的东西。皇侃《义疏》:"此章明为师之难也。温,温燖也。故,谓所学已得之事也。所学已得者,

则温烊之不使忘失。此是'月无忘其所能也'。新,谓即时所学新得者也。知新,谓'日知其所亡也'。若学能日知所亡,月无忘所能,此乃可为人师也。"参见:"日知其所亡,月无忘其所能,可谓好学也已矣"(19.5)。(2)通过温习旧有的知识而得到新体悟。朱熹《集注》:"温,寻绎也。故者,旧所闻。新者,今所得。言学能时习旧闻,而每有新得,则所学在我,而其应不穷,故可以为人师。若夫记问之学,则无得于心,而所知有限,故《学记》讥其'不足以为人师',正与此意互相发也。"亦通。

【译】　孔子说:"温习旧的知识,了解新的知识,这样的人就可以做老师了。"(或者:"温习旧的知识,却能有新的领悟,这样的人就可以做老师了。")

【记】　本章记孔子所讲为人师的资格。孔子主张好学,也主张创新。既好学又能创新的人当然更能做老师。"学而时习之,不亦说乎?"(1.1)悦在何处?大概"温故而知新,可以为师矣"是一个答案。

2.12　子曰:"君子不器〔一〕。"

【注】　〔一〕不器:不要像一种器具那样,仅仅有某一方面的用途。朱熹《集注》:"器者,各适其用而不能相通。成德之士,体无不具,故用无不周,非特为一才一艺而已。"虽然达巷党人批评孔子"博学而无所成名"(9.2),但孔子学而不厌,坚持做博学君子。

【译】　孔子说:"君子不要像一种器具一样〔仅有有限的用途〕。"

【记】　本章记孔子认为君子应当博学。在孔子的心目中,君子是一种完美道德的化身,应当是才德出众的人。君子要有强烈的求知欲,无时无刻不在学习。正如后世俗语所说的:"一物不知,儒者之耻。"教育的目的在于锤炼能力和完善人格,让受教育者找到适合自己的人生道路,并实现其所追寻的人生价值。蔡元培《教育独立议》:"教育是帮助被教育的人,给他能发展自己的能力,完成他的人格,于人类文化上能尽一分子的责任;不是把被教育的人,造成一种特别器具,给抱有他种目的人去应用的。"

2.13　子貢問君子。子曰:"先行其言而後從之〔一〕。"

【注】〔一〕先行其言而后从之:做成了事再说话。朱熹《集注》引周孚先曰:"先行其言者,行之于未言之前;而后从之者,言之于既行之后。"

【译】 子贡向孔子请教如何做一个君子。孔子说:"先实践所要说的话,然后再把话说出来。〔这就算是一个君子了。〕"

【记】 本章记孔子论言与行的关系,是勉励子贡的话。孔子反复强调"慎言"。要做真干实事的君子,而不要做语言的巨人,行动的矮子。这番话是孔子针对子贡能言不能行的缺点而说的。朱熹《集注》引范祖禹曰:"子贡之患,非言之艰而行之艰,故告之以此。"

2.14 子曰:"君子周而不比〔一〕,小人比而不周。"

【注】〔一〕周而不比:"周"是以道义团结,"比"是以利益勾结。何晏《集解》引孔安国曰:"忠信为周,阿党为比。"朱熹《集注》:"周,普遍也。比,偏党也。皆与人亲厚之意,但周公而比私耳。君子小人所为不同,如阴阳昼夜,每每相反。然究其所以分,则在公私之际,毫厘之差耳。故圣人于周比、和同、骄泰之属,常对举而互言之,欲学者察乎两间,而审其取舍之几也。"清·王引之《经义述闻》:"以义合者,周也;以利合者,比也。"参见:"君子和而不同,小人同而不和"(13.23)、"君子矜而不争,群而不党"(15.22)。

【译】 孔子说:"君子是团结在一起而不是勾结;小人是勾结在一起而不是团结。"

【记】 本章是讲君子与小人之别。儒家所谓的小人与君子是道德评判,人格卑鄙的小人与人格高尚的君子形成鲜明对比,并不特指社会上某个阶层。

2.15 子曰:"學而不思則罔〔一〕,思而不學則殆〔二〕。"

【注】〔一〕罔:迷惘,受欺蒙。朱熹《集注》:"不求诸心,故昏而无得。""学而不思"的弊端在于食古不化,把读书人变成沉溺于书籍而缺乏实际知识的书呆子。《孟子·尽心下》:"尽信《书》,不如无《书》。吾于《武成》,取二三策而已矣。"〔二〕殆:疑惑。与"多见阙殆"(2.18)之"殆"同义。清·王引之《经义述闻》:"思而不学,则事无征验,疑而不能定也。"杨伯峻《译注》:"只是空想,却不读书,就会缺乏信心。""思而不学则殆"句参见:"吾尝终日不食,终夜不寝,以

思，无益，不如学也"(15.31)。

【译】 孔子说："只学习不思考，就会受骗上当；只空想不学习，就疑惑不解。"

【记】 本章讲学习与思考两者不可偏废。既要善于独立思考，又要做到认真学习，否则就不会取得理想的学习效果。学习者要避免成为读死书的书呆子和没有实际行动的空想家。书呆子迂腐无能，读书再多又有何用。空想家浮躁不安，走到极端就会沦为思想的疯子。

2.16　子曰："攻乎異端〔一〕，斯害也已〔二〕。"

【注】 〔一〕攻：治（学），专心研习。异端：杂学、邪说。儒家称其他学说、学派为异端。孔子之时还没有诸子百家，但已经存在如老子、少正卯等和孔子相异的言论主张。朱熹《集注》引范祖禹曰："攻，专治也，故治木石金玉之工曰攻。异端，非圣人之道，而别为一端，如杨墨是也。其率天下至于无父无君，专治而欲精之，为害甚矣！"〔二〕斯：此。害：祸害。也已：语气助词。表肯定。这种用法《论语》中多见。

【译】 孔子说："研习异端邪说，这才是祸害啊！"

【记】 本章记孔子认为异端邪说极其有害的。"仁者爱人"(12.22)，但"异端"并不在孔子仁爱的范围之内。对异端，孔子首先考虑采取的是霹雳手段，如《荀子·宥坐》所记"孔子诛少正卯"事。

2.17　子曰："由！誨女知之乎〔一〕？知之爲知之，不知爲不知，是知也〔二〕。"

【注】 〔一〕诲：教导，训诲。女：第二人称代词，后来写作"汝"。〔二〕是：指示代词，指"知之为知之，不知为不知"。知：知道。一说同"智"。《荀子·子道》："子路趋而出，改服而入，盖犹若也。孔子曰：'志之，吾语女。奋于言者华，奋于行者伐，色知而有能者，小人也。故君子知之曰知之，不知曰不知，言之要也；能之曰能之，不能曰不能，行之至也。言要则知，行至则仁。既知且仁，夫恶有不足矣哉！'"据此段，"知"为"智"义。

【译】 孔子说:"由(子路)! 教导你的内容都知道了吧? 知道就是知道,不知道就是不知道,这才是真正的'知道'。"

【记】 本章记孔子认为为人要有老实的态度,反对自欺欺人,不懂装懂。孔子告诫子路承认自己不懂,本身就是要求进步的态度。这番话是孔子针对子路好夸其谈的缺点而说的。朱熹《集注》:"子路好勇,盖有强其所不知以为知者,故夫子告之曰:我教女以知之之道乎! 但所知者则以为知,所不知者则以为不知。如此则虽或不能尽知,而无自欺之蔽,亦不害其为知矣。况由此而求之,又有可知之理乎?"

2.18　子張學干祿〔一〕。子曰:"多聞闕疑〔二〕,慎言其餘,則寡尤〔三〕;多見闕殆〔四〕,慎行其餘,則寡悔。言寡尤,行寡悔,禄在其中矣。"

【注】 〔一〕干禄:求禄位,求仕进。干:请求。禄,古时官吏的俸给。何晏《集解》引郑玄曰:"干,求也。禄,禄位也。"〔二〕闕疑:存疑;遇有疑惑,暂时搁置,不下断语。刘宝楠《正义》:"其义有未明,未安于心者,阙空之也。"〔三〕寡尤:少犯过错。何晏《集解》引包咸曰:"尤,过也。疑则阙之,其余不疑,犹慎言之,则少过。"〔四〕阙殆:与"阙疑"同义。这里的"殆"和上文的"疑"互文见义。王引之《经义述闻·通说上》:"殆犹疑也。谓所见之事若可疑,则阙而不敢行也……后人但知殆训为危,为近,而不知又训为疑,盖古义之失传久矣。"一说不做危险之事。何晏《集解》引包咸曰:"殆,危也。所见危者,阙而不行,则少悔。"

【译】 子张向孔子请教求仕。孔子说:"多听,有疑问之处姑且保留,其余有把握的部分,谨慎地发表意见,这样就能减少错误;多看,有疑问之处姑且保留,其余有把握的部分,谨慎地付诸实施,这样就能减少懊悔。发言错误少,行动懊悔少,官职俸禄就在其中了。"

【记】 本章记孔子教导子张从政的要领在于要有严谨的态度。孔子办私学的目的是培养为统治阶级服务的士,学生学习就是为了"干禄"。他说:"学也,禄在其中矣"(15.32)。孔子为一些出身微贱而有才干的人提供了从政的机会,也在一定限度内实施了他举贤的主张。

2.19　哀公問曰:"何爲則民服?"孔子對曰〔一〕:"舉直錯諸

枉〔二〕,则民服;举枉错诸直,则民不服。"

【注】〔一〕孔子对曰:本章记孔子答复鲁国国君之问。回答尊者的询问不用"曰",一定用"对曰"。此乃《论语》行文体例。朱熹《集注》:"凡君问,皆称孔子对曰者,尊之也。"〔二〕直:正直。这里指正直之人。错:通"措"。放置,安置。诸:代词"之"和介词"于"的合音兼义词。枉:邪曲。与"直"相对,这里指邪曲之人。何晏《集解》引包咸曰:"错,置也。举正直之人用之,废置邪枉之人,则民服其上。"

【译】 鲁哀公问:"怎么做才能使人民服从呢?"孔子回答说:"选用提拔正直的人,把他们放在邪曲的人之上,人民就会服从;选用提拔邪曲的人,把他们放在正直的人之上,人民就不会服从。"

【记】 本章讲当政者赢得人心的要领。孔子认为当政者扶持正气,选贤任能,就能得到人民的拥戴。

2.20 季康子问:"使民敬、忠以劝〔一〕,如之何?"子曰:"临之以庄〔二〕,则敬;孝慈〔三〕,则忠;举善而教不能,则劝。"

【注】〔一〕以:连词。表并列,相当于"和"。劝:勤勉,努力。〔二〕临:莅临。庄,严。何晏《集解》引包咸曰:"庄,严也。君临民以严,则民敬其上。"参见:"不庄以莅之,则民不敬"(15.33)。〔三〕孝慈:对尊长孝敬,对下属或后辈慈爱。何晏《集解》引包咸曰:"君能上孝于亲,下慈于民,则民忠矣。"

【译】 季康子问道:"要使人民恭敬、忠诚和勤勉,应该怎么做呢?"孔子说:"当政者对待人民庄重,人民就会恭敬;当政者孝顺长者、爱抚幼小,人民就会忠诚;提拔贤能之人,教诲无能之人,人民就会勤勉。"

【记】 本章记德政的要领。孔子特别强调当政者的表率作用,认为当政者身体力行,以德治民,就自然能使民风淳朴。

2.21 或谓孔子曰〔一〕:"子奚不为政〔二〕?"子曰:"《书》云:'孝乎惟孝,友于兄弟,施于有政〔三〕。'是亦为政,奚其为为政?"

【注】 〔一〕或：代词。有人，有些人。何晏《集解》引包咸曰："或人以为，居位乃是为政。"朱熹《集注》："定公初年，孔子不仕，故或人疑其不为政也。"〔二〕奚：疑问词。何，为什么。〔三〕所引三句是《尚书》的佚文，后被采入伪古文《尚书·君陈》。施：延及，推及。有政：当政者。"有"为助词，无义。朱熹《集注》："言君陈能孝于亲，友于兄弟，又能推广此心，以为一家之政。孔子引之，言如此，则是亦为政矣，何必居位乃为为政乎？盖孔子之不仕，有难以语或人者，故托此以告之。要之至理亦不外是。"

【译】 有人对孔子说："先生为什么不从事政治？"孔子说："《尚书》上说：'孝是什么？孝顺父母，友爱兄弟，以此影响当政者。'这也就是从事政治了，为什么一定要当官才算从事政治呢？"

【记】 本章记孔子家国一体的伦理哲学和政治理论。孔子主张"为政以德""道之以德"。国是家的扩大，治国和治家的道理是相通的。孔子认为推行礼治即是为政。不在位者笃行道德，必将影响在位者以道德治国。"修齐治平"（修身、齐家、治国、平天下）即是对本章的发挥。《礼记·大学》："古之欲明明德于天下者，先治其国；欲治其国者，先齐其家，欲齐其家者，先修其身。"

2.22 子曰："人而无信〔一〕，不知其可也。大車無輗〔二〕，小車無軏〔三〕，其何以行之哉？"

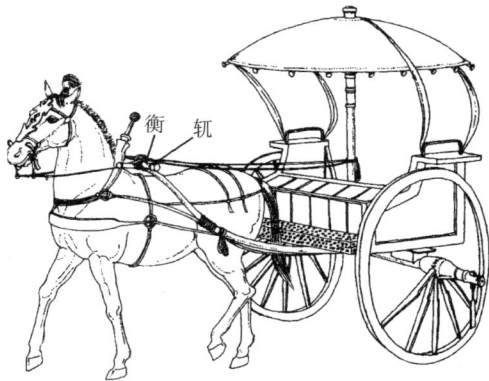

衡　軏

【注】 〔一〕而：表假设。犹如果。〔二〕大车：古代用牛拉的车。輗（ní）：大车辕端与横木相接处的插销。何晏《集解》引包咸曰："大车，牛车。輗者，辕端横木，以缚轭。"朱熹《集注》："大车，谓平地任载之车。輗，辕端横木，缚轭以驾牛者。"〔三〕小车：古代用马拉的车。軏（yuè）：小车辕端与横木相接处的插销。何晏《集解》引包咸曰："小车，驷马车。軏者，辕端上

曲钩衡。"朱熹《集注》："小车,谓田车、兵车、乘车。轩,辕端上曲,钩衡以驾马者。车无此二者,则不可以行,人而无信,亦犹是也。"只有把牲口套在车辕上,牛、马才能拉车。车辕前面有一道横木,大车上的叫做輗,小车上的叫做衡。鬲、衡两头都有关键(活销),这就是輗和軏。輗和軏的作用就是把车子和牲口连在一起。车子没有这个关键,无法套住牲口,当然就不能行走了。

【译】 孔子说:"人如果不讲诚信,不知道怎么可以立身处世。好比大车没有安装辕端连接横木的輗,小车没有安装辕端连接横木的軏,车子将靠什么来行驶呢?"

【记】 本章记孔子认为信这种道德是立身处世的根本。一个人如果不讲诚信,那将在社会上寸步难行,就像没有輗、軏的车子一样。

2.23　子張問:"十世可知也〔一〕?"子曰:"殷因於夏禮,所損益〔二〕,可知也;周因於殷禮〔三〕,所損益,可知也。其或繼周者,雖百世〔四〕,可知也。"

【注】〔一〕十世可知也:主语省略。据下文,子张所问的当是十世的礼仪制度。〔二〕殷:亦名商。上古朝代名。商王盘庚于公元前 14 世纪中叶从奄(今山东曲阜)迁都殷(今河南安阳),后世因称商为殷。从公元前 17 世纪商汤灭夏后建立国家,至公元前 11 世纪商王纣被周武王带领西南各族攻灭,共传十七世,三十一王,历时六百年左右。商为当时世界上的文明大国。整个商代亦称为商殷或殷商。因:因袭、承袭。夏:上古朝代名,即夏后氏。相传为禹子启所创立的中国历史上的第一个王朝。建都安邑(今山西省夏县北)。其统治时间约从公元前 23 世纪或前 22 世纪(一说公元前 21 世纪)至公元前 17 世纪,近五百年左右。夏代的世系,从夏禹建国到夏桀被商汤所灭,共传十四世,十七王。损益:减少和增加,指量的变化,不是质的变化。〔三〕周:上古朝代名。公元前 11 世纪周武王伐纣灭商后建立的中国统一王朝。建都于镐(今陕西长安沣河以东)。公元前 771 年申侯联合犬戎攻杀周幽王。次年周平王东迁到洛邑(今河南洛阳)。历史上称平王东迁以前为西周,以后为东周。东周又可分为春秋和战国两个时期。公元前 256 年为秦所灭。共历三十四王,八百余年。〔四〕百世:世世代代。指非常久远的岁月。何晏《集解》："物类相召,世数相生,其变有常,故可预知。"

【译】 子张问道:"十世以后的情况可以知道吗?"孔子说:"殷代沿袭夏代的礼仪制度,增减之处可得而知;周代沿袭殷代的礼仪制度,增减之处可得而知。

如果周代的礼仪制度得到继承，即使是百世以后也是可以预先知道的。"

【记】 本章记孔子预言完美无缺的周礼必将流传百世。孔子非常推崇周礼，终生向往文武之治的周代盛世。参见："周监于二代，郁郁乎文哉"(3.14)、"齐一变，至于鲁。鲁一变，至于道"(6.24)、"久矣吾不复梦见周公"(7.5)。孔子教导子张要从典制沿革的角度预见未来，这又有"告诸往而知来者"(1.15)的意思。

2.24 子曰："非其鬼而祭之〔一〕，谄也〔二〕。见义不为，无勇也。"

【注】 〔一〕鬼：古人认为人死后魂灵不灭，称之为鬼。这里是指已死的祖先，与天神、地祇并称。祭鬼的目的是祈福。何晏《集解》引郑玄曰："人神曰鬼。非其祖考而祭之者，是谄求福。"刘宝楠《正义》："非其鬼为非祖考。"古人的宗法观念反映在祭礼上，就形成了反对"淫祀"(不合礼制的祭祀)的传统。《左传·僖公十年》："神不歆非类，民不祀非族。"《礼记·曲礼下》："非其所祭而祭之，名曰淫祀。淫祀无福。"〔二〕谄(chǎn)，谄媚，献媚，奉承。朱熹《集注》："谄，求媚也。"

【译】 孔子说："不是自己的祖先却去祭祀他，这是谄媚。遇见应该挺身而出的正义的事却不去做，这是怯懦胆小。"

【记】 本章是讲处世的中庸之道。儒家讲究处事要做到无过无不及。这里孔子随手各举了一个例子。无过：祭祀要合礼，不要淫祀("非其鬼而祭之")；无不及：要见义勇为，不要无勇("见义不为")。

八佾篇第三

【题解】 《八佾篇》共26章。

《八佾篇》各章均与礼乐相关。所涉及的礼乐有:祭礼、射礼、禘礼、三代之礼、告朔之礼、事君之礼、社礼等。孔子主张以礼治国,以乐化民。邢昺《注疏》:"前篇论为政,为政之善莫善礼乐。礼以安上治民,乐以移风易俗。得之则安,失之则危。故此篇论礼乐得失也。"朱熹《集注》:"通前篇(《为政篇》)末二章,皆论礼乐之事。"

出自本篇的名言或成语有:是可忍孰不可忍、绘事后素、入太庙、每事问、乐而不淫、哀而不伤、成事不说、遂事不谏、既往不咎、天将以夫子为木铎、尽善尽美等。

3.1 孔子謂季氏〔一〕:"八佾舞於庭〔二〕,是可忍也〔三〕,孰不可忍也?"

【注】 〔一〕季氏:季孙氏。朱熹《集注》:"季氏,鲁大夫季孙氏也。"但具体是何人,已不可考。杨伯峻《译注》:"根据《左传》昭公二十五年的记载和《汉书·刘向传》,这季氏可能是指季平子,即季孙意如。据《韩诗外传》,似以为季康子,马融注则以为季桓子,恐皆不足信。"谓:评论。何晏《集解》:"谓者,评论之称。"〔二〕佾(yì):古代乐舞的行列。朱熹《集注》:"季氏,鲁大夫季孙氏也。佾,舞列也,天子八、诸侯六、大夫四、士二。每佾人数,如其佾数。或曰:'每佾八人。'未详孰是。"八佾:亦作"八溢",亦作"八羽"。周代天子用的一种乐舞。舞队由纵横各八人,共六十四人组成。按照古礼,天子用八佾,诸侯用六佾,大夫用四佾。季氏应该用四佾,却用了八佾。孔子反对季氏的僭越,故有此论。《左传》记有季平子挪用鲁公舞队跳《万》舞的

31

事,可参看。《左传·昭公二十五年》:"将禘于襄公,万者二人,其众万于季氏。臧孙曰:'此之谓不能庸先君之庙。'大夫遂怨(季)平子。"〔三〕忍:忍心,狠心;能硬着心肠(做不忍做的事)。一说容忍、忍耐。朱熹《集注》:"季氏以大夫而僭用天子之乐,孔子言其此事尚忍为之,则何事不可忍为。或曰:'忍,容忍也。'盖深疾之之辞。"季平子为人跋扈,赶走鲁昭公,执政专权,俨然鲁国君主。在儒者看来,季平子就是个忍心之人。

【译】　孔子谈到季氏,说:"他用天子礼仪规格的八列舞队在庭院中奏乐舞蹈,如果这种事都可以狠心做出来的话,还有什么事是不可以狠心做出来呢?"

【记】　本章记孔子批评鲁国权臣政治。礼坏乐崩,向来是统治衰微的象征。通过这一番话,孔子对权臣季氏的僭越表达了强烈不满。

3.2　三家者以《雍》徹〔一〕。子曰:"'相維辟公〔二〕,天子穆穆',奚取於三家之堂?"

【注】　〔一〕家:卿大夫的采地食邑。卿大夫也称家。三家:鲁国当政的三卿:孟孙氏、叔孙氏、季孙氏。因三家皆为鲁桓公(公元前711—前694年在位)之后,故又称为"三桓"。朱熹《集注》:"三家,鲁大夫孟孙、叔孙、季孙之家也。"《雍》:也写作《雝》,一般认为,它就是《诗·周颂·雝》。《雝》本是祭文王的诗。《毛诗序》:"《雝》,禘大祖也。"郑玄注:"大祖,谓文王。"后来成为周天子祭祀宗庙后撤去祭品时所唱的乐歌。彻(徹):通"撤"。撤除,撤去。这里指撤除祭品。朱熹《集注》:"《雍》,《周颂》篇名。彻,祭毕而收其俎也。天子宗庙之祭,则歌《雍》以彻,是时三家僭而用之。"〔二〕相(xiàng):助祭者。辟公:诸侯。相维辟公,天子穆穆:助祭人是诸侯王公,周天子端庄静穆。朱熹《集注》:"相,助也。辟公,诸侯也。穆穆,深远之意,天子之容也。此《雍》诗之辞,孔子引之,言三家之堂非有此事,亦何取于此义而歌之乎?讥其无知妄作,以取僭窃之罪。"

【译】　仲孙、叔孙、季孙三家,祭祖时唱着《雍》诗来撤除祭品。孔子说:"《雍》诗云:'助祭的是诸侯王公,天子肃穆地在主祭',这两句歌辞哪里适用于三家祭祖的厅堂呢?"

【记】　本章又记孔子批评礼坏乐崩的鲁国政治。斥责三家权臣,意与3.1同。

3.3 子曰：“人而不仁〔一〕，如禮何？人而不仁，如樂何〔二〕？”

【注】〔一〕而：若，如果。朱熹《集注》引李郁曰：“礼乐待人而后行，苟非其人，则虽玉帛交错，钟鼓铿锵，亦将如之何哉？”〔二〕如礼何、如乐何：何晏《集解》引包咸曰：“言人而不仁，必不能行礼乐。”

【译】孔子说：“人如果不仁，怎样来对待礼呢？人如果不仁，怎样来对待乐呢？”

【记】本章讲仁是礼乐的根本，礼乐和仁是表里关系。孔子原本希望用仁这种伦理道德来充实作为社会准则的礼，使礼具有真情实感，从而得到全社会普遍的自觉遵守。本篇第 1 章记孔子评季氏“八佾舞于庭”，第 2 章记孔子评“三家者以《雍》彻”，都是在批评三桓僭越礼乐。如果依这样的逻辑忖度本篇编者安排章次的用心，那么本章的感叹也应当是针对鲁国公族僭越礼乐的行为而发的。皇侃《义疏》：“此章亦为季氏出也。”朱熹《集注》：“然记者序此于八佾、《雍》彻之后，疑其为僭礼乐者发也。”

3.4 林放問禮之本。子曰：“大哉問〔一〕！禮，與其奢也，寧儉〔二〕；喪，與其易也〔三〕，寧戚〔四〕。”

【注】〔一〕大哉问：是说能从大处提问，所问问题意义重大。朱熹《集注》：“孔子以时方逐末，而放独有志于本，故大其问。盖得其本，则礼之全体无不在其中矣。”〔二〕俭：节俭，节省。此处指简陋。参见：“俭则固”(7.36)。〔三〕易：整治，办妥。这里指把丧事办得仪文周到。朱熹《集注》：“易，治也。《孟子》曰：‘易其田畴。’在丧礼，则节文习熟，而无哀痛惨怛之实者也。”〔四〕戚：悲哀。朱熹《集注》：“戚则一于哀，而文不足耳。礼贵得中，奢易则过于文，俭戚则不及而质，二者皆未合礼。然凡物之理，必先有质而后有文，则质乃礼之本也。”孔子主张中庸，任何感情都不可过分。哀伤过分也于礼不合，所以孔子讲究“哀而不伤”(3.20)，子游也说：“丧致乎哀而止”(19.14)。《礼记·檀弓上》：“子路曰：‘吾闻诸夫子：丧礼，与其哀不足而礼有余也，不若礼不足而哀有余也。祭礼，与其敬不足而礼有余也，不若礼不足而敬有余也。’”可与此章互参。

【译】林放问礼的本质。孔子说：“你的问题意义重大啊！就一般礼仪而言,与其奢侈,宁可简陋;就丧礼而言,与其仪文周到,宁可悲哀过度。"

【记】 本章记孔子认为礼的本质比形式更重要。孔子为救当时礼仪沦为形式之偏,甚至不惜放弃中庸,在内容上矫枉过正走极端。

3.5 子曰:"夷狄之有君〔一〕,不如诸夏之亡也〔二〕。"

【注】 〔一〕夷狄:古称东方部族为夷,北方部族为狄。常用以泛称除华夏族四境未开化的少数部族国家。他们经济、文化比较落后,为中原人所轻视。〔二〕诸夏:周代分封在华夏(中原)的诸侯国众多,故称为"诸夏"。泛指中原各国。亡:同"无"。何晏《集解》引包咸曰:"诸夏,中国。亡,无也。"朱熹《集注》引程子曰:"夷狄且有君长,不如诸夏之僭乱,反无上下之分也。"又引尹焞曰:"孔子伤时之乱而叹之也。亡,非实亡也,虽有之,不能尽其道尔。"杨伯峻《译注》照本句字面译为:"文化落后的国家虽然有君主,还不如中国没有君主哩。"又,杨伯峻《译注》引杨树达《论语疏证》:"夷狄有君指楚庄王、吴王阖庐等。君是贤明之君。句意是夷狄还有贤明之君,不像中原诸国却没有。"此说亦通。

【译】 孔子说:"连文化落后的夷狄都有君主,不像中国的君主已经名存实亡了。"

【记】 本章记孔子慨叹中原礼法崩坏的时局,引夷狄作比,深愧不如。当时乱臣贼子横行,僭越礼法,致使诸夏君主形同虚设。

3.6 季氏旅於泰山〔一〕。子謂冉有曰:"女弗能救與〔二〕?"對曰:"不能。"子曰:"嗚呼〔三〕! 曾謂泰山不如林放乎〔四〕?"

【注】 〔一〕旅:动词,陈列祭品而祭。《周礼·春官·大宗伯》:"国有大故,则旅上帝及四望。"郑玄注:"旅,陈也,陈其祭事以祈焉。"泰山:山名。在山东省中部。古称东岳,为五岳之一。《礼记·曲礼下》:"天子祭天地,祭四方,祭山川,祭五祀(即祭祀门、户、中霤、灶、行五种神),岁遍。诸侯方祀。祭山川,祭五祀,岁遍。大夫祭五祀,岁遍。士祭其先。"据此,只有天子和鲁君才有资格祭祀泰山。鲁国大夫季氏只应祭五祀,他祭祀泰山是"僭礼"的行为。何晏《集解》引马融曰:"旅,祭名也。礼,诸侯祭山川在其封内者。今陪臣祭泰山,非礼也。"〔二〕女:通作"汝"。你。救:制止,阻止。何晏《集解》引马融曰:"冉有,弟子冉求,时仕于季氏。救,犹止也。"孔子学生冉求当时仕于季氏,所以孔子责备他。〔三〕嗚呼:亦作"嗚乎"。叹

词。表示悲伤。朱熹《集注》："呜呼，叹辞。"〔四〕曾（céng）：乃、竟。"曾谓"句：受祭的泰山一定比林放懂得礼仪，必将拒绝这种非礼的祭祀。也就是说季氏祭泰山是徒劳的。朱熹《集注》："言神不享非礼，欲季氏知其无益而自止，又进林放以厉冉有也。"

【译】 季氏将要去祭祀泰山。孔子对冉有说："你不能阻止吗？"冉有答道："不能。"孔子说："哎呀！你们竟以为泰山之神还不如林放懂得礼吗？"

【记】 本章记孔子反对季氏僭礼祭泰山。孔子曾称赞楚昭王守三代古礼不祭黄河，正与本章形成对照。《左传·哀公六年》："初，昭王有疾。卜曰：'河为祟。'王弗祭。大夫请祭诸郊，王曰：'三代命祀，祭不越望。江、汉、睢、漳，楚之望也。祸福之至，不是过也。不谷虽不德，河非所获罪也。'遂弗祭。孔子曰：'楚昭王知大道矣！其不失国也，宜哉！《夏书》曰："惟彼陶唐，帅彼天常，有此冀方。今失其行，乱其纪纲，乃灭而亡。"又曰："允出兹在兹。"由己率常，可矣。'"

3.7 子曰："君子無所爭〔一〕。必也射乎〔二〕！揖讓而升〔三〕，下而飲。其爭也君子〔四〕。"

【注】 〔一〕君子无所争：何晏《集解》引孔安国曰："言于射而后有争。"〔二〕射：射箭。古代重武习射，常举行隆重的射礼。射礼有大射、宾射、燕射、乡射等。将祭择士为大射；诸侯来朝或诸侯相朝而射为宾射；宴饮之射为燕射；卿大夫举士后所行之射为乡射。《仪礼·乡射礼》与《仪礼·大射》即叙述乡射礼和大射仪中的各种礼制仪节。〔三〕揖让：作揖谦让。为古代宾主相见的礼节。〔四〕其争也君子：登堂而射，射后计算谁中靶多，中靶少的不胜者被罚饮酒。朱熹《集注》："揖让而升者，大射之礼，耦进三揖而后升堂也。下而饮，谓射毕揖降，以俟众耦皆降，胜者乃揖不胜者，升，取觯立饮也。言君子恭逊不与人争，惟于射而后有争。然其争也，雍容揖逊乃如此，则其争也君子，而非若小人之争矣。"参见："君子矜而不争"（15.22）。

【译】 孔子说："君子没有什么可争的事情，如果有所争，那一定是举行射礼竞赛的时候吧！那时节，相互作揖谦让后登堂；〔射箭完毕，〕走下堂来，然后又〔互相作揖〕饮酒。那种竞争是君子之争。"

【记】 本章记孔子赞美射礼中的君子风度。孔子善射，造诣颇深。《礼记·射义》："孔子射于矍相之圃，盖观者如堵墙。"在孔子的教育实践中，礼、射诸教，往往是相互渗透、结合进行的。孔子在本章教导学生:比射时既要力争胜利,又要讲究礼让。参本篇 3.16。

3.8　子夏问曰:"'巧笑倩兮[一],美目盼兮[二],素以爲绚兮[三]。'何谓也?"子曰:"繪事後素[四]。"

曰:"禮後乎[五]?"子曰:"起予者<u>商</u>也[六]! 始可與言《詩》已矣。"

【注】〔一〕倩(qiàn):笑靥美好,即面容姣好。《诗·卫风·硕人》:"巧笑倩兮,美目盼兮。"《毛传》:"倩,好口辅。"孔颖达疏:"以言巧笑之状。"兮(xī):古代韵文中的助词。用于句中或句末,表示停顿或感叹。与现代的"啊"相似。〔二〕盼:眼睛黑白分明。《诗·卫风·硕人》:"巧笑倩兮,美目盼兮。"一本作"盻"。《毛传》:"盼,白黑分。"〔三〕绚(xuàn),有文采,色彩华丽。何晏《集解》:"绚,文貌。"朱熹《集注》:"素,粉地,画之质也。绚,采色,画之饰也。言人有此倩盼之美质,而又加以华采之饰,如有素地而加采色也。子夏疑其反谓以素为饰,故问之。"以上这三句诗,前两句见于《诗·卫风·硕人》,后一句不见于今本《诗经》,第三句也许是佚句。王先谦《三家诗义集疏》认为"素以为绚兮"应在先秦时鲁国人所传之《诗》中,与毛《诗》版本不同。〔四〕绘事后素:据郑玄的解释,是指在绘画时,先布众色,然后以白或另一种颜色分布其间,以形成统一的色彩效果。而据朱熹的解释,是先有白色底子的良好质地以后,才能进行彩绘修饰。在《考工记》中,则称"凡画绘之事后素功",是古人总结的对色彩规律的认识和运用经验。朱熹《集注》:"绘事,绘画之事也。后素,后于素也。《考工记》曰:'绘画之事后素功。'谓先以粉地为质,而后施五采,犹人有美质,然后可加文饰。"孔子以绘事后素比喻礼乐产生于仁义之后。〔五〕礼后:礼在仁之后。何晏《集解》引孔安国曰:"孔子言绘事后素,子夏闻而解,知以素喻礼,故曰礼后乎。"参见:"人而不仁,如礼何"(3.3)、"文之以礼乐"(14.12)、"礼云礼云,玉帛云乎哉"(17.11)。〔六〕起:启发。予,我。何晏《集解》引包咸曰:"予,我也。孔子言,子夏能发明我意,可与共言《诗》。"

【译】　子夏问道:"'微笑的面容倩丽动人啊,美丽的眼睛黑白分明啊,在洁白的底子上绘上绚丽的色彩啊。'这几句诗是什么意思呢?"孔子说:"先以白色打底子,然后再上颜色。"

子夏说:"那么,礼是不是居于〔仁〕之后呢?"孔子说:"启发我的是卜商啊!从此可以跟你谈《诗》了。"

【记】　本章记孔子与子夏谈《诗》,师生彼此启发。孔子既强调仁才是礼的本质，又重视礼的形式之美。这一章是孔门附会解《诗》的典型例子。孔子向弟子讲授《诗》，有很强的德育目的性，总是不满足于解说《诗》之本义，常常借题发挥，从中引出一些道德训诫。

3.9　子曰："夏禮，吾能言之，杞不足徵也〔一〕；殷禮，吾能言之，宋不足徵也〔二〕。文獻不足故也〔三〕。足，則吾能徵之矣。"

【注】〔一〕杞(qǐ)：周代诸侯国名。公元前11世纪武王伐纣后，封夏禹后代东楼公于杞，称杞国。公元前445年灭于楚。初在今河南杞县，其后因为国家弱小，屡迁至今山东安丘东北。徵(征)：证明，证验。朱熹《集注》："杞，夏之后。宋，殷之后。征，证也。"〔二〕宋：周代诸侯国名。子姓。周武王灭商后，封商王纣子武庚于商旧都(今河南商丘)。周成王时，武庚叛乱，被杀，又以其地封与纣的庶兄微子启，号宋公，为宋国。战国初年曾迁都彭城(今江苏徐州)。公元前286年为齐所灭。辖地在今河南东部及山东、江苏、安徽交界处。〔三〕文献：文指有关典章制度的资料典籍，献指贤才，即通晓掌故的人。朱熹《集注》："文，典籍也。献，贤也。言二代之礼，我能言之，而二国不足取以为证，以其文献不足故也。文献若足，则我能取之，以证吾言矣。"

【译】　孔子说："夏代的礼，我能讲得出，但是夏代王室后裔所建立的杞国不足以为证；殷代的礼我能讲得出，但是殷代王室后裔所建立的宋国不足以为证。这是因为两国的典籍和贤才都不够用的缘故，如果够用，那么我就能借以证明了。"

【记】　本章记孔子谈夏、商两代古礼的传承情况。由于杞、宋两国的典籍和贤才都已经不多，夏、商之礼当时已濒临失传。

3.10　子曰："禘自既灌而往者〔一〕，吾不欲观之矣。"

【注】〔一〕禘(dì)：禘礼是只有天子才能举行的一种极为隆重的大祭之礼，即将诸庙之祖合祭于始祖庙(即太庙)。《尔雅·释天》："禘，大祭也。"本来只有周天子才有权行禘祭礼。但周成王曾因为周公旦的巨大功勋，特许他举行禘祭。鲁国之君都沿此惯例。《礼记·礼运》："孔子曰：'於呼，哀哉！我观周道，幽、厉伤之。吾舍鲁何适矣！鲁之郊、禘，非礼也，周公其衰矣。'"郊、禘之礼，只有天子才能举行，鲁国虽有特权，但终是僭行天子之礼，故孔子仍斥之为"非礼"，不忍卒观。朱熹《集注》引赵伯循曰："禘，王者之大祭也。王者既立始祖之庙，又推

始祖所自出之帝,祀之于始祖之庙,而以始祖配之也。成王以周公有大勋劳,赐鲁重祭。故得禘于周公之庙,以文王为所出之帝,而周公配之,然非礼矣。"灌:本作"祼",古代祭祀的一种仪式。斟香酒灌地以求神降临。古人以天为阳,以地为阴。周人先求于阴,因此在祭祀开始时先行灌礼。古人用活人(一般为幼小男女)代受祭者,这样的人便叫"尸"。禘祭共向尸献酒九次,第一次献酒给尸,使他(她)闻到"郁鬯"(一种配合香料煮成的酒)的香气,叫做祼。何晏《集解》引孔安国曰:"灌者,酌郁鬯灌于太祖,以降神也。"朱熹《集注》:"灌者,方祭之始,用郁鬯之酒灌地,以降神也。鲁之君臣,当此之时,诚意未散,犹有可观,自此以后,则浸以懈怠而无足观矣。盖鲁祭非礼,孔子本不欲观,至此而失礼之中又失礼焉,故发此叹也。"

【译】 孔子说:"禘祭中从第一次献酒以后的仪式,我就不想再观看下去了。"

【记】 本章记孔子感叹鲁国禘祭的非礼。

3.11 或問禘之説〔一〕。子曰:"不知也〔二〕。知其説者之於天下也,其如示諸斯乎!"指其掌。

【注】 〔一〕说:说法,理论,道理。〔二〕不知也:鲁国举行禘祭,是僭行天子之礼,是完全不合礼法的,但孔子为尊者讳,不想批评鲁君。何晏《集解》引孔安国曰:"答以不知者,为鲁讳。"朱熹《集注》:"先王报本追远之意,莫深于禘。非仁孝诚敬之至,不足以与此,非或人之所及也。而不王不禘之法,又鲁之所当讳者,故以不知答之。"

【译】 有人向孔子请教关于禘祭的说法。孔子说:"不知道啊。知道禘祭原委的人,对于了解天下事来说,或许能像把它们展现在这里一样清楚吧?"一边说,一边指着自己的手掌。

【记】 本章记孔子讳言鲁君僭用禘礼。

3.12 祭如在〔一〕,祭神如神在。子曰:"吾不與祭,如不祭〔二〕。"

【注】 〔一〕祭:祭鬼,祭去世的祖先。"祭鬼"与下句"祭神"对举。朱熹《集注》引程子曰:

"祭,祭先祖也。祭神,祭外神也。祭先主于孝,祭神主于敬。"在《礼记》中有与"祭如在"相类似的说法。君子被要求在祭祀时神情要严肃,如同看见了所祭之人一般。《礼记·玉藻》:"凡祭,(君子)容貌颜色如见所祭者。"孝子祭祀之日当有思念亲人之心。亲人虽逝,音容宛在。《礼记·祭义》:"祭之日,入室僾然必有见乎其位,周还出户肃然必有闻其容声,出户而听忾然必有闻其叹息之声。是故,先王之孝也,色不忘乎目,声不绝乎耳,心志嗜欲不忘乎心。致爱则存,致悫则著,著存不忘乎心,夫安得不敬乎?"〔二〕与(yù):参与。吾不与祭,如不祭:孔子有时因故不能亲自参加祭祀,就委托他人代祭。但孔子仍因没有亲自到场向祖先致敬,感到歉意,所以说"如不祭"。朱熹《集注》:"言己当祭之时,或有故不得与,而使他人摄之,则不得致其如在之诚。故虽已祭,而此心缺然,如未尝祭也。"据礼,祭祀可以使人代理。《礼记·祭统》:"是故君子之祭也,必身亲莅之,有故则可使人也。"可能当时使人摄祭敷衍了事的情况较多,孔子故有此叹。

【译】 祭祀祖先就如同祖先真在跟前一样,祭祀神就如同神真在跟前一样。孔子说:"我没有亲自参加祭祀,就如同不曾祭祀一样。"

【记】 本章强调祭祀时态度要敬诚。在祭祀中表达虔诚的心意比祭祀仪式本身更重要。鲁迅据本章认为孔子不信鬼神。"孔丘先生确是伟大,生在巫鬼势力如此旺盛的时代,偏不肯随俗谈鬼神;但可惜太聪明了,'祭如在祭神如神在',只用他修《春秋》的照例手段以两个'如'字略寓'俏皮刻薄'之意,使人一时莫明其妙,看不出他肚皮里的反对来。他肯对子路赌咒,却不肯对鬼神宣战,因为一宣战就不和平,易犯骂人——虽然不过骂鬼——之罪。"(鲁迅:《再论雷峰塔的倒掉》)

3.13 王孙贾问曰:"与其媚于奥,宁媚于灶〔一〕,何谓也?"子曰:"不然;获罪于天,无所祷也〔二〕。"

【注】 〔一〕媚:逢迎取悦,巴结。奥:室内西南角。因是祭祀设神主或尊长居坐之处,所以奥是屋内最尊贵的处所。古人认为其处有神,地位比较尊贵。灶(竈):煮饭的灶头。这里指供奉于灶上的灶神。古人祭五祀(即祭祀门、户、中霤、灶、行五种神),灶神即是其中的一位神。灶神虽然不及奥神地位尊贵,但是却掌握着一家的祸福财气。"与其"二句可能是当时的俗语。朱熹《集注》:"王孙贾,卫大夫。媚,亲顺也。室西南隅为奥。灶者,五祀之一,夏所祭也。凡祭五祀,皆先设主而祭于其所,然后迎尸而祭于奥,略如祭宗庙之仪。如祀灶,则设主于灶陉,祭毕,而更设馔于奥以迎尸也。故时俗之语,因以奥有常尊,而非祭之主;灶虽卑贱,而当时用事。喻自结于君,不如阿附权臣也。贾,卫之权臣,故以此讽孔子。"〔二〕"获罪"二

句:王孙贾和孔子都用比喻隐语问答,现在已经无法确知他们的本意。杨伯峻《译注》:"有人说,奥是一室之主,比喻卫君,又在室内,也可以比喻卫灵公的宠姬南子;灶则是王孙贾自比。这是王孙贾暗示孔子,'你与其巴结卫公或者南子,不如巴结我。'因此孔子答复他:'我若做了坏事,巴结也没有用处,我若不做坏事,谁都不巴结。'又有人说,这不是王孙贾暗示孔子的话,而是请教孔子的话。奥指卫君,灶指南子、弥子瑕,位职虽低,却有权有势。意思是说,'有人告诉我,与其巴结国君,不如巴结有势力的左右像南子、弥子瑕。你以为怎样?'孔子却告诉他:'这话不对;得罪了上天,那无所用其祈祷,巴结谁都不行。'我以为后一说比较近情理。"

【译】 卫灵公的大臣王孙贾问道:"'与其巴结奥神,不如巴结灶神',这两句话是什么意思?"孔子说:"不对;若是得罪了上天,那就没有什么神可以祈祷的了。"

【记】 本章记王孙贾与孔子的隐语问答。王孙贾暗示孔子应该讨好权贵,孔子回答说任何权贵的势力都是暂时的,只是天是万物的最高主宰,反映了他以上天为至尊神的鬼神观念。

3.14 子曰:"周監於二代[一],郁郁乎文哉[二]!吾從周。"

【注】 〔一〕监:通"鉴",借鉴;参考。二代:指周之前的夏、商二代。朱熹《集注》:"监,视也。二代,夏商也。言其视二代之礼而损益之。"〔二〕郁郁:文采盛貌。邢昺《注疏》:"郁郁,文章貌。"文:此指礼乐制度。《论语·子罕》:"文王既没,文不在兹乎?"(9.5)朱熹《集注》:"道之显者谓之文,盖礼乐制度之谓。"孔子认为周礼集夏商二代古礼之大成。参见:"周因于殷礼"(2.23)。

【译】 孔子说:"周代借鉴了夏、商两代,多么丰富的礼仪制度啊!我遵循周代的。"

【记】 本章记孔子赞叹完美的周代礼制。孔子把礼视为维护等级社会的重要手段,也是区别华、夷的标志。周礼因革于夏礼和殷礼,最为完备。孔子的终生理想就是复兴周礼。

3.15 子入太廟[一],每事問。或曰:"孰謂鄹人之子知禮乎[二]?入太廟,每事問。"子聞之,曰:"是禮也[三]。"

【注】〔一〕太庙:古称开国之君为太祖,称太祖之庙为太庙。周公旦为鲁国最初受封之君,因之鲁国的太庙就是周公庙。何晏《集解》引包咸曰:"太庙,周公庙。孔子仕鲁,鲁祭周公而助祭也。"〔二〕鄹(zōu),又作郰,地名。春秋鲁地,孔子的故里,在今山东曲阜东南。《史记·孔子世家》:"孔子生鲁昌平乡郰邑"孔子父亲叔梁纥曾经作过鄹大夫,因而称之为"鄹人"。《左传·襄公十年》:"县门发,郰人纥抉之以出门者。"杜预注:"纥,郰邑大夫,仲尼父叔梁纥也。郰邑,鲁县东南莝城是也。"孔颖达疏云:"纥为郰邑大夫,公邑大夫,皆以邑名冠之,呼为某人。""鄹人之子"即是孔子。何晏《集解》引孔安国曰:"鄹,孔子父叔梁纥所治邑。时人多言孔子知礼,或人以为,知礼者不当复问。"〔三〕是礼也。何晏《集解》引孔安国曰:"虽知之,当复问,慎之至也。"朱熹《集注》:"孔子言是礼者,敬谨之至,乃所以为礼也。尹氏曰:'礼者,敬而已矣。虽知亦问,谨之至也,其为敬莫大于此。谓之不知礼者,岂足以知孔子哉?'"

【译】 孔子进太庙,每件事都要问一问。有人便说:"谁说鄹人叔梁纥的儿子懂得礼呢?他到了太庙,每件事都要问一问。"孔子听到这话后,说:"这正是礼。"

【记】 本章记孔子仕鲁后初入太庙助祭之事。

3.16 子曰:"射不主皮〔一〕,爲力不同科〔二〕,古之道也。"

【注】〔一〕射不主皮:谓射箭重在中与不中,不以射穿皮侯为主。皮:指箭靶子。古代的箭靶称"侯"。布制的画有兽形的箭靶称"布侯",以兽皮为饰的箭靶叫"皮侯"。侯的主体部分谓之侯中,也单称"中"。侯中的中心部分谓之"鹄",以兽皮为之;鹄中有"正",也就是靶心,以彩色之布为之。古代之射有两种:一是习武之射,其所张侯为皮侯,以射中且矢贯皮革为优,即所谓"主皮"。二为如乡射礼的习礼之射,其所张侯为布侯,其目的在于习礼,而不以射中为优。孔子在这里所讲的射应该是习礼之射,而不是军中习武之射,因此以中不中为主,不以射穿皮侯与否为主。朱熹《集注》:"'射不主皮',《乡射礼》文。为力不同科,孔子解礼之意如此也。皮,革也,布侯而栖革于其中以为的,所谓鹄也。"〔二〕为:因为。同科:犹同等。何晏《集解》引马融曰:"为力,力役之事。亦有上中下,设三科焉,故曰不同科。"朱熹《集注》:"科,等也。古者射以观德,但主于中,而不主于贯革,盖以人之力有

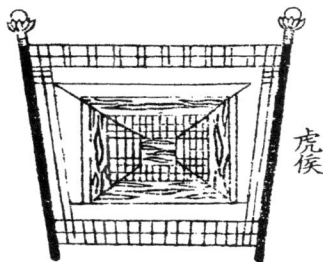

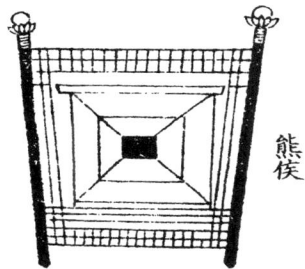

虎侯

熊侯

皮 侯

强弱,不同等也。《记》曰:'武王克商,散军郊射,而贯革之射息。'正谓此也。"

【译】 孔子说:"射礼的比箭不以穿透皮靶子为主,因为各人的力气大小不相同,这是古时的规则。"

【记】 本章记孔子谈射礼中"射不主皮"的古礼。孔子这番话应当还是针对当时礼坏乐崩的时局所发的感慨。朱熹《集注》:"周衰,礼废,列国兵争,复尚贯革,故孔子叹之。"在孔子的教育实践中,礼、射诸教,往往是相互渗透、结合进行的。参本篇 3.7。

3.17　子貢欲去告朔之餼羊〔一〕。子曰:"賜也! 爾愛其羊〔二〕,我愛其禮。"

【注】 〔一〕告朔:这里指诸侯每月告朔之礼。周制,天子于每年季冬把来年的历书颁发给诸侯,历书规定了有无闰月及每月初一的日子,这叫做"颁告朔",或只称"告朔"。诸侯拜受,将历书藏于祖庙,每月朔日(初一日),以活羊祭告于庙,这叫做"告朔"或"告月"。祭告祖庙后,在太庙听政,称"视朔"或"听朔"。在礼坏乐崩的大形势下,鲁国告朔之礼渐废。子贡根据实际情况提出免除每月告朔的祭羊,引起孔子对此礼彻底坏废的担心。餼(xì)羊:用来当作祭品的生羊。朱熹《集注》:"告朔之礼:古者天子常以季冬,颁来岁十二月之朔于诸侯,诸侯受而藏之祖庙。月朔,则以特羊告庙,请而行之。餼,生牲也。鲁自文公始不视朔,而有司犹供此羊,故子贡欲去之。"〔二〕爱:舍不得,吝惜。朱熹《集注》:"爱,犹惜也。子贡盖惜其无实而妄费。然礼虽废,羊存,犹得以识之而可复焉。若并去其羊,则此礼遂亡矣,孔子所以惜之。"

【译】 子贡打算免去鲁国每月初一向祖庙告朔所用的活羊。孔子说:"赐(子贡)呀! 你舍不得那只羊,我舍不得那个礼。"

【记】 本章记孔子痛惜鲁国告朔之礼的废弛。告朔之礼的重大意义在于诸侯通过行礼来承认周天子的统治权威。鲁国虽然不行告朔之礼,但还依旧每月供应餼羊。如果子贡免去了餼羊,那么这个古礼就什么痕迹都保留不下来了。孔子一贯反对在礼仪上搞形式主义,但这一次他却顽固地要保留这一点残存的形式,可以想见孔子当时复杂的心情。

3.18　子曰:"事君盡禮〔一〕,人以爲諂也〔二〕。"

【注】　〔一〕尽礼:竭尽礼仪。指礼数周全。〔二〕何晏《集解》引孔安国曰:"时事君者多无礼,故以有礼者为谄。"朱熹《集注》引黄祖舜曰:"孔子于事君之礼,非有所加也,如是而后尽尔。时人不能,反以为谄。故孔子言之,以明礼之当然也。"当时人臣在礼节上多有简省,"事君尽礼"与子游所谓"事君数"(4.26)被混为一谈。参见:"拜下,礼也;今拜乎上,泰也"(9.3)。

【译】　孔子说:"服事君主尽到礼节,别人却以为是在谄媚。"

【记】　本章记孔子叹惜礼坏乐崩。既感叹臣下对君主的失礼,同时也感慨世间正道难行。

3.19　定公問:"君使臣,臣事君,如之何?"孔子對曰:"君使臣以禮,臣事君以忠〔一〕。"

【注】　〔一〕朱熹《集注》引尹焞曰:"君臣以义合者也。故君使臣以礼,则臣事君以忠。"关于君臣关系,参见:"君君,臣臣"(12.11)。

【译】　鲁定公问道:"君主差使臣下,臣下事奉君主,该怎么样呢?"孔子回答说:"君主按照礼来差使臣下,臣下用忠心来事奉君主。"

【记】　本章记孔子谈君臣的本分。君有君道,臣有臣道。君臣应各安本分,君臣之间的关系要以礼仪、道德来维系。除了本章与12.11,孔子没有具体地讲君臣关系。而在这一问题上,孟子提出了比孔子激进、甚至与礼法不尽相符的观点:①孟子把君臣关系说成是一种比较平等的对等关系。《孟子·离娄下》:"君之视臣如手足,则臣视君如腹心;君之视臣如犬马,则臣视君如国人;君之视臣如土芥,则臣视君如寇雠。"②孟子主张与王室同宗族的"贵戚之卿",有权废立国君。孟子尊重贵族,重视"世臣""巨室"(世家大族)。声称"为政不难,不得罪于巨室"(《孟子·离娄上》)。公卿分"贵戚之卿"(与王室同宗族的公卿)和"异姓之卿"(非王族的公卿)两类。"贵戚之卿"享有国君的任免权。《孟子·万章下》:"君有大过则谏,反覆之而不听,则易位。"③孟子发展了孔子反对"君不君"的思想,不但认为可以指责不君之君,人民还可以推翻暴君,甚至诛杀暴君。起码像桀、纣那样的暴君是可杀的。《孟子·梁惠王下》:"贼仁者谓之'贼',贼义者谓之'残'。残贼之人,谓之'一夫'。闻诛一夫纣矣,未闻弑君也。"孟子的这些观点在当时就吓得一些君主变颜变色,更是引起一千六百年后明太祖朱元璋的愤怒。因为孟子这些犯上的言论,朱元璋曾任性地下令把孟子的牌位扔出文庙。未果后,又下令阉割其书,删节85条,钦定出版了一部《孟子节文》。

3.20　子曰:"《關雎》〔一〕,樂而不淫〔二〕,哀而不傷〔三〕。"

【注】〔一〕《关雎(jū)》:《诗·周南·关雎》是一首情歌,写一个男子思慕一位采集荇菜的女子,并设法去追求她。但这首诗并没有什么悲哀的情调。这里的《关雎》应指乐章而言。清·刘台拱《论语骈枝》:"《诗》有《关雎》,乐亦有《关雎》,此章据乐言之。古之乐章皆三篇为一。……《仪礼》合乐《周南》《关雎》《葛覃》《卷耳》《召南》《鹊巢》《采蘩》《采薇》,而孔子但曰《关雎》之乱,亦不及《葛覃》以下,此其例也。《乐》亡而《诗》存,说者遂徒执《关雎》一诗以求之,岂可通哉? 乐而不淫者,《关雎》《葛覃》也;哀而不伤者,《卷耳》也。哀乐者,性情之极致、王道之权舆也。能哀能乐,不失其节,《诗》之教无以加于是矣。"〔二〕淫:过多或过甚。凡事物超越限度都可以称"淫",如:"淫雨"(连绵不停的过量的雨)、"淫祀"(不合礼制的不当祭的妄滥之祭)、"淫威"(滥用的威力)。朱熹《集注》:"淫者,乐之过而失其正者也。"乐而不淫:快乐而不放纵。指有节制,不过分。〔三〕哀而不伤:谓悲伤而不过分。何晏《集解》引孔安国曰:"乐不至淫,哀不至伤,言其和也。"朱熹《集注》:"伤者,哀之过而害于和者也。"

【译】孔子说:"《关雎》这一乐章,欢乐而不放纵,哀怨而不伤情。"

【记】本章记孔子评《关雎》。孔子重视音乐的思想内涵,艺术要以道德观念来约束,反对单纯的享乐。"思无邪"(2.2)、"乐而不淫,哀而不伤"才是理想之音乐。"乐而不淫,哀而不伤"也是孔子"中庸"的美学追求。含蓄委婉的中和之美,不仅是孔子文艺评价的标准,也是他对道德情操的诉求。

3.21　哀公問社於宰我〔一〕。宰我對曰:"夏后氏以松,殷人以柏,周人以栗,曰,使民戰栗。"子聞之,曰:"成事不説,遂事不諫〔二〕,既往不咎〔三〕。"

【注】〔一〕社:土神叫社,从下文可知是指社主而言。古称土地神的神主(木牌位)为社

主。邢昺《注疏》:"社,五土之神也。凡建邦立社,各以其土所宜木。哀公未知其礼,故问于弟子宰我也。"另据皇侃《义疏》、陆德明《释文》,郑玄本据《鲁论语》"社"即作"主"字。社主是土神之所凭依,是国家的象征。战争期间,出征必奉社主以行。详说见俞正燮《癸巳类稿》。旧说社即社树(立社所栽之树),不可信。刘宝楠《正义》有辨析。〔二〕遂(suì)事:往事,已经完成的事。谏:规劝(君主、尊长或朋友),使改正错误。〔三〕既往不咎(jiù):对过去的错误不再责难追究。咎:责备。朱熹《集注》:"孔子以宰我所对,非立社之本意,又启时君杀伐之心,而其言已出,不可复救,故历言此以深责之,欲使谨其后也。尹氏曰:'古者各以所宜木名其社,非取义于木也。宰我不知而妄对,故夫子责之。'"

【译】　鲁哀公向宰我询问社主所用木料之事。宰我回答说:"夏代用松木做,殷代用柏木做,周代用栗木做,意思是使民众恐惧战栗。"孔子听到了,说:"已经做成的事不再提它了,已经完成的事不再劝说了,已经过去的事情不再追究了。"

【记】　本章记孔子训斥说错了话的宰我。夏、商、周三代社主所用木料,与当地风物相关,宰我不知而妄对鲁哀公之问。宰我错在两点:第一,穿凿附会,"强不知以为知"(2.17);第二,"使民战栗"之说,违背了孔子爱人与德政的理念。

3.22　子曰:"管仲之器小哉〔一〕!"

或曰:"管仲俭乎?"曰:"管氏有三归〔二〕,官事不摄〔三〕,焉得俭?"

"然则管仲知礼乎?"曰:"邦君树塞门〔四〕,管氏亦树塞门。邦君为两君之好,有反坫〔五〕,管氏亦有反坫。管氏而知礼〔六〕,孰不知礼?"

【注】〔一〕器小:器量狭小。指不具备王佐之才。何晏《集解》:"言其器量小也。"〔二〕三归:旧注众说纷纭,解释有近十种之多:(1)妇人谓嫁曰归,三归是说管仲娶三姓女子。何晏《集解》引包咸曰:"三归,娶三姓女也。妇人谓嫁曰归。"皇侃《义疏》谓管仲娶三国之女。(2)三处家庭。清·俞樾《群经平议·论语一》:"所谓三归者,即从管仲言,谓管仲自朝而归,其家有三处也。"(3)地名。指管仲之采邑。《晏子春秋·内杂下二八》:"昔先君桓公,有管仲恤劳齐国,身老,赏之以三归,泽及子孙。"(4)管仲所筑之三归台。汉·刘向《说苑·善说》:"管仲故筑三归之台,以自伤于民。"朱熹《集注》取之。(5)藏钱币的府库。清·武亿《群经义

证》七："管氏有三归,《集注》云三归台名,事见《说苑》。案:台为府库之属,古以藏泉布……此即对贫云有三归,则归台亦即府库别名矣。"(6)古"归"与"馈"通,三归即三馈。清·包慎言《温故录》:"然则三归云者,其以三牲献欤?"三牲,指牛、羊、豕。(7)清·康有为《论语注》:"然则,管仲娶三姓女,公赐三宅居之。其时,昏礼筑台迎女,故又曰三归之台。盖管仲受桓公之赏为之,然仍为奢僭也。"(8)市租,商业税。清·郭嵩焘《养知书屋文集》卷一《释三归》:"此盖《管子》九府轻重之法,当就《管子》书求之。《山至数篇》曰'则民之三有归于上矣',三归之名,实本于此。是所谓三归者,市租之常例之归之公者也。桓公既霸,遂以赏管仲。《汉书·地理志》《食货志》并云,桓公用管仲设轻重以富民,身在陪臣,而取三归。其言较然明显。《韩非子》云,'使子有三归之家',《说苑》作'赏之市租'。三归之为市租,汉世儒者犹能明之,此又一证也。《晏子春秋》辞三归之赏,而云厚受赏以伤国民之义,其取之民无疑也,此又一证也。"今取郭说。〔三〕摄:兼职。何晏《集解》引包咸曰:"摄,犹兼也。礼,国君事大,官各有人;大夫兼并。今管仲家臣备职,非为俭。"〔四〕树:屏,照壁。立在门前或门内做屏蔽用的墙壁。《尔雅·释宫》:"屏谓之树。"《礼记·郊特牲》:"台门而旅树。"郑玄注:"屏谓之树,树所以蔽行道。"这里用作动词,即树屏,立照壁。朱熹《集注》:"屏谓之树。"塞:遮蔽。邢昺《注疏》:"塞犹蔽也。"《礼》:天子外屏,诸侯内屏,大夫以帘,士以帷是也。"〔五〕反坫(diàn):筑在廊庙内两楹柱之间的用土筑成的放置器物的台子。反坫:反爵之坫。诸侯相会,宴饮礼毕,将空酒爵放回坫上。何晏《集解》引郑玄曰:"反坫,反爵之坫,在两楹之间。人君别内外于门,树屏以蔽之。若与邻国为好会,其献酢之礼更酌,酌毕则各反爵于坫上。今管仲皆僭为之,如是,是不知礼。"〔六〕而:假设连词,假如,假若。

【译】 孔子说:"管仲的器量太狭小啦。"

有人问道:"管仲节俭吗?"孔子说:"管仲有权收取市租,家臣从不兼职,怎么算得上节俭呢?"

又问:"那么管仲知礼吗?"孔子说:"国君当门设立照壁,管仲也当门设立照壁。国君为进行两国君主间的友好交往,堂上设有用于献酬后放回酒杯的坫台,管仲也有这种坫台。如果管仲算知礼,还有谁不知礼呢?"

【记】 本章记孔子评管仲。孔子肯定管仲的大功业,但对其道德修养颇不满意。

3.23　子语鲁大师乐〔一〕,曰:"乐其可知也:始作,翕如也〔二〕;从之〔三〕,纯如也〔四〕,皦如也〔五〕,绎如也〔六〕,以成。"

【注】〔一〕语(yù):告诉。大(tài)师:乐官之长。朱熹《集注》:"语,告也。大师,乐官名。时音乐废缺,故孔子教之。"〔二〕翕(xī):盛。如:形容词后缀。犹"然"。何晏《集解》:"五音始奏,翕如,盛。"参见:"师挚之始,《关雎》之乱,洋洋乎盈耳哉"(8.15)。〔三〕从(zòng):同"纵"。何晏《集解》:"从读曰纵,言五音既发,放纵尽其音声。"〔四〕纯如:和谐。何晏《集解》:"纯如,和谐也。"〔五〕皦(jiǎo)如:音节分明。何晏《集解》:"言其音节明也。"〔六〕绎如:连绵不绝的样子。邢昺《注疏》:"绎如也者,言其音落绎然相续不绝也。"

【译】 孔子告诉鲁国太师奏乐之道,说:"奏乐之道本是能够通晓的。开始演奏时,高亢热烈;展开以后,音律和谐,节奏清晰,连绵不绝,从而成乐。"

【记】 本章记孔子与鲁国太师谈奏乐之道。翕如(热烈状)、纯如(和谐状)、皦如(清晰状)、绎如(不绝状),都是说音乐所表达的情绪。通过这一番话,孔子形象地描述了他对音乐艺术逻辑的认识。

3.24 儀封人請見〔一〕,曰:"君子之至於斯也,吾未嘗不得見也。"從者見之。出曰:"二三子何患於喪乎〔二〕? 天下之無道也久矣,天將以夫子爲木鐸〔三〕。"

【注】〔一〕仪:地名,属卫国,今地不详。何晏《集解》引郑玄曰:"仪盖卫邑。"封人:古官名。周代设置,掌守帝王社坛与京畿疆界,春秋时为典守封疆之官。本章出现之仪封人具体职守不明,大体是仪地方上的长官。请见:求见,请求接见。清·何焯《义门读书记》云:"古者相见必由绍介,逆旅之中无可因缘,故称平日未尝见绝于贤者,见气类之同,致词以代绍介,故从者因而通之。夫子亦不拒其请,与不见孺悲异也。"〔二〕二三子:犹言诸君、诸位,此指孔子的弟子。丧(sàng):此处指丧失官位。〔三〕木铎:以木为舌的铜质大铃。古代宣布政教法令时,巡行摇铃以召集众人。《周礼·天官·小宰》:"徇以木铎。"东汉·郑玄注:"古者将有新令,必奋木铎以警众,使明听也……文事奋木铎,武事奋金铎。"

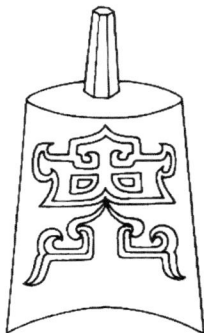

铎

【译】 仪这个地方的长官请求谒见孔子,说道:"凡是来到此地的君子,我从来没有不得与他见面的。"孔子的随行弟子让他谒见了孔子。会见后,他出来说:"诸位弟子为什么要为丧失官位而忧虑呢? 天下无道已经很久了,上天将要让你们先生来做醒世的木铎。"

【记】 本章记仪封人以木铎比喻宣扬教化的孔子。仪封人与孔子的政见相近,以木铎警世的预言来赞美孔子的德行。而现实是:孔子最终没有得到引导百姓、澄清天下的机会。

3.25 子謂《韶》〔一〕:"盡美矣,又盡善也〔二〕。"謂《武》〔三〕:"盡美矣,未盡善也。"

【注】 〔一〕《韶》:上古虞舜时的乐曲名称。何晏《集解》引孔安国曰:"《韶》,舜乐名,谓以圣德受禅,故尽善。"〔二〕美:美好,指艺术而言。善:完善,指思想而言。美和善是孔子所提出评价音乐的标准。"美"是对艺术的审美评价和要求;"善"是对艺术的社会道德伦理规范和要求。孔子崇尚礼教,因而政治上赞扬尧舜的"礼让"。舜的天子之位是由尧"禅让"而来,因此,对于歌颂"礼让"精神的《韶》乐,他极力加以赞美,推崇其为"美"和"善"高度统一的典范:尽善尽美。孔子一贯推重《韶》乐,参见:"三月不知肉味"(7.14)、"乐则《韶舞》"(15.11)。〔三〕《武》:周武王时乐曲名称。何晏《集解》引孔安国曰:"《武》,武王乐也。以征伐取天下,故未尽善。"周武王的天子之位是通过发动讨伐商纣的正义战争而夺来,因此,对于歌颂以武力取天下的《武》乐,依孔子意,虽然认为它在艺术上"尽美",但在思想内容上却无"至德",所以"未尽善"。吴公子季札对《韶》《武》也有很高评价,可与本章参看。《左传·襄公二十九年》:"见舞《大武》(周武王之乐)者,(季札)曰:'美哉!周之盛也,其若此乎!'……见舞《韶箾》(虞舜之乐)者,(季札)曰:'德至矣哉!大矣!如天之无不帱也,如地之无不载也,虽甚盛德,其蔑以加于此矣。观止矣!若有他乐,吾不敢请已!'"

【译】 孔子谈到《韶》乐,说:"极其美好,又极其完善了。"谈到《武》乐,说:"极其美好了,但并不极其完善。"

【记】 本章记孔子对《韶》乐与《武》乐的评价。孔子对音乐的美学批评是与社会道德伦理的批评结合起来的。孔子谈音乐,更是谈政治,从中微妙地表露了他对舜和周武王取天下方式(禅让与征伐)的不同态度。

3.26 子曰:"居上不寬〔一〕,爲禮不敬,臨喪不哀〔二〕,吾何以觀之哉〔三〕?"

【注】 〔一〕宽:宽厚、宽大,指行德政。朱熹《集注》:"居上主于爱人,故以宽为本。"参见:

"宽则得众"(17.6)、"宽则得众"(20.1)。孔子主张为政要恩威并用,宽猛相济(即宽大和严厉互为补充)。《左传·昭公二十年》:"仲尼曰:'善哉,政宽则民慢,慢则纠之以猛。猛则民残,残则施之以宽。宽以济猛,猛以济宽,政是以和。'"《孔子家语·正论》引此文时加"宽猛相济"一语。〔二〕临(lìn):哭吊死者。《仪礼·士虞礼》:"宗人告有司具,遂请拜宾,如临,入门,哭,妇人哭。"郑玄注:"临,朝夕哭。"临丧:吊丧。朱熹《集注》:"为礼以敬为本,临丧以哀为本。"〔三〕何以:用什么;怎么。观之:指观察人。朱熹《集注》:"既无其本,则以何者而观其所行之得失哉?""不宽""不敬"和"不哀"是三种不当行为。孔子主张"观其行"(1.11,5.10);还主张"观过,斯知仁矣"(4.7)。

【译】 孔子说:"居于上位而不宽厚,行礼的时候不恭敬,吊丧的时候不悲哀,我还凭什么来观察人呢?"

【记】 本章与本篇"林放问礼之本"(3.4)的旨趣一致。礼的本质高于礼的形式。尽意才是行礼的最高境界。本章也是讲观察人的方法。孔子指出无德无礼的三种人不足观:不行德政的统治者,不恭敬的行礼者,不悲哀的吊丧者。参见:"视其所以,观其所由,察其所安"(2.10)。

里仁篇第四

【题解】《里仁篇》共 26 章。其中前 25 章是孔子语录,最后 1 章记孔门弟子子游之语。这种安排似乎暗示了本篇是由子游的弟子(子游氏之儒)编辑而成。

《里仁篇》包含了多个主题。(一)第 1 章至第 7 章,论"仁";(二)第 8 章至第 17 章,以"道"为主线,论"义"和"礼";(三)第 18 章到第 21 章,论"孝";(四)第 22 章到第 24 章,谈"谨言";(五)第 25 章及第 26 章,主要谈与人交往。

出自本篇的名言或成语有:里仁为美、仁者安仁、知者利仁、君子无终食之间违仁、造次必于是、颠沛必于是、观过斯知仁矣、朝闻道夕死可矣、无适无莫、义之与比、放于利而行多怨、吾道一以贯之、忠恕而已矣、君子喻于义、小人喻于利、见贤思齐、见不贤而内自省、劳而不怨、父母在不远游、游必有方、父母之年、不可不知、讷于言而敏于行、德不孤、必有邻等。

4.1　子曰:"里仁爲美〔一〕。擇不處仁〔二〕,焉得知〔三〕?"

【注】〔一〕里:此处为动词。居住,交往。与下文"处"字是互文。何晏《集解》引郑玄曰:"里者,民之所居。居于仁者之里,是为美。"陆德明《释文》:"里,犹邻也。言君子择邻而居,居于仁者之里。"〔二〕处(chǔ):居住,交往。何晏《集解》引郑玄曰:"求居而不处仁者之里,不得为有知。"〔三〕知:"智"的古字。《论语》的"智"字都写作"知"。《荀子·劝学》:"故君子居必择乡,游必就士,所以防邪僻而近中正(正直之士)也。"可与本章互参。

【译】 孔子说:"与仁相处才完美。不选择与仁相处,怎么能算得上是明智呢?"

【记】 本章记孔子重视环境对人的成长的影响。择居还是与修身、交友直接相关。参见:"就有道而正焉"(1.14)、"德不孤,必有邻"(4.25)、"鲁无君子者,斯焉取斯"(5.3)、"居是邦也,事其大夫之贤者,友其士之仁者"(15.10)。孟子对这一段话,有不同的理解,认为这里所说的不是"择居",而是"择业"。《孟子·公孙丑上》:"孟子曰:'矢人(造箭的工匠)岂不仁于函人(造铠甲的工匠)哉?矢人惟恐不伤人,函人惟恐伤。巫(医生)、匠(木工)亦然。故术不可不慎也。孔子曰:里仁为美。择不处仁,焉得智?'"有的职业本身缺乏仁心,以损人谋利,所以孟子说择业要谨慎。这当是孟子对孔子说法的自家发挥。

4.2 子曰:"不仁者不可以久處約〔一〕,不可以長處樂。仁者安仁〔二〕,知者利仁〔三〕。"

【译】 孔子说:"不仁的人不能长久地处于穷困,也不能长久地处于安乐。仁者安于仁,智者利用仁。"

【注】 〔一〕约:贫困,贫贱。朱熹《集注》:"约:穷困也。"孔子主张在贫困中隐忍,安贫乐道。参:"君子固穷"(15.2)、"贫而乐"(1.15)、"不改其乐"(6.11)。〔二〕安仁:安心于实行仁道。何晏《集解》引包咸曰:"惟性仁者自然体之,故谓安仁。"〔三〕利:利用。杨伯峻《译注》:"聪明人利用仁〔他认识到仁德对他长远而巨大的利益,他便实行仁德〕。""知者""仁者"并列句,参见:"知者乐水,仁者乐山。知者动,仁者静"(6.23)、"知者不惑,仁者不忧,勇者不惧"(9.29)、"仁者不忧,知者不惑,勇者不惧"(14.28)。

【记】 本章记唯有仁者才能做到安贫乐道。朱熹《集注》:"不仁之人,失其本心,久约必滥,久乐必淫。"

4.3 子曰:"唯仁者能好人〔一〕,能恶人。"

【注】 〔一〕唯:独,仅,只有。朱熹《集注》:"唯之为言独也。盖无私心,然后好恶当于理,程子所谓'得其公正'是也。"

51

【译】　孔子说:"只有仁者才有能力正确地喜爱人,或厌恶人。"

【记】　本章记仁者无私,以仁为准则区分善恶,所以只有仁者才能正确地好人与恶人。《后汉书·孝明八王传》注引《东观汉记》:和帝赐彭城王恭诏曰:"孔子曰,'惟仁者能好人,能恶人'。贵仁者所好恶得其中也。""得其中"即中庸。

4.4　子曰:"苟志於仁矣〔一〕,無惡也。"

【注】　〔一〕苟:假如。表示推测或希望。何晏《集解》引孔安国曰:"苟,诚也。言诚能志于仁,则其余终无恶。"

【译】　孔子说:"假如立志于仁,就不会有什么恶行了。"

【记】　本章记修德须先立志。

4.5　子曰:"富與貴,是人之所欲也,不以其道得之,不處也〔一〕。貧與賤,是人之所惡也,不以其道得之,不去也〔二〕。君子去仁,惡乎成名〔三〕?君子無終食之間違仁〔四〕,造次必於是〔五〕,顛沛必於是〔六〕。"

【注】　〔一〕"贫与贱"三句:当富贵与道义发生矛盾的时候,孔子主张安贫乐道,放弃富贵。参见:"不义而富且贵,于我如浮云"(7.16)、"富而可求也,虽执鞭之士,吾亦为之。如不可求,从吾所好"(7.12)。〔二〕"不以其道得之":据上下文,此"不"字为衍文。因为与上一句表达类似,但意思相反,古人不经意多写了一个"不"字。译文据此。〔三〕恶(wū)乎:疑问代词。犹言何所、怎样。何晏《集解》引孔安国曰:"恶乎成名者,不得成名为君子。"〔四〕终食:吃完一顿饭的时间。朱熹《集注》:"终食者,一饭之顷。"违:离开。《诗·邶风·谷风》:"行道迟迟,中心有违。"《毛传》:"违,离也。"此"违"和"弃而违之"(5.19)的"违"同义。〔五〕造次:仓猝,匆忙。何晏《集解》引马融曰:"造次,急遽。"朱熹《集注》:"造次,急遽苟且之时。"〔六〕颠沛:困顿挫折。何晏《集解》引马融曰:"颠沛,偃仆。虽急遽、偃仆不违仁。"朱熹《集注》:"颠沛,倾覆流离之际。"

【译】　孔子说:"富有与尊贵,这是人人所渴望的,如果不用仁义之道得到了富贵，君子决不接受。穷困和低贱，这是人人所厌恶的，如果行仁义之道反而得到了贫贱，君子决不逃避。君子抛弃了仁道，还怎么去成就自己的声名呢？君子不会有片刻——哪怕是一顿饭的时间——离开仁道，就是在紧急之时也一定执著于仁道，就是在困顿之时也一定执著于仁道。"

【记】 本章强调君子要经得住考验，时刻信守仁道，不要因为境遇改变而放弃操守。《孟子·滕文公下》："富贵不能淫（迷惑），贫贱不能移，威武不能屈，此之谓大丈夫。"本章可与孟子的话互参。

4.6 子曰："我未見好仁者，惡不仁者。好仁者，無以尚之〔一〕；惡不仁者，其爲仁矣〔二〕，不使不仁者加乎其身。有能一日用其力於仁矣乎〔三〕？我未見力不足者〔四〕。蓋有之矣〔五〕，我未之見也。"

【注】 〔一〕尚：动词，超过，胜过。何晏《集解》引孔安国曰："难复加也。"〔二〕矣：语气词，表示停顿，用法同"也"。〔三〕一日：副词。一旦。表示如果有一天。〔四〕我未见力不足者：此句是说求仁虽不易，但人人都有能力去求。参见："力不足者，中道而废。今女画"(6.12)、"仁远乎哉？我欲仁，斯仁至矣"(7.30)。〔五〕盖（蓋）：副词，大概，恐怕。

【译】 孔子说："我从未见到过爱好仁的人和厌恶不仁的人。爱好仁的人，那是最好的了；厌恶不仁的人，他要去行仁，只是不使不仁的东西加在自己身上。有能一天致力于仁的吗？我从未见过力量不够的。大概这样的人还是有的，我还没见到罢了。"

【记】 本章记孔子慨叹世上仁人稀少的同时，又勉励人们尽力行仁。孔子认为，提高修养主要靠个人的努力，只要坚持不懈，完全可能达到仁的境界。厌恶不仁的人当然比行恶的人要好，但态度消极，不及爱好仁的人。

4.7 子曰："人之過也，各於其黨〔一〕。觀過，斯知仁矣〔二〕。"

【注】 〔一〕党：犹类。何晏《集解》引孔安国曰："党，党类。"〔二〕仁：《里仁篇》第1章至第7章都是以"仁"主题的，所以依照本篇编者的意图，这里还是按"仁"字本义理解妥当。杨伯

峻《译注》:"'仁'同'人'。《后汉书·吴佑传》引此文正作'人'(武英殿本却又改作'仁',不可为据)。"但《汉书·外戚传》等古籍引"观过斯知仁矣"时,也并未将"仁"改为"人"。故此说不安。

【译】 孔子说:"人们犯的错误,各属于一定的类别。仔细观察人们的错误,就可以知道仁与不仁了。"

【记】 本章记孔子主张通过观察一个人的过错,来判断一个人是否具有仁德。人非圣贤,孰能无过。就是仁人也难免犯错。但仁人犯错的动机及仁人对待过错的态度,与常人完全不同。关于对待过错的态度,《论语》中的正面论述可参见:"过,则勿惮改"(1.8)、"不贰过"(6.3)、"五十以学《易》,可以无大过矣"(7.17)、"丘也幸,苟有过,人必知之"(7.31)、"君子之过也,如日月之食焉:过也,人皆见之;更也,人皆仰之"(19.21)。反面论述可参见:"吾未见能见其过而内自讼者也"(5.27)、"过而不改,是谓过矣"(15.30)、"小人之过也必文"(19.8)。

4.8 子曰:"朝闻道〔一〕,夕死可矣。"

【注】 〔一〕闻:得知,领悟。道:这里指事物之理,如主张、思想、学说、道德等。朱熹《集注》:"道者,事物当然之理。苟得闻之,则生顺死安,无复遗恨矣。朝夕,所以甚言其时之近。"

【译】 孔子说:"早晨领悟到了大道,就是当晚死去也是可以的。"

【记】 本章记孔子主张求道当有不畏生死的迫切之心。此章含有真理高于生命之意。但是道有大小,生命却只有一次,不可轻率捐生。朱熹《集注》引程子曰:"皆实理也,人知而信者为难。死生亦大矣!非诚有所得,岂以夕死为可乎?"

4.9 子曰:"士志於道,而耻恶衣恶食者〔一〕,未足与议也〔二〕。"

【注】 〔一〕恶衣恶食:粗劣的衣食。形容生活俭朴。〔二〕议:商议,谋划。朱熹《集注》:"心欲求道,而以口体之奉不若人为耻,其识趣之卑陋甚矣,何足与议于道哉?"

【译】 孔子说:"士人立志求大道,但又以自己粗劣的衣食为耻辱,那就不值得同这种人共谋大事了。"

【记】 本章记孔子安贫乐道的思想。孔子曾多次提及类似的主张。一个人对吃穿琐事都斤斤计较,当然不会有什么远大志向,更经受不住考验。

4.10 子曰:"君子之於天下也,無適也,無莫也〔一〕,義之與比〔二〕。"

【注】 〔一〕适:可。莫:不可。"无适无莫"谓不规定该如何,也不规定不该如何。指在坚持道义的前提下,用灵活权宜的手段处理问题。朱熹《集注》引谢良佐曰:"适,可也。莫,不可也。无可无不可,苟无道以主之,不几于猖狂自恣乎?此佛老之学,所以自谓心无所住而能应变,而卒得罪于圣人也。圣人之学不然,于无可无不可之间,有义存焉。然则君子之心,果有所倚乎?"参见:"我则异于是,无可无不可"(18.8)。〔二〕比:紧靠,依从。朱熹《集注》:"比,从也。"

【译】 孔子说:"君子对于天下的事情,没有什么该如何做或者不该如何做的成见,只依从道义来灵活行事。"

【记】 本章记孔子认为人应当在坚守道义的前提下灵活做事。义是孔学中仅次于仁的道德观念。孔子认为为了求"仁"可以舍弃生命,"杀身以成仁"(15.9);孟子说义的价值也高于生命,提倡"舍生取义"(《孟子·告子上》)。义常与勇相关,见义要勇为,孔子说过"见义不为,无勇也"(2.24)。在坚持唯义是从的同时,孔子自己也是个通权达变的"圣之时者"。参见:"无必无固"(9.4)、"可以仕则仕,可以止则止,可以久则久,可以速则速"(《孟子·公孙丑上》)。

4.11 子曰:"君子懷德〔一〕,小人懷土;君子懷刑〔二〕,小人懷惠。"

【注】 〔一〕怀:思念,关怀,关心。朱熹《集注》:"怀,思念也。"〔二〕刑:法。《左传·隐公十一年》:"许无刑而伐之,服而舍之。"杜预注:"刑,法也。"朱熹《集注》:"怀刑,谓畏法。"

【译】 孔子说："君子关心道德,小人关心田土;君子关心法度,小人关心实惠。"

【记】 本章记君子与小人的眼界不同。《论语》中的"君子"与"小人",有时是对人的道德判断,有时是从社会地位上来分别的,有时两者兼指。多数情况下,具体所指不易分辨清楚。从社会地位上来说,君子是在位者(统治者),小人是无位者(被统治者)。从道德上来说,君子与小人是两种不同类型的人格形态:君子的道德高尚,心底无私,眼界开阔,心怀国家;而小人则相反,蝇营狗苟于私利,斤斤计较于琐事。

4.12 子曰:"放於利而行〔一〕,多怨〔二〕。"

【注】 〔一〕放(fǎng):依据,遵循。何晏《集解》引孔安国曰:"放,依也。每事依利而行。"〔二〕多怨:招致许多怨恨。何晏《集解》引孔安国曰:"取怨之道。"朱熹《集注》引程子曰:"欲利于己,必害于人,故多怨。"

【译】 孔子说:"依据个人利益做事,会招致很多怨恨。"

【记】 本章记孔子认为如果一个人一心谋私必将招来许多怨恨。孔子很少谈论利,这应当是一个原因。参见:"子罕言利与命与仁"(9.1)。

4.13 子曰:"能以禮讓爲國乎〔一〕? 何有〔二〕? 不能以禮讓爲國,如禮何?"

【注】 〔一〕礼让:守礼谦让。为国:治国。邢昺《注疏》:"为,犹治也。礼节民心,让则不争。"刘宝楠《正义》云:"'让'者,'礼'之实也;'礼'者,'让'之文。先王虑民之有争也,故制为礼以治之。礼者,所以整一人之心志,而抑制其血气,使之咸就于中和也。"〔二〕何有:"何难之有"的省略,用反问的语气表示不难。这是孔子时代的常用语。何晏《集解》:"何有者,言不难。"

【译】 孔子说:"能够用礼让来治国吗? 这有什么困难呢? 如果不能用礼让来治国,那么礼还有什么用处呢?"

56

【记】 本章记孔子认为礼的核心是让。国家的礼仪不是空洞的仪式,它是内容和形式的统一体。如果舍弃"以礼让为国"的本质内容,只讲究仪节形式,礼就成了无用之物。

4.14 子曰:"不患無位,患所以立〔一〕。不患莫己知,求爲可知也〔二〕。"

【注】 〔一〕所以立:用来立身的建树与成就。朱熹《集注》:"所以立,谓所以立乎其位者。"具体指立足于礼,时时处处遵循礼。参见:"三十而立"(2.4)、"立于礼"(8.8)、"不学礼,无以立(16.13)""不知礼,无以立也"(20.3)。〔二〕为可知:被别人可以了解自己的依据,指道德修养、学识本领等。朱熹《集注》:"可知,谓可以见知之实。"孔子相关说法参见:"人不知而不愠,不亦君子乎"(1.1)、"不患人之不己知,患不知人也"(1.16)、"不患人之不己知,患其不能也"(14.30)、"不怨天,不尤人,下学而上达。知我者其天乎"(14.35)。

【译】 孔子说:"不担心没有官位,只担心不具备借以立身的礼仪。不担心没有人知道自己,只追求足以使别人知道自己的真才实学。"

【记】 本章记孔子主张不要看重名位,要把精力放在追求实际的修养和学识上。朱熹《集注》引程子曰:"君子求其在己者而已矣。"孙中山在 1912 年视察山东时说:"要立志做大事,不要做大官。"也是此意。

4.15 子曰:"參乎! 吾道一以貫之〔一〕。"曾子曰:"唯〔二〕。"
子出,門人問曰:"何謂也?"曾子曰:"夫子之道,忠恕而已矣〔三〕。"

【注】 〔一〕一以贯之:指用一种思想或理论(忠恕之道)把一切事物之理贯通起来。以:介词,有"用"或"拿"的意思。"一"是"以"的前置宾语。贯:贯穿,贯统。"贯"的本义为穿钱的绳索。皇侃《义疏》:"道者,孔子之道也。贯,犹统也,譬如以绳穿物,有贯统也。孔子语曾子曰:吾教化之道,唯用一道以贯统天下万理也。"〔二〕唯(wěi):应答之词,含有恭敬之意。何晏《集解》引孔安国曰:"直晓不问,故答曰唯。"〔三〕忠恕:"忠""恕"相通而有别。"忠"要求积极为人。参见:"己欲立而立人,己欲达而达人"(6.30)。"恕"要求推己及人。参见:"己所不欲,勿施于人"(12.2,15.24)。作为孔子的待人原则,忠就积极方面而言,偏重于个人对别人的态

度;恕就所禁止的方面而言,偏重于个人对自己的要求,两者都是仁心的体现。朱熹《集注》:"尽己之谓忠,推己之谓恕。而已矣者,竭尽而无余之辞也。"

【译】 孔子说:"〔曾〕参呀! 我的学说贯穿着一个中心思想。"曾子说:"是。"孔子走出去以后,学生们便问曾子:"这话是什么意思?"曾子说:"夫子的学说,不过忠恕两个字罢了。"

【记】 本章记曾子总结孔子学说一以贯之的中心思想是忠恕。由于忠恕两个字出自曾子之口,是不是孔子的原话,已不得而知了。儒者为了增加此章的权威性,直接认定曾子得之于孔子。朱熹《集注》引程子曰:"圣人教人各因其才,吾道一以贯之,惟曾子为能达此,孔子所以告之也。曾子告门人曰:'夫子之道,忠恕而已矣',亦犹夫子之告曾子也。"

4.16 子曰:"君子喻於義〔一〕,小人喻於利。"

【注】 〔一〕喻:知晓,明白。何晏《集解》引孔安国曰:"喻,犹晓也。"孔子很少谈论利,"子罕言利与命与仁"(9.1)。但孔子并不排斥利,只是重义轻利,反对见利忘义。参见:"见利思义"(14.12)、"见得思义"(16.10,19.1)。

【译】 孔子说:"君子只懂得义,小人只懂得利。"

【记】 本章记孔子认为是对于义与利的不同态度把人分成了君子与小人。这句话也解释了君子为什么能杀身成仁,小人为什么会铤而走险。朱熹《集注》引杨时曰:"君子有舍生而取义者,以利言之,则人之所欲无甚于生,所恶无甚于死,孰肯舍生而取义哉? 其所喻者义而已,不知利之为利故也,小人反是。"

4.17 子曰:"見賢思齊焉〔一〕,見不賢而内自省也〔二〕。"

【注】 〔一〕见贤思齐:看到德才兼备的贤人,就想效法他,希望和他一样。思齐:想要和他看齐。齐,用如动词。邢昺《注疏》:"此章勉人为高行也。见彼贤则思与之齐等,见彼不贤则内自省察得无如彼人乎。"〔二〕内:内心。自省(xǐng):自行省察。意思是说,看见不贤的人,就要自我反省,看有没有类似的毛病,有则改之,无则加勉。孔子这里所说的"内自省""内

自讼"(5.27)与曾子所说的"吾日三省吾身"(1.4),都是儒家"内省"(12.4)的修养方法。

【译】 孔子说:"看见贤人就想向他看齐;看见不贤的人,就对照着反省自己〔有没有类似的缺点〕。"

【记】 本章记孔子勉励人加强自身修养。有着强烈历史使命感的孔子不懈地追求完美人格,在修养中强调要充分发挥个体的主动性,时时反省。不自大,不自卑,不甘自弃,不忘自责。朱熹《集注》引胡寅曰:"见人之善恶不同,而无不反诸身者,则不徒羡人而甘自弃,不徒责人而忘自责矣。"

4.18 子曰:"事父母幾諫[一],見志不從,又敬不違[二],勞而不怨[三]。"

【注】 〔一〕几(幾,jǐ):轻微,柔婉。几谏:微谏,婉言规劝。何晏《集解》引包咸曰:"几者,微也。当微谏,纳善言于父母。"〔二〕违:触忤,冒犯。何晏《集解》引包咸曰:"见志,见父母志有不从己谏之色,则又当恭敬,不敢违父母意而遂己之谏。"〔三〕劳:忧愁,愁苦。《礼记·孔子闲居》:"微谏不倦,劳而不怨。"王引之《经义述闻·礼记下》:"劳而不怨,即承上'微谏不倦'而言,言谏而不入,恐其得罪于乡党州闾,孝子但心忧之而不怨其亲也。"

【译】 孔子说:"侍奉父母,〔如果他们有过错,〕要婉转地劝止,看到自己的意见没有被听从,仍然恭敬地不冒犯父母,虽然忧愁,但不怨恨。"

【记】 本章记父母有错时子女应如何劝谏。《礼记·内则》:"父母有过,下气怡色,柔声以谏。谏若不入,起敬起孝,说则复谏。不说,与其得罪于乡党州闾,宁孰谏;父母怒,不说,而挞之流血,不敢疾怨,起敬起孝。"可与本章互参。

4.19 子曰:"父母在,不遠遊,遊必有方[一]。"

【注】 〔一〕方:方向,去处。朱熹《集注》:"游必有方,如己告云之东,即不敢更适西,欲亲必知己之所在而无忧,召己则必至而无失也。"《礼记·玉藻》:"亲老,出不易方,复不过时。"可与本章互参。

【译】　孔子说:"父母在世,不离家远行,如果要出远门,必须有一定的去处。"

【记】　本章记孔子要子女体恤父母。孔子时代的交通和通讯不能与今天相提并论,子女不得已远行,要有补救措施来表达自己对父母的孝心。朱熹《集注》引范祖禹曰:"子能以父母之心为心则孝矣。"唐·孟郊《游子吟》正演绎了这种孝的情愫:慈母手中线,游子身上衣。临行密密缝,意恐迟迟归。谁言寸草心,报得三春晖。

4.20　子曰:"三年無改於父之道,可謂孝矣。"

【记】　本章重出。见《学而篇》1.11。

4.21　子曰:"父母之年,不可不知也〔一〕。一則以喜,一則以懼〔二〕。"

【注】　〔一〕知:记住。朱熹《集注》:"知,犹记忆也。"〔二〕一则以喜,一则以惧(懼):何晏《集解》引孔安国曰:"见其寿考则喜,见其衰老则惧。"

【译】　孔子说:"父母的年纪,不可不时时记在心中。一方面因〔其年高长寿〕而喜欢,另一方面又因〔其年高体衰〕而忧惧。"

【记】　本章记孔子劝子女要及早行孝。"树欲静而风不止,子欲养而亲不待也。"(《韩诗外传》卷九)人生苦短,子女尽孝的机会也是有限的,孝子不要给自己留下无法尽孝的遗憾。

4.22　子曰:"古者言之不出,恥躬之不逮也〔一〕。"

【注】　〔一〕躬:自身,自己。逮(dài):及,做到。皇侃《义疏》:"躬,身也。逮,及也。古人不轻出言者,耻身行之不能及也,故子路不宿诺也。故李充曰:'夫轻诺者必寡信,多易者必多难,是以古人难之也。'"

【译】　孔子说:"古人的话不轻易出口,是耻于话说出来了而自己又做不到。"

【记】　本章记孔子主张慎言,以言行不一为耻。孔子为人谨慎,常借古讽今。关于慎言的相关言论,参见:"敏于事而慎于言"(1.14)、"君子欲讷于言而敏于行"(4.24)、"为之难,言之得无讱乎"(12.3)、"其言之不怍,则为之也难"(14.20)、"君子耻其言而过其行"(14.27)。

4.23　子曰:"以约失之者鲜矣〔一〕。"

【注】　〔一〕约:立誓订约。《礼记·学记》:"大德不官,大道不器,大信不约。"因为第22章到第24章都在谈"谨言",所以此章应当也是关于这一主题的语录。李零:"'约',旧注都以为是约束之义,认为这话是说,自己约束自己,慎言慎行,就很少会犯错误。但古书中的约字还有口头约定的意思。这话也许是承接上文,谓古君子慎言,决不轻易讲话,唯恐自己做不到,可是一旦承诺,就要做到,失约的事绝少。"(《丧家狗——我读论语》)

【译】　孔子说:"〔古人〕一旦做出承诺,很少有失约的。"

【记】　本章记孔子借古讽今,影射世人不守信,没有契约精神。

4.24　子曰:"君子欲讷於言而敏於行〔一〕。"

【注】　〔一〕讷(nè):(说话)迟钝。何晏《集解》引包咸曰:"讷,迟钝也。言欲迟而行欲疾。""讷于言而敏于行"与《学而篇》"敏于事而慎于言"(1.14)结构类似,意思相同。孔子反对巧言令色,但也一定不会喜欢笨嘴拙舌,所以"讷于言"也还是"慎于言"的意思。

【译】　孔子说:"君子要说话谨慎,做事敏捷。"

【记】　本章还是记孔子主张慎言。君子应当慎于说话,勤于做事。

4.25 子曰:"德不孤,必有鄰〔一〕。"

【注】 〔一〕德不孤,必有邻:何晏《集解》:"方以类聚,同志相求,故必有邻,是以不孤。"朱熹《集注》:"邻,犹亲也。德不孤立,必以类应。故有德者,必有其类从之,如居之有邻也。""方以类聚,物以群分"(《易·系辞上》)、"同声相应,同气相求"(《易·乾·文言》)均可与此章互参。

【译】 孔子说:"有道德的人并不孤独,一定会有〔志同道合的人来做〕伙伴。"

【记】 本章记孔子勉励人们修饬德行。不过,我看这章倒更可能是反语。孔子感到了孤独,才会说"必有邻"。这话是勉励别人,更是激励自己。李零:"读《论语》,我的感受,两个字:孤独。孔子很孤独。现在,有人请他当心理医生,其实,他自己的心病都没人医。"(《丧家狗——我读论语·自序》)

4.26 子游曰:"事君數,斯辱矣〔一〕;朋友數,斯疏矣〔二〕。"

【注】 〔一〕数(shuò):频繁,繁复。朱熹《集注》引程子曰:"数,烦数也。"又引胡寅曰:"事君谏不行,则当去;导友善不纳,则当止。至于烦渎,则言者轻,听者厌矣,是为求荣而反辱,求亲而反疏也。"斯:连词。犹则,乃,就。"事君数,斯辱矣",参见:"所谓大臣者,以道事君,不可则止"(11.24)。〔二〕"朋友数,斯疏矣",参见:"子贡问友。子曰:'忠告而善道之,不可则止,毋自辱焉。'"(12.23)

【译】 子游说:"侍奉君主,如果过于频繁地进谏,就会招致羞辱;对待朋友,如果过于频繁地劝告,就会导致疏远。"

【记】 本章记子游谈事君和交友中的中庸之道。与人交往过于性急,反而会把关系搞坏。这也是"欲速则不达"(13.17)。

公冶长篇第五

【题解】 《公冶长篇》共 28 章。三国·魏·何晏《论语集解》把 5.10 中"子曰，始吾于人也"以下又分一章，故作 29 章；南宋·朱熹《四书章句集注》把 5.1、5.2 两章并为一章，故作 27 章。

《公冶长篇》内容较杂，包含了多个主题。（一）第 1 章至第 12 章记孔子品评众弟子，孔子品评的弟子先后有：公冶长（孔子女婿）、南容（孔子侄女婿）、子贱、子贡、仲弓、漆雕开、子路、冉求、公西华、颜回、宰予、申枨等；（二）第 13 章记子贡评论孔子；（三）第 14 章记子路事迹；（四）第 15 章到第 25 章记孔子品评时人（其中第 22 章是孔子在陈时的语录），孔子品评的时人先后有：孔文子、子产、晏婴、臧文仲、令尹子文、陈文子、季文子、宁武子、伯夷和叔齐、微生高、左丘明等；（五）第 26 章记孔子与颜回、子路言志；（六）第 27 章记孔子叹世人不反省；（七）最后一章是夫子自道。

出自本篇的名言或成语有：邦有道不废、邦无道免于刑戮、乘桴浮于海、闻一以知十、朽木不可雕也、粪土之墙不可杇也、听其言而观其行、欲则不刚、敏而好学、不耻下问、三思而后行、斐然成章、不念旧恶等。

5.1　子謂公冶長："可妻也〔一〕。雖在縲絏之中〔二〕，非其罪也。"以其子妻之〔三〕。

【注】〔一〕妻（qì）：动词，把女子嫁给（某人）。朱熹《集注》："妻，为之妻也。"〔二〕缧绁

63

(léi xiè):用以捆绑犯人的绳索,这里比喻监狱。何晏《集解》:"缧,黑索;绁,挛也,所以拘罪人。"〔三〕子:古汉语中兼指儿女,此处指女儿。

【译】 孔子谈到公冶长,说:"可以〔把女儿〕嫁给他做妻子。虽然曾被关在监狱之中,但不是他的罪过。"于是把自己的女儿嫁给他。

【记】 本章记孔子评公冶长。当是孔子经过长期观察,了解了公冶长的为人,才不以一时之荣辱取人,把他招为女婿的。

5.2 子謂南容:"邦有道,不廢〔一〕;邦無道,免於刑戮〔二〕。"以其兄之子妻之〔三〕。

【注】 〔一〕不废:不废置,指当官。皇侃《义疏》:"若遭国君有道,则出仕官,不废己之才德也。"〔二〕刑戮:受刑罚或被诛戮。〔三〕兄之子:据《孔子家语》,孔子的异母兄长叫孟皮。可能当时已去世,所以由孔子为他女儿的婚事作主。

【译】 孔子谈到南宫适,说:"在国家政治清明时不被废弃,在国家政治黑暗时能免遭刑罚。"于是把他哥哥的女儿嫁给他。

【记】 本章记孔子评南宫适。南宫适既有才华,又有政治头脑,懂得明哲保身。孔子嘉许他,其实正表现了孔子自己的处世态度。参见:"邦有道,谷;邦无道,谷,耻也"(14.1)、"邦有道,危言危行;邦无道,危行言孙"(14.3)、"邦有道,则仕;邦无道,则可卷而怀之"(15.7)。从此章推测,南宫适应当曾经出仕,可惜史书并没有留下相关记载。

5.3 子謂子賤:"君子哉若人! 魯無君子者,斯焉取斯〔一〕?"

【注】 〔一〕斯:指示代词。此。第一个"斯"指宓子贱,第二个"斯"指君子之德。朱熹《集注》:"上斯斯此人,下斯斯此德。子贱盖能尊贤取友以成其德者。故夫子既叹其贤,而又言若鲁无君子,则此人何所取以成此德乎? 因以见鲁之多贤也。"

【译】 孔子谈到宓子贱,说:"这人是君子呀! 假若鲁国没有君子一类的人,他从哪里学来这样好的品德呢？"

【记】　本章记孔子先赞宓子贱是君子，又赞熏陶出此等人物的鲁国君子众多。孔门中很少有人受到过这种褒奖。据《史记》和《说苑》《孔子家语》等古书记载，宓子贱在治理单父时很有政绩。可能孔子的话由此而发。

5.4　子貢問曰："賜也何如？"子曰："女，器也。"曰："何器也？"曰："瑚璉也〔一〕。"

簋

簠

【注】　〔一〕瑚璉(hú liǎn)：即簠(fǔ)和簋(guǐ)，贵重的有玉饰的食器和礼器，在祭祀、宴享时用以盛黍稷稻粱等粮食。这里用来比喻子贡是个人才。出土的青铜簠呈长方形，口外侈。盖与器形状相同，合上为一器，打开则成大小相同的两个器皿，各有四短足及二耳。西周晚期开始出现，沿用至战国。簋的材质较多，或竹木制，或陶土烧制，或以青铜铸造。形状不一，一般为圆腹、侈口、圈足。商代的簋多无盖无耳，或为二耳。西周和春秋的簋常带盖，有二耳或四耳，间有带方座或附有三足者。战国以后主要用作宗庙礼器。何晏《集解》引包咸曰："瑚璉，黍稷之器。夏曰瑚，殷曰璉，周曰簠簋，宗庙之器贵者。"朱熹《集注》："子贡见孔子以君子许子贱，故以己为问，而孔子告之以此。然则子贡虽未至于不器，其亦器之贵者欤？"参见："君子不器"(2.12)。

【译】　子贡问道："我怎么样？"孔子道："你是一个〔有用之〕器。"子贡说："什么器呢？"孔子道："〔宗庙里盛黍稷的祭器〕瑚璉。"

【记】　本章记孔子评子贡。子贡虽非全才，但子贡是孔门十哲之一，言语科的杰出弟子，也是孔门中最有实际能力的人物。由于孔子与子贡二人在思想、秉性上差距较大，孔子对子贡批评较多。《史记·仲尼弟子列传》："子贡利口巧辞，孔子常黜其辩。"

5.5　或曰："雍也仁而不佞〔一〕。"子曰："焉用佞？禦人以口给〔二〕,屢憎於人。不知其仁〔三〕,焉用佞？"

【注】〔一〕佞(nìng):善辩,口才好。朱熹《集注》:"佞,口才也。仲弓为人重厚简默,而时人以佞为贤,故美其优于德,而病其短于才也。"〔二〕御:应付。朱熹《集注》:"御,当也,犹应答也。"口给:形容人口才好,能说会道。〔三〕不知其仁:孔子说话委婉。《论语》中,凡孔子说"不知",其实是否定,这句话是说冉雍还不没有达到"仁"。

【译】有人说:"冉雍这个人,有仁德却没有口才。"孔子说:"为什么要有口才呢？靠伶牙俐齿来对付人,常常惹人憎恶。不知道冉雍能否称得上仁,但为什么非要有口才呢？"

【记】本章记孔子主张"慎言",反对"佞"。孔子最看重的是道德修养,总是担心"文胜质则史"。参见:"质胜文则野,文胜质则史。文质彬彬,然后君子"(6.18)。

5.6　子使漆彫開仕。對曰："吾斯之未能信〔一〕。"子说。

【注】〔一〕吾斯之未能信:这句是"之"字倒装句。正常的语序应当是:"吾未能信斯"。信:对……有信心。朱熹《集注》:"斯,指此理而言。信,谓真知其如此,而无毫发之疑也。开自言未能如此,未可以治人,故夫子说其笃志。"

【译】孔子叫漆雕开去做官。〔漆雕开〕回答说:"我对此事还没有信心。"孔子听了很高兴。

【记】本章记孔子对虚心好学的漆雕开很满意。孔子建议漆雕开去做官,说是其学业已经有成。然而,漆雕开却认为自己还没有为从政做好准备,表示不急于仕进,愿意跟随孔子学习。看到这样虚心好学的弟子,孔子自然是高兴的。

5.7　子曰："道不行,乘桴浮於海〔一〕。從我者〔二〕,其由與？"子路聞之喜。子曰："由也好勇過我,無所取材〔三〕。"

【注】〔一〕桴（fú）：筏子。何晏《集解》引马融曰："桴，编竹木大者曰筏，小者曰桴。"〔二〕从：跟随。〔三〕由也好勇过我，无所取材：此句歧解颇多。郑玄把"材"解做制作筏子的竹木材，说这句话是孔子对子路说的冷笑话。看到子路忙着到处找材料筏子，孔子便以找不到木材为由来制止他。何晏《集解》引郑玄曰："子路信夫子欲行，故言好勇过我。'无所取材'者，无所取于桴材。以子路不解微言，故戏之耳。"程、朱把"材"解做"裁度事理"的"裁"。朱熹《集注》引程子曰："浮海之叹，伤天下之无贤君也。子路勇于义，故谓其能从己，皆假设之言耳。子路以为实然，而喜夫子之与己，故夫子美其勇，而讥其不能裁度事理，以适于义也。"又有古注说"材"同"哉"。今依此说。何晏《集解》引古注曰："子路闻孔子欲浮海便喜，不复顾望，故孔子叹其勇曰过我。'无所取哉'，言唯取于己。古字材、哉同。"

【译】　孔子道："大道施行不了了，就乘着木筏漂洋过海，跟随我的人，恐怕只有仲由吧！"子路听到后很高兴〔，义无反顾地要出发〕。孔子说："仲由这个人比我好勇，〔但好勇太过，也〕不可取呀！"

【记】　本章记孔子评子路好勇，同时批评其急躁的性情不可取。这章的背景是孔子四处碰壁，万念俱灰。他感慨大道在中原难以施行的时候，突发奇想要东游大海。孔子看到子路始终是他最坚定的信徒，他感到欣慰，同时又提醒子路：勇往直前让人钦佩，但鲁莽不可取。

5.8　孟武伯问："子路仁乎？"子曰："不知也。"又问。子曰："由也，千乘之国，可使治其赋也〔一〕，不知其仁也。"

"求也何如？"子曰："求也，千室之邑〔二〕，百乘之家〔三〕，可使为之宰也〔四〕，不知其仁也。"

"赤也何如？"子曰："赤也，束带立于朝〔五〕，可使与宾客言也〔六〕，不知其仁也。"

【注】〔一〕赋：兵赋，古代的兵役制度。这里泛指军政。朱熹《集注》："赋，兵也。古者以田赋出兵，故谓兵为赋，《春秋》传所谓'悉索敝赋'是也。"〔二〕邑：古代庶民聚居之所，无先君宗庙的均可叫"邑"。邑可大可小，大者上万家，小者十家。《左传·庄公二十八年》："凡邑有宗庙先君之主曰都，无曰邑。邑曰筑，都曰城。"孔颖达疏："小邑有宗庙，则虽小曰都，无乃为邑。邑则曰筑，都则曰城。为尊宗庙，故小邑与大都同名。"邑有公邑和私邑之分。公邑是国君的直辖地。私邑（采邑或封邑）是私人的领地。这里"千室之邑"与"百乘之家"对举，邑当指

公邑,与大夫之私邑相对。《公羊传·昭公五年》:"不以私邑累公邑。"徐彦疏:"公邑,君邑也;私邑,臣邑也。"〔三〕家:即私邑,是大夫的封地采邑。私邑是诸侯分封给卿大夫的土地,由卿大夫治理并收用当地的租税。"百乘"为其拥有的兵车数,与诸侯国之"千乘"相差一级。何晏《集解》引孔安国曰:"卿大夫称家。诸侯千乘。大夫百乘。"〔四〕宰:官吏和家臣通称为宰。朱熹《集注》:"宰,邑长家臣之通号。"《周礼》有冢宰、大宰、小宰、宰夫、内宰、里宰等。春秋卿大夫的家臣和采邑的长官,也都称宰。"原思为之宰"(6.5)的"宰"是为大夫家掌管家务的"总管",而"季氏使闵子骞为费宰"(6.9)的"宰"是采邑的长官。〔五〕束带:整束衣带,表示端庄。古人平时宽束衣带,低在腰部。在郑重的场合则束带,高在胸部。刘宝楠《正义》:"带,系缭于要,所以整束其衣,故曰束带。"〔六〕宾客:宾是贵客,客是普通客人。国君上卿之类的"大客"叫"宾",国君上卿以下的"小客"或蕃国诸侯的使臣叫"客"。宾客的接待之礼各异。"宾""客"两字散文(单举)则通,对文(对举)则异。这里是泛指客人。邢昺《注疏》:"言赤也有容仪,可使为行人之官,盛服束带立于朝廷,可使与邻国之大宾小客言语应对也,仁则不知。"

【译】 孟武伯问道:"子路是否仁?"孔子说:"不知道。"他又问。孔子说:"仲由这个人,拥有一千辆兵车的国家,可以让掌管军务。不知道他是否达到了仁。"

孟武伯继续问:"冉求怎么样呢?"孔子说:"求这个人,千户人口的公邑,拥有百辆兵车的大夫私邑,可以叫他当长官。不知道他是否达到了仁。"

"公西赤又怎么样呢?"孔子说:"赤这个人,穿着整齐的礼服,立于朝堂之上,可以叫他用外交辞令接待来宾。不知道他是否达到了仁。"

【记】 本章记孔子评论三弟子(子路、冉求和公西赤)。子路、冉求都是孔门政事科的代表人物,孔子说他们有能力治军、理政;公西赤则长于礼仪,孔子说他会接待宾客。但仁是儒家最高的道德标准,这里孔子不以仁轻许弟子。其实,除了微子、箕子、比干和管仲等先贤,孔子不以仁轻许任何人。参见:"焉得仁"(5.19)。

5.9 子謂子貢曰:"女與回也孰愈〔一〕?"對曰:"賜也何敢望回〔二〕? 回也聞一以知十,賜也聞一以知二。"子曰:"弗如也;吾與女〔三〕,弗如也。"

【注】 〔一〕愈:贤,胜过。何晏《集解》引孔安国曰:"愈,犹胜也。"〔二〕望:比量,比拟。邢昺《注疏》:"望,谓比视。子贡称名,言赐也才劣,何敢比视颜回也?"〔三〕与:动词,同意,赞同。朱熹《集注》:"与,许也。"用法与"吾与点也"(11.26)相同。一说"与"为连词,是说我和你都不如颜回。何晏《集解》引包咸曰:"既然子贡不如,复云吾与女俱不如者,盖欲以慰子贡也。"此

说亦可通。

【译】 孔子对子贡道:"你和颜回,哪个强些?"子贡回答说:"我怎么敢和回相比?颜回听到一件事,就能推知十件事;我听到一件事,只能推知两件事。"孔子说:"〔你〕不如他;我同意你的看法,〔你〕不如他。"

【记】 本章记孔子评子贡不如颜回。颜回是孔门德行科的高才生,孔子常不遗余力地夸赞其学行。这一回孔子说子贡不如颜回,是激励子贡,勉励子贡要迎头赶上。孔子评价人智力的高低,是以能否类比引申、联想发挥为标准的。参见:"退而省其私,亦足以发,回也不愚"(2.9)、"举一隅不以三隅反,则不复也"(7.8)。

5.10　宰予昼寝[一]。子曰:"朽木不可雕也[二];粪土之牆不可杇也[三];於予与何诛[四]?"子曰[五]:"始吾於人也[六],听其言而信其行;今吾於人也,听其言而观其行。於予与改是[七]。"

【注】 〔一〕昼(昼)寝:白天睡觉,午睡。〔二〕朽木:腐烂的木头。雕:雕刻、雕镂。何晏《集解》引包咸曰:"雕,雕琢刻画。"《荀子·劝学》:"锲而舍之,朽木不折;锲而不舍,金石可镂。"〔三〕粪土:污秽的泥土。筑墙需用新土,而粪土是不能做筑墙材料的打扫出来的脏土,并不是今天理解之粪便和泥土。"粪"(粪)的本义为扫除,《说文解字》作"糞"。《说文·卅部》:"糞,弃除也。"段玉裁注:"古谓除秽曰粪,今人直谓秽曰粪,此古今义之别也。"杇(wū):泥瓦匠涂墙的泥抹子叫杇(后来写作"圬""钙"),把墙壁抹平也叫杇。这里是抹平、涂饰之意。何晏《集解》引王肃曰:"圬,镘也。"〔四〕于:介词,对于。与(yú):语助词。表句中停顿。下文的"与"同。诛:指责;责备。何晏《集解》引孔安国曰:"诛,责也。今我当何责于女乎?深责之。"这句是说,对于宰予这样的人,还责备什么呢? 即不值得责备的意思。〔五〕子曰:以下所记也是孔子对"宰予昼寝"的评论,只是孔子说话的场合不同,故加标"子曰"两字以示区别。朱熹《集注》引胡寅曰:"'子曰'疑衍文,不然,则非一日之言也。"关于古汉语的这种修辞方式,可参看俞樾《古书疑义举例》卷二"一人之辞而加曰字例"。〔六〕始:先前,起初。〔七〕改是:改之。之:指"听其言而信其行"的待人态度。

【译】 宰予在白天睡大觉。孔子说:"腐烂了的木头雕刻不得,用脏土打的墙壁修饰不得;对于宰予,还责备什么呢?"又说:"起初我对他人,是听了他的话而相信他的行为;现在我对他人,是听了他的话而观察他的行为。因为宰予的教训,我改成了这样的态度。"

【记】 本章记孔子严厉申斥宰予。宰予是孔门十哲之一,言语科的杰出弟子。宰予和子贡一样,都是能言善辩的人物。因为孔子和宰予在"仁""礼"等基本理念上有分歧,师生二人的对立更加尖锐。孔子经常批评这位高足,有贬无褒,曾毫不客气地斥其"不仁"(17.21)。

5.11 子曰:"吾未見剛者。"或對曰:"申棖。"子曰:"棖也慾〔一〕,焉得剛?"

【注】 〔一〕欲:欲望,想得到某物或想达到某种目的。《说文·欠部》:"欲,贪欲也。"朱熹《集注》:"欲,多嗜欲也。多嗜欲,则不得为刚矣。"

【译】 孔子说:"我没见过刚强的人。"有人回答说:"申棖〔是这样的人〕。"孔子道:"申棖多欲贪心,怎能算得上刚强呢?"

【记】 本章记孔子评申棖多欲。所谓刚强,不是对人,而是对己,战胜自己的人才是真正的刚强。一个人的欲望多,心为外物役使,很难对自己加以约束。人无私欲,才能守正不阿,这就是人们常说的"无欲则刚"。洪应明《菜根谭》:"人生只为欲字所累,便如马如牛,听人羁络;为鹰为犬,任物鞭笞。若果一念清明,淡然无欲,天地也不能转动我,鬼神也不能役使我,况一切区区事物乎!"

5.12 子貢曰:"我不欲人之加諸我也〔一〕,吾亦欲無加諸人〔二〕。"子曰:"賜也,非爾所及也〔三〕。"

【注】 〔一〕加:强加,驾凌,凌辱。何晏《集解》引马融曰:"加,陵也。"〔二〕我不欲人之加诸我也,吾亦欲无加诸人:子贡之语就是孔子所讲的"己所不欲,勿施于人"(12.2,15.24)。〔三〕尔:代词。你。朱熹《集注》:"子贡言我所不欲人加于我之事,我亦不欲以此加之于人。此仁者之事,不待勉强,故夫子以为非子贡所及。"孙钦善《论语本解》:"此处'非尔所及'是'非尔所已及'的意思,不是'非尔所能及'的意思,否则就与15.24中对子贡说的话相矛盾,在那里正是把'己所不欲,勿施于人'作为子贡终身努力的方向提出来的。"

【译】 子贡说:"我不愿别人强加于我,我也愿不强加于别人。"孔子说:"赐啊,这不是你已经达到了的境界。"

【记】 本章记孔子与子贡谈论恕道并勉励子贡。所谓"恕",就是推己及人,以对待自己的态度来对待别人。孔子对子贡说"恕"道就是可以终身行之的"己所不欲,勿施于人"(15.24)。孔子又对冉雍说"仁"道包括"己所不欲,勿施于人"(12.2)。可见,在孔子的思想体系中,恕是仁的具体内容之一,是仁的实际运用。

5.13 子貢曰:"夫子之文章〔一〕,可得而聞也;夫子之言性〔二〕與天道〔三〕,不可得而聞也〔四〕。"

【注】 〔一〕文章:关于古代文献典籍的学问,具体指经孔子整理而传授的六经:《诗》《书》《礼》《乐》(已失传)《易》《春秋》等先秦古籍。皇侃《论语义疏》:"文章者,六籍也。"〔二〕性:人的本性。人性(humanity)是指人区别于其他动物的特质与基本属性。孔子很少谈论人性,但不是没说过。其实,在历史上是孔子最早探讨了人性的问题——"性相近也,习相远也"(17.2)。他认为人的天赋素质是相近的,个性差异是后天习染造成的,只要获得良好的学习条件,加上主观的努力,都可以养成"君子"的品德。自孔子以后,关于性的来源、内容、性质等问题,各家异说,纷纭复杂。《礼记·礼运》篇说:"饮食男女,人之大欲存焉。"孟子以天赋道德观念来解释人性,认为人性本来是善的;荀子则与之对立,主张"人之性恶,其善者伪(人为)也"。〔三〕天道:天道的字面意思是指天的运动变化规律。人道一般指人类行为的客观规律或人应遵守的社会规范。因为人们对天的含义有不同的认知,对天道的理解也不相同。古人大都认为以天道为本,人道与天道相一致,两者之间存在着互相感应的神秘的关系。也有人反对上述观点,认为天人不相及(天道人道互不相干)。如《左传·昭公十八年》所记郑国子产的名言:"天道远,人道迩,非所及也。"《左传·昭公二十六年》所记晏婴的话:"天道不谄(tāo,疑惑),不贰其命,若之何禳之?"子产与晏婴都认为天道人道互不相干,反对禳灾。而且这两人都是孔子尊敬的长者,多半对孔子的天道观有一定影响。〔四〕"不可"句:是说孔子很少谈论人性与天道,故子贡"不可得而闻"。孔子很少谈论性命与天道的原因是这个问题神秘莫测,多说无益,所以存而不论。

【译】 子贡说:"夫子关于文献典籍的学问,可以听得到;夫子关于人性与天道的言论,我们听不到。"

【记】 本章记子贡总结孔子谈话内容上的特点。李泽厚《论语今读》:"孔子慎言大题目,少用大字眼(big words)。如前面所述,孔子强调从近处、从实际、从具体言行入手,因之学生发此赞叹。不是不讲,而是不直接讲。……孔子很少讲这些大题目,宁肯多讲各种具体的'仁''礼','道在伦常日用之中',这才是真正的'性与天命'。"虽然孔子很少谈论性命与天道,但他相信天命。在世界观上,孔子相信有人格意志的"天",有时又把"天"看成是自然之物。孔子认为"死生有命,富贵在天"(12.5)、"获罪于天,无所祷也"(3.13)、"道之将行也与,命也;道之将废也与,命也"(14.36),所以宣传"知天命"(2.4、16.8、20.3)、"畏天命"(16.8)。但是,他更注重人事,强调"匹夫不可夺志也"(9.26)、"内省不疚,夫何忧何惧"(12.4),只有"德之不修,学之不讲,闻义不能徙,不善不能改,是吾忧也"(7.3)。因此,他"不怨天,不尤人,下学而上达"(14.35),尽最大努力实践自己的信仰,不因个人的成败得失而动摇放弃。他"不语怪力乱神"(7.21),宣称"未能事人,焉能事鬼;……未知生,焉知死"(11.12)、"敬鬼神而远之,可谓知矣"(6.22),这实际上是对宗教活动持怀疑态度,表现为尊重理性而否定迷信。孔子着眼于造就"慎终追远,民德归厚"的良好社会影响,主张"神道设教"(《易·观》),保留传统宗教观念的形式实际上是利用神鬼之道教化民众,"使民如承大祭"(12.2)。

5.14 子路有闻,未之能行,唯恐有闻〔一〕。

【注】 〔一〕有:同"又"。

【译】 子路有所闻,还没有来得及付诸实践,唯恐又有所闻。

【记】 本章记子路勤于笃行、急于实践的学习态度。"子路无宿诺"(12.12),也可见子路热心学道行道的真诚。朱熹《集注》引范祖禹:"子路闻善,勇于必行,门人自以为弗及也,故著之。若子路,可谓能用其勇矣。"

5.15 子贡问曰:"孔文子何以谓之'文'也〔一〕?"子曰:"敏而好学〔二〕,不耻下问〔三〕,是以谓之'文'也。"

【注】 〔一〕孔文子:卫国大夫孔圉,"文"是其谥号。据《左传·哀公十一年》记载,孔圉行事荒唐,所以子贡对他的为人及谥号有疑问。《逸周书·谥法解第五十四》:"经纬天地曰文,道德博厚曰文,学勤好问曰文,慈惠爱民曰文,愍民惠礼曰文,锡民爵位曰文。"谓:叫做。

〔二〕敏而好学:天资聪明而又好学。敏:聪明;好:喜好。〔三〕下问:向年纪、学问、地位等比自己低的人请教。问在自己之下者,如以能问于不能,以多问于寡,以上问于下,皆谓下问。俞樾《群经平议·论语平议》云:"下问者,非必以贵下贱之谓,凡以能问于不能,以多问于寡,皆是。"

【译】 子贡问道:"孔文子凭什么给他取了'文'这个谥号?"孔子说:"聪敏好学,不以对下请教为耻,所以用'文'字做他的谥号。"

【记】 本章记孔子品评孔文子的谥号。朱熹《集注》:"孔子不没其善,言能如此,亦足以为文矣,非经天纬地之文也。"孔文子大约死于鲁哀公十五年(前480),孔子卒于十六年(前479)夏四月,所以这次问答一定发生在孔子生前的最后一年当中。孔子本来说话就厚道,这时风烛残年,"人之将死,其言也善"(8.4),与孔文子又是老相识,所以孔子只念这位故人的好处,告诉子贡:孔文子的谥号合于谥法。

5.16 子謂子產:"有君子之道四焉:其行己也恭〔一〕,其事上也敬,其養民也惠〔二〕,其使民也義〔三〕。"

【注】 〔一〕行己:谓自我修养、立身行事。"其行己也恭"即"恭己正南面而已矣"(15.5)。恭己:恭谨以律己。〔二〕其养民也惠:他(子产)教养人民做到了广施恩惠。孔子称子产为"惠人"(14.9)。参见:"君子惠而不费"(20.2)。〔三〕其使民也义:他(子产)役使人民做到了合于道义。参见:"(君子)劳而不怨"(20.2)。另:"使民以时"(1.5)是"使民也义"的一种具体做法。

【译】 孔子评论子产,说:"〔他〕在四个方面具备了君子之道:他要求自己做到了严格,他对待君上做到了恭敬,他教养人民做到了广施恩惠,他役使人民做到了合于道义。"

【记】 本章记孔子赞美子产的君子之道。恭、敬、惠、义四种君子之道其实分对待自己(恭)、服侍国君(敬)与统治民众(惠、义)三类。

5.17 子曰:"晏平仲善與人交,久而敬之〔一〕。"

【注】 〔一〕久而敬之:"之"字有两解:(1)指晏子的朋友,意谓晏子与人相交虽久,仍能对人恭敬如初;(2)指晏子自己,意谓相交久了,朋友们越发尊敬晏子。今从后者。皇侃《义疏》本此句作"久而人敬之"。皇侃疏:"此善交之验也。凡人交易绝,而平仲交久而人愈敬之也。"

【译】 孔子说:"晏平仲善于交友,交往越久,别人越尊敬他。"

【记】 本章记孔子赞美晏子的交友之道。西方有谚语 Few men have been admired by their familiars(熟人眼里无圣人)或 No man is a hero to his valet(仆人眼中无英雄),谓熟人或仆人因为与圣人、英雄距离太近,所有毛病和瑕疵都暴露在其眼前,所以无法得到其尊重。晏子严于律己,表里如一,所以朋友能"久而敬之"。孔子从"久而敬之"的效果上肯定了晏子的善交。

5.18 子曰:"臧文仲居蔡〔一〕,山節藻梲〔二〕,何如其知也〔三〕?"

【注】 〔一〕居:动词,此处是使动用法,使……居住。蔡:即大蔡。大龟。《左传·襄公二十三年》:"臧武仲自邾使告臧贾,且致大蔡焉。"杜预注:"大蔡,大龟。"《淮南子·说山训》:"大蔡神龟,出于沟壑。"高诱注:"大蔡,元龟之所出地名,因名其龟为大蔡,臧文仲所居蔡是也。"古人卜卦用龟,专设"龟人"掌管龟甲的攻治、收藏及供给。《周礼·春官·龟人》:"凡取龟用秋时,攻龟用春时,各以其物,入于龟室。"鲁国大夫臧文仲宝藏大龟,也是备占卜之用,这是越等僭礼的行为。皇侃《义疏》:"居,犹畜也。蔡,大龟也。礼,唯诸侯以上得畜大龟,以卜国之吉凶,大夫以下不得畜。文仲是鲁大夫而畜龟,是僭人君礼也。"〔二〕山节藻梲(zhuō):古代天子的庙饰。山节,雕刻成山形的柱头斗拱;藻梲,画藻为饰的梁上短柱。《礼记·明堂位》:"山节藻梲,复庙重檐,……天子之庙饰也。"〔三〕何如其知也:意谓此人的智力怎么样?知:同"智"。李泽厚《论语今读》:"迷信如此,一不智也;违反礼制,二不智也。亦可见当时号称智者之不智。"参见:"务民之义,敬鬼神而远之,可谓知矣。"(6.22)

【译】 孔子说:"臧文仲造房以养大龟,柱头斗拱雕成山形,梁上短柱画着水藻。他的智力怎么样?"

【记】 本章记孔子批评臧文仲。在孔子眼中,臧文仲养大龟媚神、僭越天子庙饰都是不明智的。

5.19　子張問曰:"令尹子文三仕爲令尹〔一〕,無喜色;三已之,無愠色。舊令尹之政,必以告新令尹。何如?"子曰:"忠矣。"曰:"仁矣乎?"曰:"未知〔二〕;——焉得仁?"

"崔子弑齊君〔三〕,陳文子有馬十乘〔四〕,棄而違之〔五〕。至於他邦,則曰:'猶吾大夫崔子也。'違之。之一邦,則又曰:'猶吾大夫崔子也。'違之。何如?"子曰:"清矣。"曰:"仁矣乎?"曰:"未知;——焉得仁?"

【注】 〔一〕令尹:楚国的执政官名,相当于其他诸国的宰相。三仕:"三仕"和下文"三已"的"三"可能是虚数,不是确指三次,是多次的意思。〔二〕未知:孔子否定别人问话的一种表达方式。杨伯峻《译注》:"和上文第五章'不知其仁',第八章'不知也'的'不知'相同,不是真的'不知',只是否定的另一方式。"〔三〕崔子弑齐君:公元前548年,崔杼杀齐庄公,事见《左传·襄公二十五年》。孔子当时四岁。古代卑幼杀尊长叫弑,如:臣子杀死君主,子女杀死父母。〔四〕陈文子有马十乘(shèng):齐国大夫陈文子有马四十匹。乘:四匹马拉的车一辆为一乘。〔五〕违:离开。《诗·邶风·谷风》:"行道迟迟,中心有违。"毛传:"违,离也。"之:指代齐国。

【译】 子张问道:"楚国的令尹子文三次当官,脸上没有喜悦的神色;三次被罢免,脸上没有怨恨的神色。〔每次交割,〕一定把旧时自己任令尹的施政之道无所保留地全部告诉新到任的人。这个人怎么样?"孔子道:"可以说是忠诚了。"子张道:"达到仁的境界了吗?"孔子道:"不知道;——这怎么能算得上是仁呢?"

子张又问:"崔杼犯上杀死齐庄公,陈文子有四十匹马,毅然舍弃,离开齐国。到了别的国家,说道:'这里的执政者同我们的崔子差不多。'又离开。又到了一国,又说道:'这里的执政者同我们的崔子差不多。'于是又离开。这个人怎么样?"孔子道:"可以说是清高了。"子张道:"达到仁的境界了吗?"孔子道:"不知道;——这怎么能算得上是仁呢?"

【记】 本章记孔子不轻易以仁许人。

5.20　季文子三思而後行〔一〕。子聞之,曰:"再〔二〕,斯可矣〔三〕。"

【注】〔一〕季文子:鲁国大夫。"文"也是谥号。季文子与孔子不并世,逝于公元前568年。17年之后孔子才出生。三思而后行:经过反复考虑,然后再去做。三:再三,泛指多次。但因为这里和下文"再"相对,所以应看做确数。〔二〕再:两次。〔三〕斯:连词。犹则,乃。宦懋庸《论语稽说》:"文子生平盖祸福利害之计太明,故其美恶两不相掩,皆三思之病也。其思之至三者,特以世故太深,过为谨慎;然其流弊将至利害徇一己之私矣。"参见:"慎而无礼则葸"(8.2)。

【译】季文子遇事三思而后行。孔子听说后,说:"思考两次,也就可以了。"

【记】本章记孔子反对三思而后行。但孔子并不反对谨慎多思,只是唯恐因多虑而迟疑犹豫,失去了勇气,故有此告诫。做事顾虑太多,反而不美。鲁国季文子平生谨小慎微,遇事常"三思而后行",世故太深,故孔子讥之。

5.21 子曰:"甯武子,邦有道,则知〔一〕;邦无道,则愚。其知可及也,其愚不可及也〔二〕。"

【注】〔一〕知:同"智"。〔二〕其愚不可及也:大智若愚,非常人所能及。何晏《集解》引孔安国曰:"佯愚似实,故曰不可及也。"《史记·老子韩非列传》:"良贾深藏若虚,君子盛德,容貌若愚。"

【译】孔子说:"宁武子在国家政治清明的时候,便聪明能干;在国家政治昏乱的时候,便大智若愚。他的聪明能干,别人还能赶得上;但他的大智若愚,别人就赶不上了。"

【记】本章记孔子评论宁武子明哲保身之道,从中反映出孔子自己的处世态度。大智若愚是一种不与恶人合作的处世策略,目的是为了在乱世避免自身遭受伤害,即"邦无道,免于刑戮"(5.2)。

5.22 子在陈〔一〕,曰:"归与!归与!吾党之小子狂简〔二〕,斐然成章〔三〕,不知所以裁之〔四〕。"

【注】〔一〕陈:春秋诸侯国名,姓妫(guī)。据《史记·陈杞世家》:周武王灭商后,封舜的后代胡公(妫满)于陈。建都宛丘(今河南淮阳)。辖有今河南淮阳及安徽亳州一带地方。公元前 478 年为楚国所灭。孔子周游列国,曾困于陈、蔡之间。〔二〕吾党之小子:指在鲁国家乡的弟子。小子:老师称学生为"小子"。狂简:志向高远但处事疏阔,眼高手低。朱熹《论语集注》:"狂简,志大而略于事也。"〔三〕斐然成章:谓富有文采,文章可观。刘宝楠《论语正义》:"言弟子居鲁,所学已就,能成文章可观也。"一说,谓妄作穿凿以成文章。见何晏《论语集解》。〔四〕不知所以裁之:有两种解释,一说以孔子为主语,《史记·孔子世家》作"吾不知所以裁之"。此句谓我(孔子)久不在鲁,已不知道该怎样去指导家乡的弟子了。一说以弟子为主语,《论语集解》引孔安国曰:"孔子在陈,思归欲去,故曰:'吾党之小子狂简者,进取于大道,妄作穿凿以成文章,不知所以裁制,我当归以裁之耳。'遂归。"今从前说。裁:剪裁,引申为教育、指导。

【译】孔子在陈国,说:"回去吧!回去吧!我在家乡的弟子们志向高远但处事疏阔,又都文采斐然,文章可观,我不知道该怎样去指导他们了。"

【记】本章记孔子在陈思归之叹。据《史记·孔子世家》,季康子遵其父季桓子的遗嘱,欲召孔子回鲁。被公之鱼劝阻,改召冉求。在冉求行前,孔子说了这番话。"子赣(子贡)知孔子思归,送冉求,因诫曰'即用,以孔子为招'云。"宋·朱熹《论语集注》:"此孔子周流四方,道不行而思归之叹也。"总之,孔子说这话,一是想向有关人士表明自己叶落归根的愿望,二是明确地表达了今后专心从事教育,不问政治的态度。

5.23 子曰:"伯夷、叔齐不念旧恶〔一〕,怨是用希〔二〕。"

【注】〔一〕不念旧恶:不计较过往的仇怨。念:记在心上。旧恶:宿怨旧恨。〔二〕怨:从上下文推断,这个"怨"是指别人对他们的怨恨。是用:是以,因此。希:少。皇侃《义疏》:"希,少也。"

【译】孔子说:"伯夷、叔齐两兄弟不念旧恶,别人对他们的怨恨因而也就很少。"

【记】本章记孔子赞伯夷、叔齐两兄弟的品行。不念旧恶也是仁者爱人的一种体现。

5.24　子曰:"孰謂微生高直? 或乞醯焉〔一〕,乞諸其鄰而與之。"

【注】　〔一〕或:有人。醯(xī):醋。邢昺《注疏》:"醯,醋也。"

【译】　孔子说:"谁说微生高这个人直率? 有人向他讨醋,〔他不说自己没有,〕却向邻居那里要来交给讨醋的人。"

【记】　本章记孔子质疑微生高的品行。孔子看人细入毫芒,往往从小事看出一个人行事的动机。宋·朱熹《论语集注》:"夫子言此,讥其曲意徇物,掠美市恩,不得为直也。程子曰:'微生高所枉虽小,害直为大。'范氏曰:'是曰是、非曰非、有谓有、无谓无,曰直。圣人观人于其一介之取予,而千驷万钟从可知焉。故以微事断之,所以教人不可不谨也。'"

5.25　子曰:"巧言、令色、足恭〔一〕,左丘明恥之,丘亦恥之。匿怨而友其人〔二〕,左丘明恥之,丘亦恥之。"

【注】　〔一〕足恭:过分恭敬,以取媚于人。皇侃《义疏》引孔安国曰:"足恭,便僻之貌也。"便僻,亦作"便辟":谄媚逢迎。参见:恭而无礼(8.2)。〔二〕匿怨:对人怀恨在心而不显露现出来,表面上装作友好亲善。李泽厚《论语今读》:"这又涉及伦理与政治的背反。'匿怨而友其人',是政治家的常规作业,否则也就没政治可言了。"

【译】　孔子说:"花言巧语,伪善的容貌,十足的恭顺,这种态度,左丘明认为可耻,我也认为可耻。内心藏着怨恨,表面上却同他要好,这种行为,左丘明认为可耻,我也认为可耻。"

【记】　本章记孔子和左丘明主张人应该表里如一,鄙视表里不一的伪君子,孔子标榜中庸,强调无过不及。不论对何人,都应以礼相待。孔子反对巧言令色,奴颜婢膝,以之为耻。又曾说"恭而无礼则劳"(8.2)。礼多人不怪,不是孔子所赞同的。"匿怨而友其人"这种阴险狡诈的伎俩,更是为孔子所不齿。

5.26　顔淵、季路侍〔一〕。子曰:"盍各言爾志〔二〕?"

子路曰:"願車馬衣輕裘〔三〕,與朋友共〔四〕,敝之而無憾〔五〕。"
顏淵曰:"願無伐善〔六〕,無施勞〔七〕。"
子路曰:"願聞子之志。"
子曰:"老者安之,朋友信之,少者懷之〔八〕。"

【注】〔一〕侍:卑者在尊长身旁陪伴侍候。此处指立侍。若坐侍,则称"侍坐"。或坐或立,则称"侍侧"。皇侃《义疏》:"侍,侍孔子,卑在尊侧曰侍也。"〔二〕盍(hé):表示反问的副词。犹"何不"。〔三〕愿车马衣轻裘:这句中的"轻"字当为衍文,可能是后人根据"乘肥马,衣轻裘"(6.4)而加,唐以前的版本均无"轻"字。详考见阮元《十三经校勘记·论语校勘记》、刘宝楠《论语正义》。朱熹《集注》:"衣,服之也。裘,皮服。"〔四〕共:共同享用。《说文·共部》:"共,同也。"〔五〕敝之而无憾:把它用坏了也不怨恨。敝:破、坏,这里是使动用法。朱熹《集注》:"敝,坏也。憾,恨也。"〔六〕伐善:夸耀自己的长处。伐:自我夸耀。朱熹《集注》:"伐,夸也。善,谓有能。"《易·系辞上》:"劳而不伐,有功而不德,厚之至也。"孔颖达疏:"劳而不伐者,虽谦退疲劳而不自伐其善也。"〔七〕施劳:有两解:(1)把劳苦烦难之事强加于人,何晏《论语集解》引孔安国曰:"不以劳事置施于人。"(2)"施劳"与"伐善"同义,即夸耀表白自己的功劳,朱熹《集注》:"施,亦张大之意。劳,谓有功。《易》曰'劳而不伐'是也。"刘宝楠《论语正义》:"施劳与伐善对文,《礼记·祭统》注:'施,犹著也。'"两说均可通,译文据第二说。〔八〕"老者"三句说的是孔子的社会政治理想。康有为《论语注》:"此明大同之道,乃孔门微言也。"孔子所说这三句也是"大同"篇中的要点。《礼记·礼运》:"大道之行也,天下为公。选贤与能,讲信修睦。故人不独亲其亲,不独子其子,使老有所终,壮有所用,幼有所长,矜寡孤独废疾者皆有所养,男有分,女有归。货恶其弃于地也,不必藏于己;力恶其不出于身也,不必为己。是故谋闭而不兴,盗窃乱贼而不作,故外户而不闭,是谓大同。""老者安之"与"老有所终"对应;"朋友信之"与"讲信修睦"对应;"少者怀之"与"幼有所长"对应。

【译】 颜渊、季路两人侍立于孔子的身旁。孔子说:"何不各自谈谈你们的志向呢?"

子路说:"愿把我自己的车马衣裘同朋友共享,即使用坏了也不感到可惜。"
颜渊说:"愿不夸耀自己的好处,不表白自己的功劳。"
子路向孔子说道:"希望听一听夫子的志向。"
孔子说:"〔我的志向是,〕老人安享晚年,朋友相互信任,未成年人得到关怀。"

【记】 本章记孔子与子路、颜回畅谈志向。子路希望对朋友热情大方,讲的是真性情;颜回希望谦恭待人,讲的是克己复礼的君子修养;孔子则目光更为远大,希望开创和平安乐的大同盛世。"大同"是儒家憧憬的乌托邦。见于《礼记·礼运》。"大同"世界的基本特点是:大道畅行,"天下为公"(君位不为一家私有),因而能"选贤与能,讲信修睦"。那时的社会保障系统非常完善,人们的道德水平极高,人人诚实博爱。"大同"寓含了托古讽今的意图,是一幅理想化了的尧舜时代的盛世景象。

5.27　子曰:"已矣乎〔一〕,吾未见能见其過而內自訟者也〔二〕。"

【注】〔一〕已矣:叹词。罢了,算了。朱熹《集注》:"已矣乎者,恐其终不得见而叹之也。"〔二〕自讼,犹自责。讼:责备。何晏《集解》引包咸曰:"讼,犹责也。言人有过,莫能自责。"朱熹《集注》:"内自讼者,口不言而心自咎也。人有过而能自知者鲜矣,知过而能内自讼者为尤鲜。能内自讼,则其悔悟深切而能改必矣。夫子自恐终不得见而叹之,其警学者深矣。"

【译】孔子说:"罢了,我没有见到过发现了自己的过失而能够作自我批评的人。"

【记】本章记孔子批评人们不知反省自己的过失。改过应自反省、自讼始。以孔子的"内自讼"及曾子的"三省"为基础,儒家构建了积极的面向人间的改过反省机制。儒家的"反省"精神与基督教文明的"忏悔"情结差别很大。李泽厚《论语今读》:"结合曾参所说'吾日三省吾身',大概可勉强算作儒家的'忏悔意识了'。但儒家讲的仍然是'反身而诚,乐莫大焉',指明这种内心反省自责的结果是'乐',即由'明'而'诚'(《中庸》),由'尽心''知性'而'知天'(《孟子》),而'与天地参'。这种内省自责的儒家哲学,仍然建立在积极情感的追寻塑造上,与向上帝忏悔的苦痛意识和深重罪感仍然不同。"

5.28　子曰:"十室之邑〔一〕,必有忠信如丘者焉,不如丘之好學也。"

【注】〔一〕十室之邑:只有十户人家的城邑,比喻人少地方小。邢昺《注疏》:"十室之邑,邑之小者也。"

【译】 孔子说:"就是十户人家的小地方,一定有像我这样的忠信之人,但不如我那么好学罢了。"

【记】 本章记孔子对自己的好学非常自负。好学之人难得。孔子说忠信之人到处有,当是他自谦的话。孔子常自许"好学",参见:"学而不厌"(7.2)、"发愤忘食,乐而忘忧,不知老之将至"(7.19)、"笃信好学,守死善道"(8.13)。

雍也篇第六

【题解】 《雍也篇》共 30 章。南宋·朱熹《四书章句集注》把 6.1、6.2 两章及 6.4、6.5 两章各并为一章,故作 28 章。

《雍也篇》,除 1 章记闵子骞的话(6.9)和 1 章记子游的话(6.14)外,均为孔子语录。内容相当驳杂,涉及政治、伦理、哲学、人性、人才等诸多方面。(一)论人 15 章。(1)孔子品评弟子的 12 章。称扬弟子的 6 章:赞冉雍 3 章(6.1、6.2、6.6);赞颜回 3 章(6.3、6.7、6.11)。劝诫弟子的 3 章:劝告原宪 1 章(6.5);批评冉求 1 章(6.12);批评子夏 1 章(6.13)。还有 1 章评公西华(6.4);1 章叹冉伯牛(6.10);1 章评子路、子贡和冉求的从政才干(6.8)。(2)孔子品评其他人物 2 章:孟之反(6.15)、祝鮀和宋朝(6.16)。(3)孔子发誓自证清白 1 章(6.28)。(二)论仁 5 章(6.17、6.23、6.22、6.26、6.30)。(三)论礼 1 章(6.27)。(四)论智 1 章(6.21)。(五)论中庸之德 1 章(6.29)。(六)论文质关系 1 章(6.18)。(七)论人性 1 章(6.19)。(八)论知好乐 1 章(6.20)。(九)论齐鲁之变 1 章(6.24)。(十)论觚 1 章(6.25)。

出自本篇的名言或成语有:不迁怒、不贰过、君子周急不继富、三月不违仁、一箪食、一瓢饮、在陋巷、人不堪其忧、回也不改其乐、中道而废、君子儒、小人儒、行不由径、文质彬彬、然后君子、知之者不如好之者、好之者不如乐之者、敬鬼神而远之、知者乐水、仁者乐山、知者动、仁者静、知者乐、仁者寿、君子博学于文、约之以礼、天厌之、己欲立而立人、己欲达而达人等。

6.1　子曰:"雍也可使南面〔一〕。"

【注】〔一〕南面:面朝南,指天子、诸侯、卿大夫或圣贤之官位。古代以面朝南为尊位。参见:"恭己正南面"(15.5)。《易·说卦》:"圣人南面而听天下,向明而治。"帝王诸侯见群臣,或卿大夫见僚属,皆面南而坐。说见王引之《经义述闻》卷三一。

【译】　孔子说:"冉雍这个人是个做官的料。"

【记】　本章记孔子称赞冉雍有治才。冉雍(仲弓)出身低微,其父为"贱人",孔子曾把他比作"犁牛之子"(6.6)。冉雍"宽洪简重"(朱熹语),以德行著称,列于孔门德行之科,德才可以居官治民。孔子说冉雍"可使南面",体现了孔子"选贤与能"的贤人政治理念。

6.2　仲弓问子桑伯子。子曰:"可也简〔一〕。"
仲弓曰:"居敬而行简〔二〕,以临其民,不亦可乎?居简而行简,无乃大简乎〔三〕?"子曰:"雍之言然。"

【注】〔一〕可也简:"可也",表示基本肯定。"可也,未若贫而乐,富而好礼者也"(1.15),用法与此句同。"简"字含义丰富,包含性格上的简单纯朴,生活上的简省俭朴,处事上的简约不繁琐,为人上的简慢粗疏等。朱熹《集注》:"可者,仅可而有所未尽之辞。简者,不烦之谓。"〔二〕居敬:谓持身恭敬,严于律己。皇侃《义疏》引孔安国曰:"居身敬肃,临下宽略,则可也。"参见:"居处恭,执事敬"(13.19)、"修己以敬"(14.42)。居敬而行简,谓立身敬肃而行事简约不繁琐。〔三〕无乃:副词,用于反问句中,表示不以为然的意思,跟"岂不是"相近,但语气较和缓。大:同"太"。

【译】　仲弓问到子桑伯子这个人。孔子说:"此人还可以吧,挺简的。"
　仲弓说:"如果心存恭敬,行事简约,这样来治理百姓,不也是可以的吗?但如果为人简慢〔做不到严于律己〕,行事又简慢〔粗枝大叶〕,岂不是太简了吗?"孔子说:"冉雍的这番话说得对。"

【记】　本章记冉雍与孔子评价子桑伯子。冉雍讨论了"敬"与"简"的关系,提出"居敬行简"的政治原则,得到了孔子的肯定。为政要"简",但为政的基础是

"敬"（修身立德）。朱熹认为本章与上一章记的是孔子与冉雍在同一时间的对话，所以将这两章合为一章。朱熹《集注》："仲弓以夫子许己南面，故问伯子如何。"

6.3 哀公問："弟子孰爲好學？"孔子對曰："有顏回者好學〔一〕，不遷怒〔二〕，不貳過〔三〕。不幸短命死矣，今也則亡〔四〕，未聞好學者也。"

【注】〔一〕者：语气词，表示语音上的停顿。〔二〕遷(迁)怒：将自己的愤怒发泄到不相干的人身上。何晏《集解》："凡人任情，喜怒违理。颜回任道，怒不过分。迁者，移也。怒当其理，不移易也。"朱熹《集注》："怒于甲者，不移于乙。"〔三〕貳过：重复犯同样的过失。贰：再，重复。何晏《集解》："不贰过者，有不善，未尝复行。"〔四〕亡：无，没有。皇侃《义疏》："亡，无也，言颜渊既已死，则无复好学者也。"

【译】鲁哀公问："你的弟子中，哪个好学？"孔子答道："有一个叫颜回的弟子好学，从不把怒气发泄到不相干的人身上，也从不重复犯同样的过错。不幸短命死了，如今则没有这样的弟子了，再也没有听说谁是好学的。"

【记】本章记孔子赞颜回好学。孔子对颜回只褒不贬的原因，一是颜回确实优秀，与孔子的理念高度契合，再就是颜回的早死，使孔子很伤心，只念着颜回的好处。

6.4 子華使於齊，冉子爲其母請粟〔一〕。子曰："與之釜〔二〕。"請益〔三〕。曰："與之庾〔四〕。"冉子與之粟五秉〔五〕。子曰："赤之適齊也〔六〕，乘肥馬〔七〕，衣輕裘〔八〕。吾聞之也：君子周急不繼富〔九〕。"

【注】〔一〕粟：谷物名。北方通称"谷子"。明·李时珍《本草纲目·谷二·粟》："古者以粟为黍、稷、粱、秫之总称。而今之粟，在古但呼为粱。后人乃专以粱之细者名粟……大抵黏者为秫，不黏者为粟。故呼此为籼粟，以别秫而配籼。北人谓之小米也。"〔二〕釜(fǔ)：古代容量单位，相当于当时的六斗四升（《左传·昭公三年》杜预注）。釜是春秋、战国时代流行于齐国的量器。现存有战国时的子禾子釜（容积为

子禾子铜釜

（山东胶州灵山卫生土）

20.46 公升)和陈纯釜(容积为 20.58 公升),都作坛形,小口大腹,有两耳。〔三〕请益:请求增加。〔四〕庾(yǔ):古代容量单位。二斗四升为一庾(《周礼·考工记·陶人》孙诒让引戴震注)。一说十六斗为一庾(《左传·昭公二十六年》杜预注)。〔五〕秉(bǐng):古代容量单位,合十六斛。《仪礼·聘礼》:"十斗曰斛,十六斗曰籔,十籔曰秉。"〔六〕适:去,往。〔七〕乘:驾驭。《诗·小雅·采芑》:"方叔率止,乘其四骐。"高亨注:"乘,犹驾也。"〔八〕衣(yì):穿(衣服)。〔九〕周:接济。继:增益,接济。朱熹《集注》:"急,穷迫也。周者,补不足。继者,续有余。"

【译】 公西华出使齐国,冉有替他的母亲请求谷子。孔子说:"给他一釜。"冉有请求再增加一些。孔子说:"再给他一庾。"冉有却给他五秉谷子。孔子说:"公西赤到齐国去,乘着由肥马拉着的马车,穿着轻暖的皮袍。我听说过:君子只救人急难,不必给富人添富。"

【记】 本章记孔子主张"周急而不继富"。公西华是代表孔子出使齐国的,所以冉有才会替他的母亲向孔子请求谷子。当时弟子为先生办事是理所应当的义务。考虑到公西华家境富裕,孔子本想这次不给公西华家什么报酬。冉有不了解孔子的心意,替公西华的母亲求粟。孔子没有拒绝,只是答应少给些。冉有自作主张,给得不少。孔子才说出"君子周急不济富",告诫冉有君子只应雪里送炭,不必做锦上添花的事。"周急而不继富"与"不患贫而患不均"(16.1)都体现了孔子主张公平正义、反对两极分化的经济思想。

6.5　原思爲之宰〔一〕,與之粟九百〔二〕,辭。子曰:"毋! 以與爾鄰里鄉黨乎〔三〕!"

【注】 〔一〕之:指代孔子。宰:这里指大夫的家宰。孔子在鲁国担任卿大夫期间,原思曾做他家的总管。〔二〕粟:谷子。当时以粟充当俸禄。九百:因量词省略,不知具体数量。朱熹《集注》:"九百不言其量,不可考。"〔三〕邻里乡党:同乡,这里指原思的乡亲中的穷人。邻、里、乡、党是古代地方居民单位名称。朱熹《集注》:"毋,禁止辞。五家为邻,二十五家为里,万二千五百家为乡,五百家为党。言常禄不当辞,有余自可推之以周贫乏,盖邻、里、乡、党有相周之义。"

【译】 原宪做孔子的家宰,孔子给他粟米九百作俸禄,原宪辞谢不受。孔子说:"不要推辞!〔如果有多的,〕把它分给你的邻里乡亲吧!"

【记】　本章同上一章,都记孔子关于弟子报酬的谈话。朱熹将这两章合为一章。上一章给公西华的报酬少,这一章给原宪的报酬多,孔子这么做,自有他的道理。粟九百是原宪做管家的正当俸禄,孔子硬要原宪收下,并指点他把多余的粟米送给有需要的邻里乡亲。朱熹《集注》引程子曰:"夫子之使子华,子华之为夫子使,义也。而冉子乃为之请,圣人宽容,不欲直拒人。故与之少,所以示不当与也。请益而与之亦少,所以示不当益也。求未达而自与之多,则已过矣,故夫子非之。盖赤苟至乏,则夫子必自周之,不待请矣。原思为宰,则有常禄。思辞其多,故又教以分诸邻里之贫者,盖亦莫非义也。"

6.6　子謂仲弓,曰:"犁牛之子騂且角〔一〕;雖欲勿用〔二〕,山川其舍諸〔三〕?"

【注】〔一〕犁牛:耕牛。騂(xīn):赤色。周朝以赤色为贵。角:指牛角长得周正。周代祭祀用红毛长角的牛,不用普通的耕农。孔子把冉雍比作"騂且角"的"犁牛之子"。冉雍出身低微,但德才兼备。〔二〕勿用:指不用作祭祀。〔三〕山川:指上层统治者。如果耕牛之子够得上作牺牲的条件,山川之神一定会接受这种祭享。康有为《论语注》:"山川,山川之神也。言人虽不用,神必不舍也。"其:表诘问的副词。犹"岂",难道。诸:代词"之"和疑问语气词"乎"的合音字。

【译】　孔子谈到冉雍,说:"耕牛生的小牛长着赤色的毛和周正的角,虽然想不用它来作祭祀的牺牛,山川之神难道会舍弃它吗?"

【记】　本章记孔子评价冉雍的才干,反映出孔子举贤才的思想和反对任人唯亲的主张。冉雍出身微贱,但有良好的素质和出色的才能。孔子曾说"雍也可使南面"(6.1)。选拔贤才,不能只看出身。一个人哪怕出身低微,只要德才兼备,就应当受到重用。

6.7　子曰:"回也,其心三月不違仁〔一〕,其餘則日月至焉而已矣〔二〕。"

【注】〔一〕三月:泛指较长的时间。参见"三月不知肉味"(7.14)。违:离开。此句可与"君子无终食之间违仁"(4.5)互参。〔二〕日月:一天一月、每天每月。泛指较短的时间。

【译】 孔子说:"颜回呀,他的心可以在长时间内不离仁德,其余的学生么,则只能在短时间内偶尔念及仁而已。"

【记】 本章记孔子称赞颜回"三月不违仁"。颜回对孔子的思想有深入的理解,而且践行仁道,努力将"仁"贯穿于自己的言行之中。

6.8 季康子問:"仲由可使從政也與?"子曰:"由也果〔一〕,於從政乎何有?"

曰:"賜也可使從政也與?"曰:"賜也達〔二〕,於從政乎何有?"

曰:"求也可使從政也與?"曰:"求也藝〔三〕,於從政乎何有?"

【注】 〔一〕果:果断,有决断。邢昺《注疏》引包咸曰:"果谓果敢决断。"〔二〕达:通达事理。邢昺《注疏》引孔安国曰:"达谓通于物理。"〔三〕艺:多才多艺,富有才干。邢昺《注疏》引孔安国曰:"艺谓多才艺。"

【译】 季康子问孔子:"仲由这个人,可以让他治理政事么?"孔子说:"仲由做事果敢,让他治理政事有什么难的呢?"

又问:"端木赐这个人,可以让他治理政事么?"孔子说:"端木赐通达事理,让他治理政事有什么难的呢?"

又问:"冉求这个人,可以让他治理政事么?"孔子说:"冉求富有才干,让他治理政事有什么难的呢?"

【记】 本章记孔子评价子路、子贡和冉求的政治才干。孔子周游列国之时,季康子继其父季桓子为鲁国正卿(公元前 492 年)。这段问答发生在孔子返鲁之后。孔子对三个弟子都给予较高评价,认为他们已经具备了担任要职的能力。

6.9 季氏使閔子騫爲費宰〔一〕。閔子騫曰:"善爲我辭焉!如有復我者,則吾必在汶上矣〔二〕。"

【注】 〔一〕费(旧读 bì):季氏的封邑,故城在今山东费县西北二十里。何晏《集解》引孔安国曰:"费,季氏邑,季氏不臣,而其邑宰数叛,闻子骞贤,故欲用之。"〔二〕汶(wèn):水名,即

山东的大汶河。汶上:汶水之北,泛指齐国之地。桂馥《札朴》:"水以阳为北,凡言某水上者,皆谓水北。"皇侃《义疏》引孔安国曰:"去之汶水上,欲北如齐也。"

【译】 季氏派人请闵子骞去做费邑的长官,闵子骞〔对来请他的人〕说:"请你好好替我辞掉这事吧! 如果再来召我,那我一定会逃到汶水之北去了。"

【记】 本章记闵子骞不事权臣,坚辞季氏聘其为费邑宰。闵子骞的做法体现了儒家明哲保身的处世哲学。朱熹《集注》引谢良佐曰:"学者能少知内外之分,皆可以乐道而忘人之势。况闵子得圣人为之依归,彼其视季氏不义之富贵,不啻犬彘。又从而臣之,岂其心哉? 在圣人则有不然者,盖居乱邦、见恶人,在圣人则可;自圣人以下,刚则必取祸,柔则必取辱。闵子岂不能早见而豫待之乎? 如由也不得其死,求也为季氏附益,夫岂其本心哉? 盖既无先见之知,又无克乱之才故也。然则闵子其贤乎?"闵子骞为人清高,无意仕进,是孔门中唯一明确声明不愿走仕途的弟子。但据《孔子家语·执辔》,闵子骞曾为费宰。这似乎与本章的记载相冲突。明代张自烈《四书大全辩》:"《家语》闵子骞为费宰,问政于孔子。在孔子为鲁司寇之时,桓子未坠费前宰也。孔子去鲁,十有四年而反乎鲁,鲁不能用孔子。于时季康子使闵子骞为费宰,闵子辞而不就者,乐夫子之道,视夫子进退为行藏。盖辞、就两费宰,相越且十五六年矣。然则复我从云者,明乎前为费宰,今殆不可复也。"按照张自烈的解释,那么闵子骞也是做过官的。

6.10 伯牛有疾〔一〕,子问之,自牖执其手〔二〕,曰:"亡之〔三〕,命矣夫! 斯人也而有斯疾也! 斯人也而有斯疾也!"

【注】 〔一〕疾:疾病。冉伯牛所患何疾,《论语》未明说,从下文孔子的话推测,应是很重的病。旧注说是麻风病(也叫癞或大麻风)。麻风是慢性传染病,症状是皮肤麻木,变厚,颜色变深,表面形成结节,毛发脱落,手指脚趾变形等。朱熹《集注》:"有疾,先儒以为癞也。"〔二〕牖(yǒu):窗户。邢昺《注疏》引包咸曰:"牛有恶疾,不欲见人,故孔子从牖执其手也。"〔三〕亡:同"无"。孔子为伯牛的病着急,但又毫无办法,只能叹息"没办法"。

【译】 冉伯牛生了重病,孔子去探望他,在窗户外紧紧握着他的手,说道:"没办法呀,这就是命啊! 这个人竟得了这种病! 这个人竟得了这种病!"

【记】 本章记孔子探望病中的冉伯牛。孔子感叹命运不公,他的话也表现了听天由命的宿命思想。

6.11 子曰:"贤哉,回也! 一箪食〔一〕,一瓢饮〔二〕,在陋巷〔三〕,人不堪其忧〔四〕,回也不改其乐。贤哉,回也!"

【注】 〔一〕箪(dān):古时盛饭的圆形竹器。〔二〕饮:水、酒、浆汤等各种饮料都叫"饮"。〔三〕陋巷:狭小的巷子。引申为狭窄简陋的住处、陋室。今曲阜复圣庙对面,有一条约200米长的南北小巷,传说就是颜回居住的"陋巷"。〔四〕不堪:忍受不了。邢昺《注疏》:"言回居处又在隘陋之巷,他人见之不任其忧,唯回也不改其乐道之志,不以贫为忧苦也。"

【译】 孔子说:"多么有贤德啊,颜回这个人! 盛饭用一个小竹筐,饮水用一个葫芦瓢,住在贫民区的陋室里,别人都受不了这样的忧苦,颜回却不改变他自得之乐。多么有贤德啊,颜回这个人!"

【记】 本章记孔子称赞颜回安贫乐道的生活态度。孔子自谓吃粗粮,喝冷水,曲肱而枕(7.16),从清苦的生活中可以获得精神上的愉悦。这就是历史上大名鼎鼎的"孔颜乐处"。孔子认识到富贵是可遇不可求的。人的命运与德行并没有必然的因果关系。在孔子看来,人之所以要修养德性,乃是人的天命所在,是人的本质要求,并不是为了趋吉避祸,猎取富贵。颜回继承了孔子的这一思想,在极端贫困的环境下心如止水,潜心求道,思入圣人绝域。但贫困并非颜回所愿,因他生当乱世,只能退居陋巷,安贫乐道,在隐忍中磨炼自己的品德。《孟子·滕文公下》:"富贵不能淫,贫贱不能移,威武不能屈,此之谓大丈夫。"颜回并不只是一个沉默寡言的穷酸书生,他的伟大在于他对人格境界的不懈追求。

6.12 冉求曰:"非不说子之道〔一〕,力不足也。"子曰:"力不足者〔二〕,中道而废〔三〕。今女画〔四〕。"

【注】 〔一〕说(yuè):"兑"的被通假字。后来写作"悦"。爱,喜欢。子之道:指孔子的"仁"道,亦即"忠恕"之道(4.15)。〔二〕者:表示停顿的语气词。〔三〕中道而废:事情尚未完成,半路就停止不做了。中道:中途。废:停止,这里指因疲倦而走不动。〔四〕画:画界为限,引申为停止。即给自己画定一个界限,不肯前进。邢昺《注疏》引孔安国曰:"画,止也。力不

足者,当中道而废。今女自止耳,非力极。"

【译】 冉求说:"不是我不喜欢您的学说,是我做起来力量不够。"孔子说:"如果真是力不足的话,应是走到半道再走不动了。〔而你的情况是不求道,〕现在你是原地不动。"

【记】 本章记孔子批评冉求无心求道,驳斥其"力不足"的借口。冉求与孔子的政见分歧较大,对践行孔子学说表现得不太积极,比如不谏阻季氏僭礼(3.6)。孔子发现冉求不上进,指出过他的缺点:"求也退,故进之。"(11.20)。冉求为自己辩解,说自己"力不足"。而孔子认为人人都有能力求仁,只有肯与不肯的区别。参见:"有能一日用其力于仁矣乎?我未见力不足者"(4.6)。

6.13 子謂子夏曰:"女爲君子儒〔一〕! 無爲小人儒!"

【注】 〔一〕儒:儒士、儒生。在孔子以前,"儒"是一种行业,儒士(儒生)指以相礼为业的知识分子。"儒"的前身是古代专为贵族服务的巫、史、祝、卜;在春秋社会大动荡时期,"儒"失去了原来的地位,由于他们熟悉贵族礼仪,在民间便以"相礼"为谋生职业。孔子早年就以"儒"为业。按道德的高低分,人可分为"君子"和"小人"。儒士(儒生)之中,当然也有"君子"与"小人"的差别。"君子儒"品德高尚、志向远大,"小人儒"则相反。

【译】 孔子对子夏说:"你要做君子儒,不要做小人儒。"

【记】 本章记孔子提出"君子儒"和"小人儒"的区别,告诫子夏做君子儒,不要做小人儒。《三国演义》第四十三回《诸葛亮舌战群儒,鲁子敬力排众议》中,诸葛亮有一段关于君子儒与小人儒的议论,痛快淋漓,可做参考:"座上一人忽曰:'孔明所言,皆强词夺理,均非正论,不必再言。且请问孔明治何经典?'孔明视之,乃严畯也。孔明曰:'寻章摘句,世之腐儒也,何能兴邦立事?且古耕莘伊尹,钓渭子牙,张良、陈平之流,邓禹、耿弇(两人都是汉光武帝刘秀的功臣——作者注)之辈,皆有匡扶宇宙之才,未审其生平治何经典。岂亦效书生,区区于笔砚之间,数黑论黄,舞文弄墨而已乎?'严畯低头丧气而不能对。忽又一人大声曰:'公好为大言,未必真有实学,恐适为儒者所笑耳。'孔明视其人,乃汝阳程德枢也。孔明答曰:'儒有君子小人之别。君子之儒,忠君爱国,守正恶邪,务使泽及当时,名留后世。若夫小人之儒,惟务雕虫,专工翰墨,青春作赋,皓首穷经;笔下虽有千言,胸中实无一策。且如杨雄(公元前53年—公元18年,西汉学者、辞赋家。家贫好学,不慕富贵。四十岁后,始游京师,但他所任官职一直很低微,历成、哀、平'三世不徙官'。王莽称帝后,扬雄校书于天禄阁。后受他人牵累,即将被捕,坠阁自杀未遂,后召为大夫——作者注)以文章名世,而屈身事莽,不免投阁而死,此所谓小人之儒也;虽日赋万言,亦何取哉!'程德枢不能对。众人见孔明对答如流,尽皆失色。"

6.14　子游爲武城宰〔一〕。子曰:"女得人焉耳乎〔二〕?"曰:"有澹臺滅明者,行不由徑〔三〕,非公事,未嘗至於偃之室也。"

【注】〔一〕武城:鲁国的城邑,在今山东嘉祥南四十五里面武山下。一说,指南武城,在今山东费县西南。公元前554年,鲁襄公筑武城以御齐。另说,即城武县,在今山东菏泽西北七十里,有弦歌里。〔二〕女:通作"汝",你。焉耳乎:此三个字都是语助词。邢昺《注疏》引孔安国曰:"焉、尔、乎,皆辞。"耳:一本作"尔"。〔三〕行不由径:走路不抄小道。行,走路,此指做事。径,小路,引申为邪路。行不由径比喻为人正直,举止端方,做事合乎正道,光明磊落,不投机取巧。

【译】子游做武城邑宰。孔子说:"你在那里得到人才了吗?"子游说:"有一个叫澹(tán)台灭明的人,走路从不抄小道,不是公事,从不到我居处来。"

【记】本章记孔子重视发现贤才,子游用人出于公心,澹台灭明行为端正。

6.15　子曰:"孟之反不伐〔一〕,奔而殿〔二〕,將入門,策其馬,曰:'非敢後也,馬不進也。'"

【注】〔一〕伐:自夸。邢昺《注疏》:"夸功曰伐。"〔二〕奔:败走。殿:殿后,居后。何晏《集解》:"殿,在军后者也。"

【译】孔子说:"孟之反不夸耀自我,〔在抵御齐国的战役中,鲁国右翼的军队〕溃退时他勇于殿后,将入城门时,故意鞭打他的马,说:'不是我敢于殿后,是马迟迟不前。'"

【记】　本章记孔子赞扬孟之反不居功自夸。事见《左传·哀公十一年》。在自己所在的军队溃败之后，孟之反不想夸耀个人的勇武而让别人感到不自在。孔子赞赏的是孟之反将心比心的仁者情怀，并非仅仅其语言技巧。倪萍回忆她姥姥时说："当年给要饭的人，姥姥都是说：'别嫌乎，我吃不了，你帮乎着我吃吧。'姥姥说：'做好事不该让人知道，让人知道，好事就变味了。做好事都是应该的，就像一个人不偷东西，你还表扬他？'"（《姥姥语录》）

6.16　子曰："不有祝鮀之佞〔一〕，而有宋朝之美〔二〕，难乎免於今之世矣。"

【注】　〔一〕佞：口才。〔二〕古来对这章的解释纷纭。理解本章的关键在于如何理解"不有……而有……"。"不有"，即"不仅有"；"而有"，即"而且有"。"而"表递进，犹"并且"。

【译】　孔子说："祝鮀那样地有口才，宋朝那样地有美色，〔卫国的正人君子〕怕是难以免祸于当今之世了。"

【记】　孔子似乎是在感叹祝鮀的口才和宋朝的美丽是卫国乱政的两大根源，并为卫国的正人君子担忧。祝鮀乱卫之事不见于史书，但孔子对能言善辩的人是持否定态度的；宋朝是当时的美男子，曾先后与卫灵公嫡母宣姜和卫灵公夫人南子有染，《左传》昭公二十年和定公十四年记载他两次引起卫国政局动荡。皇侃《义疏》引范宁曰："祝鮀以佞谄被宠于灵公，宋朝以美色见爱于南子，无道之世，并以取容。孔子恶时民浊乱，唯佞色是尚，忠正之人不容其身，故发'难乎'之谈，将以激乱俗，亦欲发明君子全身远害也。"

6.17　子曰："谁能出不由户？何莫由斯道也〔一〕？"

【注】　〔一〕何：疑问代词。为什么，什么缘故。斯道：指仁道。

【译】　孔子说："哪个人能出屋而不经过房门？为什么没有人遵循这条仁义之道呢？"

【记】　本章记孔子认为求仁是人生的正道。但孔子所宣扬的"仁"并没有得到多少人的理解,所以发出了这样的疑问。

6.18　子曰:"質勝文則野〔一〕,文勝質則史〔二〕。文質彬彬〔三〕,然後君子。"

【注】　〔一〕质:内在的本质。文:外在的文饰。野:粗鲁没礼貌。何晏《集解》引包咸注:"野,如野人,言鄙略也。"〔二〕史:虚浮不实。何晏《集解》引包咸注:"史者,文多而质少。"皇侃《义疏》:"史,记书史也,史书多虚华无实,妄语欺诈。言人若为事多饰少实,则如书史也。"《仪礼·聘礼》:"辞多则史,少则不达。"〔三〕文质彬彬:文华质朴配合得宜,既文雅,又朴实。何晏《集解》引包咸曰:"彬彬,文质相半之貌。"邢昺《注疏》:"文华质朴相半彬彬然,然后可为君子。"

【译】　孔子说:"质朴超过文饰,就未免粗野;文饰超过质朴,又未免虚浮。文饰和质朴搭配得当,然后才是个君子。"

【记】　本章记孔子主张文质彬彬。质朴的内容乃是"礼"的根本,文饰的形式则是"礼"的表述。只强调质朴,就会显得粗俗鄙野;太讲究仪表文饰,就会显得虚浮,华而不实。这段话言简意赅,确切地说明了文与质的正确关系。文与质是对立的统一,两者互相依存,同等重要。参见 12.8。

6.19　子曰:"人之生也直,罔之生也幸而免〔一〕。"

【注】　〔一〕罔(wǎng):诬罔不直的人。朱熹《集注》引程子曰:"生理本直。罔,不直也,而亦生者,幸而免尔。"

【译】　孔子说:"人生天地间要正直,不正直的人苟活于世不过是求侥幸免祸。"

【记】　本章记孔子主张为人必须正直。人的价值在于追求正义,如果只是为活着而活着,那就失去了生存的意义。孔子没说正直的人一定长寿幸福。"迷惘的一代"的代表作家海明威(Ernest Hemingway)就认为世界充满暴力,好人最先死去。他在长篇小说《永别了,武器》(林疑今译本)中说:"世界杀害最善良的人,最温和的人,最勇敢的人,不偏不倚,一律看待。倘若你不是这三类人,你迟早当然也得一死,不过世界并不特别着急要你的命。"但人不能因为人生残酷,就放弃了对正义的追求。

6.20　子曰:"知之者不如好之者〔一〕,好之者不如樂之者。"

【注】〔一〕之:指道德学问。皇侃《义疏》引包咸曰:"学问,知之者不如好之者笃,好之者又不如乐之者深也。"朱熹《集注》引尹焞曰:"知之者,知有此道也。好之者,好而未得也。乐之者,有所得而乐之也。"

【译】　孔子说:"〔对于道德学问,〕懂得它的人不如喜爱它的人,喜爱它的人又不如乐于追求它的人。"

【记】　本章记孔子谈学习的三种境界。知之、好之和乐之,情绪越来越高涨、饱满。不论做什么,兴趣是最好的导师,乐趣是最好的享受。

6.21　子曰:"中人以上〔一〕,可以語上也;中人以下,不可以語上也。"

【注】〔一〕中人:在才智等方面居于中等的人,常人。"中人"以上者,即"上知";"中人"以下者,即"下愚"。参见:"唯上知与下愚不移"(17.3)。

【译】　孔子说:"具有中等以上才智的人,可以跟他讲高深的学问;在中等水平以下的人,不可以跟他讲高深的学问。"

【记】　本章记孔子提出"因材施教"的教育思想。皇侃《义疏》:"此谓为教化法也。"孔子认为,人的才智差别是先天的,即人可分为上智、中人与下愚,参见:17.3、16.9。所以,教学的具体任务、教学内容、方法和组织形式要符合学习者一定年龄阶段的身心发展水平和知识水平。在教育学上,这种教学原则被称为"量力性原则"(principle of working within one's capability)。

6.22　樊遲問知。子曰:"務民之義〔一〕,敬鬼神而遠之〔二〕,可謂知矣。"

問仁。曰："仁者先難而後獲〔三〕，可謂仁矣。"

【注】〔一〕务：致力，从事。义："仪"的古字，礼仪。《周礼·春官·肆师》："凡国之大事，治其礼仪。"郑玄注："郑司农云：古者'仪'但为'义'，今时所谓'义'者为'谊'。"〔二〕敬鬼神而远之：敬奉鬼神但不亲近鬼神。〔三〕先难而后获：劳苦之事在人之先，收获之事在人之后。参见"先之劳之"(13.1)。朱熹《集注》："先其事之所难，而后其效之所得，仁者之心也。此必因樊迟之失而告之。"仁人应有吃苦在前，享受在后的牺牲精神。范仲淹《岳阳楼记》："然则何时而乐耶？其必曰：'先天下之忧而忧，后天下之乐而乐。'"

【译】樊迟问什么是聪明。孔子说："致力于〔提倡〕民众应该遵从的礼仪，敬奉鬼神，但不要亲近鬼神，可以说是聪明了。"

又问什么是仁。孔子说："有仁德的人总是劳苦之事在人之先，收获之事在人之后，这样便可以说是具备仁了。"

【记】本章记孔子谈"知"(智)与"仁"。孔子在天道观方面，既不否定天命鬼神的存在，也不迷信鬼神。孔子其实对宗法传统的神权观念持怀疑态度，所以主张"敬鬼神而远之"。他还认为，"未能事人，焉能事鬼"(11.12)、"未知生，焉知死？"(11.12)把探讨和解决人世间的实际问题放在优先地位，树立起儒家重视人事的传统。

6.23　子曰："知者樂水〔一〕，仁者樂山。知者動，仁者静。知者樂，仁者壽。"

【注】〔一〕乐（旧读 yào）：喜爱。朱熹《集注》："乐，喜好也。"

【译】孔子说："智者喜爱水，仁者喜爱山。智者性动，仁者性静。智者快乐，仁者长寿。"

【记】本章记孔子从三个角度比较了智者与仁者。朱熹《集注》："知者达于事理而周流无滞，有似于水，故乐水；仁者安于义理而厚重不迁，有似于山，故乐山。动、静以体言，乐、寿以效言也。动而不括故乐，静而有常故寿。程子曰：'非体仁知之深者，不能如此形容之。'"前人总是想从中找出深意，但结果其实很牵强。"知"与"仁"不是一个层面的概念,无法对比。也许,孔子这段话只是一时有感而发,本没有什么严密的逻辑。

6.24 子曰:"齊一變,至於魯;魯一變,至於道〔一〕。"

【注】 〔一〕道:指周道(周代的政令教化)。孔子的政治理想是恢复西周盛世的社会政治制度(即"郁郁乎文哉"的周礼)。

【译】 孔子说:"齐国的政治和教育一有改革,便达到鲁国的样子;鲁国〔的政治和教育〕一有改革,便进而合于大道了。"

孔子说:"齐国一改革,就可以达到鲁国〔这样的礼乐之邦〕;鲁国再一改革,就可以达到〔礼乐完善、天下一统的〕周道。"

【记】 本章记孔子对比齐、鲁两国的政教状况。齐国有山海之利,封建经济发展较早,而且实行了一些改革,民众富裕,国力强盛,曾一度称霸;与齐国相比,鲁国是周公的封国,封建经济的发展比较缓慢,意识形态和上层建筑保存得比较完备,是春秋时期保存周礼最多的礼乐之邦。韩宣子曾说:"周礼尽在鲁矣!"(《左传·昭公二十年》)所以,孔子从"复礼"的角度来看,鲁国比齐国更接近目标。孔子把鲁国视为恢复周道的希望所在。《礼记·礼运》:"孔子曰:'於呼哀哉! 我观周道,幽、厉伤之,吾舍鲁何适矣?'"

6.25 子曰:"觚不觚〔一〕,觚哉! 觚哉!"

【注】 〔一〕觚(gū):古代饮酒器。青铜制。长身侈口。口部与底部呈喇叭状,细腰,高圈足,腹和圈足上有棱。盛行于商代和西周初期。陶制的多为随葬器物。何晏《集解》引马融曰:"觚,礼器。一升曰爵,二升曰觚。"朱熹《集注》:"觚,棱也。或曰酒器,或曰木简,皆器之有棱者也。不觚者,盖当时失其制而不为棱也。觚哉觚哉,言不得为觚也。程子曰:'觚而失其形制,则非觚也。举一器,而天下之物莫不皆然。故君而失其君之道,则为不君;臣而失其臣之职,则为虚位。'"关于孔子的这段话因何而发,后人解释纷纭。主要有两种较近情理的猜想:一说是觚的形状发生改变。原来的觚本有棱角,因为制棱的技术要求高,春秋之

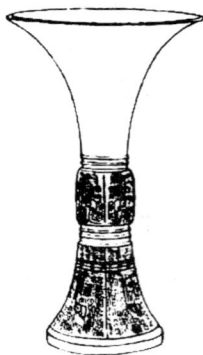

觚

世已有无棱的觚流行。孔子所见的觚可能就是一种无棱的觚。孔子因之慨叹当时事物名实不符（见杨慎《丹铅录》）。一说觚的容量或用法发生改变。觚和孤同音，其称本取寡少之义（声训）。原来觚的容量只有二升（或曰三升），有戒人莫贪杯之寓意。可能当时的觚实际容量可能已经扩大了不少，或者当时饮酒之风盛行，虽用觚，但无人少饮，名实相乘，由此孔子发出感慨（见《五经异义》引韩诗说，皇侃《义疏》引王肃说等）。

【译】　孔子说："觚已经不像个觚，这能算是觚吗！这能算是觚吗！"

【记】　本章记孔子以觚为喻，慨叹当时名不副实的乱象，主张"正名"。觚是一种礼器，其形制与用法都应合乎礼法。如果不合礼法，觚不成其为觚，国也不成其为国了。

6.26　宰我問曰："仁者，雖告之曰：'井有仁焉〔一〕。'其從之也？"子曰："何爲其然也？君子可逝也〔二〕，不可陷也；可欺也〔三〕，不可罔也〔四〕。"

【注】　〔一〕仁：有三说：(1)指仁德（俞樾《群经平议》卷三十）；(2)指仁人（见何晏《集解》引孔安国说）；(3)"仁"同"人"（朱熹《集注》引刘聘君说）。以第一说为长。"井有仁焉"是宰我假设之言，问孔子仁者听说井中有"仁"是否应该到井中求"仁"。〔二〕逝：死。指为了求"仁"而不惜舍弃生命。参见："志士仁人，无求生以害仁，有杀身以成仁"(15.9)。〔三〕欺：欺骗。〔四〕罔：蒙蔽，愚弄。孟子也有一段话说"（君子）可欺也，不可罔也"。《孟子·万章上》："昔者有馈生鱼于郑子产，子产使校人（管理池沼的小吏）畜之池。校人烹之，反命曰：'始舍之，圉圉焉（困而未舒貌），少则洋洋焉，攸然而逝。'子产曰：'得其所哉！得其所哉！'故君子可欺以方，难罔以非其道（所以君子可能会被合乎情理的谎言欺骗，却难以被不合常规的诡计愚弄）。"

【译】　宰我问道："有仁德的人，假如告诉他说：'井里有仁德。'他会跳到井里去求仁吗？"孔子说："为什么要这样做呢？君子可以为求仁而去死，但不能被人陷害。可以被欺骗，但不能被愚弄。"

【记】　本章记孔子说仁者当明辨是非，可以被欺骗，但不可愚弄。宰我可能对"杀身以成仁"(15.9)之类的求仁方式有疑问，所以设了这个难题来问孔子。当时的气氛比较紧张，孔子没有正面作答，似乎不屑回应这种问题。"仁者"心存厚道,参见:"不逆诈,不亿不信,抑亦先觉者,是贤乎"(14.31)。但"仁"中本来就应包含"智"。"仁者"绝非是总受人欺侮、戏弄的愚人。

6.27　子曰:"君子博學於文,約之以禮〔一〕,亦可以弗畔矣夫〔二〕!"

【注】　〔一〕约:一释为要约(朱熹),一释为约束。以后一说为长。蔡节《论语集说》:"约,谓收敛而有归宿之意。畔犹背也。博文致其知也,约礼谨于行也。学文而不博,固无以知事事物物之理。既博矣,不能约之于是礼之中,则必至于汗漫而无操履之实矣。""博学于文"指学习,"约之以礼"指修身,即"非礼勿视,非礼勿听,非礼勿言,非礼勿动"(12.1)。参见:"博我以文,约我以礼"(9.11)。〔二〕畔:同"叛",背离。皇侃《义疏》引郑玄曰:"弗畔,不违道也。"矣夫:语气词,表示较强烈的感叹。

【译】　孔子说:"君子广泛地学习文献,再用礼节来约束自己,也就可以不致于背离大道了。"

【记】　本章记孔子的教育目的是培养既博学又守礼的君子。

6.28　子見南子,子路不説。夫子矢之曰〔一〕:"予所否者〔二〕,天厭之〔三〕! 天厭之!"

【注】　〔一〕矢:发誓。皇侃《义疏》引孔安国曰:"矢,誓也。"〔二〕所……者:誓词中指誓之事多用这种"所"字结构。否:不当,不对。朱熹《集注》:"所,誓辞也,如云'所不与崔、庆者'之类。否,谓不合于礼,不由于道也。"〔三〕厌:厌弃,嫌弃。朱熹《集注》:"厌,弃绝也。"

【译】　孔子去和南子相见,子路不高兴。孔子发誓说:"我若有不当之处,让上天厌弃我吧! 让上天厌弃我吧!"

【记】　本章记孔子见南子。《史记·孔子世家》对"子见南子"有意味深长地描述。《史记·孔子世家》:"灵公夫人有南子者,使人谓孔子曰:'四方之君子不辱欲与寡君为兄弟者,必见寡小君。寡小君愿见。'孔子辞谢,不得已而见之。夫人在绤帷中。孔子入门,北面稽首。夫人自帷中再拜,环佩玉声璆然。孔子曰:

'吾乡为弗见,见之礼答焉。'子路不说。孔子矢之曰:'予所不者,天厌之! 天厌之!'"南子是卫国灵公的夫人,当时把持着卫国政权,因淫行名声不好。子路对孔子见南子一事有看法,逼得最看重名声的孔子赌咒发誓。孔子的失态,在《论语》中仅见于此。

6.29　子曰:"中庸之爲德也〔一〕,其至矣乎〔二〕! 民鲜久矣。"

【注】　〔一〕中庸:中,有中正、中和、不偏不倚等义;庸,有平常、常道、用等义。中庸是孔子倡导的最高的道德境界。朱熹《集注》:"中者,无过无不及之名也。庸,平常也。"朱熹《中庸章句》:"中庸者,不偏不倚,无过不及,而平常之理。"中庸之道是孔子提倡的道德实践的原则和处世待人的方法,要求人们按照一定的道德原则和规范,自觉地调节个人的思想感情和言论行动,待人接物采取不偏不颇、调和折中的态度。中庸的基本原则是"允执其中"(20.1)、"中行"(13.21),要求把握适当的限度,以保持事物的平衡,把人的言行严格地控制在礼(儒家规定的道德规范)的范围之内。反对片面、走极端,参见:"过犹不及"(11.16)、"乐而不淫,哀而不伤"(3.20)、"我叩其两端而竭焉"(9.8)。〔二〕至:达到极点,指至高无上。朱熹《集注》:"至,极也。"

【译】　孔子说:"中庸作为一种道德,那是最高的了! 老百姓缺少它已经很久了。"

【记】　本章记孔子感叹当时社会缺乏中庸之德。《论语》中提及"中庸",仅此一章。历代学者借题发挥,解说不一,评述殊异,已不符合孔子本意。子思不仅以"执其两端用其中于民"(《中庸》)释"中庸",而且赋予"中庸"以"中和"新义,认为感情处于"中和"状态,就能保证本性因无情欲之弊而发扬光大,进而达到天人合一的境界。"喜怒哀乐之未发,谓之中;发而皆中节,谓之和。中也者,天下之大本也;和也者,天下之达道也。致中和,天地位焉,万物育焉。"(《礼记·中庸》)北宋程颢、程颐则认为:"不偏之谓中,不易之谓庸。中者,天下之正道;庸者,天下之定理。"(《遗书》卷七)

6.30　子貢曰:"如有博施於民而能濟衆,何如? 可謂仁乎?"子曰:"何事於仁〔一〕! 必也聖乎! 堯舜其猶病諸〔二〕! 夫仁者,己欲立而立人,己欲達而達人〔三〕。能近取譬〔四〕,可謂仁之方也已。"

【注】 〔一〕事:犹止,仅。《汉书·古今人表》引本章"何事于仁,必也圣乎!"颜师古注:"非止称仁,乃为圣人也。"〔二〕病:为难,忧虑。何晏《集解》引孔安国曰:"病犹难也。"参见:"修己以安百姓,尧舜其犹病诸"(14.42)。〔三〕己欲立而立人,己欲达而达人:"仁"的最大特点便是推己及人,参见:"己所不欲,勿施于人"(12.2,15.24)。〔四〕能近取譬(pì):能够就近打比方。譬:喻。《诗·大雅·抑》:"取譬不远,昊天不忒。""能近取譬"即能以己喻人,推己及人的意思。邢昺《注疏》引孔安国曰:"更为子贡说仁者之行。方,道也。但能近取譬于己,皆恕己所欲而施之于人。"

【译】 子贡说:"如果有这么一个人,能对老百姓博施恩惠,周济大众,怎么样?可以说是达到仁了吗?"孔子说:"何止于仁!那一定是达到圣的境界了!尧舜对此或许还感到为难呢!至于仁,自己想成功,同时也使别人成功;自己想通达,同时也使别人通达。能将心比心,推己及人,可以说是实践仁道的方法了。"

【记】 本章记孔子认为"博施济众"是一切政治的要义。"仁"与"圣"是孔子学说中两个重要的道德范畴。"仁"是孔门道德修养的核心标准,要求能近取譬,推己及人。"圣"则是理想人格修养中最高的境界,具有崇高德行且有能力博爱大众,普施广济。只有尧、舜、禹、汤、周文王、周武王、周公旦等古圣先王才配称为"圣人"。"博施济众"是圣人都感到为难的政治课题。毛泽东《经济问题与财政问题(节选)》(1942年12月):"一切空话都是无用的,必须给人民以看得见的物质福利。……我们的第一个方面的工作并不是向人民要东西,而是给人民以东西。"(《毛泽东文集》第2卷,第476页)

述而篇第七

【题解】《述而篇》共 38 章。南宋·朱熹《四书章句集注》把 7.9、7.10 两章合并为一章,故作 37 章。

《述而篇》的主要内容是刻画孔子的形象。(一)夫子自道 16 章(7.1、7.2、7.3、7.5、7.12、7.14、7.16、7.17、7.19、7.20、7.23、7.24、7.28、7.33、7.34、7.35)。(二)弟子描摹生活中的孔子形象 9 章(7.4、7.9、7.10、7.13、7.18、7.21、7.27、7.32、7.38)。(三)孔子论教育 6 章(7.6、7.7、7.8、7.22、7.25、7.29)。(四)孔子品评人物 2 章:评颜回与子路 1 章(7.11),评卫君 1 章(7.15)。(五)杂论 5 章:论君子与有恒者 1 章(7.26),论仁不远 1 章(7.30),论为尊者讳 1 章(7.31),论奢与俭 1 章(7.36),论君子与小人 1 章(7.37)。本篇主要论述了孔子"学而不厌,诲人不倦""发愤忘食,乐以忘忧"的治学态度和"不愤不启,不悱不发"的教学方法。

出自本篇的名言或成语有:述而不作、信而好古、默而识之、学而不厌、诲人不倦、不复梦见周公、不愤不启、不悱不发、举一反三、用之则行、舍之则藏、暴虎冯河、死而无悔、临事而惧、三月不知肉味、乐亦在其中矣、不义而富且贵、于我如浮云、五十以学《易》可以无大过矣、发愤忘食、乐以忘忧、不知老之将至云尔、子不语怪力乱神、三人行必有我师、子钓而不纲、弋不射宿、择其善者而从之、诲人不倦、君子坦荡荡、小人长戚戚、威而不猛等。

7.1 子曰:"述而不作〔一〕,信而好古〔二〕,窃比於我<u>老彭</u>〔三〕。"

【注】 〔一〕述而不作:阐述前人成说而不加入自己的创见。皇侃《义疏》:"述者,传于旧章也。作者,新制作礼乐也。孔子自言我但传述旧章而不新制礼乐也。"〔二〕好古:参见"好古敏以求之者也"(7.20)。〔三〕窃(窃):私下,私自。用作谦词。

【译】 孔子说:"传述而不创作,以相信的态度喜爱古代文化,姑且私下把自己比为老彭。"

【记】 本章记孔子"述而不作"的学术追求。孔子的历史功绩很大一部分是传承古代文化,真正由他亲手创作的著作确实是没有的。孔子广泛搜求古代典籍并传授给众多弟子,使得濒临绝灭的官学通过私家讲学而流传开来,并发扬光大。所谓六经:《诗》《书》《礼》《乐》《易》《春秋》等这些古老的典籍,大约都曾是孔门讲学的课本。但是毫无疑问,孔子的学说中必有自己的创见,"述而不作"也可看作是孔子的谦辞。《礼记·中庸》:"非天子,不议礼,不制度,不考文。……虽有其位,苟无其德,不敢作礼乐焉;虽有其德,苟无其位,亦不敢作礼乐焉。"按时当时的理念,建立大制度,如作礼乐、制法度、规范文字等,其人除了必须要具备高尚的道德外,还必须要拥有天子的地位。孔子有德而无位,所以只能说自己"述而不作"。

7.2 子曰:"默而识之〔一〕,学而不厌,诲人不倦〔二〕,何有於我哉〔三〕?"

【注】 〔一〕识(识,zhì):记住。朱熹《集注》:"默识,谓不言而存诸心也。一说:识,知也,不言而心解也。前说近是。"〔二〕学而不厌,诲人不倦:勤奋学习而永不满足,教诲别人而永不倦息。参见:"抑为之不厌,诲人不倦"(7.34)。厌:满足。〔三〕何有于我哉:此外还有什么呢?用反问的语气表示自谦。张栻《南轩论语解》卷四引汲郡吕氏曰:"言我之道,舍是三者之外,复何有?"这种句型又见于:"出则事公卿,入则事父兄,丧事不敢不勉,不为酒困,何有于我哉?"(9.16)

【译】 孔子说:"〔我不过是〕默默地把知识记在心里,勤奋学习而永不满足,教诲别人而永不倦息,此外还有什么呢?"

【记】　本章记孔子说自己不过是一个教书匠,很谦虚,同时对自己所从事的教育事业也很自负。

7.3　子曰:"德之不修〔一〕,學之不講〔二〕,聞義不能徙〔三〕,不善不能改,是吾憂也。"

【注】　〔一〕修:培养。〔二〕讲:讲习,研究。〔三〕徙(xǐ):迁移,这里指见义则改变心意而从之。皇侃《义疏》:"闻有仁义之事徙意从也,而世人不徙也。"参见:"徙义"(12.10)。

【译】　孔子说:"品德不去培养,学问不去讲习,知晓了义理却不向往,不好的地方不能改正,这些都是我所忧虑的啊。"

【记】　本章记孔子列举出反省的四个要点。邢昺《注疏》:"此章言孔子忧在修身也。德在修行,学须讲习,闻义事当徙意从之,有不善当追悔改之。夫子常以此四者为忧,忧己恐有不修、不讲、不徙、不改之事。故云'是吾忧也'。"

7.4　子之燕居〔一〕,申申如也〔二〕,夭夭如也〔三〕。

【注】　〔一〕燕居:退朝而处,闲居。皇侃《义疏》:"燕居者,退朝而居也。"〔二〕申申:整饬的样子。《汉书·石奋传》:"子孙胜冠者在侧,虽燕必冠,申申如也。"颜师古注:"申申,整敕之貌。"〔三〕夭夭:和舒的样子。皇侃《义疏》引马融曰:"申申、夭夭,和舒之貌也。"

【译】　孔子在家闲居的时候,衣冠整齐端庄,仪态和舒自然。

【记】　本章记孔子在家闲居时的仪态。这章没有记孔子的"言传",留下的是孔子示范后人的"身教"。朱熹《集注》引程子曰:"此弟子善形容圣人处也,为'申申'字说不尽,故更著'夭夭'字。今人燕居之时,不怠惰放肆,必太严厉。严厉时着此四字不得,怠惰放肆时亦着此四字不得,惟圣人便自有中和之气。"

7.5　子曰:"甚矣吾衰也! 久矣吾不復夢見周公!"

【译】　孔子说:"我衰朽得多么厉害呀! 好久了,我没有再梦见周公!"

【记】 本章记孔子慨叹自己年老体衰,无望在有生之年完成恢复周礼的梦想。所谓"梦见周公"是隐语,未必是实事。周公旦是西周礼乐制度的制定者,也是孔子心目中最敬仰的圣人之一。孔子认为自己继承了自尧舜禹汤文武周公以来的道统,肩负着恢复周礼的重任。暮年之时,他的梦想破灭了。

7.6 子曰:"志於道〔一〕,據於德〔二〕,依於仁,遊於藝〔三〕。"

【注】 〔一〕道:指恢复周礼的政治理想,即"天下有道"(16.2)的道。〔二〕据:执守。朱熹《集注》:"据者,执守之意。德者,得也,得其道于心而不失之谓也。得之于心而守之不失,则终始惟一,而有日新之功矣。"〔三〕游:游憩、游玩,这里是广泛涉猎的意思。艺:指六艺(礼、乐、射、御、书、数)。朱熹《集注》:"游者,玩物适情之谓。艺则礼乐之文,射、御、书、数之法,皆至理所寓,而日用之不可阙者也。"

【译】 孔子说:"坚定信念,执守道德,依据仁爱,涉猎六艺。"

【记】 本章记孔子讲进德修业的次序。孔子培养学生德育、智育、体育并重,由立志为发端,以仁、德为目标,通过学习六艺来涵养德行,最终使学生得到全面均衡的发展。

7.7 子曰:"自行束脩以上〔一〕,吾未嘗無誨焉。"

【注】 〔一〕行:指带着礼物来拜见。束脩(修):十条干肉。脩为脯(干肉)。一条干肉叫一脡(tǐng),十脡为一束。古人相见,必执见面礼。束脩是入学敬师的微薄礼物。邢昺《注疏》:"云'言人能奉礼,自行束脩以上'者,案书传言束脩者多矣,皆谓十脡脯也。《檀弓》曰:'古之大夫束脩之问不出竟。'《少仪》曰:'其以乘壶酒束脩一犬赐人。'《穀梁传》曰:'束脩之问不行竟中。'是知古者持束脩以为礼。然此是礼之薄者,其厚则有玉帛之属,故云以上以包之也。"

【译】 孔子说:"只要是自己能备好十条干肉薄礼来请教的,我从来没有不加以教诲的。"

【记】 本章记孔子办学收费低,体现了孔子"有教无类"(15.39)的思想和

"诲人不倦"(7.2、7.34)的精神。

7.8　子曰:"不愤不启〔一〕,不悱不發〔二〕。舉一隅不以三隅反〔三〕,則不復也。"

【注】〔一〕愤:因苦思未得郁结于心而精神振奋。这里形容求知欲望强烈。启:开导。皇侃《义疏》:"愤,谓学者之心思义未得而愤愤然也。启,开也。"〔二〕悱(fěi):想说又不知道怎么说。发:启发。皇侃《义疏》:"悱,谓学者之口欲有所咨而未能宣,悱悱然也。发,发明也。"〔三〕举一隅不以三隅反:从一件事情类推而知其他许多事情,即触类旁通。隅:方。方位一般有四方。皇侃《义疏》:"譬如屋有四角,已示之一角,余三角从类可知。若此人不能以类反识三角,则不复教示也。"反:类推。朱熹《集注》:"反者,还以相证之义。"成语"举一反三"即本此章。

【译】　孔子说:"教导学生,不到他自己发愤求知的时候,不去开导他;不到他欲言不能的时候,不去启发他。教给他一个方面的东西,他却不能由此而推知其他三个方面的东西,对这样的人就不再教诲了。"

【记】　本章记孔子自述其启发式的教学方法。孔子反对"填鸭式""满堂灌",强调调动学习者的主观能动性,学习者必须要先有强烈的求知欲,而且要具备"举一反三"的思考能力,然后再对他们进行启发、开导,这些作法都是符合教学基本规律的。

7.9　子食於有喪者之側,未嘗飽也。

【译】　孔子在服丧者的身旁进食,不曾吃饱过。

【记】　本章记孔子与有丧者同悲,这也是仁者仁心的流露。何晏《集解》:"丧者哀戚,饱食于其侧,是无恻隐之心。"孔子主张丧礼须尽哀,反对"临丧不哀"(3.26),大吃大喝更是无礼的。孔子"少也贱,故多能鄙事",早年为谋生,曾替人家办丧事。本章应与他的这段经历有关。邢昺《注疏》:"此章言孔子助丧家执事时,故得有食。饥而废事,非礼也。饱时忘哀,亦非礼。故食而不饱,以丧者哀戚,若饱食于其侧,是无侧怆隐痛之心也。"

7.10 子於是日哭〔一〕,則不歌。

【注】 〔一〕是日:此日,这一天。哭:指吊唁时哭泣。

【译】 孔子如在这一天哭泣过,就不再唱歌了。

【记】 本章记孔子严守丧仪。在哭泣的日子不唱歌是居丧之礼。《礼记·曲礼上》:"望柩不歌,……里有殡,不巷歌。适墓不歌,哭日不歌。"

7.11 子謂顔淵曰:"用之則行,舍之則藏〔一〕,惟我與爾有是夫!"
　　子路曰:"子行三軍〔二〕,則誰與〔三〕?"
　　子曰:"暴虎馮河〔四〕,死而無悔者,吾不與也。必也臨事而懼,好謀而成者也。"

【注】 〔一〕用之则行,舍之则藏:被任用就施展抱负,不被任用就隐退。杨树达《论语疏证》:"行义以达其道,用之则行也;隐居以求其志,舍之则藏也。"〔二〕行:做,从事某种活动。这里是统帅之义。三军:周制,王六军,诸侯大国三军,次国二军,小国一军。中军最尊,上军次之,下军又次之。一军一万二千五百人,三军合三万七千五百人。见《周礼·夏官·司马》。〔三〕与:偕同。邢昺《注疏》引孔安国曰:"子路见孔子独美颜渊,以为己勇,至于夫子为三军将,亦当谁与己同,故发此问。"〔四〕暴虎冯(píng)河:空手打虎,徒步渡河。比喻有勇无谋,冒险蛮干。典出《诗·小雅·小旻》:"不敢暴虎,不敢冯河。"毛传:"冯,陵也,徒涉曰冯。徒搏曰暴虎。"邢昺《注疏》:"空手搏虎为暴虎,无舟渡河为冯河。"

【译】 孔子对颜渊说:"如果用我呢,就施展抱负干起来;如果不用呢,就藏身自爱。只有我和你能做到这样吧!"
　　子路说:"夫子如果统帅三军,那么找谁共事呢?"
　　孔子说:"赤手空拳打虎,徒步涉水过河,死了都不会后悔的人,我是不会跟这样的人共事的。〔我要找的,〕一定是遇事小心谨慎,善于谋划而取得成功的人。"

【记】 本章记孔子赞扬颜回明哲保身,教诲子路不要逞匹夫之勇。孔子的话反映他处世谋事的态度,主张谨慎、灵活,反对鲁莽冒险。敢作敢为固然可嘉,但"临事而惧,好谋而成"才能成就大事。

7.12 子曰:"富而可求也〔一〕,雖執鞭之士〔二〕,吾亦爲之。如不可求,從吾所好。"

【注】 〔一〕富:多财,泛指升官发财的富贵。而:如果。可求:指求之合乎道义。〔二〕执鞭之士:持鞭的小差役,指地位卑贱之职。朱熹《集注》:"执鞭,贱者之事。""执鞭"具体所指的职业有三说。一说手拿马鞭为人驾驭车马。一说为天子、诸侯和官员出入时手执皮鞭清除道路,驱避行人(见《周礼·秋官·条狼氏》)。一说手执皮鞭维持市场秩序(见《周礼·地官·司市》)。

【译】 孔子说:"〔符合道义的〕富贵,如果可求的话,即使是给人执鞭的下等差事,我也愿意去做。如果不可求,那就还是按我的爱好去干事罢。"

【记】 本章反映了孔子不把求富贵当成人生目标的生活态度。孔子的富贵观,又参见4.5、7.16。子夏说"死生有命,富贵在天"(12.5)。既然富贵是由天命决定,那就无须强求。致富的心态要平和,致富的手段要正当。总之,不义之财不能要。朱熹《集注》:"设言富若可求,则虽身为贱役以求之,亦所不辞。然有命焉,非求之可得也,则安于义理而已矣,何必徒取辱哉?"孔子年轻时做了不少鄙贱的工作,孔子的这段话是讲志向,也是在讲自己的经验。

7.13 子之所慎:齊〔一〕,戰〔二〕,疾〔三〕。

【注】 〔一〕齐:同"斋",即斋戒,于祭祀之前洁身寡欲以示庄敬的整肃行动,比如:沐浴更衣,不吃荤,不饮酒,不与妻妾同寝等。斋戒事关鬼神祸福,不可不慎。朱熹《集注》:"齐之为言齐也,将祭而齐其思虑之不齐者,以交于神明也。诚之至与不至,神之飨与不飨,皆决于此。"参见:"齐,必有明衣,布。齐必变食,居必迁坐"(10.7)。〔二〕战:战争。祭祀和征伐都是国家大事。《左传·成公十三年》:"国之大事,在祀与戎。"战争直接关系到国家存亡,不可不慎。《孙子兵法·计篇》:"孙子曰:兵者,国之大事,死生之地,存亡之道,不可不察也。"参见:"必也临事而惧,好谋而成者也"(7.11)。〔三〕疾:疾病。病痛直接关系到个人生死,不可不

慎。孔颖达疏:"君子敬身安体,若偶婴疾病,则慎其药齐以治之。"参见:"丘未达,不敢尝"(10.16)。

【译】 孔子所谨慎对待的事:斋戒,战争,疾病。

【记】 本章记孔子所慎三事。孔子平生谨慎,所慎之事很多,齐、战、疾只是略举大端。朱熹《集注》引尹焞:"夫子无所不谨,弟子记其大者耳。"

7.14 子在齊聞《韶》,三月不知肉味〔一〕,曰:"不圖爲樂之至於斯也。"

【注】 〔一〕三月不知肉味:谓《韶》乐有强大感染力,孔子在数月内,吃肉都不知味道。这应当是对孔子陶醉于《韶》乐的夸张描写。孔子专心一意、全神贯注地欣赏《韶》乐,别的事都不放在心上了。朱熹《集注》:"不知肉味,盖心一于是而不及乎他也。"

【译】 孔子在齐国听到了《韶》乐,有很长时间尝不出肉的滋味,于是说:"不料欣赏音乐竟能达到这种境界。"

【记】 本章记孔子对《韶》乐的沉醉。《韶》是上古虞舜时的乐曲。孔子曾评价《韶》"尽善尽美"(3.25)。孔子是造诣高深的音乐家,有着极强的音乐鉴赏能力。本章记录的正是孔子在音乐鉴赏方面的独特体验。

7.15 冉有曰:"夫子爲衛君乎〔一〕?"子貢曰:"諾〔二〕;吾將問之。"

入,曰:"伯夷、叔齊何人也?"曰:"古之賢人也。"曰:"怨乎?"曰:"求仁而得仁,又何怨?"

出,曰:"夫子不爲也。"

【注】 〔一〕为:帮助,这里是赞同的意思。皇侃《义疏》引郑玄曰:"为,犹助也。"杨伯峻《译注》:"为——动词,去声,本意是帮助,这里译为'赞成',似乎更合原意。"卫君:指卫出公辄。辄是卫灵公之孙,太子蒯聩之子。〔二〕诺:表示同意、遵命的答应声。朱熹《集注》:"诺,应辞也。"

【译】 冉有说:"夫子赞成卫君吗?"子贡说:"好吧,我去问问他。"

〔子贡〕进到孔子屋里,问道:"伯夷、叔齐是什么样的人?"孔子说:"是古代的贤人。"子贡又问道:"〔他们两人互相推让君位,都未当上孤竹国的国君,〕是不是后来有悔恨呢?"孔子说:"他们求仁从而得到了仁,又悔恨什么呢?"

〔子贡〕退出来,说:"夫子不赞成卫君。"

【记】 本章记子贡猜测孔子对卫出公的评价。鲁定公十四年,卫太子蒯聩(卫后庄公)刺杀卫灵公夫人南子未遂,逃往宋国。鲁哀公二年,卫灵公卒,卫立辄为君,是为卫出公。晋国赵简子企图拥立蒯聩回国继位,卫出公拒之。约在鲁哀公六年,孔子一行由陈返卫,受到卫出公的礼遇。因不便议论卫国时政,所以子贡借伯夷、叔齐兄弟互相让位的古事试探孔子对蒯聩、辄父子争位的态度,并由孔子赞美伯夷、叔齐,而知孔子不会赞成卫出公。孔子倡导"以礼让为国"(4.13)。伯夷、叔齐兄弟互相让位,求仁得仁,无怨无悔,就是"以礼让为国"的榜样。卫出公据国拒父,于私不孝,于公也不义。

7.16　子曰:"飯疏食[一],飲水[二],曲肱而枕之[三],樂亦在其中矣。不義而富且貴,於我如浮雲[四]。"

【注】 〔一〕饭:吃。疏食:有两解:(1)蔬菜。邢昺《注疏》引孔安国曰:"疏食,菜食。"(2)粗粝的饭食。朱熹《集注》:"疏食,粗饭也。"以后一说为长。〔二〕水:凉水。杨伯峻《译注》:"古代常以'汤'和'水'对言,'汤'的意义是热水,'水'就是冷水。"〔三〕曲:弯曲,使动用法。肱(gōng):胳膊上从肩到肘的部分,这里泛指胳膊。枕:动词,躺着的时候把头放在胳膊上垫着,当枕头用。〔四〕浮云:飘浮的云。孔子以天上浮云喻不义之富贵与己无关,不足挂心。何晏《集解》引郑玄注:"于我如浮云,非己之有。"

【译】 孔子说:"吃粗饭,喝冷水,弯着胳膊做枕头,乐趣也就自在其中了。用不正当的手段得来的富贵,对于我来说就如同天上的浮云一般。"

【记】 本章记孔子安贫乐道的潇洒风度。君子应当安享清贫之乐,不图不义之富贵。参见:1.15、4.5、6.11、7.12。

7.17　子曰:"加我數年[一],五十以學《易》[二],可以無大過矣。"

【注】〔一〕加:增加。"数年"是指学《易》的年数。〔二〕《易》:《周易》,六经之一。《周易》本为占筮之书,传说孔子作《易传》,使其哲理化。《史记·孔子世家》:"孔子晚而喜《易》",序《彖》《系》《象》《说卦》《文言》。读易,韦编三绝。"朱熹《集注》:"学《易》,则明乎吉凶消长之理,进退存亡之道,故可以无大过。盖圣人深见《易》道之无穷,而言此以教人,使知其不可不学,而又不可以易而学也。"孔子"五十以学《易》"应与"五十而知天命"(2.4)有关。何晏《集解》:"《易》'穷理尽性以至于命'。年五十而知天命,以知命之年,读至命之书,故可以无大过。"

【译】 孔子说:"让我多学几年,从五十岁就开始学《易》,便可以〔知天命而〕没有大的过错了。"

【记】 本章记孔子感慨自己学《易》恨晚。

7.18 子所雅言〔一〕,《詩》《書》、執禮〔二〕,皆雅言也。

【注】〔一〕雅言:雅正之言。邢昺《注疏》引孔安国曰:"雅言,正言也。"汉语方言千差万别,但一直存在着共同语。"中夏"(黄河流域)的共同语在春秋时代被称为"雅言"。孔子是鲁国人,平时说鲁方言,但在诵读《诗》《书》及作傧相赞礼的时候,则用"雅言"。〔二〕执礼:守礼,赞礼,泛指行礼。朱熹《集注》:"执,守也。"

【译】 孔子用雅言的时候:读《诗》,读《书》,行礼,都用雅言。

【记】 本章记孔子使用雅言的几种场合。汉语共同语在孔子的时代被称为"雅言",其书面形式统一于秦代,至汉代扬雄称之为"通语"(《方言》),元代周德清称之为"天下通语"(《中原音韵》),明代张位称之为"官话"(《问奇集》),辛亥革命以后称之为"国语",现在称之为"普通话"。从"雅言"到"普通话",其发展过程是一脉相承的,反映了汉语共同语在两千几百年间发展的大体过程。

7.19 葉公問孔子於子路〔一〕,子路不對。子曰:"女奚不曰:'其爲人也,發憤忘食〔二〕,樂以忘憂,不知老之將至云爾〔三〕。'"

【注】 〔一〕葉(叶,旧读 shè):楚国地名,今河南叶县南三十里有古叶城。叶公:楚国大夫。〔二〕发愤忘食:专心学习或工作,连吃饭都忘记了。形容十分勤奋。发愤:勤奋;自觉不满足,而奋力为之。也作"发奋"。〔三〕云尔:语末助词,表示如此而已。

【译】 叶公问子路孔子是个什么样的人,子路不知该如何回答。孔子〔对子路〕说:"你为什么不这样说:他这个人呀,发愤用功,连吃饭都忘了,自得其乐,把忧愁都忘了,连自己快要老了都不知道,如此而已。"

【记】 本章记孔子自述其乐观进取、忘我求道的心态。

7.20 子曰:"我非生而知之者〔一〕,好古,敏以求之者也〔二〕。"

【注】 〔一〕生而知之者:不用学习,生下来就知道的天才。孔子按智力水平和学习态度把人分为四等:生而知之者、学而知之者、困而学之者和困而不学者。参见 16.9。〔二〕敏:勤勉。《礼记·中庸》:"人道敏政,地道敏树。"郑玄注:"敏,犹勉也。"参见:"信而好古"(7.1)。

【译】 孔子说:"我不是天生的智者,而是爱好古代文化,勤勉敏捷孜孜以求的人。"

【记】 本章记孔子认为自己不是天才,只是个热情勤奋、敏而好古的学习者。

7.21 子不語怪、力、亂、神〔一〕。

【注】 〔一〕怪、力、乱(亂)、神:关于怪异、暴力、悖乱、鬼神之事。朱熹《集注》:"怪异、勇力、悖乱之事,非理之正,固圣人所不语。鬼神,造化之迹,虽非不正,然非穷理之至,有未易明者,故亦不轻以语人也。谢氏曰:'圣人语常而不语怪,语德而不语力,语治而不语乱,语人而不语神。'"

【译】 孔子不谈论怪异、暴力、悖乱和鬼神。

【记】 本章记孔子绝口不谈怪力乱神。因为怪、力、乱不合正道,鬼神之事难明,只宜"敬而远之"(6.22),所以在孔子的思想中,始终关切人间社会,没有给宗教留下什么地盘。但其实孔子决非完全不谈怪力乱神。"凤鸟不至,河不出图,吾已矣夫"(9.9),就说到了凤凰与负河图的龙马。

7.22　子曰:"三人行,必有我师焉〔一〕。择其善者而从之,其不善者而改之〔二〕。"

【注】　〔一〕三人:犹多人,并非确指"三"。行:走路。焉:指示代词兼语气词,这里指代"三人"。"三人行必有我师"比喻到处都有值得学习和效法的对象,应虚心求教,取长补短。〔二〕"择其"两句:找出他们的优点加以学习,他们身上的缺点也可以作为借鉴,借以改正自己身上类似的毛病。

【译】　孔子说:"几个人同行,其中必定有人可以做我的老师。要选择他们的优点照着去学,看到他们的缺点,如果我也有的就注意改正。"

【记】　本章记孔子好学善学。孔子主张要善于观察和从正反两方面进行学习,随时随地虚心地以善者为师。参见:"敏以求之"(7.20),子贡说孔子无"常师"(19.22)。

7.23　子曰:"天生德於予〔一〕,桓魋其如予何?"

【注】　〔一〕德:道德,指周代的道德传统,"周之德,其谓至德也已矣"(8.20)。这里孔子以周代道德的传承者自居。

【译】　孔子说:"上天把这样的道德赋予了我,桓魋(tuí)能把我怎么样呢?"

【记】　本章记孔子不畏惧桓魋。宋国司马桓魋欲加害孔子之事,详见《史记·孔子世家》。"孔子去曹,适宋,与弟子习礼大树下。宋司马桓魋欲杀孔子,拔其树。孔子去,弟子曰:'可以速矣。'孔子曰:'天生德于予,桓魋其如予何?'"孔子在危难之时,总是坚信恶人难以加害有德的人。这种藐视艰险的大无畏精神,来自于孔子天命攸归、替天行道的信念和坦荡荡的君子情怀。参见:"匡人其如予何"(9.5)、"公伯寮其如命何"(14.36)。

7.24 子曰:"二三子以我爲隱乎〔一〕? 吾無隱乎爾。吾無行而不與二三子者〔二〕,是丘也。"

【注】〔一〕二三子:这里指孔子的弟子们。隐:隐瞒。邢昺《注疏》引包咸曰:"圣人知广道深,弟子学之不能及,以为有所隐匿。"〔二〕与:给予。这里是告知的意思。朱熹《集注》:"与,犹示也。"

【译】 孔子说:"弟子们,你们几个以为我对你们有什么隐瞒的吗? 我对你们没有隐瞒什么。我没有任何行为不向你们公开,我孔丘就是这样的人。"

【记】 本章记孔子自陈光明磊落的心迹。孔子弟子众多,有亲有疏,自然有人怀疑孔子有所隐瞒,如"陈亢问于伯鱼"(16.13)。

7.25 子以四教:文、行、忠、信〔一〕。

【注】〔一〕文、行、忠、信:典籍、实践、忠诚、信实。文:指文献典籍。行:指德行及礼乐的实践。忠:竭心尽力。信:诚信。皇侃《义疏》引李充:"其典籍辞义谓之文,孝悌恭睦谓之行,为人臣则忠,与朋友交则信,此四者教之所先也。故以文发其蒙,行以积其德,忠以立其节,信以全其终也。"

【译】 孔子用四种内容教育学生:历代文献,礼义实践,待人忠诚,办事信实。

【记】 本章记孔子的教学内容。文、行、忠、信,四者包括三个方面:文是书本知识,行是社会实践,忠、信是道德修养。孔子既重视培养道德,又重视传授文化知识,还重视培养实践能力。参见:1.6、7.6。

7.26 子曰:"聖人〔一〕,吾不得而見之矣;得見君子者〔二〕,斯可矣。"

子曰:"善人〔三〕,吾不得而見之矣;得見有恒者〔四〕,斯可矣。亡而爲有,虛而爲盈,約而爲泰〔五〕,難乎有恒矣。"

【注】〔一〕圣人：品格最高尚、智慧最高超的人物。"圣人"是孔子的理想人格，指"博施于民而能济众"（6.30）者。邢昺《注疏》："圣人谓上圣之人，若尧、舜、禹、汤也。"〔二〕君子：人格高尚的人。此章中的"圣人""君子"都指君主。邢昺《注疏》："君子谓行善无怠之君也。言当时非但无圣人，亦无君子也。"〔三〕善人：有道德的人，相当于君子。邢昺《注疏》："善人，即君子也。"参见："子张问善人之道"（11.20）、"善人为邦百年"（13.11）、"善人教民七年"（13.29）、"善人是富"（20.1）。〔四〕有恒者：有恒心向善的人。皇侃《义疏》："有恒，谓虽不能作善，时守常不为恶者也。言尔时非唯无作片善者，亦无直置不为恶者，故亦不得见也。"〔五〕约而为泰：本来困窘，却装作宽裕。皇侃《义疏》："家贫约而外诈奢泰。""亡而为有，虚而为盈，约而为泰"皆形容表里不一、不知谦逊之人。

【译】孔子说："〔君主之中，〕圣人，我是不可能看到了；能看到君子，这就可以了。"又说："善人，我是不可能看到了；能看到有恒心向善的人，这就可以了。本来没有，却装作有；本来空虚，却装作充足；本来穷困，却装作宽裕，这样的人便难于有恒心向善了。"

【记】本章记孔子评圣人、君子、善人、有恒者和小人。"圣人""善人"是不可能找到的，连退而求其次的"君子""有恒者"也是难觅踪影，到处都是些"亡而为有，虚而为盈，约而为泰"的不讲忠信、表里不一的小人。从中可以看出孔子对他所处的那个"礼崩乐坏"的社会是绝望的。

7.27　子钓而不纲〔一〕，弋不射宿〔二〕。

【注】〔一〕钓：用钓竿捉鱼。纲：用大绳（纲）横遮流水，绳上再用生丝罗列系钩以取鱼。邢昺《注疏》引孔安国曰："钓者，一竿钓也。纲者，为大网以横绝流。以缴系钓，罗属著纲也。"〔二〕弋（yì）：用系有丝绳的箭射鸟。宿：指归宿的鸟。邢昺《注疏》引孔安国曰："弋，缴射也。宿，宿鸟也。"

【译】孔子只用〔有一个鱼钩〕的钓竿钓鱼，而不用〔有许多鱼钩的〕大绳钓鱼。只用带丝绳的箭射飞鸟，不射巢中歇宿的鸟。

【记】本章记孔子的好生之德。当然，钓鱼与网鱼，射飞鸟与射宿鸟，并无本质上的区别。《论语》举这两个爱惜生命的例子，是为了彰显孔子的仁爱之心及于禽兽。《孟子·尽心上》："亲亲而仁民，仁民而爱物。"古人常把对禽兽的仁慈看作是仁心博大的表现,如赞扬商汤爱物美德的典故"网开三面"。《史记·殷本纪》:"汤出,见野张网四面,祝曰:'自天下四方,皆入吾网。'汤曰:'嘻,尽之矣!'乃去其三面,祝曰:'欲左,左;欲右,右。不用命,乃入吾网。'诸侯闻之,曰:'汤德至矣,及禽兽。'"

7.28 子曰:"蓋有不知而作之者〔一〕,我無是也。多聞,擇其善者而從之;多見而識之〔二〕;知之次也〔三〕。"

【注】 〔一〕不知而作:无知而盲目创作。邢昺《注疏》引包咸曰:"时人有穿凿妄作篇籍者,故云然。"〔二〕識(识,zhì):记住。〔三〕知之次:孔子认为"生而知之者上也,学而知之者次也"(16.9)。知之次,即次于"生而知之者"的"学而知之者"。孔子虽然假设有"生而知之",但这只是"虚悬的一格",实质上主张人非生而知之,而是学而知之的。参见:"我非生而知之者"(7.20)。

【译】 孔子说:"大概有不知其然而妄自创作的人,而我不是这样的。总是多听,择善而从;多看,择善而记,我这种知属于次于'生而知之'的'学而知之'。"

【记】 本章记孔子反对"不知而作",主张"述而不作"(7.1)。孔子非常厌烦那些不懂装懂、夸夸其谈的人。对于自己不懂的东西,应该多闻多见,从之识之,这才是可取的态度。

7.29 互鄉難與言〔一〕,童子見,門人惑。子曰:"與其進也〔二〕,不與其退也,唯何甚〔三〕? 人潔己以進,與其潔也,不保其往也〔四〕。"

【注】 〔一〕互乡:地名,不详其所在。风俗鄙陋之乡。这里指互乡人。皇侃《义疏》引郑玄曰:"互乡,乡名也。其乡人言语自专,不达时宜,而有童子来见孔子,门人怪孔子见也。"〔二〕与:赞许,鼓励。朱熹《集注》:"与,许也。"〔三〕唯何甚:为何如此过分呢? 唯:助词,用于句首,无实义。朱熹《集注》:"唯字上下,疑又有阙文,大抵亦不为已甚之意。"〔四〕保:固守。王闿运《论语训》:"保,犹守也,持故意待之。""不保其往"即"既往不咎"(3.21)。

【译】 互乡这个地方的人难于交谈,但互乡的一个童子却受到了孔子的接见,弟子们疑惑不解。孔子道:"我们应鼓励他进步,不应鼓励他退步,你们为何如此过分呢?别人洁身自爱以求进步,就应当肯定人家的洁身自爱,不要死盯住人家的过去不放。"

【记】 本章记孔子鼓励互乡童子上进。此事体现了孔子"不念旧恶"(5.23)、"成人之美"(12.16)的君子风度和"诲人不倦"(7.2、7.34)、"有教无类"(15.39)的教育态度。

7.30 子曰:"仁遠乎哉?我欲仁,斯仁至矣。"

【译】 孔子说:"仁离我们很远吗?我想要仁,那么仁就来了。"

【记】 本章记孔子指出求仁不难。仁是孔子的最高道德理想和标准,但并不玄远空虚,"夫何远之有"(9.31);孔子认为只要主观努力,求仁并不难,"吾欲仁,斯仁至矣"(7.30)、"能近取譬,可谓仁之方也已"(6.30)、"克己复礼为仁。一日克己复礼,天下归仁焉。为仁由己,而由人乎哉"(12.1);孔子还勉励人修养仁德:"我未见力不足者"(4.6)、"力不足者,中道而废"(6.12)。孟子发挥了"我欲仁,斯仁至矣"的论点,提出"人皆可以为尧舜"(《孟子·告子下》)。

7.31 陳司敗問昭公知禮乎,孔子曰:"知禮。"

孔子退,揖巫馬期而進之[一],曰:"吾聞君子不黨[二],君子亦黨乎?君取於吳[三],爲同姓[四],謂之吳孟子[五]。君而知禮,孰不知禮?"

巫馬期以告。子曰:"丘也幸,苟有過,人必知之[六]。"

【注】 〔一〕揖(yī):作揖,行拱手礼。〔二〕党:偏袒、包庇。皇侃《义疏》引孔安国曰:"相助匿非曰党。"〔三〕取:通"娶"。男子迎接女子过门成亲。〔四〕为同姓:鲁、吴两国的国君都是姬姓后裔。鲁为周公之后,吴为泰伯之后。古人很早就懂得近亲结婚不利于繁衍后代的道理,所以周礼有"同姓不婚"的禁律。《左传·僖公二十三年》:"男女同姓,其生不蕃。"《礼记·曲礼上》:"取妻不取同姓。"鲁昭公娶同姓女,是违礼的行为。其实,当时同姓婚配并不罕见。如:晋文公为狐姬所出,与晋同为姬姓。其后晋平公又有四姬。〔五〕吴孟子:春秋时代,国君夫人的称号,一般是她出生之国的国名加上她的本姓。鲁昭公娶于吴,其夫人的名字应是"吴

姬"。鲁昭公为了掩饰违背"同姓不婚"礼法的行为,因此讳称其夫人为"吴孟子"。"孟子"可能是她的字。〔六〕丘也幸,苟有过,人必知之:在《史记·仲尼弟子列传》,此句后还有"臣不可言君亲之恶,为讳者,礼也。"孔子为尊者讳,明知鲁昭公违礼而不说。别人指出来后,孔子闻过则喜,勇于认错,但不改错,最后归过于自己。

【译】 陈司败问孔子:鲁昭公懂不懂礼。孔子说:"懂得礼。"

孔子走了以后,陈司败向巫马期作了个揖,请他上前来,然后对他说:"我听说,君子是没有偏私的,难道君子还包庇别人吗? 鲁君在吴国娶了位夫人,因为是同姓,〔不便叫她做吴姬,〕于是讳称她为吴孟子。 如果鲁君算是知礼,还有谁不知礼呢?"

巫马期把这番话告诉了孔子。孔子说:"我孔丘算是有幸,如果有了过错,人家一定会知道。"

【记】 本章记孔子为尊者讳,袒护鲁昭公。孔子从维护当时宗法等级制度的最高原则出发,违心说了假话。但是"为尊者讳,为亲者讳,为贤者讳"(《春秋公羊传·闵公元年》)也是古礼。陈司败批评孔子偏袒,孔子勇于承认错误,并且自嘲说"丘也幸,苟有过,人必知之",可以想见他非常希望人们能明白他这样做的一片苦心。

7.32 子與人歌而善,必使反之,而後和之。

【译】 孔子与人一起唱歌,如果唱得好,一定请那人再唱一遍,然后和着一起唱。

【记】 本章记孔子爱歌唱并虚心向人学歌。

7.33 子曰:"文〔一〕,莫吾猶人也〔二〕。躬行君子,則吾未之有得。"

【注】 〔一〕文:学问。中井积德《论语逢源》:"文,犹言文学也,所包广矣,《诗》《书》《礼》《乐》亦皆文也,不得偏属言语。"〔二〕莫:表示揣测的副词。莫非、或许、大约。朱熹《集注》:"莫,疑辞。"犹人:谓如同别人。朱熹《集注》:"犹人,言不能过人,而尚可以及人。"

【译】 孔子说:"就书本上的学问来说,或许我和别人差不多,至于做躬行实践的君子,那我还没有做到。"

【记】 本章记孔子不以君子自居。孔子教书育人,既注重书本知识(文)的传授,又注重道德的培养(躬行君子)。他说自己在身体力行方面还没有取得君子的成就,乃是与学者共勉的话。

7.34 子曰:"若聖與仁〔一〕,則吾豈敢? 抑爲之不厭〔二〕,誨人不倦,則可謂云爾已矣〔三〕。"<u>公西華</u>曰:"正唯弟子不能學也〔四〕。"

【注】 〔一〕圣与仁:"圣"与"仁"是孔子学说中两个重要的道德范畴。两者的比较可参见6.30、7.26。〔二〕抑:转折连词。不过。为之:指追求"圣人之道"。"为之不厌,诲人不倦"与"学而不厌,诲人不倦"(7.2)互参。〔三〕则可谓云尔已矣:只可说是如此罢了。云尔已矣:犹"云尔"。〔四〕唯:句中语气词,表示判断。《孟子·公孙丑上》也记有孔子的这段语录,但没有记公西华的回应,却记了子贡的话:"学不厌,智也;教不倦,仁也。仁且智,夫子既圣矣。"可见,虽然孔子声明自己不是圣人和仁人,但还是有弟子把孔子看作圣人。

【译】 孔子说:"如果说到圣与仁,那我怎么敢当! 不过是〔向着圣与仁的方向〕努力实践永不厌烦,教导别人也永不倦怠,只可说是如此罢了。"公西华说:"这正是我们弟子学不到的。"

【记】 本章记孔子不以圣人和仁人自居。

7.35 <u>子</u>疾病〔一〕,<u>子路</u>請禱〔二〕。子曰:"有諸〔三〕?"<u>子路</u>對曰:"有之;《誄》曰〔四〕:'禱爾于上下神祇〔五〕。'"子曰:"<u>丘</u>之禱久矣〔六〕。"

【注】 〔一〕疾病:"疾病"连言,指重病。何晏《集解》引包咸曰:"疾甚曰病。"〔二〕请祷:请求向鬼神祷告。邢昺《注疏》:"孔子疾病,子路告请祷求鬼神,冀其疾愈也。"〔三〕有诸:有这样的道理吗? 诸:代词"之"和疑问语气词"乎"的合音。朱熹《集注》:"有诸,问有此理否。"〔四〕诔(lěi):也作讄(lěi),祈祷文。《说文·言部》:"讄,祷也。累功德以求福也。《论语》云:'讄曰:祷尔于上下神祇。'"段玉裁注:"讄,施于生者以求福;诔,施于死者以作谥。《论语》之

'讄曰',字当从畾;毛传曰:'桑纪能诔',字当从耒,《周礼》六辞郑司农注,二字已不分矣。"
〔五〕神祇(qí):天神与地神。朱熹《集注》:"上下,谓天地。天曰神,地曰祇。"〔六〕丘之祷久矣:孔丘我已祷告很久了。意谓子路不须再去为他祷告。这里隐含之意是向神鬼祷告是无用的。皇侃《义疏》:"子路既不违孔子意,而引旧祷天地之《诔》,孔子不欲非也,故云我之祷已久,今则不复须也。实不祷,而云久祷者,圣人德合神明,岂为神明所祸病而祈之乎?"参见:"获罪于天,无所祷也"(3.13)。

【译】 孔子病情严重,子路请求为他向鬼神祷告。孔子说:"有这样的道理吗?"子路答道:"有的。祈祷文上说:'为你向天神地祇祷告。'"孔子说:"那么孔丘我已祷告很久了。"

【记】 本章记孔子论祷告。"敬鬼神而远之"(6.22)是有着人本主义倾向的有神论。孔子不否定鬼神的存在,一句"丘之祷久矣",说明他确实是敬鬼神的。但是既然孔子祈祷了那么久,病情也未见好转,自然不免也对鬼神抱有怀疑态度。子路请求为他向鬼神祷告,孔子认为自己平素言行合于大道,鬼神不会降祸于他,所以祷告不祷告,对他是无所谓的。这段话是在委婉地劝阻子路。

7.36 子曰:"奢则不孙〔一〕,俭则固〔二〕。与其不孙也,宁固。"

【注】 〔一〕孙:通"逊"。谦顺,恭顺。不孙:不恭顺,傲慢无礼。皇侃《义疏》:"不逊者,僭滥不恭之谓也。"〔二〕固:固陋,寒酸。皇侃《义疏》:"固,陋也。"

【译】 孔子说:"太奢侈了就会傲慢无礼,太节俭了就会固陋寒酸。与其傲慢无礼,宁肯寒酸。"

【记】 本章记孔子教人戒奢。"不逊"(傲慢无礼)与"固"(固陋寒酸)当然都不合于礼义,两害相权取其轻,孔子说宁肯"固"(固陋寒酸)也不要"不逊"(傲慢无礼),这是从反面论证,最终结论是提倡"俭"(节俭),反对"奢"(奢侈)。

7.37 子曰:"君子坦荡荡〔一〕,小人长戚戚〔二〕。"

【注】 〔一〕坦荡荡:心胸宽广,胸襟开朗,心地纯洁。皇侃《义疏》引郑玄曰:"坦荡荡,宽

广貌。"〔二〕长戚戚:经常忧愁恐惧。皇侃《义疏》引郑玄曰:"长戚戚,多忧惧貌也。"

【译】 孔子说:"君子心地纯洁宽广,小人经常忧惧不安。"

【记】 本章记孔子谈君子与小人的不同心境。朱熹《集注》引程子曰:"君子循理,故常舒泰;小人役于物,故多忧戚。"

7.38　子温而厉〔一〕,威而不猛〔二〕,恭而安。

【注】 〔一〕厉:严肃;严厉。"温而厉",参见:"即之也温,听其言也厉"(19.9)。〔二〕威而不猛:有威仪而不凶猛。参见:"泰而不骄,威而不猛"(20.2)。

【译】 孔子气度温和又带些严厉,容貌威严又不觉凶猛,礼节恭敬又自然安详。

【记】 本章记孔子的长者风范。孔子在仪态方面也坚持中庸之道,表现出一种散发着中和之美的个人魅力。"过犹不及"(11.16),"厉""猛"等都是"过",所以孔子不取。邢昺《注疏》:"此章说孔子体貌也。言孔子体貌温和而能严正,俨然人望而畏之而无刚暴,虽为恭孙而能安泰,此皆与常度相反。若《皋陶谟》之九德也。他人不能,唯孔子能然,故记之也。"

泰伯篇第八

【题解】 《泰伯篇》共21章。

　　本篇除第3章至第7章五章(8.3、8.4、8.5、8.6、8.7)为曾参语录外,其余16章均记孔子之语,所以极有可能是曾子弟子所记。这种编排和《里仁篇》只记载孔子和子游的情形类似。不同的是,在《里仁篇》中,子游称字,只有一章语录,且被置于在篇末;而在本篇中,曾参被尊称为"曾子",他的5章语录穿插在孔子语录之中。本篇中孔子对古圣贤的品评较为突出,涉及尧(8.19)、舜(8.18)、禹(8.18、8.21)、周武王"乱臣十人"(8.20)、泰伯(8.1),从中可以看出孔子崇尚贤人的政治理想。孔子的其他语录以论道德修养的内容为多,偶及学习、为政、音乐。曾子的语录基本上是讲修养的。

　　出自本篇的名言或成语有:鸟之将死、其鸣也哀、人之将死、其言也善、托六尺之孤、可以寄百里之命、临大节而不可夺也、任重而道远、死而后已、兴于《诗》、立于礼、成于乐、民可使由之、不可使知之、笃信好学、守死善道、危邦不入、乱邦不居、天下有道则见、无道则隐、不在其位、不谋其政、学如不及等。

　　8.1　子曰:"泰伯,其可謂至德也已矣〔一〕。三以天下讓,民無得而稱焉〔二〕。"

【注】 〔一〕至德:最高的道德。朱熹《集注》:"至德,谓德之至极,无以复加者也。"参见:"周之德,可谓至德也已矣"(8.20)。〔二〕无得:犹无从。没有门径或找不到头绪(做某件事)。

皇侃《义疏》:"三让之美,皆隐蔽不著,故人无得而称焉。"称:称赞。参见:"民无能名焉"(8.19)。

【译】 孔子说:"泰伯这个人,可以说是品德最高尚的了。几次把王位让给弟弟季历,老百姓简直找不出合适的词语来称颂他。"

【记】 本章记孔子称赞泰伯的谦让精神。泰伯三让天下,而且无意求名,"民无得而称焉",所以孔子称他有"至德"。这一章也反映了孔子"选贤与能"的政治思想。

8.2 子曰:"恭而無禮則勞〔一〕,慎而無禮則葸〔二〕,勇而無禮則亂〔三〕,直而無禮則絞〔四〕。君子篤於親〔五〕,則民興於仁;故舊不遺〔六〕,則民不偷〔七〕。"

【注】 〔一〕恭而无礼:过分恭敬以致不合礼法。义近"足恭"(5.25)。劳:烦劳,麻烦。张居正《论语别裁》:"劳是烦劳。"参见:"恭近于礼,远耻辱也"(1.13)。〔二〕慎而无礼:过分谨慎以致不合礼法。例如:"季文子三思而后行"(5.20)。葸(xǐ):畏惧,胆怯。何晏《集解》:"葸,畏惧之貌。言慎而不以礼节之,则常畏惧。"〔三〕勇而无礼:即行事鲁莽。如:子路"好勇过我"(5.7),常常遭到孔子批评。参见:"好勇疾贫,乱也"(8.10)、"好勇不好学,其蔽也乱"(17.8)。〔四〕直而无礼:即憨直、愚直,例如:证其父攘羊的直躬者(13.18)。绞:偏激,急切伤人。皇侃《义疏》引马融曰:"绞,绞刺也。"〔五〕君子笃于亲:君子笃爱亲族。君子指统治者。朱熹《集注》:"君子,谓在上之人也。"孔子认为仁爱是有差等的。"亲"是自己的血缘亲族,应当优先得到关爱。周礼就有"任人唯亲"的亲亲原则。参见:"因不失其亲"(1.13)、"君子不施其亲"(18.10)。后来孟子提出"亲亲而仁民,仁民而爱物"(《孟子·尽心上》),以为君子用恩应遵循先亲、次民、后物的次序。〔六〕遗:遗弃,舍弃。参见:"故旧无大故,则不弃也"(18.10)。〔七〕偷:(人情)淡薄,不厚道。邢昺《注疏》:"偷,薄也。"

【译】 孔子说:"过分恭敬以致不合礼法就会烦劳不安,过分谨慎以致不合礼法就会畏缩不前,过分勇敢以致不合礼法就会闯祸作乱,过分直率以致不合礼法就会尖刻偏激。在上位的人厚待自己的亲族,老百姓当中就会兴起仁的风气;在上位的人不遗弃自己的故旧,老百姓就不会待人冷漠薄情。"

【记】 本章记孔子论礼的重要性。孔子认为恭、慎、勇、直这些品质,都需要

"约之以礼"(6.27、12.15)、"以礼节之"(1.12),否则就会违背中庸之道,走向反面。礼,不但关乎个人修养,而且影响社会风气。君子要做下民的表率,关爱亲族故旧,引导百姓向善求仁。

8.3　曾子有疾,召門弟子曰〔一〕:"啓予足〔二〕! 啓予手!《詩》云:'戰戰兢兢,如臨深淵,如履薄冰〔三〕。'而今而後,吾知免夫〔四〕! 小子!"

【注】〔一〕门弟子:乃门的弟子,即在身边的弟子。〔二〕启:有三说:(1)开。马国翰辑《论语古注·论语郑氏注》:"启,开也。曾子以为受其身体于父母,不敢毁伤之,故使弟子开衾而视之也。父母全而生之,亦当全而归之。"(2)视。"啓"("启"的繁体字)为"省"的借字。《说文·目部》:"啓,省视也。"说见王念孙《广雅疏证》。(3)动。李零《丧家狗——我读〈论语〉》:"原文只说抬抬我的脚,抬抬我的手(所以作'启'),其实也就是动动我的手,动动我的脚,故异文作'跊'(跊是挪步而行,像小儿学步的样子)。"以第二说为长。曾子在临死前要弟子们看看自己的手脚,是为了表白身体的完整无损,证明自己是遵守孝道的。〔三〕《诗》云:引《诗》出自《诗·小雅·小旻》。曾子引用这三句诗描绘自己一生为了保全身体而谨慎小心的心情。〔四〕免:指保全身体,使之免于损伤。参见:"免于刑戮"(5.2)。

【译】曾参得了重病,把身边的学生召集到跟前来,说:"看看我的脚! 看看我的手!《诗·小雅·小旻》上说:'总是战战兢兢呀,好像面临深渊一样,好像脚踩薄冰一样。'从今往后,我才知道我的身体是不会再受到损伤了! 弟子们!"

【记】本章记曾子在病重临终之时谈孝。保全身体是孝的重要内容。《孝经·开宗明义》:"身体发肤,受之父母,不敢毁伤,孝之始也。"

8.4　曾子有疾,孟敬子問之。曾子言曰:"鳥之將死,其鳴也哀;人之將死,其言也善。君子所貴乎道者三〔一〕:動容貌〔二〕,斯遠暴慢矣〔三〕;正顔色,斯近信矣;出辭氣〔四〕,斯遠鄙倍矣〔五〕。籩豆之事〔六〕,則有司存〔七〕。"

【注】〔一〕道:指礼仪。邢昺《注疏》引郑玄曰:"此道谓礼也。"〔二〕动:变动,调整,这里指整肃。刘宝楠《论语正义》:"谓以礼动之。"〔三〕暴慢:粗暴放肆。朱熹《集注》:"暴,粗厉也。

慢,放肆也。"脸上保持恭敬严肃,才会使人不敢放肆不敬。参见:"君子不重则不威"(1.8)。〔四〕辞(辭)气:说话的言辞和声调。皇侃《义疏》:"辞气,言语音声也。"〔五〕鄙倍:浅陋背理。倍,通"背"。朱熹《集注》:"鄙,凡陋也。倍,与'背'同,谓背理也。"〔六〕笾(籩,biān)豆之事:指礼仪的具体细节。笾和豆都是形似高脚盘的礼器。笾是竹器,豆为陶质的,也有青铜制或木制涂漆的。〔七〕有司:主管具体事务的官吏。职有专司,故称为"有司"。

笾

豆
(西周晚期)

【译】 曾参得了重病,孟敬子来探问他。曾子对他说:"鸟在快死的时候,它的叫声哀凄;人在快死的时候,他说的话是出于善意。君子所应当重视的礼仪之道有三项:整肃容貌,这样就可以远离粗暴放肆;端庄脸色,这样就可以容易让人信服;讲究言辞声调,这样就可以远离粗俗背理。至于陈设笾豆之类的礼仪细节,自有主管官吏来负责操持。"

【记】 本章记曾子提出君子的三项礼仪之道,同时指出不可拘泥于礼仪小节。君子应当讲究仪容、表情和谈吐:"动容貌""正颜色"和"出辞气"。这三项的排列顺序符合在人际交往中由远及近给人留下印象的次序。邢昺《注疏》:"人之相接,先见容貌,次观颜色,次交言语,故三者相次而言。"

8.5 曾子曰:"以能問於不能,以多問於寡;有若無,實若虛〔一〕,犯而不校〔二〕——昔者吾友嘗從事於斯矣〔三〕。"

【注】 〔一〕有若无,实若虚:形容谦虚。孔子用"亡而为有,虚而为盈"(7.26)形容不谦虚的人。〔二〕犯而不校:别人冒犯了自己也不计较。朱熹《集注》:"校,计校也。"〔三〕吾友:我的朋友。不知曾子所指何人。旧注认为"吾友"指颜回。邢昺《注疏》引马融曰:"友,谓颜渊。"

【译】 曾子说:"有能力却向没有能力的人请教,知识丰富却向知识贫乏的人请教;有却像没有一样,充实却像空虚一样;别人冒犯,也不去计较——从前我的一位朋友就努力这样做过啊。"

【记】 本章记曾子提倡谦虚和大度。"问于不能""问于寡","有若无,实若虚"是说在求学上要有谦虚不自满的态度。"犯而不校"是讲在为人上要大度和忍让。

8.6 曾子曰:"可以託六尺之孤〔一〕,可以寄百里之命〔二〕,臨大節而不可奪也〔三〕。君子人與?君子人也。"

【注】 〔一〕托(託):托付。六尺之孤:未成年的孤儿,这里指年幼的君主。"幼而无父曰孤"(《孟子·梁惠王下》)。何晏《集解》引孔安国曰:"六尺之孤,幼少之君。"邢昺《注疏》郑玄注:"六尺之孤,年十五已下。"陆深《春风堂随笔》:"古以二岁半为一尺,言五尺,是十二岁以上。十五岁则称六尺。"古时尺短,成人身约古尺七尺。托孤:君主把遗孤托付给大臣。〔二〕寄:委托,托付。百里:方圆百里之地,指诸侯国。寄百里之命:代幼主掌握国家的政权和命运,即摄政。皇侃《义疏》引孔安国曰:"摄君之政令也。"〔三〕大节:关系存亡安危的重大关头、重大事件。何晏《集解》:"大节,安国家,定社稷。"夺:动摇,改变。临大节而不可夺:指面临生死关头,仍不改变其志向。

【译】 曾子说:"可以把年幼的君主托付给他,可以把国家的政权托付给他,面临生死存亡的紧急关头也不动摇。君子是这样的人吗?君子就是这样的人。"

【记】 本章记曾子谈君子的德与才。既有辅国之才,又有临难不苟的节操,才配称得上是君子。朱熹《集注》:"其才可以辅幼君、摄国政,其节至于死生之际而不可夺,可谓君子矣。"

8.7 曾子曰:"士不可以不弘毅〔一〕,任重而道遠。仁以爲己任〔二〕,不亦重乎?死而後已〔三〕,不亦遠乎?"

【注】 〔一〕弘毅:抱负宏大,意志坚毅。《尔雅·释诂上》:"弘,大也。"朱熹《集注》:"弘,宽广也;毅,强忍也。非弘不能胜其重,非毅无以致其远。"一说"弘"即"強(强)"字(章炳麟《广

論语精读

论语骈枝》），可备一说。〔二〕仁以为己任：即"以仁为己任"，以在天下实现仁德为己任。〔三〕死而后已：到死才罢休，形容终生奋斗。已：停止。诸葛亮《后出师表》："鞠躬尽力，死而后已"（"力"选本多作"瘁"）。

【译】　曾子说："士人不可不志向高远而意志坚毅，因为他责任重大，征途遥远。以实现仁德于天下为己任，难道还不重大吗？〔奋斗终生，〕死而后已，难道还不遥远吗？"

【记】　本章记曾子指出士应当具备弘毅的品质。求仁是士奋斗终生的目标，任重道远，不弘毅不足以为士。

8.8　子曰："興於《詩》〔一〕，立於禮〔二〕，成於樂〔三〕。"

【注】　〔一〕兴：兴起，这里指起步。邢昺《注疏》引包咸曰："兴，起也。"皇侃《义疏》："云'兴于《诗》'者，兴，起也。言人学先从《诗》起，后乃次诸典也。所以然者，《诗》有夫妇之法、人伦之本，近之事父、远之事君故也。"参见："不学《诗》，无以言"（16.13）、"《诗》，可以兴，可以观，可以群，可以怨。迩之事父，远之事君；多识于鸟兽草木之名"（17.9）。〔二〕立：立身。皇侃《义疏》："云'立于礼'者，学《诗》已明，次又学礼也。所以然者，人无礼则死，有礼则生，故学礼以自立身也。"参见："不学礼，无以立"（16.13）、"不知礼，无以立也"（20.3）。〔三〕成：完善。"礼"是道德规范，"乐"能调和性情、移风易俗，二者皆可用以教化，"乐"的内容和本质都离不开"礼"，所以古人常常"礼乐"连言。皇侃《义疏》："云'成于乐'者，学礼若毕，次宜学乐也。所以然者，礼之用，和为贵。行礼必须学乐，以和成己性也。"

【译】　孔子说："以学《诗》来起步，以学礼来立身，以学乐来完善。"

【记】　本章记孔子阐明为学修身的次第，同时指出《诗》、礼、乐的重要作用。何晏《集解》引包咸曰："兴，起也，言修身当先学《诗》。礼者，所以立身。乐所以成性。"

8.9　子曰："民可使由之〔一〕，不可使知之。"

【注】　〔一〕由：跟从，遵循。马国翰辑《论语古注·论语郑氏注》："由，从也。言王者设教，务使人从之。若皆知其本末，则愚者或轻而不行。"之：指道。下"之"字同。

【译】 孔子说:"民众,可使他们遵循道而行,不可使他们通晓道的真谛。"

【记】 本章记孔子论民与道的关系。邢昺《注疏》:"此章言圣人之道深远,人不易知也。"孔子将人分为"君子"和"小人""上知"和"下愚",认为"中人以下,不可以语上也"(6.21)。孔子的政治理念就是圣贤统治愚民的模式。但孔子这句话并不是主张消灭文化教育和鼓吹愚民政策。孔子是个教育家,主张"有教无类"(15.39),认为"小人学道则易使"(17.4)。本章是说老百姓可以遵道而行,但难知其所以然。《孟子·尽心上》:"行之而不著焉,习矣而不察焉,终身由之而不知其道者,众也。"《易·系辞上》:"百姓日用而不知,故君子之道鲜矣。"皆发挥本章之义。

8.10 子曰:"好勇疾贫〔一〕,乱也。人而不仁,疾之已甚〔二〕,乱也。"

【注】 〔一〕好勇:好逞勇武,争强斗狠。参见:"勇而无礼则乱"(8.2)。疾贫:怨恨自己贫穷,指不能安贫乐道,遵礼而行。参见:"未若贫而乐"(1.15)、"贫而无怨难"(14.10)、"君子忧道不忧贫"(15.32)。邢昺《注疏》:"此章说小人之行也。言好勇之人患疾己贫者,必将为逆乱也。"〔二〕疾:痛恨。已甚:过甚,太过分。疾之已甚,即疾恶如仇。这里是讲君子如何处理与小人的关系。与不仁之人打交道,要注意分寸,不要逼他作恶。邢昺《注疏》:"人若本性不仁,则当以礼孙接,不可深疾之。若疾恶太甚,亦使为乱也。"

【译】 孔子说:"好勇却恨自己太贫困,就会犯上作乱。对于不仁之人,如果痛恨太甚,〔逼得他走投无路〕,也会出乱子。"

【记】 本章记孔子评引发祸乱的两种人。

8.11 子曰:"如有周公之才之美,使骄且吝〔一〕,其餘不足觀也已。"

【注】 〔一〕骄:骄傲自大。吝:吝啬,舍不得。朱熹《集注》:"骄,矜夸。吝,鄙啬也。"

【译】 孔子说:"即使具有周公那样的完美才能,如果骄傲又吝啬,那其他方面的长处也就不值得一看了。"

【记】 本章记孔子戒人骄吝。凡是骄傲吝啬之徒,纵使才比周公,也不足取了。

8.12 子曰:"三年學,不至於穀〔一〕,不易得也。"

【注】 〔一〕至:到。这里指想到、念及。谷(穀):俸禄。因古人常以谷物为俸禄,故称。用法与"邦有道,谷;邦无道,谷,耻也"(14.1)的"谷"相同。至于谷,即所谓"稻粱谋"。朱熹《集注》:"谷,禄也。至,疑当作志。为学之久,而不求禄,如此之人,不易得也。"

【译】 孔子说:"求学多年,还不存做官的念头,这种人是难得的。"

【记】 本章记孔子赞赏笃志于道的学习态度。孔子不反对做官,但反对把做官当成学习的目的。正如孙中山的名言:"要立志做大事,不要做大官。"实际上,学者多为禄而学,正所谓"学而优则仕"(19.13),所以不急着当官的读书人很难得。参见:"子使漆雕开仕"(5.6)。

8.13 子曰:"篤信好學〔一〕,守死善道〔二〕。危邦不入〔三〕,亂邦不居〔四〕。天下有道則見〔五〕,無道則隱。邦有道,貧且賤焉,恥也;邦無道,富且貴焉,恥也〔六〕。"

【注】 〔一〕笃信:忠实地信仰(道)。参见:"信道不笃"(19.2)。〔二〕守死:即死守,誓死守之,坚持到死也不改变。善道:犹正道,指正确的学说。皇侃《义疏》:"宁为善而死,不为恶而生,故云守死善道也。"参见:"朝闻道,夕死可也"(4.8)。〔三〕危邦:不安宁的邦国。〔四〕乱邦:动乱的邦国。邢昺《注疏》引包咸曰:"危邦不入,谓始欲往也。乱邦不居,今欲去也。臣弑君,子弑父,乱也。危者,将乱之兆也。"〔五〕见:同"现"。〔六〕"邦有"数句:不能只为做官而做官,孔子提出应当把个人的贫贱与国家的兴衰联系起来。参见:"邦有道,谷;邦无道,谷,耻也"(14.1)。

【译】 孔子说:"笃信不疑,勤奋好学,誓死坚守正道。不进入危难的国家,不居留在动乱的国家。天下政治清明时就出来做官,政治昏乱时就隐居不出。国家政治清明而自己贫贱,便是耻辱;国家政治昏乱而自己富贵,也是耻辱。"

【记】 本章记孔子的为官处世之道。孔子是主张积极救世的。"危邦不入，乱邦不居"与"见危授命"(14.12)，即明哲保身与见义勇为，并不矛盾。朱熹《集注》："君子见危授命，则仕危邦者无可去之义，在外则不入可也。乱邦未危，而刑政纪纲紊矣，故洁其身而去之。"

8.14 子曰："不在其位，不谋其政〔一〕。"

【注】 〔一〕"不在"二句：又见 14.26。

【译】 孔子说："不在那个职位上，就不过问那职位上的政务。"

【记】 本章记孔子谈做官的准则。孔子主张"正名"(13.3)，要人安分守己，希望每个人都名正言顺地依自己的社会角色行事。表现在为官上，就是不要越位谋事。邢昺《注疏》："言不在此位则不得谋此位之政，欲使各专一守于其本职也。""不在其位，不谋其政"，并不是要人在政治上保持冷漠。相反，如果一个人要找准自己在社会上的位置，那就必须关心政治。

8.15 子曰："师挚之始〔一〕，《关雎》之乱〔二〕，洋洋乎盈耳哉〔三〕！"

【注】 〔一〕师挚(zhì)之始：太师(乐官之长)挚演奏序曲。始：乐曲的开端，即序曲。古时奏乐，开始部分叫做"升歌"，一般由太师演奏。师挚是鲁国的太师，所以说"师挚之始"。详下注。〔二〕乱：乐曲的最后一章。朱熹《集注》："乱，乐之卒章也。"《关雎》之乱：《关雎》等最后的合乐。"始"是乐曲的开端，"乱"是乐曲的终了。"乱"是"合乐"，犹如今日的合奏合唱。当合奏之时，奏《关雎》(《诗》的第一篇)等乐章，所以说"《关雎》之乱"。相关考证详见刘台拱《论语骈枝》。〔三〕洋洋：美盛的样子。朱熹《集注》："洋洋，美盛意。"

【译】 孔子说："从太师挚演奏序曲，直到《关雎》等最后的合乐，在耳边回荡的都是美盛的音乐啊！"

【记】 本章记孔子赞叹音乐之美。"洋洋乎盈耳哉"，记录的是孔子在观赏乐舞时的审美体验。

8.16　子曰："狂而不直〔一〕，侗而不愿〔二〕，悾悾而不信〔三〕，吾不知之矣〔四〕。"

【注】　〔一〕狂：狂放不羁。参见："吾党之小子狂简"（5.22）、"狂者进取"（13.21）、"好刚不好学，其蔽也狂"（17.8）。〔二〕侗（tóng）：通"僮"。幼稚、无知。愿：质朴，恭谨。朱熹《集注》："侗，无知貌。愿，谨厚也。"〔三〕悾（kōng）悾：无能。朱熹《集注》："悾悾，无能貌。"一说诚恳的样子。邢昺《注疏》："悾悾，悫（què，诚实）也。谨悫之人宜信而乃不信。"〔四〕吾不知之矣：孔子说看不透这三种人，其实是认为他们一无是处。朱熹《集注》："吾不知之者，甚绝之之辞，亦不屑之教诲也。"

【译】　孔子说："狂放而又不直率，无知而又不厚道，无能而又不守信用，我真不知道人为什么会是这个样子！"

【记】　本章记孔子批评三种乏善可陈的人。孔子存心厚道，看到有缺点的人，总想着发现他的优点。但有的人真的是一无是处的"弃才"。朱熹《集注》引苏轼曰："天之生物，气质不齐。其中材以下，有是德则有是病。有是病必有是德，故马之蹄啮者必善走，其不善者必驯。有是病而无是德，则天下之弃才也。"

8.17　子曰："学如不及，犹恐失之。"

【译】　孔子说："学习就好像〔追逐什么似的，〕总怕赶不上；〔等到学有所得，〕又担心会失掉。"

【记】　本章记孔子形容好学的心境。在学习上，要有进取心，毫不松懈，倒是应该"患得患失"（17.15）。参见："日知其所亡，月无忘其所能，可谓好学也已矣"（19.5）。

8.18　子曰："巍巍乎〔一〕，舜禹之有天下也而不与焉〔二〕！"

【注】　〔一〕巍巍：崇高伟大。何晏《集解》："巍巍，高大之称。"〔二〕与（yù）：通"豫"。喜悦。《淮南子·天文训》："圣人不与也。"高诱注："与，犹说也。"朱熹《集注》："不与，犹言不相关，言其不以位为乐也。"

【译】 孔子说："舜和禹真是伟大啊！他们得到〔上代帝王禅让的〕天下，却未为自己感到喜悦。"

【记】 本章记孔子赞叹舜和禹的无私美德。孔子对尧舜禹时代"天下为公"的道德境界充满向往。

8.19 子曰："大哉堯之爲君也！巍巍乎！唯天爲大，唯堯則之〔一〕。蕩蕩乎〔二〕，民無能名焉〔三〕。巍巍乎其有成功也，焕乎其有文章〔四〕！"

【注】 〔一〕则：仿效，效法。何晏《集解》引孔安国曰："则，法也。美尧能法天而行化也。"〔二〕荡荡：广阔博大的样子。何晏《集解》引包咸曰："荡荡，广远之称也。"〔三〕民无能名焉：尧仁德浩荡，民众无法用语言形容称说。无能：无法。名：形容，称说。朱熹《集注》："言物之高大，莫有过于天者，而独尧之德能与之准。故其德之广远，亦如天之不可以言语形容也。"参见："民无得而称焉"(8.1)。〔四〕焕：光辉灿烂。文章：指礼乐文明。朱熹《集注》："焕，光明之貌。文章，礼乐法度也。尧之德不可名，其可见者此尔。"

【译】 孔子说："伟大啊！像尧那样的君主。崇高啊，只有天最大，只有尧才能效法天。〔他的恩德〕浩大啊！民众真不知道该用什么样的语言来称颂。崇高啊！他的丰功伟业。辉煌啊！他的礼乐典章。"

【记】 本章记孔子称颂尧的伟大。

8.20 舜有臣五人而天下治〔一〕。武王曰："予有亂臣十人〔二〕。"孔子曰："才難〔三〕，不其然乎！唐虞之際〔四〕，於斯爲盛。有婦人焉〔五〕，九人而已。三分天下有其二〔六〕，以服事殷〔七〕。周之德，其可謂至德也已矣。"

【注】 〔一〕五人：舜时的五位能臣。何晏《集解》引孔安国曰："禹、稷、契、皋陶、伯益也。"〔二〕亂(乱)臣：皇侃《义疏》等古本无"臣"字。乱：治。指善于理政的人才。予有乱臣十人：我有理政贤才十人。朱熹《集注》："《书·泰誓》之辞。马氏曰：'乱，治也。'十人，谓周公旦、召公奭、太公望、毕公、荣公、太颠、闳夭、散宜生、南宫适，其一人谓文母。刘侍读以为子无臣母之

131

义,盖邑姜也。九人治外,邑姜治内。或曰:'乱本作乿,古治字也。'"〔三〕才难:人才难得。何晏《集解》引孔安国曰:"大才难得,岂不然乎?"〔四〕唐虞:尧与舜的并称。唐、虞是上古传说中的两个部落。唐指陶唐氏,尧是其领袖;虞指虞氏,舜是其领袖。际:下,后。刘宝楠《论语正义》:"'唐虞之际'者,际犹下也、后也。""唐虞之际,于斯为盛"谓自尧舜之后,周武王时人才最多。〔五〕妇人:马融说是文母(周文王之妻,周武王之母),刘敞说是邑姜(武王之妻)。〔六〕三分天下有其二:三分天下有其二,周文王行仁政,天下九州有六州归服文王。皇侃《义疏》:"天下有九州,文王为雍州西伯,六州化属文王,故云三分天下有二,犹服事于殷也。"〔七〕服事:谓臣服听命于天子。王畿外围,以五百里为一区划,由近及远分为侯服、甸服、绥服、要服、荒服,合称五服(《书·益稷》)。五服之内所封诸侯定期朝贡,各依服数以事天子。

【译】 舜有贤臣五人,就能使天下大治。周武王说:"我有治才十人。"孔子说:"人才难得,难道不是这样吗?尧舜之后,周武王时代人才最为兴盛。然而治才十人中还有一个妇女,男人不过九人罢了。周文王为诸侯时得到天下的三分之二,仍然称臣服事商纣王。周朝的道德,可说是至高无上的了。"

【记】 本章记孔子感叹人才难得。孔子历数舜与周武王时代的人才,认为武王之时人才最盛。称周之德为"至德",也应该与周初人才济济有关。

8.21 子曰:"禹,吾無間然矣〔一〕。菲飲食而致孝乎鬼神〔二〕,惡衣服而致美乎黻冕〔三〕,卑宮室而盡力乎溝洫〔四〕。禹,吾無間然矣。"

【注】 〔一〕无间(jiàn):无可非议,无懈可击。朱熹《集注》:"间,罅隙也。谓指其罅隙而非议之也。"间:非议。《方言》:"间,非也。"〔二〕菲(fěi):使之微薄。何晏《集解》引马融曰:"菲:薄也。"〔三〕恶(è):使……粗劣,这里是不讲究的意思。何晏《集解》引孔安国曰:"损其常服,以盛祭服。"黻(fú)冕:贵族祭祀时所穿的华丽祭服。黻是蔽膝,用熟牛皮做成的大巾。冕是天子、诸侯、卿、大夫所戴的礼帽,后来只有帝王的礼帽才叫冕。朱熹《集注》:"黻,蔽膝也,以韦为之。冕,冠也,皆祭服也。"〔四〕沟洫(xù):就是沟渠水道,这里指疏导河流。禹的主要功绩是治水。根据《山海经·海内经》《史记·夏本纪》等古书的记载,禹用十三年平复水患。

韨
（系在革带上的蔽膝）

冕

【译】 孔子说："对于禹，我确实没有什么可挑剔的了。降低自己的饮食标准，却用丰盛的祭品尽力去孝敬鬼神；平时穿简朴的衣服，却把祭祀的礼服做得极其华美；给自己造的宫室很简陋，却大兴水利疏导江河。对于禹，我确实没有什么可挑剔的了。"

【记】 本章记孔子称颂禹的君德。禹是个传说中的人物，由于他的故事符合孔子的政治理念，所以孔子把他的形象塑造成帝王的典范。以上几章，孔子高度评价尧、舜、禹，虚构了一个大同盛世的乌托邦，目的是以古喻今，推广自己的学说。

子罕篇第九

【题解】 《子罕篇》共 31 章。南宋·朱熹《四书章句集注》把 9.6 和 9.7 两章，故作 30 章。

除颜渊赞美孔子(9.11)、《论语》编者总结孔子谈话特点(9.1)及修身原则(9.4)、描摹孔子行礼细节(9.10)外，其他 27 章都记孔子之语。其中，夫子自道的内容较为突出，有 10 章(9.2、9.5、9.6、9.7、9.8、9.9、9.13、9.14、9.15、9.16)。孔子赞颜回有 2 章(9.20、9.21)，评子路有 1 章(9.27)。其他诸章论及道德、礼仪、学习、为人等。

出自本篇的名言或成语有：空空如也、仰之弥高、钻之弥坚、瞻之在前、忽焉在后、循循善诱、博我以文、约我以礼、欲罢不能、何陋之有、逝者如斯夫、不舍昼夜、吾未见好德如好色者也、后生可畏、毋友不如己者、过则勿惮改、三军可夺帅也、匹夫不可夺志也、岁寒然后知松柏之后凋也、知者不惑、仁者不忧、勇者不惧等。

9.1　子罕言利與命與仁〔一〕。

【注】〔一〕罕(hǎn)：稀少。本章的歧义主要发生在对两个"与"字的理解上，历来有三说：(1)两个"与"字都是并列连词，即"同""和"之意。何晏《集解》："罕者，希也。利者，义之和也。命者，天之命也。仁者，行之盛也。寡能及之，故希言也。"(2)两个"与"字都是动词，即"赞许""赞成"之意。史绳祖《学斋占毕》卷一："盖子罕言者独利而已，当以此句作一义。曰命曰仁，皆平日所深与，此句别作一义。与者，许也。"(3)前一"与"字为并列连词，后一"与"为动词是"赞许"之意。王若虚《论语辨惑》卷二："予谓利者圣人之所不言，仁者圣人之所常言，所

罕言者唯命耳。然而云尔者,予不解也,姑阙之。"以第一种说法更符合原意。但《论语》一书,记孔子讲"利"的有五、六次;讲"命"的有八、九次;讲"仁"的最多,有上百次。刘宝楠《论语正义》:"利、命、仁三者,皆子所罕言,而言'仁'稍多,言'命'次之,言'利'最少。故以'利'承'罕言'之文,而于'命'、于'仁'则以两'与'字次第之。"这里的"罕言"不是"不言",是很少主动谈起的意思。《论语》中关于"利、命、仁"的话题,多是在弟子问到时孔子才言及。门人弟子经过长久观察,发现孔子在"利""命""仁"三个问题上很少主动谈到。所以,对这三个方面的语录特别留心,有闻必录,反而使《论语》的读者无法得出"子罕言利与命与仁"的结论。

【译】 孔子很少〔主动〕谈到功利、命运和仁德。

【记】 本章为《论语》编者总结孔子谈话内容上的特点。邢昺《注疏》:"此章论孔子希言难考之事也。"利与义经常矛盾。"君子喻于义,小人喻于利"(4.16),命运由天注定。"畏天命"(16.8)、"死生有命,富贵在天"(12.5);孔子从未严格定义过"仁",只是在一次次具体语境中解释阐述这个人生的最高理想。这三者都是常人很难把握的东西,所以孔子很少主动谈论。参见:"夫子之言性与天道,不可得而闻也"(5.13)。

9.2 達巷黨人曰:"大哉孔子! 博學而無所成名〔一〕。"子聞之,謂門弟子曰:"吾何執〔二〕? 執御乎? 執射乎? 吾執御矣。"

【注】 〔一〕成名:树立名声。据下文,这里是凭借一技得名于世的意思。朱熹《集注》:"博学无所成名,盖美其学之博而惜其不成一艺之名也。"〔二〕执(執):掌握。朱熹《集注》:"执,专执也。射御皆一艺,而御为人仆,所执尤卑。言欲使我何所执以成名乎,然则吾将执御矣。闻人誉己,承之以谦也。"

【译】 达巷党人说:"博大啊,孔子! 学问广博,可惜没有足以树立名声的专长。"孔子听了这话后,就对弟子们说:"那么我专门掌握哪一项技能呢? 驾车呢? 还是射箭呢? 我驾车好了。"

【记】 达巷党人敬慕孔子,但在"博"与"专"的关系上,与孔子观点不同。一个人要有立身成名的一技之长,这种想法无可厚非。但孔子着眼于人的全面发展,提倡博学,主张"君子不器"(2.12),不把人限定为某一方面的专家。他说自己在"六艺"中只掌握的驾车的技能,是孔子自谦的话。孔子多才多艺,射、御造诣尤深。从本章可以看出孔子对自己御车的技艺很有自信。孔子的教育内容主要有诗、书、礼、乐及射、御等,这同传统的西周"六艺"(礼、乐、射、御、书、数)教育大体相同。射是指射箭,御是指驾驭战车。在诸侯兼并、战乱频仍的春秋时代,射、御都是非常实用的技能。

9.3 子曰:"麻冕〔一〕,禮也;今也純〔二〕,儉〔三〕,吾從衆。拜下〔四〕,禮也;今拜乎上〔五〕,泰也〔六〕。雖違衆,吾從下。"

【注】〔一〕麻冕:麻布帽。古时一种礼服。《白虎通·绋冕篇》:"麻冕者何?周宗庙之冠也。"一说是缁布冠,古代士与庶人常用的一种黑布所制之冠。缁布冠不用笄,有缺项,缺项四隅有带,缀于冠武。另有缨,属于缺项。士冠礼始加用缁布冠。古代男子至二十岁(天子、诸侯可提前至十二岁)举行加冠的成年仪式。古人未成年前束发而不戴帽,由长辈为其梳发,戴上新帽,以示其成人。古人行冠礼,初加缁布冠,次加皮弁,次加爵弁。春秋时礼服改用玄冠,以黑缯为之。但庶人平时或仍以缁布冠为常服。朱熹《集注》:"麻冕,缁布冠也。"〔二〕纯:丝。何晏《集解》:"纯,丝也。"〔三〕俭:俭省。制作麻冕的麻布是精细的苎麻布,织造非常费工。相较之下,纺织丝帛要省不少工。朱熹《集注》:"俭,谓省约。缁布冠,以三十升布为之,升八十缕,则其经二千四百缕矣。细密难成,不如用丝之省约。"〔四〕拜下:拜于堂下。古代臣子见君主之礼,先在堂下拜,然后升堂再拜。《左传·僖公九年》和《国语·齐语》都记有齐桓公坚持下阶跪拜接受周襄王所赐胙肉之事。到孔子时,拜下这种古礼已经没有人行了。〔五〕拜乎上:指省去在堂下之拜,仅存堂上之拜。〔六〕泰:骄泰。何晏《集解》引王肃曰:"时臣骄泰,故于上拜。"

缁布冠

【译】孔子说:"用麻布做的礼帽,这是合于古礼的;现今大家都用丝帛做,这样俭省些,我随从众俗。臣见君,先在堂下拜,〔然后升堂再拜,〕这是合于古礼的。现今〔大家都免除了堂下之拜,〕只在堂上拜,这是倨傲不敬的表现。虽然违背众俗,我仍然还是照古礼先在堂下拜。"

【记】本章讲孔子对于礼的坚守与变通。礼的核心是"敬",孔子于礼节仪文上从众与违众的取舍,都是以"敬"为准则的,不是完全以时俗为转移。朱熹《集注》引程颐曰:"君子处世,事之无害于义者,从俗可也;害于义,则不可从也。"参见:"礼,与其奢也,宁俭"(3.4)、"礼云礼云,玉帛云乎哉"(17.11)。

9.4　子絶四〔一〕——毋意〔二〕，毋必〔三〕，毋固〔四〕，毋我〔五〕。

【注】〔一〕绝：杜绝，戒绝。皇侃《义疏》："绝者，无也。明孔子圣人，无此下四事。"〔二〕意：同"億（亿）"和"臆"，凭空臆度。参见"亿则屡中"（11.19）之"亿"。〔三〕必：绝对肯定，钻牛角尖。朱熹《集注》："必，期必也。"〔四〕固：固执己见。朱熹《集注》："固，执滞也。"〔五〕我：自私自利。朱熹《集注》："我，私己也。"

【译】　孔子杜绝了四种弊病——不凭空臆度，不绝对肯定，不拘泥固执，不自私自利。

【记】　本章记孔子在修身方面的四条自律戒条，反映了孔子坚持中庸、灵活权变的思想方法。

9.5　子畏於匡〔一〕，曰："文王既没，文不在兹乎〔二〕？天之將喪斯文也，後死者不得與於斯文也〔三〕；天之未喪斯文也，匡人其如予何？"

【注】〔一〕畏：通"围"。围困。何晏《集解》引包咸曰："匡人误围夫子，以为阳虎。"邢昺《注疏》："子畏于匡者，谓匡人以兵围孔子。"《吕氏春秋·劝学》："孔子畏于匡。"陈奇猷校释："畏乃'围'之借字，畏、围古音同部，自可假借……《淮南子·主术训》作'孔子围于匡'，尤为畏、围通之明证。"匡：邑名，见于《左传》有多处，此处当为见于《左传·僖公十五年》的卫邑，今河南长垣西南十五里的匡城，或即是当日孔子被囚之地。说详阎若璩《四书释地》、顾栋高《春秋大事表》。据《史记·孔子世家》记载，鲁定公十五年（公元前495年），孔子由卫国到陈国，路经匡地。鲁国阳货曾经祸害匡人，而孔子相貌又与阳货相似，于是匡人便把孔子误认作阳货囚禁了五日。〔二〕文：指礼乐制度等文化传统。兹：这里，指孔子自己。〔三〕后死者：晚死者，这里是孔子自谦之词。何晏《集解》引孔安国曰："文王既没，故孔子自谓后死者。"与（與，yù）：及，得到，掌握。

【译】　孔子被拘禁在匡邑，说道："周文王去世之后，周代的文化传统不都在我这里吗？天如果要消灭这种文化传统，我这晚死之人便不会掌握这些文化了；如果天不想消灭这种文化传统，匡人又能把我怎么样呢？"

【记】 本章记孔子自认为天命在身,以周代文化的传承者自居,临危不惧。参见:宋人伐树(7.23)。子贡也曾把孔子视作周代文化传统的传承人,说:"文(王)武(王)之道,未坠于地,在人。……莫不有文武之道焉,夫子焉不学?"(19.22)

9.6 太宰問於子貢曰〔一〕:"夫子聖者與〔二〕? 何其多能也〔三〕?"子貢曰:"固天縱之將聖〔四〕,又多能也。"

子聞之,曰:"太宰知我乎! 吾少也賤〔五〕,故多能鄙事。君子多乎哉? 不多也。"

【注】 〔一〕太宰:官名。本天子六卿之一,这里是诸侯国的大夫官名。具体所指何人,众说不一。〔二〕圣:是孔子学说中一个最高的道德标准,居"仁"之上。"圣"与"仁"的比较可参见 6.30、7.26、7.34。〔三〕能:指技艺。技艺为小道,所以孔子在下文称自己"多能鄙事"。朱熹《集注》:"太宰盖以多能为圣也。"〔四〕天纵:天所放任,意谓上天赋予。朱熹《集注》:"纵,犹肆也,言不为限量也。"将:大。《尔雅·释诂上》:"将,大也。"邢昺《注疏》:"将,大也。言天固纵大圣之德,又使多能也。"〔五〕吾少也贱:我少时低贱。《史记·孔子世家》:"孔子贫且贱。及长,尝为季氏史,料量平;尝为司职吏而畜蕃息。"

【译】 太宰向子贡问道:"孔老夫子是位圣人吗? 他为什么会那么多技艺呢?"子贡说:"这本是上天任其发展而成为一个大圣人,并且又会很多技艺。"

孔子听到后,便说:"太宰了解我呀! 我小时候低贱,所以才学会那么多鄙贱的技艺。君子应该会的技艺多吗? 不多的。"

【记】 本章记孔子反对子贡神化自己为圣人,称自己多能,仅仅是因为自己少时贫贱所致。孔子认为,君子的最高追求是仁,而不是做某一方面的专家,所以他说君子不需要会那样多的技能。本章与达巷党人评孔子章(9.2)的涵义类似。

9.7 牢曰:"子云:'吾不試〔一〕,故藝。'"

【注】 〔一〕不试:不被任用。试:用,指做官。何晏《集解》:"试,用也。言孔子自云,我不见用故多技艺。"

【译】 牢说:"孔子说:'我不曾被国家所用,所以学得一些技艺。'"

【记】 本章也是解释孔子"多能"的原因,涵义与上一章相同。

9.8 子曰:"吾有知乎哉? 無知也。有鄙夫問於我〔一〕,空空如也〔二〕。我叩其兩端而竭焉〔三〕。"

【注】 〔一〕鄙夫:见识浅薄的人。〔二〕空空:有三说:(1)孔子自谦空空无所知。邢昺《注疏》:"空空,虚心也。"(2)形容问我的鄙夫空无所知。邢昺《注疏》引孔安国曰:"有鄙夫来问于我,其意空空然。"(3)《经典释文》引郑注或作"悾悾",形容问者的态度很诚恳。参:"悾悾而不信"(8.16)。均可通。以"悾悾"义为长。〔三〕叩:有二说:(1)叩问,发问。邢昺《注疏》:"叩,发动也。"(2)反问。刘宝楠《论语正义》:"叩者,反问之也。因鄙夫力不能问,故反问而详告之也。"以后说为长。两端:事物的两个顶端或方面,如:正反、始终、上下等。朱熹《集注》:"两端,犹言两头。言终始、本末、上下、精粗,无所不尽。"竭:尽。

【译】 孔子说:"我有知识吗? 没有知识。有个见识浅薄的人来向我请教,态度很诚恳,我〔便就其所疑〕从事情的两方面反问,尽己所能让他明白。"

【记】 本章记孔子谦称自己无知。语录中也包含了他恪守中庸的两点论的思想方法和循循善诱的启发式的教育方法。

9.9 子曰:"鳳鳥不至〔一〕,河不出圖〔二〕,吾已矣夫!"

【注】 〔一〕凤鸟:凤凰。古代传说中的神鸟,百鸟之王。雄的叫凤,雌的叫凰(亦作皇)。通称为凤或凤凰。羽毛五色,声如箫乐。常用来象征瑞应。传说凤凰来仪意味着将要出现太平盛世。《说文·鸟部》:"凤,神鸟也。天老曰:凤之象也,鸿前麐后,蛇颈鱼尾,鹳颡鸳思,龙文虎背,燕颔鸡喙,五色备举。出于东方君子之国,翱翔四海之外,过崐崘,饮砥柱,濯羽弱水,莫宿风穴。见则天下大安宁。"〔二〕河图:相传伏羲氏时有龙马负图出于黄河,马背有旋毛如星点,伏羲遂据其文以画八卦,称为"河图"或"龙图"。河图是儒家关于《周易》卦形来源的传说中的一种自然而又神秘的画纹。《书·顾命》:"大玉、夷玉、天球、河图,在东序。"孔传:"伏牺王天下,龙马出河,遂则其文以画八卦,谓之'河图'。"《易·系辞上》:"河出图,洛出书,圣人则之。"后来将龙马负图出黄河视作圣王承受天命的象征。朱熹《集注》:"凤,灵鸟,舜时来仪,文王时鸣于岐山。河图,河中龙马负图,伏羲时出,皆圣王之瑞也。已,止也。张子曰:'凤至

图出,文明之祥。伏羲、舜、文之瑞不至,则夫子之文章,知其已矣。'"孔子说凤凰和河图不出现,无非是借此表达生不逢时的失望之情。本章可与"不复梦见周公"(7.5)互参。

战国帛画《人物龙凤图》
(湖南长沙陈家大山楚墓出土)

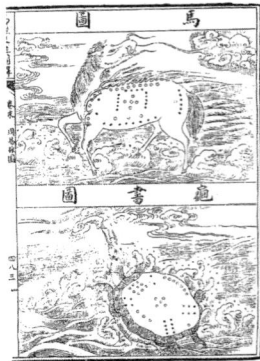

河图洛书

【译】 孔子说:"凤凰不飞来,黄河不出图,我这一生恐怕就要完结了吧!"

【记】 本章记孔子叹生不逢时。孔子一生追求"有道"的盛世,但始终没有出现瑞兆,所以非常绝望。在孔子晚年,据说出现了瑞兽麒麟。但是麒麟刚一出现,就惨遭捕杀。孔子为此还流下了伤心泪。《史记·孔子世家》:"鲁哀公十四年春,狩大野。叔孙氏车子鉬商获兽,以为不祥。仲尼视之,曰:'麟也。'取之。曰:'河不出图,雒不出书,吾已矣夫!'颜渊死,孔子曰:'天丧予!'及西狩见麟,曰:'吾道穷矣!'"《论语》的编者说:"子不语怪力乱神"(7.21),但在这里孔子却大谈怪物祥瑞,显示出古人思想的矛盾之处。

9.10 子見齊衰者〔一〕、冕衣裳者與瞽者〔二〕,見之,雖少,必作〔三〕;過之,必趨〔四〕。

【注】 〔一〕齐衰(zī cuī):丧服名。为五服之一,次于最重的斩衰。服用粗麻布制成,以其缉边缝齐,故称"齐衰"。齐衰服期有齐衰三年、齐衰期(一年)、齐衰五月、齐衰三月等几种。根据自己与死者亲疏关系,服相应时间的孝。此处的齐衰泛指包括斩衰在内的所有丧服。斩衰是五种丧服中最重的一种孝服。用粗麻布制成,左右和下边不缝。服制三年。子及未嫁女为父母,媳为公婆,承重孙为祖父母,妻妾为夫,均服斩衰。先秦诸侯为天子、臣为君亦服斩衰。举言齐衰可兼斩衰,举言斩衰不兼齐衰。〔二〕冕:古代天子、诸侯、卿、大夫等行朝祭时所

戴的礼帽。本是贵族所戴之冠,后来只有皇帝所戴才能称冕。衣裳:古代男子上穿衣,下着裳(相当现代的裙)。冕衣裳者:即衣冠整齐的贵族。瞽者:失明的人。何晏《集解》引包咸曰:"冕者,冠也,大夫之服。瞽,盲也。"〔三〕作:起身。〔四〕趋(趨):碎步疾行。作、趋均为表示敬意的动作。何晏《集解》引包咸曰:"作,起也;趋,疾行也。此夫子哀有丧,尊在位,恤不成人。"

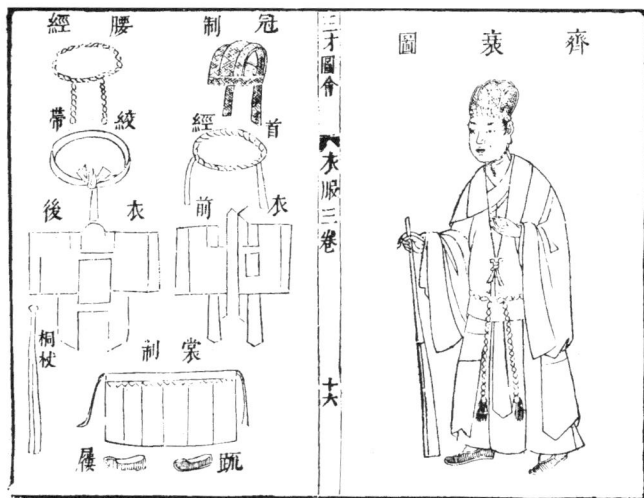

【译】 孔子遇见服丧的人、戴礼帽穿礼服的人以及盲人,所见者虽然年轻,也必定起身肃立;经过他们身边时,必定郑重快行几步。

【记】 本章记孔子对齐衰者、冕衣裳者与瞽者这三种人所行之礼。哀怜服丧者,尊重有爵位者,矜恤残废人;这些细节体现了孔子仁者爱人的情怀。参:《乡党篇》10.25。

9.11 颜渊喟然叹曰〔一〕:"仰之彌高,鑽之彌堅。瞻之在前,忽焉在後〔二〕。夫子循循然善誘人〔三〕,博我以文,約我以禮〔四〕,欲罷不能。既竭吾才,如有所立〔五〕,卓爾〔六〕,雖欲從之,末由也已〔六〕。"

【注】 〔一〕喟(kuì)然:叹息的样子。何晏《集解》:"喟,叹声。"〔二〕"仰之"四句:形容孔子的学说崇高坚实,无所不在,令人敬仰。弥(彌):益、更加。钻(鑽):钻研。瞻:视、看。朱熹《集注》:"仰弥高,不可及。钻弥坚,不可入。在前在后,恍惚不可为象。此颜渊深知夫子之

道,无穷尽、无方体,而叹之也。"〔三〕循循然善诱人:善于有步骤地引导人学习。循循然:有步骤的样子。诱:劝导,引导。何晏《集解》:"循循,次序貌。诱,进也。言夫子正以此道进劝人,有所序。"〔四〕"博我"二句:参见"君子博学于文,约之以礼"(6.27)。〔五〕所立:有二说:(1)指孔子创立的新说。何晏《集解》引孔安国曰:"其有所立,则又卓然不可及。言己虽蒙夫子之善诱,犹不能及夫子之所立。"(2)指颜回的非凡成就。朱熹《集注》引程子曰:"此颜子自言其学之所至。"以第一说为是。〔六〕卓尔:特立突出、超群出众的样子。陆德明《释文》引郑玄注:"卓尔,绝望之辞。"〔六〕末由:由,无从。朱熹《集注》引程子曰:"末,无也。"

【译】　颜渊感叹道:"〔夫子之道,〕越仰望越觉得高大,越钻研越觉得坚深。眼看着它似乎在前面,忽然又到后面去了。〔虽然这样高深和不容易捉摸,可是〕夫子善于循序渐进地诱导我,用广博的文化知识充实我,又用言行必遵的礼法约束我,让我想停止学习都不可能。我已经用尽了自己的才力,而他一旦有所创立,又是那么高远,虽然我想要追随上去,却没有前进的路径了。"

【记】　本章记颜回赞叹孔子道高。颜渊极力推崇孔子,以为其道德学问高不可攀,还称扬孔子"循循善诱"的教导方法,成为日后为人师者所遵循的原则之一。

9.12　子疾病,<u>子路</u>使门人为臣〔一〕。病间〔二〕,曰:"久矣哉,<u>由</u>之行诈也!无臣而为有臣〔三〕。吾谁欺?欺天乎!且予与其死于臣之手也,无宁死于二三子之手乎〔四〕!且予纵不得大葬〔五〕,予死于道路乎?"

【注】　〔一〕使门人为臣:使弟子充当治丧的家臣。臣,指家臣。礼别尊卑,儒家对葬礼有着严格的规定,不同等级的人葬仪不同。古代大夫治丧,由家臣治其礼。孔子当时不是大夫,已经没有家臣,但子路叫门人充当孔子的家臣,准备由此人负责准备孔子的后事。孔子恪守礼法,所以反对子路按大夫之礼为他办理丧事。何晏《集解》引郑玄曰:"孔子尝为大夫,故子路欲使弟子行其臣之礼也。"《礼记·丧大记》详细记述了按儒家礼仪进行的,从装殓到下葬全部丧事的过程,可参阅。〔二〕病间:病初愈。何晏《集解》引孔安国曰:"病少差日间也。"〔三〕"无臣"句:孔子认为用臣给自己治丧是僭越。据丧礼,诸侯、大夫死时才有臣治丧。孔子的丧事只能享受士的待遇。为士治丧的人叫做有司,不是臣。〔四〕与其……无宁……:表示在比较之后不选择某事而选择另一事。无宁:同"毋宁",宁可、不如。"无"是发语词,没有意义。《左传·隐公十一年》:"无宁兹许公复奉其社稷。"杜预注:"无宁,宁也。"〔五〕大葬:按礼

制举办的隆重葬礼。刘宝楠《正义》：“大葬，谓用大夫礼葬也。”

【译】　孔子得了重病，子路筹划让弟子充当治丧的家臣。后来，孔子的病好了一些，说：“蓄谋已久啊，仲由要做这种欺诈的事情！我明明不该有治丧的家臣，却偏偏要设个治丧之家臣，让我欺骗谁呢？要欺骗老天吗！况且我与其死在治丧之家臣手里，还不如死在你们几个弟子的手里呢！我纵然不得用大夫之礼来隆重安葬，难道就会被丢在路边没人埋吗？”

【记】　本章记孔子反对弟子为自己越礼治丧。孔子一生恪守周礼，实事求是，至死不肯有半点差池。子路等门徒为孔子私设治丧的家臣，完全是出于敬意。但是儒家视僭越为大逆不道，所以孔子还是激烈地批评了子路。

9.13　子贡曰：“有美玉於斯，韫匵而藏诸〔一〕？求善贾而沽诸〔二〕？”子曰：“沽之哉！沽之哉！我待贾者也。”

【注】　〔一〕韫（yùn）匵（dú）而藏：藏在柜子里，比喻怀才隐退。匵：同“椟（dú）”。朱熹《集注》：“韫，藏也。椟，匵也。”诸：兼词，代词“之”和疑问语气词“乎”的合音。〔二〕贾：有二说：(1)商贾（gǔ），商人。(2)同“價（价）”，价钱。“善贾”即好价钱。下文“待贾”便是等待有人出个好价钱。均可通，此取前一说。朱熹《集注》：“沽，卖也。子贡以孔子有道不仕，故设此二端以问也。孔子言固当卖之，但当待贾，而不当求之耳。”

【译】　子贡问：“假如有一块美玉在这里，是把它放进柜子里藏起来呢？还是找一个识货的商人把它卖掉呢？”孔子说：“卖掉它吧！卖掉它吧！我正在等待识货的买主呀。”

【记】　本章记孔子“待贾而沽”的处世态度。君子时刻加强自己的修养，积极为济世安民做好准备。但又不可急于用世，要认清时局，待时而行。不过与其说孔子是等好价钱，不如说他是在等识货之人。参见：“用之则行，舍之则藏”（7.11）、“邦有道，谷；邦无道，谷，耻也”（14.1）。

9.14　子欲居九夷〔一〕。或曰：“陋〔二〕，如之何？”子曰：“君子居之，何陋之有〔三〕？”

【注】 〔一〕九夷：东方的九种民族。泛指居于东方的落后部族，这里指九夷所居之地。何晏《集解》引马融曰："东方之夷有九种。"《后汉书·东夷传》："夷有九种。曰：'畎夷、于夷、方夷、黄夷、白夷、赤夷、玄夷、风夷、阳夷。'"〔二〕陋：偏僻，不开化。刘宝楠《正义》："陋者，言其地僻陋。"〔三〕君子居之，何陋之有：谓君子可用礼乐教化开发九夷之地。

【译】 孔子想要搬到九夷地方去居住。有人说："那地方太偏僻，怎么办？"孔子说："君子住在那里，还有什么偏僻的呢？"

【记】 本章记孔子主张用中原华夏族的先进文化去开发九夷。孔子不鄙视、排斥外族。仁者爱人，又有天下情怀，视四夷为可教化的"远人"。本章也强调了君子的人格力量。参见："言忠信，行笃敬，虽蛮貊之邦，行矣"（15.6）。孔子的这句话不断地激励着后世的仁人君子在困境中无畏前行。刘禹锡《陋室铭》："山不在高，有仙则名；水不在深，有龙则灵。斯是陋室，惟吾德馨。苔痕上阶绿，草色入帘青。谈笑有鸿儒，往来无白丁。可以调素琴，阅金经。无丝竹之乱耳，无案牍之劳形。南阳诸葛庐，西蜀子云亭。孔子云：何陋之有？"

9.15 子曰："吾自卫反鲁〔一〕，然後樂正〔二〕，《雅》《頌》各得其所〔三〕。"

【注】 〔一〕自卫反鲁：根据《左传》，鲁哀公十一年（公元前484年）冬，孔子从卫国返回鲁国，结束了14年的周游列国。〔二〕乐正：音乐得到厘正，指整理了音乐篇章。何晏《集解》引郑玄注："是时道衰乐废，孔子来还，乃正之，故曰'《雅》《颂》各得其所'。"〔三〕《雅》《颂》各得其所："雅"和"颂"是《诗经》中两类诗的名称，也指雅乐、颂乐等乐曲名称。由今本《诗经》可以考见篇章内容的分类，但由于古乐早已失传，乐曲的分类已无从考证了。

【译】 孔子说："我从卫国回到鲁国，然后音乐才得到厘正，使已经错乱的《雅》《颂》各归于其应在的部次。"

【记】 本章记孔子在周游列国后整理校订舛误的《诗经》乐曲。

9.16 子曰："出則事公卿，入則事父兄〔一〕，喪事不敢不勉，不爲酒困〔二〕，何有於我哉〔三〕？"

【注】〔一〕父兄:偏义复词。指孔子之兄孟皮。孔子幼年丧父,没有机会"事父"。一说"父兄"或许在此引申为长者之义。〔二〕困:乱。何晏《集解》引马融曰:"困,乱也。"参见:"唯酒无量,不及乱"(10.6)。〔三〕何有于我哉:对我来说,此外还有什么呢? 用法与"何有于我哉"(7.2)相同。

【译】 孔子说:"〔我不过是〕在外服事公卿,在家服事父兄,有丧事不敢不尽力,不被酒所惑乱,此外还有什么呢?"

【记】 本章记孔子从忠、孝、丧礼和饮酒四个方面省察自己。"出则事公卿",是为国尽忠;"入则事父兄",是为长辈尽孝。

9.17　子在川上曰:"逝者如斯夫〔一〕! 不舍晝夜〔二〕。"

【注】〔一〕逝者如斯:谓时间,乃至世间万物,没有常住不变的,都如流水一般一去不复返。逝者:消逝的事物。斯:指示代词,指河水。夫(fú):感叹语气词。何晏《集解》引郑玄曰:"逝,往也,言凡往者如川之流也。"古人常以水流喻光阴流逝,谓之"似水流年"。皇侃《义疏》:"孔子在川水之上,见川流迅迈,未尝停止,故叹人年往去,亦复如此。向我非今我,故云'逝者如斯夫'者也。斯,此也。夫,语助也。"〔二〕不舍(shě)昼夜:河水日夜不停地流。舍:止息。皇侃《义疏》:"日月不居,有如流水,故云'不舍昼夜'也。"参见:阳货语"日月逝矣,岁不我与"(17.1)。

【译】 孔子在河边,叹道:"消逝的时光像河水一样呀! 日夜不停地流去。"

【记】 本章记孔子伤逝惜时的逝水之叹。其言雍容和雅,如富有哲理的诗句,在警示人们珍惜时光与生命的同时,也表现出了自强不息的进取精神。与孔子同时的古希腊哲学家赫拉克利特(Herakleitos,约公元前540—前470)也有类似的感叹:"你不能两次踏进同一条河流,因为新的水不断地流过你的身旁。"另有一种解释说本章是孔子感叹时光易逝而勉人为学。朱熹《集注》:"天地之化,往者过,来者续,无一息之停,乃道体之本然也。然其可指而易见者,莫如川流。故于此发以示人,欲学者时时省察,而无毫发之间断也。……愚按:自此至篇终,皆勉人进学不已之辞。"

9.18　子曰:"吾未見好德如好色者也〔一〕。"

【注】〔一〕本章又见 15.13。

【译】 孔子说:"我从未见过爱慕德行像爱慕美色〔那样热切〕的人。"

【记】 本章记孔子叹世人好色不好德。何晏《集解》:"疾时人薄于德而厚于色,故发此言。"《史记·孔子世家》:"(孔子)居卫月余,灵公与夫人同车,宦者雍渠参乘,出,使孔子为次乘,招摇市过之。孔子曰:'吾未见好德如好色者也。'于是丑之,去卫,过曹。"孔子的感叹多半是针对不尚贤的卫灵公与夫人南子招摇过市而发,可能并非泛指。

9.19　子曰:"譬如爲山〔一〕,未成一簣〔二〕,止,吾止也。譬如平地〔三〕,雖覆一簣,進,吾往也。"

【注】〔一〕为山:堆土造山。堆土山是古时常喻,如:"为山九仞,功亏一篑"(《尚书·旅獒》)、"九层之台,起于累土"(《老子·六十四章》)。〔二〕未成一篑(kuì):犹功亏一篑。还差一筐土而没堆成山,比喻功败垂成。篑:盛土的竹筐。何晏《集解》引包咸曰:"篑,土笼也。"〔三〕平地:平整地面,填平洼地。

【译】 孔子说:"好比堆土造山,只要再加一筐土便成山了,如果停止不做,这是我自己主动停止的。好比填平洼地,虽然是刚刚倒下一筐土,如果决心前进不已,这是我自己主动前进的。"

【记】 本章记孔子劝人自强不息。成败得失的关键在于自己的意志是否坚定,能否持之有恒。朱熹《集注》:"《书》曰:'为山九仞,功亏一篑。'夫子之言,盖出于此。言山成而但少一篑,其止者,吾自止耳;平地而方覆一篑,其进者,吾自往耳。盖学者自强不息,则积少成多;中道而止,则前功尽弃。其止其往,皆在我而不在人也。"

9.20　子曰:"語之而不惰者,其回也與!"

【译】 孔子说:"听我说话始终不懈怠的,大概只有颜回一人吧!"

【记】 本章记孔子赞美颜回学而不厌的好学精神。孔子与颜回的理念高度契合。颜回不光是个好学生,更是孔子的知己,甚至可以说是孔子唯一的知己。何晏《集解》:"颜渊则解,故语之不惰。余人不解,故有惰语之时也。"

9.21 子謂<u>顔淵</u>,曰:"惜乎! 吾見其進也,未見其止也。"

【译】 孔子谈到颜渊,说道:"〔他死得早,〕可惜呀! 我只看见他不断地进取,从没看见他停止不前。"

【记】 本章记孔子赞叹颜回进德修业,笃行不倦。何晏《集解》引马融曰:"孔子谓颜渊进益未止,痛惜之甚也。"

9.22 子曰:"苗而不秀者有矣夫〔一〕! 秀而不實者有矣夫!"

【注】 〔一〕秀:稻麦等谷类吐穗开花。朱熹《集注》:"谷之始生曰苗,吐华曰秀,成谷曰实。"

【译】 孔子说:"庄稼出了苗而不吐穗开花的情况,是有的吧! 吐了穗开了花而不结实的情况,也是有的吧!"

【记】 本章记孔子以"苗而不秀者"与"秀而不实者"为喻,惜半途而废者。关于本章的寓意,有二说:(1)喻成材。何晏《集解》引孔安国曰:"言万物有生而不育成者。喻人亦然。"(2)喻进学。朱熹《集注》:"盖学而不至于成,有如此者,是以君子贵自勉也。"有古注以为本章也是惜颜回短命的。皇侃《义疏》:"又为叹颜渊为譬也。万物草木有苗稼蔚茂、不经秀穗,遭风霜而死者;又亦有虽能秀穗,而值沴焊气,不能有粒实者,故并云'有矣夫'也。物既有然,故人亦如此,所以颜渊摧芳兰于早年矣。"孔子的这番话必有所针对,但究竟指谁,已经不得而知。

9.23 子曰:"後生可畏〔一〕,焉知來者之不如今也? 四十、五十而無聞焉〔二〕,斯亦不足畏也已。"

【注】〔一〕后生可畏：年轻人是可敬畏的。谓青年人是新生的力量，势必超过前辈，令人敬畏。皇侃《义疏》："后生谓年少，在己后生者也。可畏，谓有才学可心服者也。"邢昺《注疏》："言年少之人足以积学成德，诚可畏也。"〔二〕"四十"句：参见："年四十而见恶焉，其终也已"（17.26）。

【译】孔子说："后生可畏，怎么知道后来人赶不上现今的人呢？但是，如果一个人到了四五十岁还默默无闻，那他也就没有什么可以值得敬畏了。"

【记】本章记孔子"后生可畏"的社会发展观。社会在发展，人类在前进，所谓"长江后浪推前浪，一代更比一代强"。但是后人要想超越前人，必须经过不懈地努力。否则，等闲白了少年头，到中年还一事无成，也就平庸一世了。

9.24　子曰："法語之言〔一〕，能無從乎？改之爲貴。巽與之言〔二〕，能無説乎？繹之爲貴〔三〕。説而不繹，從而不改，吾末如之何也已矣〔四〕。"

【注】〔一〕法语（yù）之言：即"语法之言"，告之以礼法正道之言。法：合乎礼法的正道。语：告诉，这里是劝告的意思。邢昺《注疏》："谓人有过，以礼法正道之言告语之，当时口无不顺从之者。口虽服从，未足可贵，能必自改之，乃为贵耳。"〔二〕巽（xùn）与之言：恭顺赞许的话，即恭维自己的话。巽：同"逊"，恭顺。《广雅·释诂一》："巽，顺也。"与：赞许。《论语·述而》："与其进也，不与其退也。"朱熹《集注》："与，许也。"何晏《集解》引马融曰："巽，恭也。谓恭孙敬谨之言，闻之无不说者，能寻绎行之乃贵也。"〔三〕绎（繹）：寻绎，理出事物的头绪。引申为分析。邢昺《注疏》："绎，寻绎也。"〔四〕末如之何：犹言无法对付，莫可奈何。即拿他没有办法的意思。末：副词。表示否定。相当于"未""没有""不"。如之何：怎么样，怎么办。

【译】孔子说："以礼法正道之言相劝，谁听了能不遵从吗？〔但只有遵从并〕改正自己的错误才是可贵的。恭维自己的话，谁听了能不高兴呢？但只有冷静分析，才是可贵的。如果一味盲目高兴而不冷静分析，表面遵从而不实际改正，〔对这样的人，〕我是拿他没有什么办法了。"

【记】本章记孔子告诫人们要勇于改过、善于听言。依礼法正道之言而行，并勇于改正自己的错误，这才是一个人的可贵之处。忠言往往逆耳，对顺耳之言要加以仔细辨别。不论言之顺耳逆耳，都不要以自己的好恶判断是非，能做到这点，就达到了"耳顺"的境界。参见："六十而耳顺"(2.4)。

9.25 子曰："主忠信。毋友不如己者。过，则勿惮改〔一〕。"

【注】〔一〕本章重出，见1.8："子曰：'君子不重，则不威；学则不固。主忠信。无友不如己者。过，则勿惮改。'"毋(wú)：副词。莫，不可，不要。表示禁止。

【译】 孔子说："要以忠和信两种道德为主，恪守忠诚诚信。不要跟志不同、道不合的人交朋友。有了过错，就不要怕改正。"

9.26 子曰："三军可夺帅也〔一〕，匹夫不可夺志也〔二〕。"

【注】〔一〕三军：春秋时期诸侯大国有三军，这里用作对军队的统称。何晏《集解》引孔安国曰："三军虽众，人心不一，则其将帅可夺而取之。匹夫虽微，苟守其志，不可得而夺也。"按，三军分上、中、下或左、中、右。中军为统帅，上军次之，下军又次之。每军12500人，三军合37500人。《周礼·夏官·司马》："凡制军，万有二千五百人为军。王六军，大国三军，次国二军，小国一军。"〔二〕匹夫：庶人，与"匹妇"对称。这里泛指平民百姓。皇侃《义疏》："谓为匹夫者，言其贱。但夫妇相配匹而已也。又云，古人质，衣服短狭，二人衣裳唯共用一匹，故曰匹夫匹妇也。"邢昺《注疏》："匹夫，谓庶人也。"古时上大夫以上的贵族可以娶侍妾。庶人一夫一妻，没有侍妾，所以称匹夫、匹妇。西周时，庶人指务农者；春秋时庶人的地位在士之下，工商皂隶之上；秦汉后泛指无官爵的平民。夺(奪)志：被迫改变志向。志：志气，志向，理想。

【译】 孔子说："三军〔纵有千军万马，但如果军心不齐，〕有可能使它丧失统帅；一个平常的男子汉，却不能强迫他改变志向。"

【记】 本章记孔子勉人守志。孔子虽然相信天命，宣扬"知天命""畏天命"，但是更注重人事，强调"匹夫不可夺志"。当一个地位低贱的匹夫勇敢地维护自己的尊严的时候，任何人都应该对其独立的人格表示尊重。

9.27 子曰："衣敝缊袍〔一〕，与衣狐貉者立〔二〕，而不耻者，其由也与？'不忮不求，何用不臧〔三〕？'"子路终身诵之。子曰："是道也,何足以臧〔四〕?"

【注】 〔一〕衣(yì):穿。敝缊袍:破旧的丝绵袍。敝:破烂,破旧。缊(yùn):旧絮。陆德明《释文》引郑玄曰:"缊,絮也。"《篇海类编·衣服类·糸部》:"缊,旧絮也,绵也。"一说乱麻。何晏《集解》引孔安国曰:"缊,枲(xǐ)著也。"邢昺《注疏》:"今云枲著者,杂用枲麻以著袍也。"枲麻是织麻布的纤维。贫者无力用丝絮衬袍子,只能以枲麻填衬。按,当时的絮指丝绵,不是棉花。棉原产热带干旱地区,一般认为印度是亚洲棉的起源中心。在印度的古墓中都曾经发掘出距今已有五千多年的棉织品。中国植棉历史至少已有两千多年。古书所称吉贝、古贝、古终藤等,一般系指棉花,有时也泛指棉织品。《尚书·禹贡》有"岛夷卉服、厥篚织贝"的记载,常被解释为当时东南沿海一带居民可穿着棉织品。但在孔子时代,棉花还没有在中原地区广泛种植。〔二〕狐貉(hé):指用狐、貉的毛皮制成的皮衣。朱熹《集注》:"以狐貉之皮为裘,衣之贵者。"貉似狐,外形粗短,毛长而蓬松。狐与貉都是重要的毛皮兽。〔三〕不忮(zhì)不求,何用不臧:不嫉妒,不贪求,走到哪里不顺利? 以上两句见于《诗·邶风·雄雉》。忮:嫉妒,忌恨。毛传:"忮,害。臧,善也。"郑玄笺:"我君子之行,不疾害,不求备于一人,其行何用为不善。"《诗三家义集疏》:"何用不臧,犹言无往而不利。"〔四〕是道也,何足以臧:"不忮不求"只是为人之道的一个方面,仅仅做到这一点还远远不够好。何晏《集解》引马融曰:"尚复有美于是者,何足以为善也。"

狐　　　　　　　貉

【译】 孔子说:"穿着破旧的丝绵袍,和穿着狐貉裘的人站在一起,却不感到惭愧的,大概只有仲由吧?〔《诗》上说:〕'不嫉妒,不贪求,走到哪里不不会好呢?'"子路〔于是把这两句诗奉为做人的至理名言,〕念个没完。孔子又说:"这固然是一种做人的道理,但又怎么够得上好呢?"

【记】 本章记孔子赞扬子路安贫乐道。子路率真勇敢,不因贫苦而自卑,胜过"耻恶衣恶食者"(4.9)。但他又鲁莽浮躁,不够沉稳,容易沾沾自喜,忘乎所以,因而孔子在表扬子路之后,总要批评他几句,戒除他骄傲自满的情绪。参见:5.7。

9.28　子曰:"歲寒,然後知松柏之後彫也〔一〕。"

【注】〔一〕松柏:松树和柏树都为常青树,古人以之为志操坚贞的象征。彫:通"凋",凋谢,草木零落。后:这里是"晚"的意思。松柏经得起霜雪,落叶晚且新旧交替无间断,给人以常青不凋的印象。还有人认为这个"后"等于"不"。李敖《深夜十堂·要把金针度与人》:"'不'等于'后',在古代这两个字是一个字。好比'松柏后凋于岁寒,鸡鸣不已于风雨',这个'后'什么意思啊?别的植物都冻死了,松树和柏树是最后冻死的,对吗?不对啊,岁寒的时候松树和柏树没有被冻死啊。所以松柏'后'凋于岁寒是'不'凋于岁寒,天冷也冻不死我,'后'字就是'不'字,两个字是相通的。"

【译】　孔子说:"到了严寒的季节,才知道松柏是最后落叶的。"

【记】　本章记孔子以松柏后凋喻人要有骨气。君子志向远大,要像松柏那样经得起严寒的考验。何晏《集解》:"大寒之岁,众木皆死,然后知松柏之小凋伤;平岁则众木亦有不死者,故须岁寒而后别之。喻凡人处治世亦能自修整,与君子同;在浊世,然后知君子之正不苟容也。"参见:"君子固穷,小人穷斯滥矣"(15.2)。不经过艰苦环境的磨炼,考验不出一个人的节操与意志。《荀子·大略》:"岁不寒,无以知松柏;事不难,无以知君子,无日不在是。"古人演绎孔子的这段话,把经冬不凋的松和竹与迎寒怒放的梅并称作"岁寒三友"。在中国文化中,松树成为坚贞的象征。陈毅《冬夜杂咏·青松》:"大雪压青松,青松挺且直。要知松高洁,待到雪化时。"

9.29　子曰:"知者不惑,仁者不憂,勇者不懼〔一〕。"

【注】〔一〕此章内容又见于《宪问篇》。参见:"君子道者三,我无能焉:仁者不忧,知者不惑,勇者不惧"(14.28)。

【译】　孔子说:"知者不迷惑,仁者不忧愁,勇者不畏惧。"

【记】　本章记孔子论智、仁、勇的作用。在儒家传统道德中,智、仁、勇被称为"达德"。《礼记·中庸》:"知、仁、勇三者,天下之达德也。"具备三"达德"的君子,就会不惑、不忧、不惧。邢昺《注疏》："此章言知者明于事,故不惑乱;仁者知命,故无忧患;勇者果敢,故不恐惧。"朱熹《集注》："明足以烛理,故不惑;理足以胜私,故不忧;气足以配道义,故不惧。此学之序也。"综合邢、朱二家之说,可以这样理解本章:知者聪明通达,所以不惑;仁者无私知命,所以不忧;勇者仗义果敢,所以不惧。

9.30　子曰:"可與共學〔一〕,未可與適道〔二〕;可與適道,未可與立〔三〕;可與立,未可與權〔四〕。"

【注】〔一〕与:连词,和。以下五个"与"的用法同此。共学:指一起学道。〔二〕未可与适道:未必可以与他一起达到道,即未必都能学到道。未可:未必可以。适道:达到道,得道。适:去,往。何晏《集解》："适,之也。虽学,或得异端,未必能之道。"〔三〕立:立身于道,即守道。《论语》的"立"大多含着"立于礼"的意思,参见:"立于礼"(8.8)、"不学礼,无以立"(16.13)""不知礼,无以立也"(20.3)。本章专讲"道",所以这个"立"当是指立于道(守道)。〔四〕权:权宜,变通。即衡量是非轻重,因事制宜。孔子把"权"(通权达变)看成是修道的最高境界。皇侃《义疏》引王弼曰:"权者,道之变。变无常体,神而明之,存乎其人,不可豫设,尤至难者也。"在《论语》中,"权"与"经"并非是在经常与权变意义上的对待概念。《论语》中"经"字一见,"自经于沟渎而莫之知也"(14.17)。自经即自缢、自杀。"权"字三见,"谨权量"(20.1)。这个"权"是度量衡,即量轻重的衡量。另二权具有哲学概念范畴的意义,即本章"未可与权"与"虞仲、夷逸,隐居放言,身中清,废中权"(18.8)。孟子也提倡"权":"男女授受不亲,礼也,嫂溺援之以手,权也"(《孟子·离娄上》);反对固执一义不知权变:"执中无权,犹执一也。所恶执一者,为其贼(害)道也,举一而废百也"(《孟子·尽心上》)。后儒将"权"与"经"(历久不变的道理)对言,谓纲常名教的根本原则不能变,但在特殊情况下,在不违背"经"的基本前提下,亦可通权达变。这在一定程度上反映了儒家在道德实践上原则性和灵活性的统一。《易·系辞下》："井以辩义,巽以行权。"王弼注:"权,反经而合道,必合乎巽顺,而后可以行权也。"

【译】　孔子说:"可以一起学道的人,未必都能够得道;可以一起得道的人,未必都能够守道;可以一起坚守道的人,未必都能够通权达变。"

【记】　本章记孔子历述了修道的四个境界,并以"权"(通权达变)为修道的最高境界。第一境界是学道,即所谓"共学";第二境界是得道,即所谓"适道";第三境界是守道,即所谓"立";第四境界是行道,即所谓"权"。

9.31　"唐棣之華〔一〕，偏其反而〔二〕。豈不爾思？室是遠而〔三〕。"子曰："未之思也，夫何遠之有？"

【注】〔一〕唐棣：植物名。关于唐棣是何种植物，古有二说：(1)郁李。邢昺《注疏》引陆玑《毛诗草木鸟兽虫鱼疏》："〔唐棣〕奥李也。一名雀梅，亦曰车下李，所在山皆有。其华或白或赤；六月中熟，大如李子，可食。"奥李即郁李，蔷薇科落叶小乔木。春季开花，花淡红色。果实小球形，暗红色。供观赏。其材可为器具，仁入药。(2)白杨类树木。又作"糖棣"，又称"栘""栘栘""栘杨"。《尔雅·释木》："唐棣，栘。"晋·郭璞注："似白杨，江东呼夫栘。"明·李时珍谓唐棣亦名栘栘、栘杨，是白杨的同类；郁李乃常棣，非唐棣。《本草纲目·木二·栘杨》："藏器曰：'栘栘木生江南山谷，树大十数围，无风叶动，花反而后合。《诗》云"唐棣之华，偏其反而"是

郁　李

也。'时珍曰：'栘杨与白杨是同类二种，今南人通呼为白杨，故俚人有白杨叶有风掣之语。其入药之功大抵相近。'"华：花，花朵。这是"华"的本义。《说文·华部》："华，荣也。"高鸿缙《中国字例》："按：字原象形，甲骨文用为祭名。秦人或加'艸'为意符，遂有'華'字。及后'華'借用为光华意，秦汉人乃另造'荂'，'荂'见《方言》。六朝人又另造'花'字。日久而'華'字为借意所专，'荂'字少用，'花'字遂独行。"〔二〕偏其反而：形容花摇动翻转的样子。偏：同"翩"。反：同"翻"。翩翩：飘忽摇曳的样子。朱熹《集注》："'偏'，《晋书》作'翩'。然则'反'亦当与'翻'同，言华之摇动也。而，语助也。"〔三〕而：语气词，表示感叹，相当于"啊""吧"。"唐棣之华"四句大意：唐棣树的花朵，翩翩摇曳多姿。哪是不思念你？你家太过遥远。这四句诗不见于今本《诗经》。朱熹《集注》："此逸《诗》也，于'六义'属'兴'。上两句无意义，但以起下两句之辞耳。其所谓尔，亦不知其何所指也。"

【译】　有这样几句古诗："唐棣树的花朵，翩翩摇曳多姿。哪是不思念你？你家太过遥远。"孔子说："根本没有想念他，如果真思念，怕什么遥远呢？"

【记】　此章记孔子以唐棣之诗喻思仁。朱熹《集注》："夫子借其言而反之，盖前篇'仁远乎哉'之意。程子曰：'圣人未尝言易以骄人之志，亦未尝言难以阻人之进。但曰未之思也，夫何远之有？此言极有涵蓄，意思深远。'"参见："仁远乎哉？我欲仁，斯仁至矣"(7.30)。

乡党篇第十

【题解】 《乡党篇》原本只作一章，但文甚长，南北朝·梁·皇侃《论语集解义疏》、宋·邢昺《论语注疏》都将其分成20节；朱熹《论语集注》分为17节；刘宝楠《论语正义》略本皇侃、邢昺二疏，分为25节。今依杨伯峻《论语译注》分为27节。

《乡党篇》文体特殊，与一般的语录有别。似乎专意为孔子写照，为后世树立恪守周礼的榜样。刘恭冕《论语正义·后叙》："至《八佾》《乡党》二篇，多言礼乐制度。"此言诚是。《乡党篇》生动地记叙了孔子在事上、待下、入朝、出聘、丧祭时的言行神态，也详细描写了他在日常生活中，饮食起居、衣着服饰等方面的情况。除孔子外，全篇没有出现任何人名。

《乡党篇》按礼容、衣服、饮食、起居等主题分类，实录了孔子践履礼仪的情况，从中可略见古礼概貌。（一）礼容：第1章至第5章；（二）衣服：第6章至第7章；（三）饮食：第8章至第11章；（四）起居：第12章至第26章。

出自本篇的名言或成语有：食不厌精、脍不厌细、食不语寝不言、伤人乎、不问马、寝不尸、居不客、迅雷风烈必变、色斯举矣、翔而后集、山梁雌雉、时哉时哉等。

10.1　孔子於鄉黨〔一〕，恂恂如也〔二〕，似不能言者。
其在宗廟朝廷，便便言〔三〕，唯謹爾。

【注】 〔一〕乡（郷）党：家乡，乡里。〔二〕恂（xún）恂：恭顺的样子。何晏《集解》引王肃曰："恂恂，温恭之貌。"〔三〕便（pián）便：言语明白流畅的样子。何晏《集解》引郑玄曰："便便，辩也。虽辩而谨敬。"

【译】 孔子在本乡的地方上非常恭顺，好像不会讲话的样子。

在宗庙、朝廷之上，则明白流畅地言谈，只是很谨慎。

【记】 本节记孔子居乡和在宗庙朝廷上不同的谈吐。朱熹《集注》："此一节，记孔子在乡党、宗庙、朝廷言貌之不同。"

10.2 朝，與下大夫言〔一〕，侃侃如也〔二〕；與上大夫言，誾誾如也〔三〕。君在，踧踖如也〔四〕，與與如也〔五〕。

【注】 〔一〕下大夫：官名。据《周礼》，当时的官员分卿、大夫、士三等，每等各分上、中、下三级。孔子曾在鲁国担任过司空、司寇，属下大夫。〔二〕侃侃：和乐的样子。何晏《集解》引孔安国曰："侃侃，和乐之貌。"〔三〕誾（yín）誾：说话和悦而又能辩明是非的样子。朱熹《集注》："誾誾，和悦而诤也。"刘宝楠《正义》："诤者辩论其是非也。"〔四〕踧踖（cù jí）：恭敬而不安的样子。何晏《集解》引马融曰："踧踖，恭敬之貌。"〔五〕与与：威仪合度的样子。何晏《集解》引马融曰："与与，威仪中适之貌。"邢昺《注疏》："既当君在之所，故恭敬使威仪中适，不敢解惰也。"

【译】 上朝的时候，〔君主还没来，〕同下大夫说话，温和而快乐的样子；同上大夫说话，正直而恭敬的样子。君主临朝的时候，恭敬谨慎，仪态得体。

【记】 本节记孔子上朝时的仪态。朱熹《集注》："此一节，记孔子在朝廷事上接下之不同也。"

10.3 君召使擯〔一〕，色勃如也〔二〕，足躩如也〔三〕。揖所與立〔四〕，左右手〔五〕，衣前後〔六〕，襜如也〔七〕。趨進〔八〕，翼如也。賓退，必復命曰："賓不顧矣。"

【注】 〔一〕擯：通"儐"。接待宾客。陆德明《释文》："擯，本作宾，又作儐。"朱熹《集注》：

"摈,主国之君所使出接宾者。"〔二〕色:脸色。勃:矜持庄重样子。刘宝楠《正义》引《北堂书钞·礼仪部七》引郑玄注:"勃,矜庄貌也。"〔三〕躩(jué):盘旋、逡巡的样子,为谨慎的表现。何晏《集解》引包咸曰:"足躩,盘辟貌。"另一说为疾行的样子。皇侃《义疏》引江熙云:"不暇闲步,躩,速貌也。"〔四〕所与立:指左右并立的人。〔五〕左右手:向左右拱手。何晏《集解》引郑玄曰:"揖左人,左其手;揖右人,右其手。"〔六〕衣前后:指作揖时身体俯仰,衣裳随之前后滑动。何晏《集解》引郑玄曰:"一俯一仰,衣前后襜如也。"〔七〕襜(chān)如:衣动的样子。《楚辞·刘向〈九叹·逢纷〉》:"裳襜襜以含风。"王逸注:"襜襜,摇貌。"一说整齐的样子。朱熹《集注》:"襜,整貌。"〔八〕趋进:小步疾行而前,表示敬意的一种动作。

【译】 被君主召去接待宾客,孔子脸色立刻就矜持庄重起来,举足逡巡小心。向两旁同站的人作揖时,或者向左拱手,或者向右拱手,衣裳随着身体俯仰一前一后整齐地滑动。快步前进,大袖飘飘如同鸟儿张开翅膀一样。宾客辞别以后,必定向君主回报说:"宾客已经不回头看了。"

【记】 本节记孔子接待宾客之礼。

10.4 入公門〔一〕,鞠躬如也〔二〕,如不容。
立不中門〔三〕,行不履閾〔四〕。
過位〔五〕,色勃如也,足躩如也,其言似不足者〔六〕。

【注】 〔一〕公门:君门。国君之外门,即"雉门"。天子宫廷设有五门;诸侯之宫设有三门:雉门(最外的大门),库门(中门),路门(路寝之门,最里层的正门)。入公门当指由外朝入雉门。〔二〕鞠躬:弯腰曲体,谨慎恭敬的样子。朱熹《集注》:"鞠躬,曲身也。公门高大而若不容,敬之至也。"《汉书·冯参传赞》:"宜乡侯参鞠躬履方,择地而行,可谓淑人君子。"唐·颜师古注:"鞠躬,谨敬貌。"〔三〕立不中门:不挡在门中间而立。国君出入走门中间。朱熹《集注》:"中门,中于门也。谓当枨闑之间,君出入处也。"《礼记·曲礼上》:"为人子者,居不主奥,坐不中席,行不中道,立不中门。"〔四〕閾(yù):门槛,门坎儿。何晏《集解》引孔安国曰:"阈,门限。"《礼记·曲礼上》:"大夫、士出入君门,由闑右,不践阈。"〔五〕位:君位。这里指君在治朝(路门之外)与群臣揖见时于门屏之间伫立之位。治朝退,人君已不在此位。过位即指由治朝经路门入内朝议政时经过此位。朱熹《集注》:"位,君之虚位。谓门屏之间,人君宁立之处,所谓宁也。君虽不在,过之必敬,不敢以虚位而慢之也。"古代天子、诸侯处理政事有所谓"三朝":外朝(在库门外)、内朝(在路门外)、燕朝(在路门内)。《周礼·秋官·朝士》:"朝士掌建邦外朝之法。"汉·郑玄注:"周天子、诸侯,皆有三朝。外朝一,内朝二。内朝之在路门内者或谓之燕

朝。"宋·叶梦得《石林燕语》卷二："古者天子三朝：外朝、内朝、燕朝。外朝在王宫库门外，有非常之事以询万民于宫中。内朝在路门外，燕朝在路门内，盖内朝以见群臣，或谓之路朝，燕朝以听政，犹今之奏事，或谓之燕寝。"〔六〕其言似不足者：为表敬慎而说话很少，好像是气力不足似的。朱熹《集注》："言似不足，不敢肆也。"

【译】 进入朝廷的大门时，像鞠躬似的恭恭敬敬地弯下身来，如同不能容身一样。

站立不挡在门中间，行走不踩着门槛。

经过君主所立之位，脸色立即矜持庄重起来，举足逡巡小心，为表敬慎而说话很少，好像是气力不足似的。

摄齊升堂〔一〕，鞠躬如也，屏氣似不息者〔二〕。

出，降一等〔三〕，逞顏色〔四〕，怡怡如也。

沒階〔五〕，趨進，翼如也。

復其位〔六〕，踧踖如也。

【注】 〔一〕摄：提起，牵引。齐（zī）：长衣下部的缉边，泛指长衣的下摆。摄齐：提起衣摆，以避免脚踩到衣摆而跌倒失态。何晏《集解》引孔安国曰："衣下曰齐。摄齐者，抠衣也。"朱熹《集注》："摄，抠也。齐，衣下缝也。礼，将升堂，两手抠衣，使去地尺，恐蹑之而倾跌失容也。"堂：指路寝之堂。路寝是天子、诸侯宫廷的正厅。〔二〕屏（bǐng）气：暂时抑止呼吸，有意地闭住气。表示谨慎畏惧。朱熹《集注》："屏，藏也。息，鼻息出入者也。近至尊，气容肃也。"〔三〕等：台阶的级。朱熹《集注》："等，阶之级也。"〔四〕逞：舒展，放松。何晏《集解》引孔安国曰："先屏气，下阶舒气，故怡怡如也。"朱熹《集注》："逞，放也。渐远所尊，舒气解颜。怡怡，和悦也。"〔五〕没：尽。没阶：下尽台阶。朱熹《集注》："没阶，下尽阶也。"〔六〕位：即上文之"位"。何晏《集解》引孔安国注："来时所过位。"

【译】 牵衣登阶升堂时，像鞠躬似的恭恭敬敬地弯下身来，屏住呼吸如同不能呼吸一样。

出来时，下了一级台阶，脸色便放松起来，和颜悦色，怡然自得。

走完了台阶，快步前进，大袖飘飘如同鸟儿张开翅膀一样。

返回时再次经过君主所立之位，依旧恭敬谨慎。

【记】　本节记孔子在朝堂上的仪态。朱熹《集注》："此一节,记孔子在朝之容。"

10.5　執圭〔一〕,鞠躬如也,如不勝〔二〕。上如揖,下如授〔三〕。勃如戰色〔四〕,足蹜蹜如有循〔五〕。

享禮〔六〕,有容色〔七〕。

私覿〔八〕,愉愉如也〔九〕。

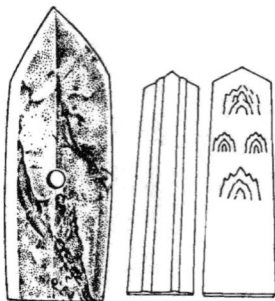

圭

【注】　〔一〕圭(guī):古代帝王诸侯朝聘、祭祀、丧葬等举行隆重仪式时所用的玉制礼器。长条形,上或尖或圆,下方。举行礼仪之时,君臣都拿着。其名称、大小因爵位及用途不同而异。使臣聘问邻国时,执国君之圭以为信物。朱熹《集注》:"圭,诸侯命圭。聘问邻国,则使大夫执以通信。"〔二〕胜(shēng):能担负得了,能够承受得起。不胜:无法承担其重。据古礼,凡为天子拿器物,即使拿很轻的器物也要像拿不能胜任的重物一样,以示敬谨。《礼记·曲礼下》:"凡执主器,执轻如不克。"汉·郑玄注:"重慎之也。主,君也。克,胜也。"朱熹《集注》:"'如不胜',执主器,执轻如不克,敬谨之至也。"〔三〕"上如"二句:是说执圭的高低位置。为国君执圭应与心口平齐,高不超过作揖时,低不低于交给别人时的位置。朱熹《集注》:"上如揖,下如授,谓执圭平衡,手与心齐,高不过揖,卑不过授也。"据古礼,臣执圭过高或过低都于礼不合。为天子执器要上高过心,为国君执器要与心平齐,为大夫执器低于心,为士执器就提着。《礼记·曲礼下》:"执天子之器则上衡,国君则平衡,大夫则绥之,士则提之。"〔四〕战色:战战兢兢的神色。何晏《集解》引郑玄曰:"战色,敬也。"朱熹《集注》:"战色,战而色惧也。"〔五〕蹜(sù)蹜:脚步很小,踵趾相接。即小心谨慎地小步快走,不敢放大步伐。朱熹《集注》:"蹜蹜,举足促狭也。如有循,《记》所谓'举前曳踵'。言行不离地,如缘物也。"蹜蹜即"举前曳踵"(拖着脚后跟向前小步快走)。《礼记·玉藻》:"执龟、玉,举前曳踵,蹜蹜如也。"南宋·陈澔《礼记集说》:"举足之前而曳其后跟,则行不离地,如有所循也。蹜蹜,促狭之貌。龟玉皆重器,故敬谨如此。"〔六〕享礼:使臣向朝聘国君主献礼的仪式。何晏《集解》引郑玄曰:"享,献也。聘礼既聘,而享用圭璧有庭实。"古代使臣出使外国,先行聘问礼,后行享献之礼,即将所携之礼陈列满庭。〔七〕有容色:满面显出从容和悦之色。朱熹《集注》:"有容色,和也。《仪礼》曰:'发气满容。'"使臣行享礼的时候,呼吸要从容平和,态度要热情友善。《仪礼·聘礼》:"执圭入门鞠躬焉,如恐失之。及享,发气焉盈容。"东汉·郑玄注:"发,舍气也。孔子之于享礼,有容色。"〔八〕私覿(觌,dí):正规礼节完成之后,以私人身份拜见对方的君臣。何晏《集解》引郑玄曰:"觌,见也。既享,乃以私礼见。"〔九〕愉愉:和颜悦色的样子。何晏《集解》引郑玄曰:"愉愉,颜色和。"

【译】 手执国君授予的玉圭,像鞠躬似的恭恭敬敬地弯下身来,仿佛拿不动一样。上举时相当于手作揖的位置,下执时相当于手授物的位置。立即显出战战兢兢的神色,拖着脚后跟向前小步快走,似乎有所遵循一样。

举行享礼的时候,一片盛情,满脸和气。

以私人身份和外国君臣会见的时候,则显得轻松愉快。

【记】 本节记孔子行聘问礼时的情貌。但孔子并没有出使聘问的经历,故本节所记当是孔子演礼时的样子。朱熹《集注》:"此一节,记孔子为君聘于邻国之礼也。晁氏曰:'孔子,定公九年仕鲁,至十三年适齐,其间绝无朝聘往来之事。疑‘使摈’‘执圭’两条,但孔子尝言其礼当如此尔。'"

10.6 君子不以紺緅飾[一],紅紫不以爲褻服[二]。
當暑,袗絺綌,必表而出之[三]。
緇衣,羔裘;素衣,麑裘;黄衣,狐裘[四]。
褻裘長,短右袂[五]。

【注】 〔一〕绀(gàn):稍微带红的黑色,即后世所说的天青色、红青色。缅(zōu),青赤色,也是带红的黑色,比绀颜色更暗,即后世所说的铁灰色。饰:给衣领衣袖滚边。黑色是古代正式礼服的颜色,绀与缅这两种颜色都近于黑色,所以不用来镶边装饰。何晏《集解》引孔安国曰:"一入曰缅。饰者,不以为领袖缘也。绀者,齐服盛色以为饰衣,似衣齐服。缅者,三年练以缅饰衣,为其似衣丧服,故皆不以为饰衣。"〔二〕亵(褻)服:家居时穿的便服。何晏《集解》引王肃曰:"亵服,私居服,非公会之服。"红紫皆为贵重的正服之色,不用为平常家居衣服的颜色。〔三〕袗(zhěn):单衣。此处用为动词,意为单穿。絺(chī):细葛布。綌(xì):粗葛布。表:上衣。出:指出门。何晏《集解》引孔安国曰:"暑则单服。絺綌,葛也。必表而出,加上衣也。"皇侃《义疏》:"当暑虽热,絺綌可单;若出,不可单,则必加上衣也。"〔四〕"缁衣羔裘"等三句讲衣服里外颜色的搭配。衣:指罩在毛向外皮衣上的罩衣,称作裼(xī)衣。"缁衣""素衣""黄衣"的"衣"指的都是裼衣。缁(zī):黑色。羔裘:用紫羔制的皮衣。古时所谓羔裘,都是黑色羊羔皮衣。清·刘宝楠《正义》:"郑注云:‘缁衣羔裘,诸侯视朝之服,亦卿、大夫、士祭于君之服。’……经传凡言羔裘,皆谓黑裘,若今称紫羔矣。"麑(ní),小鹿,毛色为白。〔五〕"亵裘长"等二句讲孔子实用的服装设计。亵裘:家居常穿的皮衣。亵裘长:把居家常穿的皮袄做得比较长,是为了更加保暖。袂(mèi):袖子。短右袂:把右袖做得较短,以方便做事。朱熹《集注》:"长,欲其温。短右袂,所以便作事。"衣袖一长一短,虽然损失了对称,但非常方便实用。

【译】 君子不用绀色和缅色的衣料作衣领衣袖的边饰,红色和紫色的衣料不用来做平常居家的衣服。

暑天,穿着粗的或者细的葛布单衣,但外出时一定再加一件上衣。

黑色外衣,内配黑羔皮裘;白色外衣,内配小鹿皮裘;黄色外衣,内配狐狸皮裘。

居家的皮裘身较长,把右边的袖子做得短一些。

必有寝衣〔一〕,长一身有半。

狐貉之厚以居〔二〕。

去丧,无所不佩〔三〕。

非帷裳〔四〕,必杀之〔五〕。

羔裘玄冠不以弔〔六〕。

吉月〔七〕,必朝服而朝。

玄　冠

【注】 〔一〕寝衣:犹被子。古时大被叫"衾",小被叫"被"。何晏《集解》引孔安国曰:"今之被也。"《说文·衣部》:"被,寝衣,长一身有半。"〔二〕貉(hé):哺乳动物,外形似狐,毛棕灰色,是一种重要的毛皮兽。居:坐。以居:用为坐褥。〔三〕佩:佩带,佩挂。所佩带的饰物系于大带,垂于左右。〔四〕帷裳:古代朝祭时穿的礼服。用整幅布制成,不加裁剪,多余的布于腰间褶叠收缩,紧以着身,犹如现在的百褶裙。古代男子上衣下裳(裙)。刘宝楠《正义》:"郑注云,帷裳,谓朝祭之服,其制,正幅如帷也。"〔五〕杀(shài):减少,裁去(多余的布)。杀之:就是缝制之先裁去多余的布,不用褶叠,省工省料。〔六〕玄冠:古代一种黑色的礼帽,以黑缯为之。为士、大夫常服之礼冠。亦称委貌。杨伯峻《译注》:"'羔裘玄冠'都是黑色的,古代都用作吉服。丧事是凶事,因之不能穿戴着去吊丧。"弔(吊):追悼死者或慰问死者家属。《说文·人部》:"吊,问终也。"〔七〕吉月:旧注为农历每月之朔(初一)。何晏《集解》引孔安国曰:"吉月,月朔也。"邢昺《注疏》:"'吉月,月朔也'者,以《诗》云'二月初吉',《周礼》云:'正月之吉',皆谓朔日,故知此吉月谓朔日也。"一说吉月为正月。程树德《集释》从夏炘《学礼管释》之说,释"吉"为"始"义,则吉月为正月。

【译】 睡觉一定有被子,长短相当本人身高的一倍半。

用毛厚的狐貉毛皮做坐褥。

丧服满了脱掉丧服以后,没有什么饰物不可以佩带。

不是朝祭时穿的帷裳,一定裁短一些。

紫羔裘和黑礼帽都不可用来吊丧。

每逢初一，一定穿着朝服去朝拜。

【记】　此节记孔子穿衣服的规矩。孔子非常重视凸显礼教的服饰文化。这些纪录看似琐碎，却体现了孔子"立于礼"的缜密用心，很值得玩味。这里有服装色彩搭配的独特心得，有新颖别致和方便实用的服装设计观念，更有热爱生命、追求生活品质的深深情怀。

10.7　齊〔一〕，必有明衣〔二〕，布〔三〕。
齊必變食〔四〕，居必遷坐〔五〕。

【注】　〔一〕齐：同"斋"。〔二〕明衣：古人在斋戒期间沐浴后所穿的干净内衣。何晏《集解》引孔安国曰："以布为沐浴衣。"〔三〕布：古无草棉（棉花），一般以麻、葛之织品为布。清·王夫之《四书稗疏》说："古之言布者，兼丝麻枲葛而言之。练丝为帛，未练为布，盖今之生丝绢也。清商曲有云：'丝布涩难缝'，则晋宋间犹有丝布之名。唯《孔丛子》谓麻苎葛曰布，当亦一隅之论。"清·赵翼《陔余丛考》说："古时未有棉布，凡布皆麻为之。《记》曰：'治其丝麻，以为布帛'是也。"〔四〕变食：改变日常饮食。何晏《集解》引孔安国曰："改常馔。"邢昺《注疏》："谓将欲接事鬼神，宜自洁净，故改其常馔也。"至于变食的内容，古人有多种说法：（1）变食包括不饮酒，不吃荤（荤是有浓厚气味的蔬菜，如蒜、韭、葱之属，不包括鱼肉等腥膻食物）。夏炘《学礼管释·释斋》："古人斋必变食，谓不食五荤，非不饮酒、食肉。"（2）变食指在斋戒之时不吃剩饭，取其洁净。凌曙《典故核》："变食者，谓盛撰也。君子敬其事则感其礼，故不馂余（吃剩下的食物）。"（3）金鹗《求古录·礼说补遗》说，变食不但不饮酒、不吃荤，也不食鱼肉。〔五〕迁坐：改换平常起居的场所，不与妻室同房。在斋戒之时，古代的上层人物由平常和妻室同居的"燕寝"迁入"外寝"（也叫"正寝"）单独安歇。朱熹《集注》："迁坐，易常处也。"

【译】　斋戒的时候，一定有明衣，用布做的。
斋戒的时候，一定改变平常的饮食；居处也要变动，不和妻妾同房。

【记】　本节记孔子斋戒时的规矩。斋戒是祭祀前洁净身心的仪式。斋戒之时的孔子沐浴更衣，变食迁坐，体现了对祭祀之事虔诚庄敬的态度。

10.8　食不厭精〔一〕，膾不厭細〔二〕。

食饐而餲〔三〕,鱼馁而肉败〔四〕,不食。色恶,不食。臭恶〔五〕,不食。失饪〔六〕,不食。不时〔七〕,不食。割不正〔八〕,不食。不得其酱〔九〕,不食。

【注】 〔一〕食:饭菜,肴馔。厌:满足,厌嫌。精:纯净的好米。刘宝楠《正义》:"精者,善米也。"引申为精美之义。食不厌精:饭不嫌做得精美。〔二〕脍(kuài):切得很细的鱼或肉。脍不厌细:肉不嫌切得细致。朱熹《集注》:"食,饭也。精,凿也。牛羊与鱼之腥,聂而切之为脍。食精则能养人,脍粗则能害人。不厌,言以是为善,非谓必欲如是也。"〔三〕饐(yì):食物经久而腐臭。餲(ài):与"饐"同义。何晏《集解》引孔安国曰:"饐餲,臭味变。"〔四〕馁(něi):指鱼类腐烂。败:腐烂,变质。朱熹《集注》:"鱼烂曰馁,肉腐曰败。"〔五〕臭(xiù):气味。朱熹《集注》:"色恶臭恶,未败而色臭变也。"〔六〕失饪:烹调食物时没有掌握好火候,过生或过熟,以致味道欠佳。何晏《集解》引孔安国曰:"失饪,失生熟之节。"〔七〕不时:不是吃饭的时候。不时不食:即不到早、中、晚三餐时间不吃饭。何晏《集解》引郑玄曰:"不时,非朝、夕、日中时。"古人有每日四餐、三餐、二餐甚至一餐的多种食次模式。其中三餐是最常见的。每日三餐严格循时,就是孔子坚持的"不时不食"的饮食和养生原则。《吕氏春秋·尽数》:"食能以时,身必无灾。"〔八〕割不正:割指宰杀猪牛羊时用刀分解牲畜的骨肉。分解有一定法度,分解得不合法度便叫"割不正"。说本王夫之《四书稗疏》。〔九〕酱:古人吃鱼、肉各佐以相宜的酱。有用麦、面、豆等发酵制成的调味品,如芥酱。何晏《集解》引马融注:"鱼脍,非芥酱不食。"有用调料腌制而成的肉酱,如醢(hǎi),牛、羊、猪肉即用醢,见《礼记·内则》。

【译】 饭不嫌做得精美,肉不嫌切得精细。

食物放久腐烂发臭,鱼臭肉烂,不吃。颜色难看,不吃。味道难闻,不吃。火候不当,不吃。不按三餐之时,不吃。肉食刀工不合法度,不吃。没有合适的酱,不吃。

肉虽多,不使胜食气〔一〕。
唯酒无量,不及乱〔二〕。
沽酒市脯不食〔三〕。
不撤姜食〔四〕,不多食〔五〕。

【注】 〔一〕食气:主食。气,"饩"的古字。饩:泛指粮食。〔二〕乱:酒后乱德。高亨《周易古经今注》云:"乱者,神志昏乱也。《左传·宣公十五年》传:'疾病则乱。'《论语·乡党篇》:

'唯酒无量不及乱.'《易象·传》曰:'乃乱乃萃,其志乱也.'得其悟矣."〔三〕沽、市:买.此句也是讲食品安全的.朱熹《集注》:"沽、市,皆买也.恐不精洁,或伤人也.与不尝康子之药同意."〔四〕撤:去.何晏《集解》引孔安国曰:"撤,去也.齐禁薰物,姜辛而不臭,故不去."〔五〕不多食:不贪吃.朱熹《集注》:"适可而止,无贪心也."

【译】 席上肉虽然多,但吃的肉不超过饭食.

只有酒不限量,以不致醉倒失于检点为限.

打来的酒,买来的干肉,不吃.

不去掉姜,但也不多吃.

【记】 本节记孔子的饮食之道.孔子十分注重养生保健.这些合理的卫生准则,出于两千多年以前,亦属难能可贵."食不厌精,脍不厌细"与"君子食无求饱"(1.14)并不矛盾.君子不贪求口腹之欲,也不嫌弃美食.只是"食不厌精"比"食无求饱"好学得多.明·潘游龙《笑禅录》:"一道学先生教人只体贴得孔子一两句言语,便受用不尽.有一少年向前一恭,云:'某体贴孔子两句极亲切,自觉心广体胖.'问:'是哪两句?'曰:'食不厌精,脍不厌细.'"

10.9 祭於公,不宿肉〔一〕。祭肉不出三日〔二〕。出三日,不食之矣。

【注】 〔一〕不宿肉:不留肉过夜,指不使分赐的祭肉过宿.天子、诸侯祭祀,当天宰杀牲畜举行祭典.一般祭祀只用一天.重大祭祀,如祭天地社稷山川五祀,要用两天.首日之祭为"正祭",次日之祭为"绎祭".绎祭之后,助君祭祀的大夫和士把自己带来助祭之肉带回,同时又可以依贵贱等级分到天子、国君颁赐的祭肉.这些祭肉还得向下分赐,以均神惠.因牲已宰割两日,为不拖延神惠的下达,同时保证肉鲜可食,故规定分赐祭肉不得过宿.何晏《集解》引周生烈曰:"助祭于君,所得牲体,归则班赐,不留神惠."〔二〕祭肉:祭祀时供奉之肉.这里的祭肉是自家的,或者是朋友之馈,参见:"非祭肉,不拜"(10.23).

【译】 助祭于公家,所分得的祭肉不留过夜就分下去.祭祀用过的肉存放不超过三天,超过三天,就不再食用了.

【记】 本节记孔子对祭肉保质期限的规定.

10.10　食不語，寝不言。

【译】　吃饭时不交谈，睡觉时不说话。

【记】　本节记孔子慎言之一端。有分量的人要讲有分量的话，岂能多嘴多舌。"食不语，寝不言"，也是合理的保健养生准则。

10.11　雖疏食菜羹，瓜祭〔一〕，必齊如也〔二〕。

【注】　〔一〕瓜祭：鲁《论语》作"必祭"（见陆德明《释文》引郑玄注）。"瓜"恐是错字。吃饭前将席上各种食物各取出少许放在一边，向先祖致祭。朱熹《集注》："陆氏曰：'《鲁论》瓜作必。'古人饮食，每种各出少许，置之豆间之地，以祭先代始为饮食之人，不忘本也。"〔二〕齐如：犹言"斋如"，像斋戒那样庄重虔诚。何晏《集解》引孔安国曰："齐，严敬貌。三物虽薄，祭之必敬也。"

【译】　虽然是吃粗米饭、喝菜汤，也必须在饭前向先祖献祭，也一定要像斋戒那样虔诚郑重。

【记】　本节记孔子食前之祭。朱熹《集注》："此一节，记孔子饮食之节。"

10.12　席不正〔一〕，不坐。

【注】　〔一〕席：坐席。孔子时没有桌椅板凳，人们席地而坐。席子一般由竹篾、苇篾或草等编织而成。《墨子·非儒下》："哀公迎孔子，席不端弗坐，割不正弗食。"正席之礼参见："必正席"（10.18）。

【译】　坐席铺摆得不端正，不坐。

【记】　本节记孔子的正席之礼。君子事事不马虎。朱熹《集注》引谢良佐曰："圣人心安于正，故于位之不正者，虽小不处。"

10.13 鄉人飲酒〔一〕,杖者出〔二〕,斯出矣〔三〕。

【注】〔一〕乡人饮酒:即行乡饮酒礼。乡饮酒礼的重要目的在"正齿位",培养尊老之风。《仪礼·乡饮酒义》:"乡饮酒之礼,六十者坐,五十者立侍,以听政役,所以明尊长也。六十者三豆,七十者四豆,八十者五豆,九十者六豆,所以明养老也。民知尊长养老,而后乃能入孝弟。民入孝弟,出尊长养老,而后成教,成教而后国可安也。君子之所谓孝者,非家至而日见之也,合诸乡射,教之乡饮酒之礼,而孝弟之行立矣。"〔二〕杖者:拄杖之人,指老年人。何晏《集解》引孔安国曰:"杖者,老人也。"《礼记·王制》:"五十杖于家,六十杖于乡,七十杖于国,八十杖于朝。"可知,参加乡饮酒礼者,六十以上的老人均可拄杖。〔三〕斯:则,乃。朱熹《集注》:"六十杖于乡,未出不敢先,既出不敢后。"

【译】 参加乡饮酒礼,结束时要等老年人都出去了,自己这才出去。

【记】 本节记孔子居乡参加乡人饮酒礼之事,记录了孔子敬老的细节。

10.14 鄉人儺〔一〕,朝服而立於阼階〔二〕。

【注】〔一〕儺(nuó):迎神以乐舞驱逐疫鬼的风俗,傩礼一年数次,大傩在腊日前举行。朱熹《集注》:"傩,所以逐疫,《周礼》方相氏掌之。"〔二〕阼(zuò)阶:东面的台阶,主人立此接待宾客。《仪礼·士冠礼》:"主人玄端爵韠(铧),立于阼阶下。"朱熹《集注》:"傩虽古礼而近于戏,亦必朝服而临之者,无所不用其诚敬也。或曰:'恐其惊先祖五祀之神,欲其依己而安也。'"

【译】 乡人迎神驱鬼时,自己穿着朝服站在东边台阶上。

【记】 本节记孔子居乡观傩之礼。孔子在观傩时穿着朝服站于东台阶之上,是向鬼神的致敬。参见:"敬鬼神而远之,可谓知矣"(6.22)。

10.15 問人於他邦〔一〕,再拜而送之〔二〕。

【注】〔一〕问:问候。问候时必赠送礼物以表情意,如《诗·郑风·女曰鸡鸣》:"知子之顺之,杂佩以问之。"毛传:"问,遗也。"〔二〕再拜:拜而又拜,拜两次表示恭敬之礼。拜:拱手并弯腰据地,首俯而不至手。首若至手着地则为稽首。送之:送使者。"再拜而送之"是为了表

达对问候之人的敬重。朱熹《集注》:"拜送使者,如亲见之,敬也。"

【译】 派使者到别国问候人,一定拜两拜送别使者。

【记】 本节记孔子问人于他邦之礼。

10.16　康子饋藥,拜而受之。曰:"丘未達〔一〕,不敢嘗〔二〕。"

【注】 〔一〕达:通晓,明白,了解。刘宝楠《正义》:"达,犹晓也。言不晓此药治何疾,恐饮之反有害也。"〔二〕"不敢尝"句:不乱吃药,表现了孔子惜命谨疾的生命观。参见:"子之所慎:齐,战,疾"(7.13)。朱熹《集注》引杨时:"大夫有赐,拜而受之,礼也。未达不敢尝,谨疾也。必告之,直也。'"

【译】 季康子给孔子送来药,孔子拜后接受,说:"我还不了解药性,不敢试服。"

【记】 本节记孔子谨疾之一事。

10.17　厩焚〔一〕。子退朝,曰:"傷人乎?"不問馬〔二〕。

【注】 〔一〕厩(jiù):马房,马棚。〔二〕不问马:人与马比,当然以人为重,故不问马。但此"不问"字,是一时之不问,并非永远不问。所以在实际语意上,"不问"有"后问"之含义。当时先问人,不问马。以后或许再问马。朱熹《集注》:"非不爱马,然恐伤人之意多,故未暇问。盖贵人贱畜,理当如此。"李敖《深夜十堂·要把金针度与人》:"《论语》里有一个故事,养马的房子着火了,孔子回来问:'伤人乎?'不问马。一般解释是说,孔子问人有没有受伤啊,没有问马有没有受伤。可是这个解释通不通呢? 不太对劲。为什么不对劲? 孔夫子'仁民爱物'啊,他可能先要问人有没有受伤,然后再问马有没有受伤,怎么可能只问人而不问马呢,不通嘛。这时候我们看别的古书,看多了以后会发现'不问马'的这个'不'字,不是否定、没有的意思,'不'等于'后',在古代这两个字是一个字。……所以'伤人乎,不问马',这个'不'字就是'后'字,孔子先问人有没有受伤,然后不是不问马,而是后问马有没有受伤,这才讲得通——孔子果然'仁民爱物',问了人,也问了动物,这才是孔子的境界。"

【译】 马棚失火。孔子退朝回来,说:"伤人了吗?"不询问马的情况。

【记】 本节记孔子以人为重,贵人贱畜的处世态度。

10.18 君赐食,必正席先尝之〔一〕。君赐腥〔二〕,必熟而荐之〔三〕。君赐生〔四〕,必畜之。

侍食於君,君祭,先饭〔五〕。

【注】 〔一〕先尝之:因为熟食是君主吃剩下的,所以不用给祖宗献祭,自己先尝一尝,然后分赐下属。朱熹《集注》:"食恐或馂余,故不以荐。正席先尝,如对君也。言先尝,则余当以颁赐矣。"〔二〕腥:生肉。〔三〕荐:进献,上供。之:代指先祖。上供并非祭祀。朱熹《集注》:"腥,生肉。熟而荐之祖考,荣君赐也。"〔四〕赐生:赐予活的牲畜。邢昺《注疏》:"谓君赐己牲之未杀者,必畜养之,以待祭祀之用也。"一说"生"通"牲",牲畜。刘宝楠《正义》:"郑此注云:'鲁读为牲,今从古。'考《说文》,牲,牛完全也。引申为凡兽畜之称。《周官·庖人》注:'始养之曰畜,将用之曰牲。'郑以言牲为行礼时所称。此赐生,泛说。平时不必言牲,故从古论作生也。"〔五〕先饭:先吃饭有为君尝食之意。朱熹《集注》:"《周礼》:'王日一举,膳夫授祭,品尝食,王乃食。'故侍食者,君祭,则己不祭而先饭。若为君尝食然,不敢当客礼也。"

【译】 君主赐给熟食,一定摆正了坐席郑重地先尝一尝。君主赐给生肉,一定做熟后先给先祖上供。君主赐给活的牲畜,一定畜养起来。

陪君主进食,君主进行饭前之祭时,自己先吃饭。

【记】 本节记孔子对待国君赐食与侍食之礼。

10.19 疾,君视之,东首〔一〕,加朝服,拖绅〔二〕。

【注】 〔一〕东首:头朝东。指病中的孔子头朝东躺着。按照古礼,室内西面为尊,君主入室之后,应背西面东,故病者应头朝东以迎君主。邢昺《注疏》:"病者常居北牖下,为君来视,则暂时迁乡南牖下,东首,令君得南面而视之。"〔二〕"加朝服"二句:孔子卧病在床,不能穿朝服,故盖在身上,示意服饰整齐以见君主。绅:士大夫穿礼服时束于腰间,一头下垂的大带子。何晏《集解》引包咸曰:"夫子疾,处南牖之下,东首,加其朝服,拖绅。绅,大带。不敢不衣朝服见君。"

【译】 孔子病了,国君来探视他,孔子便头朝东躺着,把上朝的礼服披在自己身上,再放上大带。

【记】　本节记孔子接待国君探病之礼。

10.20　君命召，不俟駕行矣。

【注】　俟(sì)：等待。何晏《集解》引郑玄曰："急趋君命，行出而车驾随之。"

【译】　君主有命召唤，孔子不等车辆驾好马，立刻徒步先行。

【记】　本节记孔子应君召之礼。"不俟驾行"这个细节显现孔子为人臣的忠。朱熹《集注》："此一节，记孔子事君之礼。"

10.21　入太廟，每事問〔一〕。

【注】　重出。本节已见于《八佾篇》3.15。

【译】　孔子进太庙，每件事都要问一问。

10.22　朋友死，無所歸，曰："於我殯〔一〕。"

【注】　〔一〕殯(bìn)：死者入殓后停放灵柩以待葬。殯也可指埋葬，这里泛指丧葬事务。皇侃《义疏》："殯，谓停丧于寝以待葬也。"朱熹《集注》："朋友以义合，死无所归，不得不殯。"

【译】　朋友去世，没有人来负责安葬，〔孔子〕说："让我给他料理丧葬好了。"

【记】　本节是记孔子重朋友情谊。为没有亲人的朋友办理丧事，也属见义勇为。

10.23　朋友之饋，雖車馬，非祭肉，不拜〔一〕。

【注】　〔一〕祭肉：祭祀时供奉之肉。朱熹《集注》："朋友有通财之义，故虽车马之重不拜。祭肉则拜者，敬其祖考，同于己亲也。此一节，记孔子交朋友之义。"

【译】　朋友的馈赠礼物,即使是贵重的车马,而只要不是祭祀过的牲肉,孔子在接受的时候也不行拜礼以答谢。

【记】　本节记孔子对朋友赠礼的态度。孔子重礼不重财,故车马虽重,不必拜谢;祭肉虽轻,但要拜谢致意。

10.24　寝不尸〔一〕,居不客〔二〕。

【注】　〔一〕尸:摊开手脚仰卧,如尸体一般。何晏《集解》引包咸曰:"偃卧四体,布展手足,似死人也。"古人以为仰卧姿态不雅,正确的睡姿当是微曲侧卧。〔二〕居:居家,指在家的日常生活。客:宾客。有的本子作"容",据陆德明《释文》及《唐石经》校订,"容"当是"客"字之误。居家时不像做客时那样拘礼端坐,以示家居与正式场合的坐姿有别。

【译】　睡觉时不直挺挺地仰卧像个死尸,居家时不像做客那样端坐。

【记】　本节记孔子的睡姿与坐姿。事关礼,也与养生有联系。

10.25　見齊衰者〔一〕,雖狎〔二〕,必變〔三〕。見冕者與瞽者,雖褻,必以貌〔四〕。
　　凶服者式之〔五〕。式負版者〔六〕。
　　有盛饌,必變色而作〔七〕。
　　迅雷風烈必變〔八〕。

【注】　〔一〕齐衰(zī cuī):丧服名。为五服之一,次于最重的斩衰。服用粗麻布制成,以其缉边缝齐,故称"齐衰"。齐衰服期有齐衰三年、齐衰期(一年)、齐衰五月、齐衰三月等几种。〔二〕狎:亲近。何晏《集解》引孔安国曰:"狎者,素亲狎。"〔三〕变:改变神色,以示同情。〔四〕褻:亲近,亲狎。与上文的"狎"意同。邢昺《注疏》:"褻,谓数相见也。言孔子见大夫与盲者,虽数相见,必当以貌礼之。"刘宝楠《正义》:"褻与狎同,故解为数相见。"以上已见"子见齐衰者冕衣裳者与瞽者"章(9.10),文稍异。〔五〕凶服:丧服,孝衣。何晏《集解》引孔安国曰:"凶服,送死之衣物。"式:通"轼",古代车辆前的扶手横木叫"轼"。以手抚轼是表示敬意的一种礼节。古人乘车皆立在车上,有所敬,微俯其身,以手抚轼,叫做式。〔六〕负版:手持国家图籍。何晏《集解》引孔安国曰:"负版者,持邦国之图籍。"刘宝楠《正义》:"负本义置之于背,而

图籍非可负之物,故解为手持,亦引申之义。"〔七〕盛馔(zhuàn):丰盛的饭食。作:起立,以示敬意。朱熹《集注》:"敬主人之礼,非以其馔也。"〔八〕迅雷:疾雷。风烈:犹言烈风,暴风,疾风。迅雷风烈:犹言迅雷烈风。朱熹《集注》:"迅,疾也。烈,猛也。必变者,所以敬天之怒。《记》曰:'若有疾风、迅雷、甚雨则必变,虽夜必兴,衣服冠而坐。'"俞樾《古书疑义举例·错综成文例》:"古人之文,有错综其辞以见文法之变者。如《论语》:'迅雷风烈。'《楚辞》:'吉日兮辰良。'《夏小正》:'剥枣栗零。'皆是也。""迅雷风烈必变"是孔子敬天信命的表现。

【译】 见到穿齐衰丧服的人,即使是亲近者,也必定郑重地改变神色。见到戴冠冕穿礼服的人和盲人,即使是朝夕相处的熟人,也必定以礼相待。

乘车时,遇到穿丧服的人就扶着轼行式礼。对手持国家图籍的人也行式礼。

有丰富的菜肴,一定改变神色而起身示敬。

遇见疾雷、大风,一定改变神色。

【记】 本节记孔子改容变色以示敬意的几个场合。孔子多敬畏,故多礼。朱熹《集注》:"此一节,记孔子容貌之变。"

10.26　升車,必正立,執綏〔一〕。
車中,不內顧〔二〕,不疾言〔三〕,不親指〔四〕。

【注】 〔一〕绥(suī):挽着以登车的扶手带。朱熹《集注》:"绥,挽以上车之索也。"〔二〕内顾:回头看。朱熹《集注》:"内顾,回视也。《礼》曰:'顾不过毂。'"〔三〕疾言:急遽地说话。邢昺《注疏》:"疾,急也。"〔四〕亲指:用手指指点点。刘宝楠《正义》:"亲字义不可解。《曲礼》云:'车上不妄指。'亲,疑即'妄'字之误。"朱熹《集注》:"三者皆失容,且惑人。"

【译】 孔子上车,一定端正站好,手拉着绥带。
在车中,不回头看,不急遽地说话,不用手指指点点。

【记】 本节记孔子乘车时的仪态。在车中内顾、疾言、亲指被古人认为是失态不雅的举动。朱熹《集注》:"此一节,记孔子升车之容。"

10.27　色斯舉矣〔一〕,翔而後集。曰:"山梁雌雉,時哉時哉〔二〕!"子路共之〔三〕,三嗅而作〔四〕。

【注】〔一〕色：作色，动容。斯：则，乃。举：飞，飞起。何晏《集解》引马融曰："见颜色不善则去之。"据下文，"色斯举矣"句似将鸟比君子。与此相关的说法有：《吕氏春秋·审应》："孔思对曰：'盖闻君子犹鸟也，骇则举。'"《孔丛子·抗志》："子思答曰：'盖闻君子犹鸟也，疑之则举。'"〔二〕时：适时，合于时宜，识时务。与"圣之时者"之"时"同义。《孟子·万章下》："孔子，圣之时者也。"赵岐注："孔子时行则行，时止则止。"君子警惕如鸟，审时度势，善于应变。参见："天下有道则见，无道则隐"（8.13）、"隐居以求其志，行义以达其道"（16.11）。〔三〕共：同"拱"。〔四〕嗅：当作臭（jú），张两翅之貌。朱熹《集注》："邢氏曰：'梁，桥也。时哉，言雌之饮啄得其时。子路不达，以为时物而共具之。孔子不食，三嗅其气而起。'晁氏曰：'《石经》'嗅'作'戛'，谓雉鸣也。刘聘君曰："嗅，当作臭，古阒反。张两翅也。见《尔雅》。"

【译】　鸟见到人神色不善就高高飞起，盘旋飞翔了一阵，然后又降落聚集在一起。孔子说："山涧桥上的雌雉，识时务啊！识时务啊！"子路便向雌雉拱了拱手，它们振翅飞翔而去。

【记】　本节涵义不详。这段费解的文字当有脱误之处，自古以来歧解纷纭。朱熹《集注》："然此必有阙文，不可强为之说。姑记所闻，以俟知者。"《列子》有类似的寓言。《列子·黄帝》："海上之人有好沤鸟者，每旦之海上，从沤鸟游。沤鸟之至者百住而不止。其父曰：'吾闻沤鸟皆从汝游，汝取来，吾玩之。'明日之海上，沤鸟舞而不下也。"海上有人与鸥鸟亲近，互不猜疑，百鸟与他相游。一天，他父亲命他把海鸥抓回家去。此人再到海边时，鸥鸟都提高了警惕，在天上飞舞，不与他亲近了。唐·王维《积雨辋川庄作》诗："野老与人争席罢，海鸥何事更相疑？"当代诗人海子《亚洲铜》："爱怀疑和爱飞翔的是鸟。"两诗都是用此典故。

先进篇第十一

【题解】 《先进篇》共 26 章。南宋·朱熹《四书章句集注》把 11.2、11.3 两章合并为一章,故作 25 章。清·刘宝楠《论语正义》则把 11.18、11.19 两章及 11.20、11.21 两章各并为一章,故作 24 章。

本篇除两章(11.3、11.18,没有标"子曰")外,其余诸章均是孔子之语,以评论弟子为主。其中以涉及颜回的内容最多,有 8 章(11.4、11.7、11.8、11.9、11.10、11.11、11.19、11.23)。篇末的"四子侍坐"章(11.26)有四百余字,在《论语》中属于较长的一章,生动地记录了子路、曾皙、冉有、公西华四弟子不同的性格志趣,也表现了孔子的教育目的、教学方法和政治理想。此外,"季路问事鬼神"章(11.12)把探讨和解决人世间的实际问题放在了优先于鬼神的地位,树立起儒家重视人事的传统。"过犹不及"章(11.16)反映了孔子"中庸之道"。

出自本篇的名言或成语有:天丧予、未能事人、焉能事鬼、未知生、焉知死、不得其死然、言必有中、升堂入室、过犹不及、鸣鼓而攻之、闻斯行诸、春服既成、冠者五六人、童子六七人、浴乎沂、风乎舞雩、咏而归、各言其志、为国以礼、其言不让等。

11.1 子曰:"先進於禮樂〔一〕,野人也〔二〕;後進於禮樂,君子也〔三〕。如用之,則吾從先進。"

【注】 〔一〕先进于礼乐:指先在学习礼乐方面有所进益。"后进于礼乐"反之。孔子继承西周六艺教育的传统,教学纲领是"博学于文,约之以礼";基本科目是"《诗》《书》、礼、乐";教

育内容重在礼乐和德育。旧注对此章中"先进""后进"的说法颇多，有说是从学的先后，有说是仕进的先后。陆德明《释文》："包（咸）云谓仕也，郑（玄）谓学也。"还有人说是辈分的前后。朱熹《集注》："先进后进，犹言前辈后辈。"这里从郑玄说。〔二〕野人：在野之人，即庶人，没有爵禄的平民。常与"君子"（世袭贵族）对举。刘宝楠《正义》："野人者，凡民未有爵禄之称也。"杨伯峻《译注》："孔子是主张'学而优则仕'的人，对于当时的卿大夫子弟，承袭父兄的庇荫，在做官中去学习的情况可能不满意。……孔子所谓'先进'一般指'士'。"〔三〕君子：有爵禄的贵族男子的通称，世卿子弟。常与"小人"或"野人"对举。《孟子·滕文公上》："无君子莫治野人，无野人莫养君子。"

【译】　孔子说："先修习好礼乐〔而后做官〕的人，是在野的平民；〔先做官〕而后修习好礼乐的人，是世袭贵族。如果要选用人才，那我主张选用先修习好礼乐的。"

【记】　本章记孔子主张任人唯贤。孔子突破了周礼"任人唯亲"的亲亲原则，提倡破格选拔人才。

11.2　子曰："從我於陳、蔡者〔一〕，皆不及門也〔二〕。"

【注】　〔一〕从我于陈、蔡：公元前489年（鲁哀公四年，当时孔子六十一岁），正在周游列国的孔子及其弟子曾于陈、蔡交界地方遭到危难，一度断粮。参见："在陈绝粮，从者病，莫能兴"（15.2）。公元前484年，孔子返回鲁国后，有感于弟子凋零，所以发出这样的感叹。陈、蔡是春秋诸侯国名。陈在今河南淮阳及安徽亳州一带，蔡在今河南新蔡、安徽凤台一带。《史记·孔子世家》："吴伐陈，楚救陈，军于城父。闻孔子在陈、蔡之间，楚使人聘孔子，孔子将往拜礼。陈、蔡大夫谋曰：'孔子贤者，所刺讥皆中诸侯之疾，今者久留陈、蔡之间，诸大夫所设行皆非仲尼之意。今楚，大国也，来聘孔子。孔子用于楚，则陈、蔡用事大夫危矣。'乃相与发徒役围孔子于野。不得已，绝粮。从者病，莫能兴。……于是使子贡至楚。楚昭王兴师迎孔子，然后得免。"崔述《洙泗考信录》质疑《史记·孔子世家》的真实性，有详细考辨。〔二〕不及门：不在孔子的门下受教育。及：在，到。门：指孔子施教的场所。参见："丘之门"（11.15）。朱熹《集注》："孔子尝厄于陈、蔡之间，弟子多从之者，此时皆不在门。故孔子思之，盖不忘其相从于患难之中也。"一说，还没有当官从政。何晏《集解》引郑玄曰："皆不及仕进之门。"

【译】　孔子说："曾经随从我困在陈国、蔡国之间的人，现在都不在我的门下了。"

173

【记】　本章记孔子在晚年思念当年共同患难的弟子们。

11.3　德行〔一〕：<u>颜渊</u>、<u>闵子骞</u>、<u>冉伯牛</u>、<u>仲弓</u>。
言語〔二〕：<u>宰我</u>、<u>子貢</u>。
政事〔三〕：<u>冉有</u>、<u>季路</u>。
文學〔四〕：<u>子游</u>、<u>子夏</u>。

【注】　〔一〕德行：指能践行忠恕仁爱孝悌的道德。〔二〕言语：指长于辞令、办理外交。〔三〕政事：指从政做官、管理国家。〔四〕文学：指通晓古代文献典籍，即孔子所传的《诗》《书》《易》等（依皇侃《义疏》引范宁）。

【译】　德行〔见长的弟子有〕：颜渊、闵子骞、冉伯牛、仲弓。
言语〔见长的弟子有〕：宰我、子贡。
政事〔见长的弟子有〕：冉有、季路。
文学〔见长的弟子有〕：子游、子夏。

【记】　本章记孔门所谓"四科十哲"。"四科"指德行、言语、政事、文学。"十哲"指孔子的十大弟子：颜渊、闵子骞、冉伯牛、仲弓、宰我、子贡、冉有、季路、子游、子夏。邢昺《注疏》："夫子门徒三千，达者七十有二，而此四科惟举十人者，但言其翘楚者耳。"但程颐认为，本章承上章文意，所谓"十哲"只是跟随孔子流亡的弟子。朱熹《集注》引程子曰："四科乃从夫子于陈、蔡者尔，门人之贤者固不止此。曾子传道而不与焉，故知十哲世俗论也。"本章更可能只是孔子的一时之语，并无太多深意。"孔门十哲"自唐定制，从祀孔庙，列侍孔子近侧。开元时，颜渊配享，升曾参，后曾参配享，升子张。后代又增有若及宋朱熹，合称"十二哲"。

11.4　子曰："<u>回</u>也非助我者也，於吾言無所不说〔一〕。"

【注】　〔一〕说：同"悦"。颜渊对孔子的学说心悦诚服，从不质疑或反驳。参见："吾与回言终日，不违，如愚"（2.9）。

【译】　孔子说："颜回不是对我有所帮助的人，〔他〕对我所说的话，没有不喜欢的。"

【记】 本章记孔子赞叹颜回对自己的教诲心领神会。这句话似贬实褒,表面上是说颜回从不质疑问难,让人感到遗憾,但其实孔子是把颜回当成了自己的知音。

11.5 子曰:"孝哉闵子骞! 人不间於其父母昆弟之言〔一〕。"

【注】 〔一〕间:非议,毁谤。昆弟:兄弟。

【译】 孔子说:"真孝顺啊,闵子骞! 人们从不非议他父母兄弟〔称赞他孝〕的话。"

【记】 本章记孔子赞美闵子骞的孝行。闵子骞的孝行得到了公认,所以人们不怀疑他自己家人的称赞。朱熹《集注》引胡寅曰:"父母兄弟称其孝友,人皆信之无异辞者,盖其孝友之实,有以积于中而著于外,故夫子叹而美之。"

11.6 南容三復白圭〔一〕,孔子以其兄之子妻之〔二〕。

【注】 〔一〕南容:即南宫适。三复:多次重复。"三"是虚数,多次。白圭:指《诗·大雅·抑》中的诗句:"白圭之玷,尚可磨也。斯言之玷,不可为也。"大意是说,白圭上的污点还可以磨掉,而言语中的污点不那么容易去掉了。这几句诗告诫讲话要小心谨慎。南容慎言寡过,是一个在政治上很老练的人。参见:"邦有道,不废;邦无道,免于刑戮"(5.2)。〔二〕兄之子:哥哥的孩子,这里指侄女。据《孔子家语·本姓解》,孔子之兄叫孟皮,与孔子同父异母。妻:动词。以女嫁人。

【译】 南容反复吟诵《诗》中关于"白圭"的诗句,孔子便把哥哥的女儿嫁给了他。

【记】 本章记孔子赞赏南宫适的谨慎。南宫适慎于言词,明哲保身,孔子对他的这个侄女婿很满意。

11.7 季康子問〔一〕:"弟子孰爲好學?"孔子對曰:"有顏回者好學,不幸短命死矣,今也則亡〔二〕。"

【注】〔一〕季康子问:鲁哀公也问过同样的问题,参见:6.3。〔二〕亡:同"无"。

【译】 季康子问:"〔你的〕弟子中谁是好学的呢?"孔子回答:"有个叫颜回的好学,可惜不幸短命死了,如今就再没有这样的人了。"

【记】 本章记孔子称赞颜回好学,痛惜其英年早逝。

11.8 颜渊死,颜路请子之车以爲之椁〔一〕。子曰:"才不才,亦各言其子也。鲤也死〔二〕,有棺而無椁。吾不徒行以爲之椁。以吾從大夫之後〔三〕,不可徒行也〔四〕。"

【注】〔一〕椁(guǒ):同"椁"。椁有两义。(1)装殓死者的木器叫棺,套在棺材外面的大棺材叫作椁。(2)按照古代天子棺柩的殡法,用树枝丛集在龙辒(车辕上绘有龙纹的载天子棺柩的殡车)周围,再用泥涂封起来,形成一个类似椁的临时建筑物,这也叫椁。《礼记·檀弓上》:"天子之殡也,菆涂龙辒,以椁,加斧于椁上,毕涂屋,天子之礼也。"本章的"椁",即应取第二义。孔安国、朱熹注"颜路请子之车以为之椁"一句,都认为因为颜家无力为颜回买椁,所以颜路才请求孔子把自己的车卖了来替颜回买一个椁。宦懋庸提出"卖车买椁之说有八不可解",认为颜路不是要孔子卖车,而是向孔子借车,用来暂时做颜回的殡车。但颜回的身份是士,按礼不应用殡车,所以孔子没有答应颜路的要求。程树德《集释》引宦懋庸《论语稽》:"《王制》:'大夫士庶人三日而殡,三月而葬。'颜子,士也。三日之后,三月未葬之前,当殡于西序。其殡也,当掘肂见衽,帷其上而涂之,不当用车。颜路请车为椁,盖欲殡时以孔子之车菆涂为椁,非葬时之椁也。"〔二〕鲤也死:孔子的儿子孔鲤死于公元前482年,享年五十岁。当时孔子七十岁。孔子在说这番话时孔鲤可能还没有去世,只是以此来作比喻。〔三〕从大夫之后:随行于大夫行列之后。孔子曾做过鲁国司寇,为大夫之位。当时虽已去位多年,但身份还居于大夫之列。〔四〕徒行:步行。邢昺《注疏》:"徒,犹空也,谓无车空行也,是步行谓之徒行。"按照礼法,大夫耆老出门要乘车。《礼记·王制》:"君子耆老不徒行。"孔子坚持不卖车,也是在维护这个礼。孔子提出"称家之有亡"的丧葬观念,倡导根据家中财力量力而行办丧事。《礼记·檀弓上》:"子游问丧具,夫子曰:'称家之有亡。'"颜回家贫,有棺无椁也不为非礼。也是因为这个原因,孔子反对厚葬颜渊,参见:"门人欲厚葬之"(11.11)。

【译】 颜渊死了,〔其父〕颜路请求用孔子的车做停放颜渊棺材的殡车。孔子说:"〔虽然你的儿子颜渊和我的儿子孔鲤〕一个有才、一个无才,但对各人来说都是自己的儿子啊。我儿子孔鲤死的时候停放灵柩,也只有棺材而没有〔树枝丛集围棺而成的〕椁。我不能〔不乘车〕徒步行路，而把车借给你做停放颜渊棺材的殡车。因为我还忝居大夫之列，是不可以徒步行路的。"

【记】 本章记孔子"立于礼"的具体事例。颜回是和孔子感情最深的弟子，但是孔子还是拒绝了颜路的请车要求，其中体现了孔子对礼与爱的取舍。这一章和以下三章都记载孔子在颜回去世时的言行。

11.9 颜渊死。子曰："噫〔一〕! 天丧予〔二〕! 天丧予!"

【注】 〔一〕噫：叹词。表示悲痛或叹息。何晏《集解》引包咸曰："噫，痛伤之声。"〔二〕丧：亡，使……灭亡。颜回是孔子学说的最理想的继承人，他的死对孔子打击极大。本章让人想见孔子当时的痛心疾首。

【译】 颜渊死了。孔子说："哎! 天要丧我的命呀! 天要丧我的命呀!"

【记】 本章记孔子痛惜颜回早逝。

11.10 颜渊死，子哭之恸〔一〕。从者曰："子恸矣!"曰："有恸乎? 非夫人之为恸而谁为〔二〕?"

【注】 〔一〕恸(tòng)：极悲哀。何晏《集解》引马融曰："恸，哀过也。"据古礼，过度悲哀也是非礼的。〔二〕非夫人之为恸而谁为：即"非为夫人恸而为谁"的倒装。夫(fú)：指示代词，代指颜回。之：助词，倒装句的标志。

【译】 颜渊死了，孔子哭得很伤心。随从的人说："夫子您太伤心了!"孔子说："真的太伤心了吗? 不为这样的人伤心还为谁呢!"

【记】 本章记孔子哭颜回。孔子对颜回有深厚的感情，曾说："自吾有回，门人益亲"(《史记·仲尼弟子列传》)。他对颜回的去世感到分外悲伤，以至不顾礼法。

11.11 颜渊死，门人欲厚葬之〔一〕。子曰："不可。"

門人厚葬之。子曰:"回也視予猶父也,予不得視猶子也〔二〕。非我也,夫二三子也。"

【注】 〔一〕厚葬:谓不惜财力地经营丧葬。孔子反对无视丧家的经济状况而大搞厚葬。《礼记·檀弓上》:"子游问丧具,夫子曰:'称家之有亡。'子游曰:'有无恶乎齐?'夫子曰:'有,毋过礼。苟亡矣,敛首足形,还葬,县棺而封,人岂有非之者哉?'"在孔子看来,颜回家贫而用厚葬,与礼不合;同时,按颜渊的身份与地位,也是不应厚葬。〔二〕"予不得"句:意谓我不能像对待亲生儿子那样按礼来安葬颜回。孔子未能阻止弟子厚葬颜回,没有尽到父的责任,因此有"不得视犹子"的话。本章可与11.8互参。

【译】 颜渊死了,弟子们想厚葬他。孔子说:"不可以。"

弟子们仍然厚葬了颜渊。孔子说:"颜回呀,看待我如同父亲,我却不能看待他如同儿子。不是我〔的主意〕啊,是那些弟子们呀。"

【记】 本章记孔子反对厚葬颜回。孔子之叹,实际是责备那些主持厚葬的弟子,告诫他们应该把对颜回的感情纳入礼的轨道。对比墨家的"节葬"(薄葬),儒家还是主张厚葬的。只是孔子主张葬礼的丰菲要依据丧家的地位和财力而定。

11.12　季路問事鬼神。子曰:"未能事人,焉能事鬼?"曰:"敢問死〔一〕。"曰:"未知生,焉知死?"

【注】 〔一〕敢:谦辞,表示冒昧地请求别人。

【译】 子路问怎样事奉鬼神。孔子说:"还没能事奉好活人,哪能谈事奉鬼呢?"

〔子路又〕说:"〔我〕冒昧地请问,死是怎么回事?"〔孔子〕说:"还不知道人生的道理,怎能知道死呢?"

【记】 本章记孔子不谈事奉鬼神和死后之事,反映了他有人本主义倾向的有神论。孔子重生轻死,对鬼神半信半疑。本章的说法也许是对子路的"因材施教"。参见:"务民之义,敬鬼神而远之"(6.22)。

11.13　闵子侍侧,誾誾如也〔一〕;子路,行行如也〔二〕;冉有、子贡,侃侃如也〔三〕。子乐〔四〕。"若由也,不得其死然〔五〕。"

【注】〔一〕誾(yín)誾:说话和悦而又能辨明是非的样子。见:10.2注。〔二〕行行(hàng):刚强负气貌。何晏《集解》引郑玄曰:"行行,刚强之貌。"〔三〕侃侃:和乐的样子。见:10.2注。〔四〕子乐:何晏《集解》引郑玄曰:"乐各尽其性。"〔五〕不得其死然:不得善终,死于非命。何晏《集解》引孔安国曰:"不得以寿终。"然:语气词,用法同"焉"。孔子担心子路过于刚勇,将来从政必然危及生命。后来,子路果然在卫国的孔悝(kuī)之乱中遇害。

【译】　闵子骞侍立在孔子身旁,表现出和悦而正直的样子;子路呢,十分刚强的样子;冉有、子贡呢,温和欢悦的样子。孔子很高兴。〔但又担心地说:〕"像仲由这样〔过于勇猛刚强〕,恐怕得不到善终。"

【记】　本章记孔子看到自己四个弟子各具个性的神态由衷地感到高兴,但同时为子路的刚勇担心,预言他不得善终。孔子对子路的告诫竟不幸而言中了。《史记·仲尼弟子列传》:"子路为卫大夫孔悝之邑宰。蒉聩乃与孔悝作乱,谋入孔悝家,遂与其徒袭攻出公。出公奔鲁,而蒉聩入立,是为庄公。方孔悝作乱,子路在外,闻之而驰往。遇子羔出卫城门,谓子路曰:'出公去矣,而门已闭,子可还矣,毋空受其祸。'子路曰:'食其食者不避其难。'子羔卒去。有使者入城,城门开,子路随而入。造蒉聩,蒉聩与孔悝登台。子路曰:'君焉用孔悝?请得而杀之。'蒉聩弗听。于是子路欲燔台,蒉聩惧,乃下石乞、壶黡攻子路,击断子路之缨。子路曰:'君子死而冠不免。'遂结缨而死。孔子闻卫乱,曰:'嗟乎,由死矣!'已而果死。故孔子曰:'自吾得由,恶言不闻于耳。'"

11.14　鲁人为长府〔一〕。闵子骞曰:"仍旧贯〔二〕,如之何? 何必改作?"子曰:"夫人不言〔三〕,言必有中〔四〕。"

【注】〔一〕鲁人:指鲁国的执政大臣季氏。为:制造,这里是翻修的意思。长府:鲁国藏财货武器的府库。何晏《集解》引郑玄曰:"长府,藏名也,藏财货曰府。"刘宝楠《正义》:"(鲁之长府)为兵器货贿所藏。"据《左传·昭公二十五年》载,公元前517年,季氏作乱驱逐鲁昭公,因为昭公曾据长府进行对抗,所以要对它进行改建,以消除其防御能力。〔二〕旧贯:原来的样子。贯:事,此指规制。〔三〕夫人:这个人。指闵子骞。〔四〕言必有中(zhòng):一说就说到点

子上。中:指说话正中要害。

【译】　鲁国人翻修长府。闵子骞说:"仍旧照老样子,怎么样? 何必改建呢?"孔子说:"这个人不讲话则已,一讲话必定切中要害。"

【记】　本章记孔子称赞闵子骞"言必有中",其实更欣赏闵子骞的见识。

11.15　子曰:"由之瑟奚爲於丘之門〔一〕?"門人不敬子路。子曰:"由也升堂矣,未入於室也〔二〕。"

【注】　〔一〕瑟:古代的一种弦乐器,二十五弦(一说五十弦),与古琴类似。这里指子路鼓瑟的技巧和内容。何晏《集解》引马融曰:"子路鼓瑟,不合雅颂。"子路性情刚猛,中和不足,鼓瑟音调过于激越。《说苑·修文篇》:"子路鼓瑟,有北鄙之声。孔子闻之曰:'信矣,由之不才也。'"〔二〕由也升堂矣,未入于室也:谓子路已经有所成就,只是还不够精深。朱熹《集注》:"言子路之学,已造乎正大高明之域,特未深入精微之奥耳。"堂:正厅。室:内室。入门后,必须经过堂才能进入内室。孔子用入门、升堂和入室来比喻在学习上由浅入深的三个阶段。"升堂"喻已有所成就,"入室"喻已得其奥妙。"入室"犹如今天的俗语"到家"。

【译】　孔子说:"仲由这样鼓瑟,为什么要到我孔丘的门下来呢?"弟子们〔因此〕不尊敬子路。孔子说:"仲由啊,在学习上可以说已经达到'升堂'的程度了,但是还没做到'入室'。"

【记】　本章记孔子用"升堂未入于室"评子路鼓瑟,鼓励子路要涵养性情。

11.16　子貢問:"師與商也孰賢?"子曰:"師也過,商也不及。"
曰:"然則師愈與〔一〕?"子曰:"過猶不及〔二〕。"

【注】　〔一〕愈:胜过,更好些。与上文的"贤"同义。何晏《集解》引孔安国曰:"愈,犹胜也。"与(yú):同"欤"。语气助词,用在句末表疑问。〔二〕过犹不及:事情做得过分,就跟做得不够一样,都是不合适的。谓做事情要适得其中。过:过分。犹:似,如,如同。不及:达到不到。朱熹《集注》:"道以中庸为至,贤智之过虽若胜于愚不肖之不及,然其失中则一也。"

【译】 子贡问孔子:"颛孙师(子张)和卜商(子夏)两个人,谁强一些?"孔子说:"颛孙师过头,卜商不足。"

子贡说:"那么,颛孙师强一些吗?"孔子说:"过头与不足同样不好。"

【记】 本章记孔子论"过犹不及"。"过犹不及"是孔子的方法论命题,意谓超过事物一定的界限与未达到一定界限同样是错误的,这反映了孔子的中庸思想。子张才高意旷,做事常有过分之处;子夏保守拘谨,做事常有不及之处,所以孔子教之以中庸之道。《礼记·仲尼燕居》也有相似记载:"子曰:'师,尔过,而商犹不及。'……子贡越席而对曰:'敢问将何以为此中者也?'子曰:'礼乎礼。夫礼所以制中也。'"郑玄注:"过与不及,言敏钝不同,俱违礼也。"

11.17　季氏富於周公〔一〕,而求也爲之聚斂而附益之〔二〕。子曰:"非吾徒也。小子鳴鼓而攻之〔三〕,可也。"

【注】 〔一〕季氏:指季康子。富于周公:比周公富。于:介词。周公:有两说:(1)周公旦;(2)周天子的卿士,如周公黑肩、周公阅等人。《论语》编者用此比喻,可能是因为鲁国之君是周公旦的后代。〔二〕"而求也"句:然而冉求还为季氏搜刮民财给他带来更多的财富。何晏《集解》引孔安国曰:"冉求为季氏宰,为之急赋税也。"求:冉求。也:助词,用于句中,表示停顿,以引起下文。之:代指季氏。聚敛:谓急于敛取赋税,重税搜刮民财。聚,通"骤"。刘宝楠《正义》:"胡氏绍勋拾义,解聚字为骤,谓急于敛取。"附益:增加,增益。〔三〕徒:门徒。小子:老师对学生的称呼。鸣鼓而攻之:公开宣布罪状,加以声讨。鸣:这里是使动用法。何晏《集解》引郑玄曰:"小子,门人也。鸣鼓,声其罪以责之。"

【译】 季氏比周公还富有,而冉求还为他搜刮民财进而增加他的财富。孔子说:"〔冉求〕不是我们一伙志同道合的人了,你们学生们尽管大张旗鼓地来声讨他好啦!"

【记】 本章记孔子反对季氏、冉求过度剥削人民的做法。鲁国本按"丘"(古代田地、区域的划分单位,四"邑"为一"丘")征收军赋。哀公十一年(公元前484年),季康子想增加赋税,准备废丘甲法,改按田亩征赋("用田赋"),派冉有(求)去咨询孔子的意见。孔子反对这次赋役制度改革,主张"施取其厚,事举其中,敛从其薄"。结果冉求和季氏不听从其说,第二年鲁国便"用(以)田赋"。参阅:《左

论语精读

传》哀公十一年、十二年和《国语·鲁语下》的记载。《礼记·大学》:"百乘之家,不畜聚敛之臣,与其有聚敛之臣,宁有盗臣。"郑玄注:"国家利义不利财。盗臣损财耳,聚敛之臣乃损义。"冉求为季氏作聚敛之臣,搜刮不义之财,所以遭到了孔子的严厉批评。

11.18　柴也愚〔一〕,参也鲁〔二〕,师也辟〔三〕,由也喭〔四〕。

【注】　〔一〕愚:愚直。何晏《集解》:"愚,愚直之愚也。"〔二〕鲁:迟钝。皇侃《义疏》引孔安国曰:"鲁,钝也。曾子迟钝也。"〔三〕辟(pì):通"僻",偏激。黄式三《论语后案》:"辟读若《左传》'阙西辟'之辟,偏也。以其志过高而流于一偏也。"〔四〕喭(yàn):鲁莽。朱熹《集注》:"喭,粗俗也。"

【译】　高柴愚直,曾参迟钝,颛孙师(子张)偏激,仲由(子路)鲁莽。

【记】　本章记孔子评高柴、曾参、颛孙师和子路四个弟子在性格上的缺点。

11.19　子曰:"回也其庶乎〔一〕,屡空〔二〕。赐不受命〔三〕,而货殖焉〔四〕,亿则屡中〔五〕。"

【注】　〔一〕庶:庶几,差不多。这里指颜渊的道德学问接近于完善。〔二〕屡空:经常贫困。谓贫穷无财。何晏《集解》:"言回庶几圣道,虽数空匮而乐在其中。"参见:"一箪食,一瓢饮,在陋巷,人不堪其忧,回也不改其乐"(6.11)。〔三〕不受命:此语歧解颇多,关键在于"命"字的涵义。主要有四种说法:(1)王弼、江熙等认为是不受"禄命",但《史记·仲尼弟子列传》及《货殖列传》记子贡曾做过官;(2)何晏认为是不受"教命",即不专守士业,而兼从商,违背士农工商各习其业的原则;(3)皇侃《义疏》引古注及朱熹等认为是不受"天命",与颜回安贫乐道成对比,与下文"亿则屡中"亦相呼应;(4)俞樾《群经平议》认为是不受"官命"而以私财经商,因古时商贾皆官主之,如《吕氏春秋·上农篇》说:"凡民自七尺以上,属诸三官,农攻粟,工攻器,贾攻货。"后三种说法皆言之成理,未知孰是,故译文暂作"不安本分"。〔四〕货殖:做买卖以增殖货财,即经商营利。《史记·货殖列传》"子赣(同"贡"字)既学于仲尼,退而仕于卫,废著鬻财于曹、鲁之间。七十子之徒,赐最为饶。"〔五〕亿(亿)则屡中(zhòng):预测行情却屡屡猜中。亿(亿):同"臆",臆测、揣度。邢昺《注疏》:"亿,度也。"中:正对上,恰好合上。

【译】　孔子说:"颜回的学问道德差不多了,只是常常空乏困顿。端木赐不安本分,去经商投机,预测行情却屡屡猜中。"

【记】 本章记孔子评颜回和子贡。由于语境的缺失,已不能确知孔子的本意。不过,颜回的贫苦和子贡的富足形成了强烈对比,让人感觉孔子似乎是在借此感叹命运的不公。

11.20 子張問善人之道〔一〕。子曰:"不踐迹〔二〕,亦不入於室〔三〕。"

【注】 〔一〕善人:相当于君子(仁人),参见:7.26。〔二〕践迹:踩着前人的足迹。犹蹈袭,因袭。朱熹《集注》引程子曰:"践迹,如言循途守辙。善人虽不必践旧迹而自不为恶,然亦不能入圣人之室也。"〔三〕入于室:升堂入室。参见:11.15。

【译】 子张问做善人的道理。孔子说:"如果不踩着前人的足迹走,〔学问、修养〕也难以到家。"

【记】 本章记孔子讲"善人"也要"践迹"才能"入于室",强调了学习的重要性。

11.21 子曰:"論篤是與〔一〕,君子者乎? 色莊者乎〔二〕?"

【注】 〔一〕论笃是与:等于"与论笃"。人们赞许言论笃实的人。论笃:言论笃实,这里指言论笃实的人。与:赞许。此句即"与论笃"的宾语提前形式,"是"起着将"论笃"这一宾语提前的作用。〔二〕色庄:神色严肃庄重,这里指故作姿态,伪装君子。参见:"巧言令色"(1.3)、"色取仁而行违"(12.20)。

【译】 孔子说:"〔人们〕赞许言论诚恳笃实的人,〔但要注意判断区分〕是君子呢? 还是神色庄重的伪君子呢?"

【记】 本章记孔子告诫人们不要以言取人。言论笃实是仁人君子的一个特征,但是言论笃实都不一定是仁人君子。参见:"听其言而观其行"(5.10)、"有德者必有言,有言者不必有德"(14.4)、"君子不以言举人"(15.23)。

11.22　子路问:"闻斯行诸〔一〕?"子曰:"有父兄在,如之何其闻斯行之〔二〕?"

冉有问:"闻斯行诸?"子曰:"闻斯行之。"

公西华曰:"由也问闻斯行诸,子曰,'有父兄在';求也问闻斯行诸,子曰,'闻斯行之'。赤也惑,敢问。"子曰:"求也退〔三〕,故进之〔四〕;由也兼人〔五〕,故退之。"

【注】〔一〕闻斯:听见了应当做的事,即"闻义""闻道"之类。斯:代词。这里代指道义,应该做的事。行:实行,实践。诸:代词"之"和疑问语气词"乎"的合音。〔二〕如之何:犹"如何",怎么。〔三〕退:畏缩,退缩。刘宝楠《正义》:"(冉求)但虑其逡巡退缩,而为之不勇耳,夫子所以进之。"〔四〕进:使动用法。下文"退"的用法同此。〔五〕兼人:好勇过人。孔子曾评价子路"好勇过我"(5.7),与"兼人"义同。朱熹《集注》:"兼人,谓胜人也。张敬夫曰:'闻义固当勇为,然有父兄在,则有不可得而专者。若不禀命而行,则反伤于义矣。'子路有闻,未之能行,唯恐有闻。'则于所当为,不患其不能为矣;特患为之之意或过,而于所当禀命者有阙耳。若冉求之资禀失之弱,不患其不禀命也;患其于所当为者逡巡畏缩,而为之不勇耳。圣人一进之,一退之,所以约之于义理之中,而使之无过不及之患也。'"杨伯峻《译注》:"孔安国和朱熹都把'兼人'解为'胜人',但子路虽勇,未必'务在胜尚人';反不如张敬夫把'兼人'解为'勇为'为适当。"

【译】　子路问:"听到了道义以后就马上去实践它吗?"孔子说:"有父兄在,如何能听到以后〔不请示父兄〕就马上去实践呢?"

冉有问:"听到了道义以后就马上去实践它吗?"孔子说:"听到了就马上去实践它。"

公西华〔问孔子〕说:"仲由问'听到了道义以后就马上去实践它吗',您说'有父兄在';冉求问'听到了道义以后就马上去实践它吗',您却说'听到了就马上去实践它'。这使我迷惑,所以大胆冒昧地问问〔为何回答不同〕。"

孔子说:"冉求做事畏缩不前,所以要鼓励他大胆前进;仲由好勇过人,所以要抑制他,让他懂得谦虚退让。"

【记】　本章记孔子"因材施教"的教育方法。孔子是古代最早重视因材施教的教育家。他了解子路和冉有的个性,分别对两人进行有针对性地教育。表现为回答同一个问题,由于询问者的情况不同,孔子给出的答复也不同。朱熹把孔子的这一教育经验概括为"孔子教人，各因其材"。"因材施教"后来成为中国教育的一个优良传统。

11.23　子畏於匡〔一〕，顏淵後。子曰："吾以女爲死矣。"曰："子在，回何敢死〔二〕？"

【注】〔一〕见 9.5 注〔一〕。〔二〕死：这里是轻死的意思。《礼记·曲礼》："孝子不服暗，不登危，惧辱亲也。父母存，不许友以死，不有私财。"父母在世，孝子不许诺为朋友献身，是因为儿子有奉养父母尽孝之责，所以不可轻死。孔子与颜回情同父子，劫后重逢，悲喜交集，一问一答流露出师徒间的绵绵深情。

【译】　孔子被围困拘禁在匡邑，颜渊落在后面。〔重逢时〕孔子说："我以为你死了呢。"〔颜渊〕说："夫子您还健在，我颜回怎敢轻易死了呢？"

【记】　本章记孔子与颜回之间深厚的师生情谊。

11.24　季子然問〔一〕："仲由、冉求可謂大臣與？"子曰："吾以子爲異之問〔二〕，曾由與求之問〔三〕。所謂大臣者，以道事君，不可則止。今由與求也，可謂具臣矣〔四〕。"
曰："然則從之者與？"子曰："弑父與君，亦不從也。"

【注】〔一〕季子然：季氏家族中一人（据何晏《集解》引孔安国说）。《史记·仲尼弟子列传》引此章则作"季孙问曰"。因季氏任用子路、冉有为臣，所以季子然问这个问题。〔二〕子：夫子。尊称对方。异之问：即问异，问别的。"之"起把宾语"异"提前的作用。〔三〕曾：乃，原来是。朱熹《集注》："曾，犹乃也。"〔四〕具臣：聊以充数，不能有作为的臣子。朱熹《集注》："具臣，谓备臣数而已。"

【译】　季子然问："仲由、冉求可以称为大臣吗？"孔子说："我以为您是要问别人的呢，原来是问仲由和冉求啊。所谓大臣，用道义事奉君主，如果不能这样，就宁可辞职不干。现在仲由和冉求，只可以说是备位充数之臣。"
〔季子然〕说："那么〔他们〕是绝对服从〔季氏〕的人吗？"孔子说："弑父、弑君〔那种事〕，也是不会服从的。"

【记】 本章记孔子评论子路、冉求的为臣之道。孔子说他们只是有底线的充数之臣,其实是借以讥刺权臣季氏的不臣行为。与此相关章节,参见:3.6、5.8、16.1。

11.25 子路使子羔爲費宰。子曰:"賊夫人之子〔一〕。"
子路曰:"有民人焉,有社稷焉〔二〕,何必讀書,然後爲學?"
子曰:"是故惡夫佞者〔三〕。"

【注】 〔一〕贼:害。何晏《集解》引包咸曰:"子羔学未熟习而使为政,所以为贼害。"子羔当时太年轻,学业未成。另外孔子认为"柴也愚"(11.18),处事也不达权变,不具备出仕的条件,所以反对让子羔从政。〔二〕社稷:帝王、诸侯所祭的土神和谷神。社,土神;稷,谷神。后来把"社稷"作为国家政权的象征。〔三〕是故:所以。恶(wù):厌恶。佞(nìng):逞口才,强词夺理。朱熹《集注》:"子路之言,非其本意,但理屈辞穷,而取辩于口以御人耳。故夫子不斥其非,而特恶其佞也。"孔子认为巧言狡辩足以倾覆国家,参见"恶利口之覆邦家者"(17.18)。

【译】 子路让子羔做费邑的长官。孔子说:"误人子弟啊。"
子路说:"那地方有人民〔可以治理〕,有土神谷神〔可以祭祀〕,何必要读书才算是学习呢?"
孔子说:"所以我讨厌巧言狡辩之人。"

【记】 本章记孔子斥责子路"佞",反对子羔过早从政。子夏说:"学而优则仕"(19.13)。孔子主张从政要做好充分准备,参见:5.6、8.12。

11.26 子路、曾皙、冉有、公西華侍坐〔一〕。
子曰:"以吾一日長乎爾,毋吾以也〔二〕。居則曰〔三〕:'不吾知也〔四〕!'如或知爾,則何以哉〔五〕?"
子路率爾而對曰〔六〕:"千乘之國,攝乎大國之間,加之以師旅,因之以饑饉〔七〕;由也爲之,比及三年〔八〕,可使有勇,且知方也〔九〕。"
夫子哂之〔十〕。

【注】 〔一〕侍坐：在尊长近旁陪坐。这里的尊长指孔子。侍：本指陪从或伺候尊者。〔二〕以吾一日长乎尔，毋吾以也：因为我比你们年纪大一些，〔人家〕不用我了。一日：一天，指不长的时间，这里比喻年岁相差之短，是诙谐的说法。作"长"的状语。长乎尔：比你们年长。乎：介词，表比较。尔：第二人称代词，这里表复数。毋吾以：即"毋以吾"，不用我。吾：作"以"的宾语，在否定句中代词宾语前置。以：动词，用。刘宝楠《论语正义》："'毋吾以'者，'毋'与'无'同，皇本作'无'。'以'，用也。言此身既差长，已衰老，无人用我也。《释文》云：'吾以，郑本作已。'郑谓'毋以我长之故，已而不言'。已，止也。义似纡曲。夫子自言身老，若四子则年力未衰，宜为世用。故就其平居所发论诱之尽言，以观其才志何如耳。"按，这两句话历来有不同的解释。一说此句大意为不要因为我的年纪比你们大，就不敢回答我的问题。邢昺《注疏》引孔安国曰："言我问女，女无以我长故难对。"〔三〕居：犹平居，平常家居，这里偏重平常义。这句的主语是"尔"（你们）。〔四〕不吾知：不知吾。知：了解。〔五〕则何以哉：那么你们打算做些什么事情呢？ 或：无定代词，有人。何以：何为。〔六〕率尔：轻率、不假思索的样子。何晏《集解》："率尔，先三人对。"按，《礼记·曲礼》："长者问，不辞让而对，非礼也。"子路性格鲁莽，"率尔对"有违礼仪。〔七〕千乘之国：拥有一千辆兵车的国家。春秋时指中等规模的诸侯国。乘（shèng）：马车。春秋时多指兵车，包括一车四马。摄：夹处。何晏《集解》引苞氏曰："摄，摄迫于大国之间也。"俞樾《群经平议·论语二》："犹云夹乎大国之间。"加：加到……上。之：代词，指千乘之国。师旅：古代军队编制的单位。这里指大国进犯的军队。五百人为一旅，二千五百人为一师。《诗·小雅·黍苗》："我徒我御，我师我旅。"郑玄笺："五百人为旅，五旅为师。"因之：继之。饥馑：灾荒，饥荒。庄稼歉收或颗粒无收。《尔雅·释天》："谷不熟为饥，菜不熟为馑。"〔八〕比（旧读 bì）及：及至，等到。〔九〕方：方向，即义方（合乎正义的规范和道理）。儒家所谓的"义方"，即忠、孝之类。〔十〕哂（shěn）：亦作"吲"，微笑。这里略有讥笑之意。《玉篇·口部》："哂，笑也。"

【译】 子路、曾皙、冉有、公西华四个人陪坐在孔子身旁。孔子说："因为我比你们年长几岁，〔人家〕不用我了。你们平常总说：'人家不了解我啊！'如果有人了解你们，〔打算任用你们，〕那么你们将怎样做呢？"

子路不假思索地答道："拥有一千辆兵车的国家，局促地夹在大国中间，外面受到军事进犯，内部又发生灾情饥荒。我去治理，等到三年，可以使民众人人有勇气，而且明白道义。"

夫子微微一笑。

"求！尔何如？"

对曰："方六七十〔一〕，如五六十〔二〕，求也为之，比及三年，可使足民〔三〕。如其禮樂，以俟君子〔四〕。"

"<u>赤</u>！爾何如？"

對曰："非曰能之，願學焉〔五〕。宗廟之事〔六〕，如會同〔七〕，端章甫〔八〕，願爲小相焉〔九〕。"

【注】〔一〕方六七十：疆土纵横六七十里的小国。方：见方，即每边的长度。"方"是古人计量土地面积的用语。后加表示长度的数字或数量词，表示纵横若干长度的意思。"方六七十"不等于"六七十方里"，而是每边长六七十里的意思。周制六尺为步，三百步为里。周尺约合今 20 厘米至 23 厘米，一里约合今 0.7 里，这里是约数，并非实指。〔二〕如：连词。表示选择关系。或者。朱熹《集注》："如，犹或也。"下文"如会同"的"如"同。〔三〕足民：使民富足。〔四〕如其：至于那个。如：若，至于。有表转折的作用。俟(sì)：等待。《玉篇·人部》："俟，候也。"〔五〕非曰能之，愿学焉：我不敢说我能够做什么，但是我愿在这方面学习。焉：这里作指示代词兼语气词。所指代的内容即下文所说的"小相"。〔六〕宗庙：即祖庙，帝王、诸侯供祀祖宗的宫庙。这里指祭祀祖先。〔七〕会同：古代诸侯朝见天子，如各方诸侯不在规定期间朝见天子叫做"会"，于一年四季分批朝见天子叫做"同"。《诗·小雅·车攻》："赤芾金舄，会同有绎。"毛传："时见曰会，殷见曰同。"后来诸侯会盟也叫做"会"。〔八〕端章甫：都是名词用作动词，即穿着礼服、戴着礼帽。这里指小相所服(依刘宝楠说)。端：玄端，黑色布上衣。因其袖正直端方，故名玄端。玄端亦为一种服制之名。指玄冠、缁布衣、玄裳、爵铧(bì)。玄端服为士常服之礼服。祭祀时，天子、诸侯、士大夫皆服之。天子诸侯燕居时亦服之。玄端有时亦指朝服。章甫：玄冠，一种以黑布制成的礼帽。始于殷商，殷亡后存于宋国，为读书人所戴的帽子。"甫"一作"父"。商代称玄冠为章甫，春秋时亦沿用章甫之名。〔九〕小相(xiàng)：傧相的谦称。相：诸侯祭祀、会盟时主持赞礼的司仪者。卿大夫担任傧相叫"大相"，士担任傧相叫"小相"。朱熹《集注》："相，赞君之礼者。言小，亦谦辞。"按：宗庙会同，都是诸侯之事。公西华称愿为"小相"，只是谦词。

玄端　　　士玄端

【译】 孔子又问:"冉求!你怎么样?"

冉求答道:"国土纵横六七十里,或者纵横五六十里的小国,我来治理,等到三年,可使民众富足。至于礼乐教化,那只有等待君子来推行了。"

孔子又问:"公西赤!你怎么样?"

公西赤答道:"不敢说能干什么,但是我愿意在这方面学习。宗庙祭祀之事,或者朝会聘问的仪式,我愿意穿戴好礼服礼帽,做一个执行礼仪的小相。"

"點!爾何如?"

鼓瑟希,鏗爾,舍瑟而作〔一〕,對曰:"異乎三子者之撰〔二〕。"

子曰:"何伤乎〔三〕?亦各言其志也。"

曰:"莫春者〔四〕,春服既成〔五〕,冠者五六人,童子六七人〔六〕,浴乎沂〔七〕,風乎舞雩〔八〕,詠而歸〔九〕。"

夫子喟然嘆曰:"吾與點也〔十〕!"

【注】 〔一〕鼓:弹奏、敲击(乐器)。瑟:拨弦乐器。春秋时已流行,常与古琴或笙合奏。瑟身是长方形木质音箱,有五十弦、二十五弦、十五弦等几种。希:后作"稀"。希疏。这里指鼓瑟的声音近于尾声。皇侃《义疏》:"希,疏也……弹瑟手迟而声希也。"鏗尔:象声词,形容金石玉木等所发出的洪亮之声,这里是形容推瑟发出的声音。何晏《集解》引孔安国曰:"置瑟起对。……鏗者,投瑟之声。"本章出现的"率尔""喟然"等,都是古代汉语象声和绘景时所用的附加"尔""然"词缀的构词法。舍:舍弃,这个意义后来写作"捨"。这里指放下。作:站立起来。按,曾点答孔子之问时要站起来,可以推知其他弟子也应同样站起来回答问题,只不过上文未曾明说。〔二〕撰:述。曾点称他的志向不同于前三者所述。一说才具。何晏《集解》引孔安国曰:"撰,具也,为政之具。"〔三〕何伤乎:何妨呢?伤:妨碍。〔四〕莫春:暮春、晚春。莫,后作"暮"。何晏《集解》引包咸曰:"莫春者,季春三月也。"有人疑"莫春"的鲁国的天气寒冷,不宜于洗浴及"风乎舞雩"。韩愈注《论语笔解》卷下:"'浴'当为'沿'字之误也。周三月,夏之正月,安有浴之理哉?"宋翔凤《论语说义》六:"然建巳之月(农历四月),亦不可浴水中而风干身。浴沂,言祓(fú,除灾求福之祭)濯于沂水,而后行雩祭。"〔五〕春服:春日穿的衣服,指夹衣之类。〔六〕冠(guàn)者:满二十岁的成年男子。古时男子有二十岁行加冠礼以示成年的习俗。童子:指成童,年八岁或十五岁以上、二十以下的男孩。〔七〕沂(yí):水名。源出山东曲阜东南的尼山,西流至滋阳合于泗水。这条河与大沂河以及流入于大沂河的小沂河都不同。〔八〕风:这里用作动词。乘凉。舞雩(yú):舞雩台。古时祭天祈雨所设的高台,在曲阜东南。郦道元《水经注·泗水》:"沂水北对稷门,……亦曰雩门。……门南隔水有雩坛,坛高三丈,曾点所欲风舞处也。"《论语·颜渊》:"樊迟从游于舞雩之下。"何晏《集解》引包咸曰:"舞雩之处,

有坛墠树木,故下可游焉。"雩本是求雨的祭名,祭时歌舞,故称舞雩。雩祭之处所筑土坛即舞雩台,台下有树,所以能乘风凉。〔九〕咏(詠):歌咏,以充满抑扬顿挫的语调吟唱。〔十〕喟(kuì)然:叹气的样子。与:赞同。李翱《论语笔解》卷下:"仲尼与点,盖美其乐王道也,余人则志在诸侯,故仲尼不取。"杨树达《论语疏证》:"孔子所以与曾点者,以点之所言为太平社会之缩影也。"

【译】 孔子又问:"曾点! 你怎么样?"

曾皙弹瑟正近尾声,铿地一声把瑟放下,站起身来答道:"我的志向与前面三君所讲的不同。"

孔子说:"那有什么妨碍呢? 也不过是各人谈谈自己的志向罢了。"

曾皙便说:"暮春三月,已经换上春服,约上青年五六人,少年六七人,到沂水旁边洗一洗,在舞雩台上吹吹风,然后唱着歌归来。"

孔子长叹一声道:"我赞同曾点的主张。"

三子者出,曾皙後〔一〕。曾皙曰:"夫三子者之言何如〔二〕?"

子曰:"亦各言其志也已矣。"

曰:"夫子何哂由也?"

曰:"爲國以禮,其言不讓,是故哂之〔三〕。"

"唯求則非邦也與〔四〕?"

"安見方六七十如五六十而非邦也者?"

"唯赤則非邦也與?"

"宗廟會同,非諸侯而何〔五〕? 赤也爲之小,孰能爲之大〔六〕?"

【注】 〔一〕后:动词,后出。〔二〕夫:指示代词,那。〔三〕让:礼让,谦逊。子路"率尔而对",说话态度不谦虚,又夸说自己能使民"知方",所以孔子哂笑子路。〔四〕唯:句首语气词,无义。"唯求则非邦也与"与下文的"唯赤则非邦也与"都是曾点的问题。子路与冉有、公西华谈的都是"为邦"之事,曾点不明白孔子为什么只哂笑子路,而不笑话冉有与公西华,所以他一连两次发问:"唯求……""唯赤……"。〔五〕非诸侯而何:宗庙与会同之事,不是诸侯国是什么? 诸侯:这里指国家。即曾点所谓的"邦"。〔六〕赤也为之小,孰能为之大:如果说公西赤只能给诸侯担任小相,那谁能给诸侯担任大相呢? "为之小""为之大"都是双宾语结构。之:指诸侯国。小、大:指小相、大相。

【译】　子路、冉有、公西华三人都出来了，曾晢留在最后走。曾晢问道："他们三人的话怎样？"

孔子说："也不过各自谈谈自己的志向罢了。"

曾晢又说："夫子为什么笑仲由呢？"

孔子说："治理国家应该讲求礼让，可是他出言不逊，所以笑他。"

曾晢问："难道冉求所讲的就不是国家大事吗？"

孔子说："怎见得国土纵横六七十里或者五六十里就不是国家呢？"

曾晢问："难道公西赤所讲的不是国家大事吗？"

孔子说："宗庙祭祀，朝会聘问，不是诸侯国的大事又是什么？如果公西赤只做小相，又有谁来做大相呢？"

【记】　本章生动地记叙了孔门四弟子子路、冉有、公西华与曾点的不同性格、志趣，从中也体现出孔子的教育目的和教学方法。子路、冉有、公西华志在济世，都想在政治上有所作为。曾点则不谈事功，乐道遂志，颇合晚年孔子的心境。后人将曾点的淡泊自得称为"曾点气象"。其实，曾点所向往的安乐生活，也正是人们理想中优游自在的"大同社会"的缩影，也许正是因为这一点，孔子才赞同曾点。然而，由于原文过于简略，也由于"曾点气象"与孔子毕生一贯强调的济世精神存在巨大差异，这就使得后人在对本章的理解上存在诸多分歧。

颜渊篇第十二

【题解】 《颜渊篇》共 24 章。

本篇除子夏语录(12.5)一章、子贡语录(12.8)一章、有若语录(12.9)一章和曾参语录(12.24)一章外,其他 20 章均记孔子之语。内容涉及为仁、为政、修养等方面。以论仁的内容较为重要,有"颜渊问仁"(12.1)、"仲弓问仁"(12.2)、"司马牛问仁"(12.3)和"樊迟问仁"(12.22)。其次是论政,内容多与仁有关,偏重德政、礼治,有"子贡问政"(12.7)、"齐景公问政"(12.11)、"子张问政"(12.14)和"季康子问政"(12.17、12.19)。篇中提出了"克己复礼为仁",仁者"爱人","己所不欲,勿施于人"等伦理思想;"足食,足兵,民信之矣","君君,臣臣,父父,子子"等政治观点。子夏在本篇中两次充当了解释者的角色,一次是引"死生有命,富贵在天",用"四海之内皆兄弟"(12.5)宽慰司马牛,另一次是对樊迟解释孔子所谓"举直错诸枉,能使枉者直"(12.22)。这种记载和编排的做法,无形中突出了子夏在孔门的权威性,不由让人猜测该篇或许出自子夏门人之手。

出自本篇的名言或成语有:克己复礼、非礼勿视、非礼勿听、非礼勿言、非礼勿动、君子不忧不惧、内省不疚、四海之内皆兄弟、君君臣臣父父子子、片言可以折狱、子路无宿诺、君子成人之美、不成人之恶、君子之德风、小人之德草、以文会友、以友辅仁等。

12.1 颜渊問仁〔一〕。子曰:"克己復禮爲仁〔二〕。一日克己復禮,天下歸仁焉〔三〕。爲仁由己,而由人乎哉?"

颜渊曰："請問其目〔四〕。"子曰："非禮勿視,非禮勿聽,非禮勿言,非禮勿動〔五〕。"

颜渊曰："回雖不敏,請事斯語矣〔六〕。"

【注】〔一〕仁:仁是中国古代一种含义极广的道德观念。儒家所说的仁的核心是指人与人的相亲相爱。"己所不欲,勿施于人"(12.2、15.24)、"己欲立而立人,己欲达而达人"(6.30)则是实行"仁"的主要途径。〔二〕克己复礼:克制自己不正当的感情欲念,使言行合乎先王之礼。何晏《集解》:"马(融)曰:'克己,约身。'孔(安国)曰:'复,反也。'身能反礼,则为仁矣。"克:克制,约束。己:自己,这里指一己私欲。复:回复。礼:人类社会行为的法则、标准、仪式的总称。克己复礼,即"约之以礼"(6.27)、"约我以礼"(9.11)。《左传·昭公十二年》:"仲尼曰:'古也有志:克己复礼,仁也。'"可见孔子是述而不作,给古语赋予新义来作为道德原则和修养方法。〔三〕归仁:称仁(毛奇龄《论语稽求篇》)。朱熹《集注》:"归,犹与也。又言一日克己复礼,则天下之人皆与其仁,极言其效之甚速而至大也。"与:赞许,称赞。〔四〕目:纲目,具体要点。〔五〕"非礼"四句:是说礼是视、听、言、行的准则。非礼:不合礼仪制度。四句中也有古语。《易·大壮》:"君子以非礼弗履。"〔六〕事:从事,实践。

【译】 颜渊问〔什么是〕仁。孔子说:"克制自己而复归于礼就是仁。一旦做到了克制自己而复归于礼,天下的人就都会用仁来称赞他了。修行仁德全靠自己,难道还靠别人吗?"

颜渊说:"请问修行仁德的纲领条目。"孔子说:"不符合礼的不看,不符合礼的不听,不符合礼的不说,不符合礼的不做。"

颜渊说:"我虽然不聪敏,请让我按照这话去做吧。"

【记】 本章记孔子论"克己复礼",是孔子关于"仁"的重要言论之一。其中,"非礼勿视,非礼勿听,非礼勿言,非礼勿动",这四个项目被历代儒士奉为行仁的圭臬。

12.2　仲弓問仁。子曰："出門如見大賓,使民如承大祭〔一〕。己所不欲,勿施於人〔二〕。在邦無怨,在家無怨〔三〕。"

仲弓曰："雍雖不敏,請事斯語矣。"

【注】〔一〕"出门"二句:《左传·僖公三十三年》载晋国臼季的话:"臣闻之:出门如宾,承

事如祭,仁之则也。"由此可见孔子这两句话亦据古语。大宾:周王朝对来朝觐的要服以内的诸侯的尊称,泛指国宾。大祭:重大祭祀。包括天地之祭、禘祫之祭等。〔二〕"己所"二句:《管子·小问》引"语曰":"非其所欲,勿施于人,仁也。"可见亦属古语。〔三〕在家:在大夫之家,指给大夫当家臣。何晏《集解》引包咸曰:"在家为卿大夫。"刘宝楠《正义》:"在邦谓仕于诸侯之邦,在家谓仕于卿大夫之家也。"参见:"夫子之得邦家者"(19.25)。

【译】 仲弓问〔什么是〕仁。孔子说:"出门〔做事〕如同去接待国宾,役使人民如同去承当重大祭祀,〔都得严肃认真,小心谨慎。〕自己不愿意承受的,不要强加给别人。在诸侯之国做官不招致怨恨,在大夫之家做官也不招致怨恨。"

仲弓说:"我虽然不聪敏,请让我按照这话去做吧。"

【记】 本章记孔子从敬、恕两方面谈仁。孔子用"己所不欲,勿施于人"总结了处理人我关系的伦理原则和实现"仁"的方法,即所谓"恕"道。

12.3 司馬牛問仁。子曰:"仁者,其言也訒〔一〕。"

曰:"其言也訒,斯谓之仁已乎?"子曰:"爲之难,言之得无訒乎?"

【注】 〔一〕訒(rèn):语言迟缓,话难出口。引申为说话慎重,不轻易开口。何晏《集解》引孔安国曰:"訒,难也。"

【译】 司马牛问〔什么是〕仁。孔子说:"仁人,说话谨慎。"

〔司马牛〕说:"说话谨慎,就能叫做仁了吗?"孔子说:"〔凡事〕做起来难,说话能不慎重吗?"

【记】 本章记孔子告诫司马牛要慎言。仁者谨言慎行,这里着重强调言语上的谨慎。《史记·仲尼弟子列传》:"司马耕,字子牛。牛多言而躁,问仁于孔子。孔子曰:'仁者其言也訒。'"孔子的话大约是针对司马牛"多言而躁"的浮躁性情而说的。

12.4 司馬牛問君子。子曰:"君子不憂不懼〔一〕。"

曰:"不憂不懼,斯謂之君子已乎?"子曰:"内省不疚〔二〕,夫何憂何懼?"

【注】〔一〕君子不忧不惧:参见:"君子道者三,我无能焉:仁者不忧,知者不惑,勇者不惧"(14.28)。〔二〕内省(xǐng):在心里反省自己的思想和言行,检查有无过失。疚(jiù):对于自己所犯的错误感到内心痛苦。何晏《集解》引包咸曰:"疚,病也。自省无罪恶,无可忧惧。"

【译】 司马牛问〔怎样去做〕君子。孔子说:"君子不忧不惧。"

〔司马牛〕说:"不忧不惧,这就能叫做君子了吗?"孔子道:"自己反省检查,问心无愧,那还忧什么惧什么呢?"

【记】 本章记孔子勉励司马牛不忧不惧。

12.5 司馬牛憂曰:"人皆有兄弟,我獨亡〔一〕。"子夏曰:"商聞之矣:'死生有命,富貴在天。'君子敬而無失〔二〕,與人恭而有禮。四海之内皆兄弟也〔三〕——君子何患乎無兄弟也?"

【注】〔一〕亡(wú):通"无",没有。〔二〕敬而无失:恭敬谨慎而没有过失(依邢昺疏)。一说"失"通"佚",放纵。俞樾《群经平议》卷三十一:"'失'当读为'佚'。《周官·大宗伯》郑注'以防其淫失',《释文》曰:'失,本亦作佚。'《庄子·徐无鬼篇》'若卹若失',《释文》曰:'失,司马本作佚。'是'失'与'佚'通。言君子敬而无敢佚乐也。'敬而无失'与'恭而有礼'对文,无佚申言敬,有礼申言恭也。若过失则敬与恭皆不可有,不得专属之敬矣。〔三〕四海:犹言天下。古人凭借直观印象提出了"天圆地方"的天体结构说。"天员(圆)如张盖,地方如棋局"(《晋书·天文志》),天和地组成宇宙,圆天之下就是"天下"。方地的四周有海环绕,各按方位为东海、南海、西海和北海。所以地又叫"四海之内",简称"海内"。"华夏居于寰宇之中",大地的中心地带就是"中国"。直至意大利传教士利玛窦传入世界地图,中国人才开始改变这种"天圆地方"的传统观念。邢昺《注疏》:"言人死生短长,各有所禀之命,财富位贵则在天之所予,君子但当敬慎而无过失,与人结交恭谨而有礼。能此疏恶而友贤,则东夷、西戎、南蛮、北狄、四海之内、九州之人,皆可以礼亲之为兄弟也。君子何须忧患于无兄弟也?"

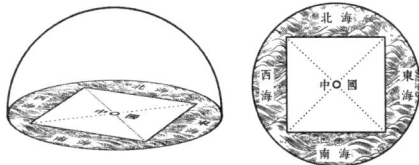

天圆地方之图

【译】　司马牛忧愁地说:"别人都有〔好〕兄弟,唯独我没有。"子夏说:"我听说过这样的话:'死生有命,富贵在天。'君子〔只要〕认真谨慎而没有过失,待人恭敬有礼,四海之内皆兄弟——君子又何必忧虑没有〔好〕兄弟呢?"

【记】　本章记子夏"死生有命,富贵在天"的天命论。儒家主张尽人事而听天命,对待生的态度是尽其在我,积极有为;对待死的态度是听其自然,不去追问死后及未来之事。这就是"死生有命"。对待富贵的态度是不求富贵求仁义,把富贵与否归之于天,这就是"富贵在天"。

12.6　子張問明〔一〕。子曰:"浸潤之譖〔二〕,膚受之愬〔三〕,不行焉〔四〕,可謂明也已矣。浸潤之譖,膚受之愬,不行焉,可謂遠也已矣〔五〕。"

【注】　〔一〕明:明察。参见:"视思明"(16.10)。〔二〕浸润之谮(zèn):谗言如水之渗透,积久而逐渐发生作用。浸润:逐渐渗透。引申为积久而发生作用。何晏《集解》引郑玄曰:"谮人之言,如水之浸润,渐以成之。"谮:谗毁,诬陷。朱熹《集注》:"谮,毁人之行也。"〔三〕肤(膚)受之愬(sù):指谗言。肤受:像皮肤上感觉到疼痛般急迫切身。朱熹《集注》:"肤受,谓肌肤所受,利害切身。"一说谓浮泛不实。邢昺《注疏》:"皮肤受尘,垢秽其外,不能入内也。以喻谮毁之语,但在外萋斐,构成其过恶,非其人内实有罪也。"愬:同"诉",与谮义近,控告,诽谤。邢昺《注疏》:"愬亦谮也,变其文耳。"朱熹《集注》:"愬,愬己之冤也。"〔四〕不行:行不通。这里指不为谗言所迷惑。〔五〕远:指看得深远、透彻。朱熹《集注》:"明之至。"

【译】　子张问〔怎样才是〕"明"。孔子说:"如水滴浸润一样潜移默化的谗言,有切肤之痛感受的诬告,对你行不通,就可以说是看得明白了。如水滴浸润一样潜移默化的谗言,有切肤之痛感受的诬告,对你行不通,就可以说是看得远了。"

【记】　本章记孔子论"明"。点滴浸润的谗言、切肤之痛的诬陷难以觉察,最容易影响人的情感,只有明达事理,方能远离谗毁。

12.7　子貢問政〔一〕。子曰:"足食,足兵〔二〕,民信之矣。"子貢曰:"必不得已而去〔三〕,於斯三者何先?"曰:"去兵。"

子貢曰:"必不得已而去,於斯二者何先?"曰:"去食。自古皆有死,民無信不立〔四〕。"

【注】 〔一〕问政:咨询或讨论为政治国之道。〔二〕兵:"兵"字原指武器,在先秦儒家经典中,多用本意,偶有作持用武器的兵士解的。这里是军备、国防的意思。〔三〕去:去掉。这里是放弃、舍弃的意思。〔四〕民无信不立:如果人民对政府没有信任,国家就立不住。失信即失国。子贡的问题只是个假设,孔子依其设问而答,目的是突出"信"的重要。

【译】 子贡问为政之道。孔子说:"备足粮食,充实军备,取信于民。"

子贡说:"如果迫不得已要舍弃一项,在食、兵、信这三项中先舍弃哪一项呢?"〔孔子〕说:"舍弃军备。"

子贡说:"如果迫不得已要再舍弃一项,在〔剩下的〕这两项中舍弃哪一项呢?"〔孔子〕说:"舍弃粮食。自古以来人皆有一死,但如果人民对政府不信任,〔国家政权〕是立不住的。"

【记】 本章记孔子指出为政的三个要点,即足食、足兵、民信之。三者中民心最重要,粮食次之,军备才居第三位。孔子在《论语》中多次强调政府要取信于民,参见:"上好信,则民莫敢不用情"(13.4)、"信则人任焉"(17.6)、"君子信而后劳其民,未信则以为厉己也"(19.10)。

12.8 棘子成曰:"君子質而已矣〔一〕,何以文爲〔二〕?"子貢曰:"惜乎,夫子之説君子也〔三〕! 駟不及舌〔四〕。文猶質也,質猶文也。虎豹之鞟猶犬羊之鞟〔五〕。"

【注】 〔一〕质:内在的本质,就道德品质而言,指为人质朴,不浮华。"质"与下文的"文"对言。〔二〕何以:何用,为什么用。为:句末语气词,经常与"何以"相应。文:外在的文饰,就文辞礼仪的修养而言,指文华风采。邢昺《注疏》:"卫大夫棘子成言:君子之人,淳质而已,则可矣,何用文章乃为君子? 意疾时多文章。"参见:"质胜文则野,文胜质则史。文质彬彬,然后君子"(6.18)。〔三〕"惜乎"两句:可惜呀! 夫子您竟这样来解说君子。皇侃《义疏》引郑玄曰:"惜乎夫子之说君子也。"朱熹《集注》:"言子成之言,乃君子之意。然言出于舌,则驷马不能追之,又惜其失言也。"杨伯峻《译注》:"惜乎夫子之说君子也:朱熹《集注》把它作两句读:'惜乎! 夫子之说,君子也。'便应该这样翻译:'先生的话,是出自君子之口,可惜说错了。'我

则以为'夫子之说君子也'为主语,'惜乎'为谓语,此为倒装句。"夫子:指棘子成。棘子成是卫国大夫,凡大夫都可以被尊称为"夫子"。〔四〕驷(sì)不及舌:话一说出口,四匹马拉的车也是追不回来的。谓说话当慎重。成语"一言既出,驷马难追"即本于此。驷:古代一车套四马,因以称驾一车的四匹马或四匹马拉的车。舌:指说出来的话。皇侃《义疏》引郑玄曰:"过言一出,驷马追之,不及舌也。"〔五〕鞟(kuò):同"鞹",去掉了毛的兽皮,即革。《说文·革部》:"鞹,去毛皮也。《论语》曰:'虎豹之鞟。'"邢昺《注疏》引孔安国曰:"皮去毛曰鞟。虎豹与犬羊别者,正以毛文异耳。今使文质同者,何以别虎豹与犬羊邪?"

【译】 棘子成说:"君子只要质朴就行了,要文饰又有什么用呢?"子贡说:"可惜呀! 夫子您竟这样来解说君子。一言既出,驷马难追。文饰如同质朴〔一样重要〕,质朴如同文饰〔一样重要〕。如果去掉毛色花纹,虎豹之革如同犬羊之革。"

【记】 本章记子贡论"文"与"质"的关系。棘子成为强调"质"的重要性而否认"文"。子贡纠正了棘子成的偏颇。

12.9 哀公問於有若曰:"年饑,用不足,如之何?"
有若對曰:"盍徹乎〔一〕?"
曰:"二〔二〕,吾犹不足,如之何其徹也?"
對曰:"百姓足,君孰與不足? 百姓不足,君孰與足?"

【注】 〔一〕盍:何不,为什么不。彻:十分税一的赋税制度,又称"什一"。这里用如动词。这种按10%征税的税制,曾为儒家学派广为宣扬。《孟子·滕文公上》:"夏后氏五十而贡,殷人七十而助,周人百亩而彻,其实皆什一也。"赵岐注:"民耕五十亩,贡上五亩;耕七十亩者,以七亩助公家耕;百亩者,彻取十亩以为赋。贡、助、彻都是西周以前的租税制度。关于"彻"的含义和彻法的内容,学界争论很大,还没有定论。史学家陈登源考证"彻"的原始含义是:"通量土地之所入,而取之于民",认为彻是按什一的比率征收的实物租赋。〔二〕二:十分之二,指十分抽二的税率。关于鲁国什二之税的起始有二说:一说始自鲁宣公十五年(公元前594年)"初税亩"。杜预《左传注》说:"公田之法,十取其一。今履其余亩复十收其一,故哀公曰:'二,吾犹不足。'"朱熹《集注》本此说。另一说始自鲁哀公十二年(公元前483年)"用田赋",即在什一税之外另加军赋,遂成什二。

【译】 鲁哀公向有若问道:"年成不好有饥荒,〔国家财政〕用度不足,怎么办呢?"

有若回答道:"为什么不实行十分税一的'彻'税法呢?"

〔哀公〕说:"十分税二,我还不够用,怎么能实行那个'彻'税法呢?"

〔有若〕回答道:"百姓富足了,君上能受谁牵累而不富足呢? 百姓不富足,君上能沾谁的光而富足呢?"

【记】 本章记有若主张实行什一之税。有若向鲁哀公说明了只有人民富裕,国家才能富强的道理,反映出儒家的"民本"思想和重视培养税源的理财思想。孔子倡导减轻农民负担的轻税政策,主张"敛从其薄"(《左传·哀公十一年》)。"百姓足,君孰与不足;百姓不足,君孰与足",有子的这种"轻税富民"的治税思想与孔子一脉相承,被历代儒家奉为治国安邦的重要原则之一。尽管这种思想在多数朝代都不能见诸实践,但在中国税收思想史上始终占有重要地位。

12.10 <u>子張</u>問崇德辨惑。子曰:"主忠信,徙義,崇德也〔一〕。愛之欲其生,惡之欲其死。既欲其生,又欲其死,是惑也。'誠不以富,亦祇以異〔二〕。'"

【注】 〔一〕徙(xǐ)義:谓见义即改变意念而从之,按照义去做事。何晏《集解》引包咸曰:"徙义,见义则徙意而从之。"徙:迁移。〔二〕"诚不"句:出自《诗·小雅·我行其野》。意思是:不愿服从受摆布,只得离异上归途(程俊英《诗经译注》)。何晏《集解》引郑玄曰:"祇,适也。言此行诚不可以致富,适足以为异耳。取此诗之异义以非之。"这两句诗与论述内容没有很密切的关联,有人怀疑是"错简"(古书以竹简按次串联编成,竹简前后次序错乱谓"错简")。朱熹《集注》引程子曰:"此错简,当在十六篇'齐景公有马驷'(16.12)之上,因此下文有'齐景公'字(12.11)而误也。"

【译】 子张问怎样提高品德,辨别迷惑。孔子说:"以忠诚信实为主,努力做到义,就是提高品德。喜爱一个人就希望他永远活着,厌恶起来又恨不得让他死去,既要他活,又要他死,这就是迷惑。〔《诗经》上说:〕'诚然不足以致富,而恰恰足以生异。'"

【记】 本章记孔子论"崇德辨惑"。孔子希望人们秉持"忠信""仁义"之道为人做事,不要感情用事,否则就会陷于迷惑之中。

12.11　齊景公問政於孔子。孔子對曰："君君，臣臣，父父，子子。"公曰："善哉！信如君不君，臣不臣，父不父，子不子，雖有粟，吾得而食諸？"

【译】　齐景公向孔子问政道。孔子答道："君尽君道，臣尽臣道，父尽父道，子尽子道。"景公说："好啊！诚然，如果君不尽君道，臣不尽臣道，父不尽父道，子不尽子道，即使粮食再多，我能吃得着吗？"

【记】　本章记孔子告诫齐景公要正名分，以维护宗法等级制度。"君君，臣臣，父父，子子"就是要君臣父子都各安本分。鲁昭公末年，孔子到齐国。齐景公问政时，孔子作了以上的回答。景公虽然口头上赞许孔子的意见，却未能真正采纳。

12.12　子曰："片言可以折獄者〔一〕，其由也與？"
子路無宿諾〔二〕。

【注】　〔一〕片言：片面之辞。《太平御览》六三九引郑玄注："片读为半，半言单辞。"单辞即原告与被告诉讼双方中一方的片面言辞。折狱：判决诉讼案件。此句表现了子路的轻率急躁。〔二〕无宿诺：没有未及时兑现的诺言。许诺就要实现，从不拖延。宿：隔夜。朱熹《集注》："宿，留也，犹宿留之宿。急于践言不留其诺也。"此句说明子路勇于实践。"子路无宿诺"这句话与上文没有逻辑关系，可能原本不是一章的。陆德明《释文》："或分此为别章。"

【译】　孔子说："仅根据〔诉讼双方之中的〕一面之辞，就可以断案的，大概只有仲由吧！"
子路没有拖延未兑现的诺言。

【记】　本章记孔子评论子路的急躁。而"子路无宿诺"，又指出了生性鲁莽的子路值得称道的一面。

12.13　子曰："聽訟〔一〕，吾猶人也。必也使無訟乎〔二〕！"

【注】 〔一〕听(聽)讼：审理诉讼案件。听：审察，断决，治理。据《史记·孔子世家》，孔子在鲁定公时，曾为大司寇，掌管刑狱、纠察等事，所以有"听讼"的经历。〔二〕必：一定，必须。朱熹《集注》引杨时曰："子路片言可以折狱，而不知以礼逊为国，则未能使民无讼者也。故又记孔子之言，以见圣人不以听讼为难，而以使民无讼为贵。"

【译】 孔子说："审理诉讼，我同别人差不多。一定要让人们没有诉讼〔才好〕。"

【记】 本章记孔子论"听讼"。"德治"和"礼治"是孔子在统治方法上的重要主张。他认为统治者实行"德治"和"礼治"，就可以"胜残去杀"，使残暴的人化而为善，因而废除刑杀，从而达到"无讼"的境界。参见："道之以德，齐之以礼，有耻且格"(2.3)、"礼乐不兴，则刑罚不中"(13.3)、"善人为邦百年，亦可以胜残去杀矣"(13.11)。

12.14　子張問政。子曰："居之無倦，行之以忠。"

【译】 子张问为政之道。孔子说："在位尽职不要倦怠，执行政令要忠实。"

12.15　子曰："博學於文，約之以禮，亦可以弗畔矣夫！"

【注】 〔一〕本章与6.27文字略同，可参阅。

【译】 孔子说："广泛地学习文献，再用礼节来约束自己，也就可以不致于背离大道了。"

12.16　子曰："君子成人之美，不成人之惡。小人反是。"

【译】 孔子说："君子成全别人的好事，不帮别人做成坏事。小人则与此相反。"

【记】 本章记孔子论君子与小人的区别。朱熹《集注》："成者，诱掖奖劝以成其事也。君子小人，所存既有厚薄之殊，而其所好又有善恶之异。故其用心不同如此。"

12.17　季康子問政於孔子。孔子對曰:"政者,正也。子帥以正〔一〕,孰敢不正?"

【注】〔一〕帥:带头。

【译】　季康子向孔子问为政之道。孔子回答说:"政,就是正。您带头走正道,谁敢不走正道?"

【记】　本章记孔子告诫为政者要以身作则。孔子推崇"贤人政治",认为统治者应该是君子贤者。如果统治者个人不带头端正自己,成为道德的表率,就无法实现"德治"。季康子是当时专鲁政的权臣,孔子与他谈及这点,既是对他的规劝,也是对他的期望。

12.18　季康子患盜〔一〕。問於孔子。孔子對曰:"苟子之不欲〔二〕,雖賞之不竊〔三〕。"

【注】　〔一〕盗:偷窃或抢劫财物的人。〔二〕苟:假如,如果。欲:贪欲。之:介词。〔三〕赏:奖赏,奖励。《说文·贝部》:"赏,赐有功也。"朱熹《集注》:"言子不贪欲,则虽赏民使之为盗,民亦知耻而不窃。"

【译】　季康子担忧盗贼多。向孔子求教。孔子答:"假若您不贪求太多的财货,就是奖励偷抢,他们也不会干。"孔子回答道:"假如您不贪求财利,就是奖励盗窃,也没有人去盗窃。"

12.19　季康子問政於孔子曰:"如殺無道〔一〕,以就有道〔二〕,何如?"孔子對曰:"子爲政,焉用殺?子欲善而民善矣。君子之德風,小人之德草。草上之風〔三〕,必偃〔四〕。"

【注】　〔一〕无道:不行正道的奸人。〔二〕就:趋向,亲近。〔三〕草上之风:风吹到草上。

上：施加，施用。何晏《集解》引孔安国曰："加草以风，无不仆者。"〔四〕偃（yǎn）：仆倒，倒下。这里比喻被折服，被感化。

【译】 季康子向孔子问为政之道，说："如果杀掉不行正道的奸人，而去亲近走正道的好人，如何呢？"孔子回答说："您治理国政，何必杀人呢？您要是想做好事，百姓也会做好事的。君子的品德好比是风，小人的品德好比是草。风吹到草上，〔草〕必然〔随风〕倒下。"

【记】 本章记孔子向季康子介绍他的德治思想。据《春秋》及《左传》，季孙斯（桓子）死于哀公三年（公元前492年）秋七月，季孙肥（康子）随即袭位。其时，孔子正在周游列国。则以上三章所记之事，当在鲁哀公十一年（公元前484年）孔子归鲁之后。

12.20 子張問："士何如斯可謂之達矣〔一〕？"子曰："何哉，爾所謂達者？"子張對曰："在邦必聞，在家必聞。"子曰："是聞也〔二〕，非達也。夫達也者，質直而好義，察言而觀色，慮以下人。在邦必達，在家必達。夫聞也者，色取仁而行違，居之不疑。在邦必聞，在家必聞。"

【注】 〔一〕达：通达，显达。这里指美名与美质名副其实。朱熹《集注》："达者，德孚于人而行无不得之谓。"〔二〕闻：具有名声、名望。这里指虚有其名，名实不副。朱熹《集注》："闻与达相似而不同，乃诚伪之所以分，学者不可不审也。"

【译】 子张问："士，怎样才可称得上'达'？"孔子说："你所说的'达'指什么？"子张回答说："在诸侯之国做大臣一定有名声，为大夫之家做家臣一定有名声。"孔子说："这只是'闻'，而不是'达'。所谓'达'者，要品质正直，喜好大义，善于分析别人的言语，观察别人的脸色，经常想着对人谦恭有礼。〔这样的人〕在诸侯之国做大臣一定'达'，为大夫之家做家臣一定'达'。至于所谓'闻'者，表面上好像主张仁德，行动上却违反仁德，还以仁人自居而不怀疑自己。〔这样的人〕在诸侯之国做大臣一定会〔骗取〕虚名，在大夫之家做家臣也一定会〔骗取〕虚名。"

【记】 本章记孔子为"闻"与"达"正名。"达"重在自身的修养，诚心务实，自修于内;"闻"着眼于他人的赞赏,外求虚名,欺世盗名。朱熹《集注》引程子曰:"学者须是务实,不要近名。有意近名,大本已失。更学何事?为名而学,则是伪也。今之学者,大抵为名。为名与为利虽清浊不同,然其利心则一也。"

12.21　樊遲從遊於舞雩之下〔一〕,曰:"敢問崇德、修慝〔二〕、辨惑。"子曰:"善哉問! 先事後得,非崇德與? 攻其惡〔三〕,無攻人之惡,非修慝與? 一朝之忿,忘其身,以及其親,非惑與?"

【注】〔一〕舞雩:见11.26注。〔二〕修慝(tè):消除恶念。修:整治而加以消除改正。慝:邪恶。朱熹《集注》引胡寅曰:"慝之字从心从匿,盖恶之匿于心者。修者,治而去之。"〔三〕攻其恶:自我批评。攻:批判,指责。其:指代自己。孔子特别强调攻己之恶。攻人之恶易,攻己之恶难。

【译】　樊迟陪着〔孔子〕在舞雩台下闲游,说:"敢问怎样崇尚道德、消除恶念、辨明迷惑。"孔子说:"问得好啊! 首先努力去做该做的事,不计较以后得到的收获,不是崇尚道德么? 批判自己的过错,不去批判别人的过错,不就是消除恶念么? 忍不住一时的忿怒,而忘掉自身的安危,以至连累自己的父母,不是执迷不悟吗?"

【记】　本章记孔子论"崇德、修慝、辨惑"。子张也向孔子问过"崇德、辨惑"(12.10),可参看。

12.22　樊遲問仁。子曰:"愛人。"問知〔一〕。子曰:"知人。"
樊遲未達〔二〕。子曰:"舉直錯諸枉〔三〕,能使枉者直。"
樊遲退,見子夏曰:"鄉也吾見於夫子而問知〔四〕,子曰:'舉直錯諸枉,能使枉者直。'何謂也?"
子夏曰:"富哉言乎! 舜有天下,選於眾,舉皋陶,不仁者遠矣〔五〕。湯有天下,選於眾,舉伊尹,不仁者遠矣。"

【注】〔一〕知:同"智"。〔二〕未达:没明白,没透彻理解。朱熹《集注》引曾几曰:"迟之意,盖以爱欲其周,而知有所择,故疑二者之相悖尔。"〔三〕错:通"措",放置。参见:"举直错诸

枉,则民服;举枉错诸直,则民不服"(2.19)。〔四〕乡(xiàng):也作"曏",不久以前,刚才。
〔五〕远:疏远,远离。

【译】 樊迟问什么是仁。孔子说:"爱人。"〔樊迟又〕问什么是智。孔子说:
"知人。"

樊迟不明白是什么意思。孔子说:"推举选拔正直之人,安排的位置在邪恶
的人之上,把他们放在歪邪之人上面进行统治,能使歪邪之人正直起来。"

樊迟〔从孔子那儿〕退出来,见到子夏,说:"刚才我进见夫子,询问什么是智,
老师说:'推举选拔正直之人,安排的位置在邪恶的人之上,把他们放在歪邪之人
上面进行统治,能使歪邪之人正直起来。'这话是什么意思呀?"

子夏说:"这话多么富有寓意呀!舜有了天下,在众人中选拔人才,推举了皋
陶,不仁之人就被疏远了。汤有了天下,在众人中选拔人才,推举了伊尹,不仁之
人就被疏远了。"

【记】 本章记孔子论"仁"与"知"。仁者爱人,但要爱人,就必须知人。看到
樊迟不理解"爱人"与"知人"的关系,孔子就用具体的治国实践向他解释。"举直
而错诸枉"是以实际行动来推行仁道。要做到这一点,必须能爱人、知人善任。
这既是修身的问题,又是治国的大纲,显示了孔子关于"仁""知"学说的内涵,所
以子夏说"富哉言乎"。

12.23 子貢問友。子曰:"忠告而善道之〔一〕,不可则止,毋
自辱焉〔二〕。"

【注】 〔一〕善道(dǎo):善加诱导。道:通"導(导)",引导,诱导。陆德明《释文》:"道,导
也。"〔二〕毋(wú):勿,不要。自辱:自取其辱。

【译】 子贡问交友之道。孔子说:"忠言相告,善加劝导,不听就作罢,不要
自取其辱。"

【记】 本章记孔子论交友之道。孔子认为交友要秉持中庸之道,忠告善道,
适可而止。如果没有节制,就会招致羞辱和疏远。参见:"朋友数,斯疏矣"
(4.26)。

12.24 曾子曰:"君子以文會友,以友輔仁〔一〕。"

【注】 〔一〕辅仁:培养仁德。何晏《集解》引孔安国曰:"友相切磋之道,所以辅成己之仁。"参见:"友其士之仁者"(15.10)。

【译】 曾子说:"君子用文章学问来聚会结交朋友,依靠朋友互相帮助来培养仁德。"

【记】 本章记曾子论交友之道。以儒家"以友辅德"的交友观来看,交友的目的是为了提高修养。朱熹《集注》:"讲学以会友,则道益明;取善以辅仁,则德日进。"

子路篇第十三

【题解】《子路篇》共 30 章。

本篇各章都记孔子之语。内容非常纷杂,主要从治政与道德两个方面论述。(一)在治政方面,有答问式的论政,如:子路问政(13.1)、仲弓问政(13.2)、冉有问政(13.9)、鲁定公问"一言兴邦一言丧邦"(13.15)、叶公问政(13.16)、子夏问政(13.17)。其他的都是孔子就一个话题展开论为政之道:有要求为政者以身作则的:13.6、13.13。有关于德治的:13.4。有关于教民作战的:13.29、13.30。有关于"正名"的:13.3、13.14。有谈政治理想的:13.10、13.11、13.12。有论时政的:13.7。(二)在道德方面,有谈"仁"的:13.19、13.27。有谈"恒"的:13.22。有谈如何作"士"的:13.20、13.28、13.5。有谈君子小人之别的:13.23、13.25、13.26。有关于反"乡原"的:13.24。有关于"亲亲相隐"伦理的:13.18。有谈交友的:13.21。此外,还有评论人物(卫公子荆)1 章:13.8。

出自本篇的名言或成语有:先之劳之、举尔所知、名不正则言不顺、其身正不令而行、其身不正虽令不从、三年有成、一言而可以兴邦、欲速则不达、父为子隐、子为父隐、直在其中矣、行己有耻、使于四方、不辱君命、言必信、行必果、斗筲之人、何足算也、不占而已矣、君子和而不同、小人同而不和、君子泰而不骄、小人骄而不泰等。

13.1　子路問政。子曰:"先之勞之〔一〕。"請益〔二〕。曰:"無倦〔三〕。"

【注】〔一〕先之:指为政者身体力行,率先垂范。劳之:指为政者以身作则以带动百姓。之:指百姓。朱熹《集注》引苏轼曰:"凡民之行,以身先之,则不令而行。凡民之事,以身劳之,则虽勤不怨。"〔二〕请益:请求给予更详细、明确的指导。〔三〕无倦:不要倦怠。参见"居之无倦"(12.14)。

【译】 子路问为政之道。孔子说:"做表率取信于民,然后再带动役使百姓。"〔子路〕请求多讲一点。〔孔子〕说:"不要倦怠。"

【记】 本章记孔子论为政治国的关键在于为政者以身作则。子路性急,对孔子所说的有些不满足,觉得不难做到,因此要求再增加一些要求,孔子后来说的"无倦"实际上并没有再多加要求,是针对子路鲁莽为政的弱点而发的。朱熹《集注》引程子曰:"子路问政,孔子既告之矣。及请益,则曰'无倦'而已。未尝复有所告,姑使之深思也。"

13.2 <u>仲弓</u>爲<u>季氏</u>宰,問政。子曰:"先有司〔一〕,赦小過,舉賢才。"

曰:"焉知賢才而舉之?"子曰:"舉爾所知;爾所不知,人其舍諸〔二〕?"

【注】〔一〕先有司:指自己应当为手下的办事人员带头。一说是指先派定管事人员。何晏《集解》引王肃曰:"言为政当先任有司,而后责其事。"〔二〕舍:舍弃,放弃。诸:代词"之"和疑问语气词"乎"的合音。

【译】 仲弓做季氏的家臣,问为政之道。孔子说:"〔凡事〕给手下办事人员做表率,宽赦别人的小错误,推举贤良人才。"

〔仲弓〕说:"怎样才能了解贤良人才而把他们选拔出来呢?"孔子曰:"选拔你所知道的。你所不知道的,别人难道会把他们舍弃吗?"

【记】 本章记孔子传授仲弓做家臣的要领。"先有司,赦小过,举贤才"这三条不仅适用于家臣,对于治国家平天下也是适用的。

13.3　子路曰:"衞君待子而爲政〔一〕,子將奚先?"

子曰:"必也,正名乎〔二〕!"

子路曰:"有是哉,子之迂也〔三〕! 奚其正〔四〕?"

子曰:"野哉〔五〕,由也! 君子於其所不知,蓋闕如也〔六〕。名不正,則言不順;言不順,則事不成;事不成,則禮樂不興〔七〕;禮樂不興,則刑罰不中〔八〕;刑罰不中,則民無所錯手足〔九〕。故君子名之必可言也,言之必可行也。君子於其言,無所苟而已矣〔十〕。"

【注】〔一〕卫君:指卫出公辄。朱熹《集注》:"卫君,谓出公辄也。是时鲁哀公之十年,孔子自楚反乎卫。"〔二〕正名:使名分正。辨正名称、名义、名分,使名实相符。张岱年《中国古典哲学概念范畴要论》:"孔子所谓'正名'意指确定事物名称的含义,规定事物的正确名称。"正:使动用法。皇侃《义疏》:"云'子曰必也正名乎'者,孔子答曰:若必先行,正百物之名也。所以先须正名者,为时昏礼乱,言语翻杂,名物失其本号,故为政必以正名为先也。所以下卷云'邦君之妻,君称之曰夫人'之属,是正名之类也。"当时礼坏乐崩,名称、名义、名分混乱,与旧的现实极不相符。孔子所要纠正的,就是这种有关伦理和政治的用词不当的现象。孔子正名的具体例子,参见:"君君,臣臣,父父,子子"(12.11)、"是闻也,非达也"(12.20)、"其事也。如有政,虽不吾以,吾其与闻之"(13.14)。〔三〕有是哉,子之迂也:您的迂腐竟然到了如此地步!"子之迂也"是主语,"有是哉"是谓语。迂:迂腐,拘泥守旧,不切实际。朱熹《集注》:"迂,谓远于事情,言非今日之急务也。"〔四〕奚其正:为什么要正名?谓没有正名的必要。其:句中语气词,加强反问语气。〔五〕野:鄙陋,粗野。朱熹《集注》:"野,谓鄙俗。"〔六〕盖:句首语气词,有"大概"的意思,实际上表示肯定。阙如:存疑,阙而不论。阙:同"缺"。如:词尾。何晏《集解》引包咸曰:"君子于其所不知,当阙而勿据。"孔子主张谨慎,对还没搞清楚的疑难问题、缺乏确凿根据的事,应暂时搁置,不武断,不妄说。〔七〕礼乐:礼节和音乐,指教化。儒家认为通过兴礼乐可以达到尊卑有序、远近和合的统治目的。兴:盛。〔八〕不中(zhòng):不得当。中:得当,恰当,适合。〔九〕错:同"措",放置。无所措手足:没有放手脚的地方,意思是说不知如何是好。成语"手足无措"即本于此。〔十〕苟:苟且,随便,马虎。跟"敬"相对。

【译】　子路〔对孔子〕说:"〔假如〕卫国国君等待您去治理国家,您将要首先做什么事呢?"

孔子说:"必须先正名吧。"

子路说:"您的迂腐竟然到了如此地步! 为什么要正名呢?"

孔子说:"好粗野啊,仲由! 君子对自己所不知道的事情,大概总得抱着存疑的态度吧。〔如果〕名不正，那么言语就不顺当；言语不顺当，那么政事就办不成；政事办不成，那么礼乐就不能兴盛起来；礼乐兴盛不起来，那么刑罚的执行就不会得当；刑罚执行不得当，那么人民就手足失措。所以，君子用一个词，一定〔有它一定的理由，〕可以说得出来；而顺理成章的话也一定行得通。君子对自己所说的话，力求没有一点马虎的地方罢了。"

【记】 本章记孔子论"正名"。这一章与《述而篇》"夫子为卫君"章(7.15)有关，当合读。

13.4 樊遲請學稼。子曰："吾不如老農。"請學爲圃〔一〕。曰："吾不如老圃。"

樊遲出。子曰："小人哉，樊須也！上好禮，則民莫敢不敬；上好義，則民莫敢不服；上好信，則民莫敢不用情〔二〕。夫如是，則四方之民襁負其子而至矣〔三〕，焉用稼？"

【注】 〔一〕圃(pǔ)：种菜。何晏《集解》引马融曰："树菜蔬曰圃。"〔二〕用情：以真实的感情相待。情：诚。《史记·仲尼弟子列传》："上好信，则民莫敢不用情。"裴骃《史记集解》引孔安国曰："情，实也。言民化上各以实应。"〔三〕襁(qiǎng)：背负婴儿用的背带、布兜。《说文·衣部》："襁，负儿衣。"

【译】 樊迟请教学习种庄稼。孔子说："我不如老农夫。"〔樊迟〕请教学习种菜。〔孔子〕说："我不如老菜农。"

樊迟退出。孔子说："真是小人呀，樊须。居上位的人重视礼，百姓就不敢不尊敬；居上位的人重视义，百姓就不敢不服从；居上位的人重视信，百姓就不敢不真诚效劳。若能如此，那么四方百姓就会背负着襁褓中的子女来投奔，〔从政者〕哪里用得着亲自去种庄稼呢？"

【记】 本章记孔子主张执政者要抓大事，具体事务由有关部门负责，不必亲力亲为。樊迟向以追求大道为己任的孔子咨询农学，引起孔子不满，所以受到了批评。

13.5　子曰:"誦《詩》三百,授之以政,不達〔一〕;使於四方,不能專對〔二〕;雖多,亦奚以爲〔三〕?"

【注】　〔一〕达(達):通达,会运用。〔二〕专对(專對):谓任使节时独自根据外交的具体情况,随机应答。何晏《集解》:"专,犹独也。"外交使臣在处理事务时,不可能事事请示,所以必须有"专对"的能力。又,外交辞令多借赋《诗》言志,故"诵诗三百"是外交人才的必备才能。参见:"不学《诗》,无以言"(16.13)。〔三〕以:用。为:句末语助词,跟"奚""何"诸字连用,表示感慨或疑问。

【译】　孔子说:"熟读《诗》三百篇,派他从政做官,却不会理政;派他出使四方,却不能独立应对,即使读得再多,又有什么用呢?"

【记】　本章记孔子以学《诗》为例谈学以致用。学的目的在于行,所以读书必须要活学活用。

13.6　子曰:"其身正,不令而行〔一〕;其身不正,雖令不從。"

【注】　〔一〕令:下令。何晏《集解》:"令,教令也。"

【译】　孔子说:"〔统治者〕自身品行端正,就是不下命令,民众也会照着去做;〔统治者〕本身品行不端正,即使发布命令,民众也不会听从。"

【记】　本章记孔子要求统治者以身作则。参见:"政者,正也。子帅以正,孰敢不正"(12.17)、"苟正其身矣,于从政乎何有"(13.13)。

13.7　子曰:"魯衛之政,兄弟也〔一〕。"

【注】　〔一〕兄弟:鲁、卫本兄弟之国,当时衰乱又似难兄难弟,所以孔子有这样的感叹。《集解》引包咸曰:"鲁,周公之封。卫,康叔之封。周公、康叔既为兄弟,康叔睦于周公,其国之政亦如兄弟。"

【译】　孔子说:"鲁国、卫国的政治,像〔难〕兄〔难〕弟一样。"

【记】 本章记孔子感叹鲁卫两国的政治衰颓。当时卫出公以子抗父，"三桓"在鲁国世代专政，到处是礼坏乐崩的迹象。

13.8 子谓卫公子荆：''善居室〔一〕，始有〔二〕，曰：'苟合矣〔三〕。'少有，曰：'苟完矣。'富有，曰：'苟美矣。'''

【注】 〔一〕善居室：善于管理家业、管理财务经济，会过日子。〔二〕有：富有。刘宝楠《正义》："有者，有财也。"〔三〕苟：诚然。合：通"给"。足够（依俞樾《群经平议》）。

【译】 孔子评论卫国的公子荆，说："他善于管理家业。开始有些财产时，〔公子荆〕便说：'实在是足够了。'再增加一些财产时，〔他〕便说：'实在太完备了。'到财产富足时，〔他〕说：'实在太华美了。'"

【记】 本章记孔子称赞公子荆不爱奢侈、知足长乐的生活态度。朱熹《集注》引杨时曰："务为全美，则累物而骄吝之心生。公子荆皆曰苟而已，则不以外物为心，其欲易足故也。"一说因当时奢侈成风，"故夫子称之，且以风当时世禄怙侈成风者"（王肯堂《论语义府》）。

13.9 子适卫，冉有仆〔一〕。子曰："庶矣哉〔二〕！"
冉有曰："既庶矣，又何加焉〔三〕？"曰："富之〔四〕。"
曰："既富矣，又何加焉？"曰："教之〔五〕。"

【注】 〔一〕适：往，到。仆（僕）：动词，驾驭车马。何晏《集解》引孔安国曰："孔子之卫，冉有御。"驾驭车马之人谓之"仆夫"。《诗·小雅·出车》："召彼仆夫，谓之载矣。"毛传："仆夫，御夫也。"〔二〕庶矣哉：〔卫国人〕真多啊！庶：众多。何晏《集解》引孔安国曰："庶，众也。言卫人众多。"按，最早推行鼓励增殖人口政策的是管子。他在辅助齐桓公建立霸业时就曾下令"丈夫二十而室，妇人十五而嫁"（《国语·齐语》），驱使青年男女早婚早育。孔子也明确地论述了鼓励人口增加的思想，认为一个国家应当人口众多，"地有余而民不足，君子耻之"（《礼记·杂记下》）。孔子的中心思想是"仁"，而以体现血亲关系的"孝"为本。他很重视夫妇关系，并把繁衍后代看作婚姻和家庭的基本任务。〔三〕何加：即"加何"。增加什么，进一步干什么。意思是如何治理人口众多的卫国。〔四〕富之：富民，使人民富足。孔子主张先要使民"庶"，然后使民"富"。《管子·治国》："凡治国之道，必先富民。民富则易治也，民贫则难治也。奚以

知其然也？民富则安乡重家，安乡重家则敬上畏罪，敬上畏罪则易治也。民贫则危乡轻家，危乡轻家，则敢陵上犯禁，陵上犯禁则难治也。故治国常富，而乱国常贫。是以善为国者，必先富民，然后治之。"〔五〕教之：教民，教育人民。教：教育，教化。参见："善人教民七年，亦可以即戎矣"(13.29)。孔子在治国上主张先"富之"，再"教之"，在富民的基础上进行教化。

【译】 孔子到卫国，冉有给他驾车。孔子说："〔卫国人〕真多啊！"
冉有说："人口已经很多了，又该怎么办呢？"〔孔子〕说："使人民富裕起来。"
〔冉有〕说："已经富裕起来了，又该怎么办呢？"孔子说："教育人民。"

13.10 子曰："苟有用我者，期月而已可也〔一〕，三年有成。"

【注】 〔一〕期(jī)月：一整年。邢昺《注疏》："期月，周月也，谓周一年之十二月也。"期：同"朞"，周期。

【译】 孔子说："如果有人用我〔治理国家〕，一周年就可以〔初具规模〕，三年就能卓有成效。"

【记】 本章记孔子感叹自己没有机会施展政治抱负。据《史记·孔子世家》，这是孔子在卫灵公不能用他时所说。"期月而已可也，三年有成"犹现在的俗语"一年一个样，三年大变样"。

13.11 子曰："'善人爲邦百年，亦可以勝殘去殺矣〔一〕。'誠哉是言也〔二〕！"

【注】 〔一〕胜残去杀：实行仁政，使残暴之人不再作恶，因而可以废除刑杀。何晏《集解》引王肃曰："胜残，残暴之人使不为恶也；去杀，不用刑杀也。"这句话可能是古语。朱熹《集注》："盖古有是言而夫子称之。"〔二〕是：代词。这，此。

【译】 孔子说："'善人治理国政一百年，也可以克服残暴消除杀戮了。'这句话真说得对呀！"

13.12 子曰："如有王者〔一〕，必世而後仁〔二〕。"

【注】〔一〕王：此作动词用，意为称王天下。〔二〕世：古称三十年为一世。何晏《集解》引孔安国曰："三十年曰世。"

【译】 孔子说："如果有王者兴起，也一定要经过三十年以后才能实施仁政。"

13.13 子曰："苟正其身矣，於從政乎何有？不能正其身，如正人何？"

【译】 孔子说："如果端正了自身〔品行〕，从事政治还有什么〔困难〕呢？自身不能端正，怎样使别人端正呢？"

13.14 冉子退朝〔一〕。子曰："何晏也〔二〕？"對曰："有政。"子曰："其事也。如有政，雖不吾以〔三〕，吾其與聞之〔四〕。"

【注】〔一〕朝：指冉求进见季氏。古代凡见人皆称"朝"，但家臣无朝国君之事。朱熹《集注》："季氏之私朝也。"〔二〕晏（yàn）：晚，迟。〔三〕以：用。"不吾以"即"不以吾"。〔四〕与（yù）闻：参与并且得知（内情）。孔子是"国老"，可以与闻国政的。《左传·哀公十一年》记载，季氏以用田赋的事征求孔子意见，并且说："子为国老，待子而行。"

【译】 冉求〔从季氏〕内朝退下。孔子说："为何回来晚了？"〔冉求〕回答说："有政务。"孔子说："是〔季氏私家一般的〕事务吧。如果有〔国家〕政务，虽然〔国君〕不任用我了，我也会有所耳闻的。"

【记】 本章记冉有一时用词不当，没有分清"政"和"事"的区别。孔子为之正名，其实是提醒他不要忘记公室、国务。

13.15 定公問："一言而可以興邦，有諸〔一〕？"
孔子對曰："言不可以若是其幾也〔二〕。人之言曰：'爲君難，爲臣不易。'如知爲君之難也，不幾乎一言而興邦乎？"
曰："一言而喪邦，有諸？"

孔子對曰:"言不可以若是其幾也。人之言曰:'予無樂乎爲君,唯其言而莫予違也。'如其善而莫之違也,不亦善乎?如不善而莫之違也,不幾乎一言而喪邦乎?"

【注】 〔一〕诸:代词"之"和疑问语气词"乎"的合音。〔二〕几(jǐ):通"冀",期望,希望。朱熹《集注》:"几,期也。《诗》曰:'如几如式。'言一言之间,未可以如此而必期其效。"

【译】 鲁定公问:"一句话就可以使国家兴盛,有这样的话吗?"

孔子回答说:"〔对一句〕话不能寄予如此大的期望。有人说:'做君主难,做臣下也不容易。'如果知道做君主难,这岂不接近于'一句话就可以使国家兴盛'吗?"

〔鲁定公〕说:"一句话就可以使国家丧失,有这样的话吗?"

孔子回答说:"〔对一句〕话不能寄予如此大的期望。有人说:'我做君主并没有什么可高兴的,只是〔高兴〕我说的话没有人违抗。'如果君主说的话正确,而没有人违抗,不也是很好吗?如果说的话不正确,而没有人违抗,这岂不接近于'一句话就可以使国家丧失'吗?"

【记】 本章记孔子向鲁定公揭示防微杜渐的道理。一言兴邦、一言丧邦只是夸张的说法。朱熹《集注》引谢良佐曰:"知为君之难,则必敬谨以持之。惟其言而莫予违,则谗谄面谀之人至矣。邦未必遽兴丧也,而兴丧之源分于此。然此非识微之君子,何足以知之?"

13.16 葉公問政。子曰:"近者悦,遠者來。"

【译】 叶公问为政之道。孔子说:"使近处的人民感到喜悦,使远方的人民来投奔归附。"

13.17 子夏爲莒父宰〔一〕,問政。子曰:"無欲速〔二〕,無見小利。欲速,則不達〔三〕;見小利,則大事不成。"

【注】 〔一〕莒父(jǔ fǔ):鲁国邑名。据谭其骧主编《中国历史地图集》,其地在今山东莒

县西。一说在今山东高密东南(《山东通志》)。宰:邑宰。邑、县一级的地方行政长官。春秋卿大夫的家臣和采邑的长官都称"宰"。《公羊传·隐公元年》:"宰者何? 官也。"〔二〕无欲速:办事不要企图很快成功。〔三〕欲速则不达:性急求快反而不能达到目的。达:到达。不达:指达不到目的。

【译】 子夏做莒父邑的长官,问为政之道。孔子说:"不要贪图速成,不要只见小利。贪图速成,反而不能达到目的;只见小利,那么就做不成大事。"

【记】 本章记孔子告诫子夏为政不可急功近利,因小失大。何晏《集解》引孔安国曰:"事不可以速成,而欲其速则不达矣。小利妨大,则大事不成也。"

13.18 葉公語孔子曰:"吾黨有直躬者〔一〕,其父攘羊〔二〕,而子證之〔三〕。"孔子曰:"吾黨之直者異於是:父爲子隱,子爲父隱〔四〕。——直在其中矣〔五〕。"

【注】 〔一〕党:指乡党。直躬:以直道立身。何晏《集解》引孔安国曰:"直躬,直身而行也。"〔二〕攘羊(rǎng):偷羊,这里指羊走到自己的家中而将它占为己有。朱熹《集注》:"有因而盗曰攘。"〔三〕证:检举,告发。《说文·言部》:"证,告也。"〔四〕父为子隐:父亲为儿子隐瞒劣迹。隐:隐瞒,隐讳。父子是至亲骨肉,即使对方有错,也要在外人面前为之隐瞒。〔五〕直在其中:孔子伦理哲学的基础就在于子之"孝"和父之"慈",因之说父子相隐,直在其中。邢昺《注疏》:"子苟有过,父为隐之,则慈也;父苟有过,子为隐之,则孝也。孝慈则忠,忠则直也,故曰'直在其中矣'。"

【译】 叶公告诉孔子说:"我们乡党有个正直之人,他的父亲偷了羊,他便去告发。"孔子说:"我们乡党的正直之人与你所讲的不一样:父亲为儿子隐瞒,儿子为父亲隐瞒——正直的品德就在其中了。"

【记】 本章记孔子"亲亲相隐"的伦理思想。在法律问题上,孔子认为正直的品德不是父子互相告发而是互相隐瞒。"父为子隐,子为父隐,直在其中矣",这正是后来中国古代法律中允许"亲亲相隐"的张本。中国古代刑律从维护封建伦常和家族制度、巩固君主专制统治的角度出发,规定亲属之间有互相隐瞒罪行的义务,不告发和不作证的不论罪,反之即构成干名犯义罪。

13.19　樊遲問仁。子曰:"居處恭〔一〕,執事敬,與人忠〔二〕。雖之夷狄〔三〕,不可棄也。"

【注】　〔一〕居处:平日的仪容举止。恭:恭谨而不放肆。〔二〕与人:对待他人。〔三〕之:动词。到,往。

【译】　樊迟问怎样是仁。孔子说:"在家要恭敬规矩,办事要认真谨慎,待人要诚心实意。纵使到了〔未开化的〕夷狄之地,〔这三种德行〕也是不可放弃的。"

【记】　本章记孔子从修己、处事、待人三方面谈仁。认为在这三方面均能按礼行事,就达到了仁。参见:"言忠信,行笃敬,虽蛮貊之邦,行矣"(15.6)。

13.20　子貢問曰:"何如斯可謂之士矣?"子曰:"行己有恥〔一〕,使於四方,不辱君命,可謂士矣。"

曰:"敢問其次。"曰:"宗族稱孝焉,鄉黨稱弟焉〔二〕。"

曰:"敢問其次。"曰:"言必信,行必果,硜硜然小人哉〔三〕! ——抑亦可以爲次矣〔四〕。"

曰:"今之從政者何如?"子曰:"噫! 斗筲之人〔五〕,何足算也〔六〕?"

【注】　〔一〕行己:立身行事。〔二〕弟:同"悌"。敬爱兄长。〔三〕硜(kēng)硜然:浅薄固执的样子。皇侃《义疏》:"硜硜,坚正难移之貌也。"孔子认为信有大小之分,如果在大事上不问是非曲直,"必信""必果",必然会陷于浅薄固执。《孟子·离娄下》:"大人者,言不必信,行不必果,惟义所在。"〔四〕抑亦:副词,表示转折。〔五〕斗筲(shāo)之人:才识短浅、器量狭小的人。斗容十升;筲,竹器,容一斗二升,皆量小的容器。〔六〕算:数。

【译】　子贡问:"如何才配称为'士'?"孔子说:"立身行事能保持羞耻之心;出使四方之国,能不辜负君主委托的使命,这样的人可配称为'士'了。"

〔子贡〕说:"敢问次一等的。"〔孔子〕说:"宗族里的人称赞他孝顺父母,乡里的人称赞他敬爱兄长。"

〔子贡〕说:"敢问再次一等的。"〔孔子〕说:"说话一定守信用,行动一定坚决果断。〔虽然这样做〕是浅薄固执的小人,但也可以算作再次一等的了。"

〔子贡〕说:"如今从政的人如何呢?"孔子说:"哎!这班器量狭小的人,算得了什么数呢?"

【记】 本章记孔子阐述士人的行为准则。在商周时代,士本是贵族中的下层,到了春秋时代,"礼崩乐坏",士阶层成了贵族与平民的交汇点,较多地保存了传统的文化遗产。孔子本人就是士阶层的一员。在士阶层兴起的时刻,孔子及其弟子赋予了士传承大道的历史任务。参见:"曾子曰:'士不可以不弘毅,任重而道远。仁以为己任,不亦重乎?死而后已,不亦远乎'"(8.7)。

13.21 子曰:"不得中行而与之〔一〕,必也狂狷乎〔二〕!狂者进取,狷者有所不为也。"

【注】 〔一〕中行:依中庸之道的言行。何晏《集解》引包咸曰:"中行,行能得其中者,言不得中行则欲得狂狷者。"与:相与,交往。〔二〕狂:志向远大而不切实际者。狷(juàn):拘谨无为而洁身自好者。何晏《集解》引包咸曰:"狂者,进取于善道。狷者,守节无为。欲得此二人者,以时多进退,取其恒一。"朱熹《集注》:"狂者,志极高而行不掩;狷者,知未及而守有余。"《孟子·尽心篇下》"孔子岂不欲中道哉?不可必得,故思其次也。……如琴张、曾皙、牧皮者,孔子之所谓狂矣。……其志嘐嘐然,曰:'古之人!古之人!'夷考其行而不掩焉者也。狂者又不可得,欲得不屑不洁之士而与之,是獧(狷)也,是又其次也。'"可备参考。

【译】 孔子说:"找不到言行合于中庸之道的人与他交往,那一定是要同狂者和狷者交往了。狂者勇于进取;狷者〔洁身自好〕绝不肯为非作歹。"

【记】 本章记孔子感叹世人不行中庸之道。在实际交往中,孔子不能取法乎上,只得退而求其次,结交狂狷。

13.22 子曰:"南人有言曰:'人而无恒,不可以作巫醫〔一〕。'善夫!"

"不恒其德,或承之羞〔二〕。"子曰:"不占而已矣〔三〕。"

【注】 〔一〕巫医:巫师和医师。邢昺《注疏》:"巫主接神除邪,医主疗病。"古代巫、医同

源。《公羊传·隐公四年》何休注:"巫者,事鬼神祷解以治病请福者也。"巫师亦往往掌握一些医术,除祝祷外或兼用一些药物来为人消灾治病。朱熹《集注》:"巫,所以交鬼神;医,所以寄死生。故虽贱役,而犹不可以无常。"〔二〕"不恒"二句:见《易·恒》九三爻辞。意为:如果不能永恒地保持自己的德行,免不了要遭到羞辱。〔三〕占:占卜,算卦。没有恒心的人一定不吉利,用不着再去占问吉凶了。《荀子·大略》:"善为《诗》者不说,善为《易》者不占,善为《礼》者不相,其心同也。"

【译】 孔子说:"南方人有句话说:'人如果没有恒心,不可以当巫医。'〔这话〕真好啊!

〔《易经》上说:〕'如果不能永恒地保持自己的德行,免不了要承受羞辱。'"孔子〔又〕说:"〔这就是告诉没有恒心的人〕不必去占卦罢了。"

【记】 本章记孔子引用当时俗语及《易经》说明人要有恒心。《史记·孔子世家》:"孔子晚而喜《易》……读《易》,韦编三绝。曰:'假我数年,若是,我于《易》则彬彬矣。'"本章语录引"不恒其德,或承之羞",可知孔子确实熟悉《周易》。《易传》旧题孔子所作,现在一般认为是托名孔子的作品,但其中的易理,也难说与孔子思想毫无关系。

13.23　子曰:"君子和而不同⁽一⁾,小人同而不和。"

【注】 〔一〕和而不同:能与人和谐相处,但不盲目苟同,随便附和。和:和谐。同:等同。孔子主张"和"而反对"同"。何晏《集解》:"君子心和,然其所见各异,故曰不同。"朱熹《集注》:"和者,无乖戾之心;同者,有阿比之意。"参见:"君子周而不比,小人比而不周"(2.14)。

【译】 孔子说:"君子,讲求和谐而不随便苟同;小人,随便苟同而不讲求和谐。"

【记】 本章记孔子论君子和小人不同的交友之道。君子以义合,不必结党营私;小人以利相合,无法和谐共处。朱熹《集注》引尹焞曰:"君子尚义,故有不同。小人尚利,安得而和?"

13.24　子貢問曰:"鄉人皆好之⁽一⁾,何如?"子曰:"未

可也〔二〕。"

"乡人皆恶之,何如?"子曰:"未可也。不如乡人之善者好之,其不善者恶之〔三〕。"

【注】 〔一〕好(hào):动词,喜欢。跟恶(wù,憎恶)相对。〔二〕未可:还不能认可。如果一乡之人皆好之,必定是欺世盗名的"乡愿"(17.13)。〔三〕"不如"二句:孔子主张好恶必须有是非标准。参见:"唯仁者能好人,能恶人"(4.3)、"众好之,必察焉;众恶之,必察焉"(15.28)。

【译】 子贡问:"乡人都喜欢他,〔这个人〕怎么样呢?"孔子说:"还不能认可。"

〔子贡又问:〕"乡人都憎恶他,〔这个人〕怎么样呢?"孔子说:"还不能认可。不如是乡中的好人都喜欢他,坏人都憎恶他。"

【记】 本章记孔子提出评判"乡愿"与君子的方法。孔子反对用"乡人皆好之"这样简单多数的民意测试为标准衡量一个人的好坏。"乡人皆好之"者反而一定是讨好所有人的"乡愿"(17.13);"乡人之善者好之,其不善者恶之"(13.24)的才是是非分明、爱憎分明的君子。

13.25 子曰:"君子易事而难说也〔一〕。说之不以道,不说也;及其使人也,器之〔二〕。小人难事而易说也。说之虽不以道,说也;及其使人也,求备焉〔三〕。"

【注】 〔一〕易事:易于事奉。《说苑·杂言》:"曾子曰:'夫子见人之一善而忘其百非,是夫子之易事也。'"这是"君子易事"的一个事例。说:同"悦"。〔二〕器:量才而用。〔三〕求备:事事苛求做到完美无缺。参见:"无求备于一人"(18.10)。

【译】 孔子说:"在君子手下做事很容易,却难以讨他的喜欢。不以正道去讨他的喜欢,他是会不喜欢的。而等到他用人的时候,总能量才而用。在小人手下做事很困难,却容易讨他喜欢。即使不以正道去讨他的喜欢,他也会喜欢的。而等到他用人的时候,总是求全责备。"

【记】 本章记孔子论君子小人的待己待人之道不同。君子出于公心而待人宽厚,小人出于私心而待人刻薄。两者存心不同,所以他们待人的态度也大相径庭。

13.26 子曰:"君子泰而不驕〔一〕,小人驕而不泰。"

【注】〔一〕泰:雍容大方。骄:骄傲凌人。皇侃《义疏》:"君子坦荡荡,心貌怡平,是泰而不为骄慢也;小人性好轻凌,而心恒戚戚,是骄而不泰也。"朱熹说:"君子循理,故安舒而不矜肆。小人逞欲,故反是。"

【译】 孔子说:"君子雍容大方,却不骄傲凌人;小人骄傲凌人,却不雍容大方。"

【记】 本章记孔子论君子与小人在神态气度上的差异。

13.27 子曰:"剛、毅、木、訥,近仁。"

【译】 孔子说:"刚强不屈,果敢坚毅,质朴老实,言语谨慎,〔这四种品行中的任何一种都〕接近于仁。"

13.28 子路問曰:"何如斯可謂之士矣?"子曰:"切切偲偲〔一〕,怡怡如也〔二〕,可謂士矣。朋友切切偲偲,兄弟怡怡。"

【注】〔一〕切切偲偲(sī):相互敬重切磋勉励貌。何晏《集解》引马融曰:"切切偲偲,相切责之貌。"邢昺《注疏》:"朋友以道义切磋琢磨,故施于朋友也。"〔二〕怡怡(yí):和顺自得貌。何晏《集解》引马融曰:"怡怡,和顺之貌。"

【译】 子路问:"如何才配称为'士'呢?"孔子说:"互相督促,待人和睦,可以称为'士'了。朋友之间要互相督促,兄弟之间要和睦相处。"

【记】 本章记孔子告诫子路"士"该如何对待朋友和兄弟。有人认为这段语录是孔子针对子路在待人接物上的不足之处而单独讲的。朱熹《集注》引胡寅曰:"切切,恳到也。偲偲,详勉也。怡怡,和悦也。皆子路所不足,故告之。又恐其混于所施,则兄弟有贼恩之祸,朋友有善柔之损,故又别而言之。"

13.29 子曰:"善人教民七年,亦可以即戎矣〔一〕。"

【注】 〔一〕即戎(róng):参军作战。即:靠近,从事。戎:军队,战争。

【译】 孔子说:"善人教化民众七年,就可以〔使民众〕参军作战了。"

【记】 本章记孔子谈教化民众与正义战争。孔子虽然提倡仁爱,主张"胜残去杀",但不反对正义战争。善人教化民众大约要"七年"之久("七年"只是约数),那时善人令所教之民从戎,即保证了战争的正义性。

13.30 子曰:"以不教民戰〔一〕,是謂棄之。"

【注】 〔一〕不教民:即"不教之民"。没有经过教育训练的人。教,包括技术上的训练和道义上的教导两个方面。

【译】 孔子说:"用没有经过教育训练的民众作战,等于说抛弃他们〔到战场上去送死〕。"

【记】 本章记孔子主张爱惜战士。仁者爱人,孔子指斥列强当时强迫民众到战场上送死的残酷做法。

宪问篇第十四

【题解】 《宪问篇》共44章。南宋·朱熹《四书章句集注》把14.1
自"克伐怨欲不行焉"以下另作一章;把14.26"曾子曰君子思不出其
位"一句另作一章;又把14.37"子曰作者七人矣"一句另作一章,故共
作47章。

　　本篇除"子路宿于石门"章(14.38)外,各章均为孔子之语,在德行、
才干、修身等方面多有论述,兼品评古今人物。孔子在本篇评价过的人
物有:南宫适(14.5)、子产(14.9)、孟公绰(14.11)、公叔文子(14.13、
14.18)、臧武仲(14.14)、晋文公(14.15)、齐桓公(14.15)、管仲(14.16、
14.17)、卫灵公(14.19)、蘧伯玉使者(14.25)、子贡(14.29)、原壤
(14.43)、阙党童子(14.44)。

　　出自本篇的名言或成语有:危言危行、见利思义、见危授命、九合诸
侯、一匡天下、被发左衽、匹夫匹妇、其言之不怍、君子上达、小人下达、
古之学者为己、今之学者为人、不在其位、不谋其政、君子思不出其位、
仁者不忧、知者不惑、勇者不惧、夫子自道、不患人之不己知、患其不能
也、骥不称其力称其德、以德报怨、以德报德、不怨天、不尤人、下学而上
达、知我者其天乎、知其不可而为之、老而不死是为贼等。

14.1　憲問恥。子曰:"邦有道,穀[一];邦無道,穀,恥也。"
　"克、伐、怨、欲不行焉[二],可以爲仁矣?"子曰:"可以爲難
矣[三],仁則吾不知也。"

【注】〔一〕谷(穀):谷米,这里指官俸。古人常以谷物计禄。何晏《集解》引孔安国曰:"'谷,禄也。邦有道,当食禄。'……君无道而在其朝,食其禄,是耻辱。"〔二〕克:争强好胜。伐:自我夸耀。怨:怨恨恼怒。欲:贪求多欲。朱熹《集注》:"克,好胜。伐,自矜。怨,忿恨。欲,贪欲。"〔三〕为:通"谓"。王引之《经传释词》卷二:"家大人曰:为,犹谓也。"

【译】 原宪问什么是羞耻。孔子说:"国家有道,应做官拿俸禄。国家无道,仍然做官拿俸禄,就是耻辱。"

〔原宪又问:〕"好胜,自夸,怨恨,贪欲,〔这些毛病〕都能克制,可以算做到了仁吧?"孔子说:"可以说是难能可贵的了,至于〔算不算做到〕仁,那我还不知道呢。"

【记】 本章记孔子谈仕与隐的原则以及行仁的方法。其中,反映出孔子的处世态度和他不肯轻易以仁许人的作风。孔子这里谈的"耻"是士人的羞耻之心。士应该把国家的命运与个人的命运联系起来,视于乱世当官而无作为为大耻辱。本章可以和"邦有道,贫且贱焉,耻也;邦无道,富且贵焉,耻也"(8.13)互相发明。

14.2　子曰:"士而懷居〔一〕,不足以爲士矣。"

【注】〔一〕而:如。怀居:怀念故居,留恋安逸。居:安居,乡居。朱熹《集注》:"居,谓意所便安处也。"士如果怀恋家居之安,就成就不了功业。"怀居"等于说"怀土",参见:"君子怀德,小人怀土"(4.11)。

【译】 孔子说:"作为'士',如果留恋乡居之安逸,就不足以称为'士'了。"

【记】 本章记孔子告诫士人不可贪图留恋生活的安逸,应有四方之志,为实现大道而艰苦奋斗。

14.3　子曰:"邦有道,危言危行〔一〕;邦無道,危行言孫〔二〕。"

【注】〔一〕危言危行:言行举止均正直不阿。危:正直。《广雅·释诂一》:"危,正也。"言行正直,言人所不敢言,行人所不敢行。〔二〕孙(xùn):通"逊"。谦逊,恭顺。在这里有随和顺从之意。

【译】 孔子说:"国家有道之时,要正直地说话,要正直地做人;国家无道之时,要正直地做人,但说话要随和顺从。"

【记】 本章记孔子明哲保身的处世态度。君子固然应当言行如一,但也要审时度势,避免灾祸。比如身处乱世,君子就不必作无谓牺牲,坚持立身正直的同时,应"言孙"避祸,而不应"危言"招祸。

14.4 子曰:"有德者必有言,有言者不必有德。仁者必有勇,勇者不必有仁。"

【译】 孔子说:"有德行的人一定有〔有价值的〕言论,有〔有价值的〕言论的人却不一定有德行。有仁德的人必定勇敢,勇敢的人却不一定有仁德。"

14.5 南宫适问於孔子曰:"羿善射,奡盪舟[一],俱不得其死然。禹稷躬稼而有天下。"夫子不答。
南宫适出,子曰:"君子哉若人! 尚德哉若人!"

【注】 〔一〕荡(盪):推。邢昺《注疏》:"荡,推也。"

【译】 南宫适(kuò,音义同"括")问孔子:"羿(yì)善于射箭,奡(áo)能在陆地推动大舟,最后都不得好死。禹、稷亲自干农活儿,却都取得了天下。〔应怎样评价这些历史人物呢?〕"孔子没回答。
南宫适出去了。孔子说:"真是君子啊,这个人! 真是尊崇道德啊,这个人!"

【记】 本章记孔子尚德不尚力的思想。南宫适把当权者比作羿、奡,而把孔子比作禹、后稷,认为德行必胜过勇力。孔子不愿意褒扬自我,所以不作评论,只在南宫适离开后才赞扬他的为人。

14.6 子曰:"君子而不仁者有矣夫,未有小人而仁者也。"

【译】 孔子说:"君子之中不仁的人是有的呀,〔可是〕小人之中却不会有仁人。"

【记】　本章记孔子谈君子与小人的差别。区分君子与小人，不能凭一时一事做结论。正像《克雷洛夫寓言》所说的那样："鹰有时飞得比鸡低，鸡却永远不能飞越云霄。"

14.7　子曰："愛之，能勿勞乎〔一〕？ 忠焉，能勿誨乎？"

【注】　〔一〕劳：操劳，劳苦。这个"劳"字含有教育的意思。《国语·鲁语下》："夫民劳则思，思则善心生；逸则淫，淫则忘善，忘善则恶心生。"可以作为"能勿劳乎"的注脚。

【译】　孔子说："爱他，能不使他操劳吗？ 忠于他，能不给他教诲吗？"

【记】　本章记孔子谈大爱、精忠与溺爱、愚忠的差别。朱熹《集注》引苏轼曰："爱而勿劳，禽犊之爱也；忠而勿诲，妇寺之忠也。爱而知劳之，则其为爱也深矣；忠而知诲之，则其为忠也大矣。"

14.8　子曰："爲命〔一〕，裨諶草創之〔二〕，世叔討論之〔三〕，行人子羽修飾之〔四〕，東里子産潤色之〔五〕。"

【注】　〔一〕为命：撰写盟会的文辞等外交公文（依《左传》相关记载）。命：外交辞令。邢昺《注疏》："命，谓政命盟会之辞也。"《左传·襄公三十一年》："子产之从政也，择能而使之。冯简子能断大事。子大叔（世叔）美秀而文，公孙挥（子羽）能知四国之为，而辨于其大夫之族姓、班位、贵贱、能否，而又善为辞令。裨谌（pì chén）能谋，谋于野则获，谋于邑则否。郑国将有诸侯之事，子产乃问四国之为于子羽，且使多为辞令。与裨谌乘以适野，使谋可否。而告冯简子，使断之。事成，乃授子大叔（世叔）使行之，以应对宾客。是以鲜有败事。"据《左传》记载，郑国子产政府负责外交事务的大夫有冯简子、子大叔（世叔）、公孙挥（子羽）、裨谌四人。孔子在本章中说参与创制郑国外交辞令的有裨谌、子大叔（世叔）、公孙挥（子羽）和子产。〔二〕草创：起草、拟稿。朱熹《集注》："草，略也。创，造也，谓造为草稿也。"〔三〕讨论：这里是提出建议参与讨论的意思。朱熹《集注》："讨，寻究也。论，讲议也。"杨伯峻《译注》："意义和今天的'讨论'不同，这是一个人去研究而后提意见的意思。"〔四〕行人：官名。掌管朝觐聘问的官，即古代的外交官。春秋、战国时各国都有设置。何晏《集解》引马融曰："行人，掌使之官。"修饰：修改润饰，使语言文字明确生动。朱熹《集注》："修饰，谓增损之。"〔五〕东里：地名，在今河南郑州，子产所居。润色：修饰文字，使有文采。朱熹《集注》："东里，地名，子产所居也。润色，谓加以文采也。"

【译】　孔子说："〔郑国〕创制外交公文,裨谌先打出草稿,世叔加以斟酌评议,外交官子羽再加以修饰,东里子产〔最后〕润色。"

【记】　本章记孔子述当年子产在郑国执政时创制外交辞令的过程。朱熹《集注》:"郑国之为辞命,必更此四贤之手而成,详审精密,各尽所长。是以应对诸侯,鲜有败事。孔子言此,盖善之也。"

14.9　或问子产。子曰:"惠人也〔一〕。"
问子西。曰:"彼哉!彼哉〔二〕!"
问管仲。曰:"人也。夺伯氏骈邑三百〔三〕,饭疏食,没齿无怨言〔四〕。"

【注】　〔一〕惠人:施恩惠于他人的人,仁爱之人。〔二〕"彼哉"句:他呀,他呀。这是当时表示轻蔑的习惯语,犹言算得了什么,不值得一提。毛奇龄《论语稽求篇》:"此必古成语,而夫子引以作答者。"〔三〕骈邑:伯氏的采邑。据清代阮元考证,今山东省临朐柳山寨,即春秋时的骈邑,现仍残留有古城城基(《积古斋钟鼎彝器款识》)。三百:邑人户数。刘宝楠《论语正义》引郑玄曰:"骈邑三百家,齐下大夫之制。"〔四〕没(mò)齿:指终其天年、终身。齿:年。伯氏有罪,管仲奉齐桓公之命依法剥夺了伯氏的采邑三百户。伯氏对此判罚口服心服,始终无怨言。

【译】　有人问到子产〔是怎样的人〕,孔子说:"是施惠于民的人。"
问到子西,〔孔子〕说:"他呀!他呀!"
问到管仲,〔孔子〕说:"是个人才。他剥夺了伯氏骈邑的三百户采地,〔伯氏〕只得吃粗粝的饭菜,〔可是〕直到老死也没有怨言。"

【记】　本章记孔子评子产、子西和管仲。三人分别是郑国、楚国、齐国的相(一说子西是郑国的大夫),有褒有贬。

14.10　子曰:"贫而无怨难,富而无骄易。"

【译】　孔子说:"贫穷却没有怨恨,是难以做到的;富裕了却没有傲气,是容易做到的。"

14.11 子曰:"孟公绰爲赵、魏老则優〔一〕,不可以爲滕、薛大夫〔二〕。"

【注】 〔一〕老:大夫的家臣称老,家臣之长称"室老"。《仪礼·聘礼》:"授老弊。"贾公彦疏:"大夫家臣称老。"優(優):优裕,有余力。朱熹《集注》:"优,有余也。"〔二〕滕、薛:当时的小国,都在鲁国附近。滕的故城在今山东滕县西南十五里,薛的故城在今滕县南四十四里官桥至薛城一带。

【译】 孔子说:"孟公绰如果做晋国诸卿赵氏、魏氏的家臣,那么能力是绰绰有余的;但是却不可能胜任滕、薛之类小国的大夫。"

【记】 本章记孔子评价孟公绰的政治才干,强调知人善任,用人之长。朱熹《集注》:"大家势重,而无诸侯之事;家老望尊,而无官守之责。……滕薛国小政繁,大夫位高责重。然则公绰盖廉静寡欲,而短于才者也。"

14.12 子路問成人〔一〕。子曰:"若臧武仲之知,公绰之不欲,卞莊子之勇,冉求之藝,文之以禮樂,亦可以爲成人矣。"曰:"今之成人者何必然?見利思義,見危授命,久要不忘平生之言〔二〕,亦可以爲成人矣。"

【注】 〔一〕成人:成德之人、完人。朱熹《集注》:"成人,犹言全人。"〔二〕久要(yāo):长久处于穷困的境遇。要:通"约",穷困。说见杨树达《积微居小学述林》。一说旧约,旧时同别人约定的事。平生:平日。何晏《集解》引孔安国曰:"久要,旧约也。平生,犹少时。"邢昺《注疏》:"言与人少时有旧约,虽年长贵达,不忘其言。"

【译】 子路问怎样才是一个完人。孔子说:"假若有臧武仲的明智,孟公绰的不贪心,卞庄子的勇敢,冉求的多才多艺,再用礼乐加以修饰,也就可以成为完人了。"〔孔子又〕说:"现今的所谓完人何必一定如此呢?〔只要他〕见到财利时能想是否合乎道义,遇到危难而肯献出生命,长久处于穷困的境遇也不忘记平日的诺言,也就可以成为一个完人了。"

【记】　本章记孔提出理想的和现实的两种不同"成人"标准。因为是回答子路的问题,所以孔子讲得很具体,把"成人"的标准分解到四个具体的人身上,然后又退了一步,讲了当今现实社会中的"成人"标准。

14.13　子問公叔文子於公明賈曰:"信乎,夫子不言,不笑,不取乎?"

公明賈對曰:"以告者過也〔一〕。夫子時然後言,人不厭其言;樂然後笑,人不厭其笑;義然後取,人不厭其取。"

子曰:"其然?岂其然乎?"

【注】〔一〕以:代词,此。

【译】　孔子向公明贾(jiǎ)问到公叔文子,说:"是真的吗?〔有人说公叔文子〕夫子不说、不笑、不索取。"

公明贾回答说:"这是传话的人造成的过错。〔公叔文子〕夫子是等到时机恰当然后讲话,因此别人不厌烦他的话;快乐了然后笑,因此别人不厌烦他的笑;符合礼义然后索取,因此别人不厌烦他的取。"

孔子说:"原来是这样,怎么会〔传成〕那样呢?"

14.14　子曰:"臧武仲以防求爲後於魯〔一〕,雖曰不要君〔二〕,吾不信也。"

【注】〔一〕为后:立后。防:鲁国地名,在今山东省费县东北六十里的华城,紧靠齐国边境,是臧武仲受封的地方。鲁襄公二十三年(公元前550年),臧武仲因帮助季氏废长立少得罪了孟孙氏,逃到邻近邾国。不久,他又回到防城,派使者向鲁国国君请求为臧氏立后代(让他的子孙袭受封地,并任鲁国大夫),愿以此为条件避邑他去。言辞甚逊,但言外之意是如果得不到满足将据邑以叛。鲁君于是立他的异母兄臧为后,臧武仲遂交出防城而奔齐。详见《左传·襄公二十三年》。〔二〕要(yāo):胁迫,要挟。朱熹《集注》:"要,有挟而求也。"

【译】　孔子说:"臧武仲〔逃到齐国之前,〕凭借着他的采邑防城而请求〔鲁国国君〕在鲁国立臧氏后嗣,纵然有人说〔臧武仲这样做〕不是要挟君主,我是不相信的。"

14.15　子曰:"晋文公<u>谲而不正</u>〔一〕,<u>齐桓公</u>正而不谲。"

【注】〔一〕谲(jué):欺诈,玩弄权术阴谋。何晏《集解》引郑玄曰:"谲者,诈也。"

【译】　孔子说:"晋文公欺诈而不正直,齐桓公正直而不欺诈。"

14.16　<u>子路</u>曰:"<u>桓公</u>杀公子纠,<u>召忽</u>死之,<u>管仲</u>不死〔一〕。"曰〔二〕:"<u>未仁乎</u>?"子曰:"<u>桓公九合诸侯,不以兵车</u>〔三〕,<u>管仲之力也</u>〔四〕。如其仁,如其仁〔五〕。"

【注】〔一〕死:这里的两个"死"都是自杀殉主的意思。死之:即"为之死"。召忽与管仲都是公子纠的家臣和师傅。齐桓公逼迫鲁国杀死公子纠后,召忽自尽殉主。管仲不但没有自杀,反而归服齐桓公,并由鲍叔牙推荐当了桓公的卿(一说"相")。参阅:《左传·庄公八年》及《左传·庄公九年》。〔二〕曰:又说。"曰"字后面这个问句还是子路的话。王力主编《古代汉语》(校订重排本第一册):"这个'曰'和前一个'曰'字是同一个人说话。这种重复的'曰'字常常表示另起一个头。这里表示叙事已毕,再用'曰'字提出问题。"〔三〕九合诸侯,不以兵车:是说多次主持诸侯的和平会盟。古时诸侯会盟,有所谓"兵车之会"和"衣裳之会"(亦作衣冠之会、乘车之会)两类。兵车之会指帅兵车因征讨之事进行会盟,衣裳之会指诸侯间以礼交好的和平会盟。《穀梁传·庄公二十七年》:"衣裳之会十有一,未尝有歃血之盟也,信厚也。兵车之会四,未尝有大战也,爱民也。""九合"或实指,《左传》《国语》有"九合诸侯""七合诸侯""再合诸侯""三合大夫"之语,数词皆为确指。《史记·齐太公世家》:"寡人兵车之会三,乘车之会六,九合诸侯,一匡天下。""九合"也可能是虚指。杨伯峻《译注》:"齐桓公纠合诸侯共计十一次。这一'九'字实是虚数,不过表示其多罢了。"〔四〕力:功劳。《国语·晋语五》:"子之力也夫。"韦昭注:"力,功也。"〔五〕如:乃。王引之《经传释词》卷七:"如,犹'乃'也。……《论语·宪问篇》曰:'桓公九合诸侯,不以兵车,管仲之力也。如其仁!如其仁!'言管仲不用民力而天下安,乃其仁,乃其仁也。按,孔《传》曰:'谁如管仲之仁?'加谁字以解之,于文义未安。"

【译】　子路说:"齐桓公杀了〔他哥哥〕公子纠,〔公子纠的师傅〕召忽自杀殉主,〔但是他的另一师傅〕管仲却没有自杀。"〔子路又〕说:"〔这样的话,管仲〕不算是有仁德吧?"孔子说:"齐桓公多次会盟诸侯,不动用兵车武力,都是管仲的功劳。这就是他的仁德,这就是他的仁德。"

【记】 本章记孔子称管仲辅佐齐桓公九合诸侯，一匡天下的举动最符合仁。孔子批评管仲"器小"、不节俭、不知礼。在自己的门前像国君一样"树塞门"，在自己的住处设"反坫"，"管氏而知礼，孰不知礼"(3.22)。但是孔子没有把知礼和行仁完全等同起来，像管仲这样不知礼的人，仍然可以在辅佐齐桓公成就霸业的过程中行他的仁。

14.17 子貢曰："管仲非仁者與？桓公殺公子糾，不能死，又相之〔一〕。"子曰："管仲相桓公，霸諸侯，一匡天下〔二〕，民到於今受其賜〔三〕。微管仲〔四〕，吾其被髮左衽矣〔五〕。豈若匹夫匹婦之爲諒也〔六〕，自經於溝瀆而莫之知也〔七〕？"

【注】 〔一〕又：副词。表示转折。相：辅佐。〔二〕一匡天下：使天下得到匡正。何晏《集解》引马融曰："匡，正也。天子微弱，桓公帅诸侯以尊周室，一正天下。"〔三〕赐：恩惠，好处。〔四〕微：假若没有的意思，只用于和既成事实相反的假设句之首。〔五〕其：句中语气词，有"恐怕"的意思。被(pī)：覆盖，后作"披"。左衽(rèn)：衣服前襟向左侧开。衽：衣襟。被发左衽：披头散发、左边开衣襟都是当时所谓"夷狄"(四方外族)的风俗、打扮，意思是说中原会受夷狄统治。刘宝楠《正义》："皇疏云：被发，不结也。礼：男女及时则结发于首，加冠笄为饰。戎狄无此礼但编发被之体后也。"〔六〕匹夫匹妇：指庶人，泛指普通百姓。谅：信，这里指道义上的偏执，即小信。参见："言必信，行必果，硁硁然小人哉"(13.20)、"君子贞而不谅"(15.37)。〔七〕自经：自缢、上吊自杀。沟渎(dú)：田间水道称沟，邑间水道称渎。泛指沟渠。王夫之《四书稗疏》认为"沟渎"是地名，就是《左传》的"句渎"，《史记》的"笙渎"，那么，这个"匹夫匹妇"指的就是召忽。

【译】 子贡说："管仲不是仁人吧？〔齐〕桓公杀了公子纠，〔管仲〕没有自杀殉主，反而辅佐桓公。"孔子说："管仲辅佐桓公，〔使齐国〕在诸侯中称霸，使天下得到匡正，人民直到如今还受到他的恩赐。如果没有管仲，我们恐怕已经披头散发，衣襟向左边开〔沦为落后民族〕了。难道〔管仲〕要像平庸的男女那样拘于小信，在沟渠之中上吊自杀，而不为人所知吗？"

【记】 本章记孔子肯定管仲的大节大信。评价管仲这样的历史巨人，应该大处落墨，不能像对待匹夫匹妇一样只关注小节、小信。这种灵活的历史观体现了孔子的通权达变。

14.18　公叔文子之臣大夫僎與文子同升諸公〔一〕。子聞之，曰：“可以爲‘文’矣〔二〕。”

【注】〔一〕同升诸公：谓公叔文子的家臣僎（xún）经公叔文子推荐而与公叔文子同为卫国的大夫。公：公室，朝廷。〔二〕为文：谥号为“文”。《逸周书·谥法解》中关于“文”的谥号有六义，最后一义为“锡民爵位”，与上文相合。实际上，据《礼记·檀弓》，公叔文子死后，其子戍请谥于君。卫君给他的谥号是“贞惠文子”。《礼记》注说：“不言‘贞惠’者？‘文’足以兼之。”

【译】　公叔文子的家臣大夫僎，〔由于文子的推荐，〕与文子同在朝廷为大夫。孔子知道这事，说：“〔公叔文子死后〕可以用‘文’作谥号了。”

14.19　子言衞靈公之無道也，康子曰：“夫如是，奚而〔一〕不喪？”孔子曰：“仲叔圉治賓客，祝鮀治宗廟，王孫賈治軍旅。夫如是，奚其喪？”

【注】〔一〕奚而：疑问词。犹为何、如何。俞樾《群经平议·论语二》：“奚而犹奚为也。”

【译】　孔子讲到卫灵公的昏乱，康子道：“既然这样，为什么不败亡？”孔子道：“有仲叔圉（yǔ）接待宾客，祝鮀（tuó）主管祭祀，王孙贾统率军队，像这样〔用人得当〕，怎么会败亡呢？”

14.20　子曰：“其言之不怍〔一〕，則爲之也難。”

【注】〔一〕其：助词。表示假设。如果，假如。怍（zuò）：惭愧。何晏《集解》引马融曰：“怍，慙（惭）也。”

【译】　孔子说：“说话如果大言不惭，那么实现这些话就困难了。”

【记】　本章记孔子谈言与行的关系。孔子主张言行一致，反对说空话、大话。参见：“敏于事而慎于言”（1.14）、“先行其言而后从之”（2.13）、“慎言其余”（2.18）、“古者言之不出，耻躬之不逮也”（4.22）、“君子欲讷于言而敏于行”

（4.24）、"为之难,言之得无切乎"（12.3）、"君子耻其言而过其行"（14.27）、"言未及之而言谓之躁"（16.6）等。

14.21　陳成子弑簡公。孔子沐浴而朝〔一〕,告於哀公曰:"陳恒弑其君,請討之。"公曰:"告夫三子〔二〕!"

孔子曰:"以吾從大夫之後〔三〕,不敢不告也。君曰'告夫三子'者!"

之三子告〔四〕,不可。孔子曰:"以吾從大夫之後,不敢不告也。"

【注】　〔一〕沐浴而朝:沐浴上朝。沐浴:濯发洗身,指上朝前为表尊敬而洗澡。《左传·哀公十四年》亦载其事:"甲午(六月五日),齐陈恒弑其君壬于舒州。孔丘三日齐(斋),而请伐齐三。公曰:'鲁为齐弱久矣,子之伐之,将若之何?'对曰:'陈恒弑其君,民不与者半。以鲁之众加齐之半,可克也。'公曰:'子告季孙。'孔子辞,退而告人曰:'吾以从大夫之后也,故不敢不言。'"〔二〕三子:季孙氏、孟孙氏、叔孙氏。三者都是鲁桓公的后代,故称"三桓"。"三桓"实际操纵鲁国政局,鲁哀公不能作主,所以叫孔子去向"三桓"报告。〔三〕从大夫之后:犹言我曾经当过大夫。当时孔子已经告老,但仍以"国老"身份关心政事。〔四〕之:去,往,到。

【译】　〔齐国大臣〕陈成子杀了齐简公,孔子〔得知后〕沐浴上朝,向鲁哀公报告说:"陈恒弑其君主,请出兵讨伐。"哀公说:"去报告三位大夫吧!"

孔子〔退下后〕说:"因为我曾经当过大夫,不敢不来报告〔这样大逆不道的事〕。君主〔却〕说:'去报告三位大夫吧!'"

〔孔子〕到三位大夫那里去报告,〔他们表示〕不可以〔出兵〕。孔子说:"因为我曾当过大夫,不敢不来报告〔这样大逆不道的事〕。"

14.22　子路問事君。子曰:"勿欺也,而犯之〔一〕。"

【注】　〔一〕犯:触犯,冒犯。何晏《集解》引孔安国注:"事君之道,义不可欺,当能犯颜谏争。"

【译】　子路问服事君主〔的方法〕。孔子说:"不要〔阳奉阴违地〕欺骗他,而要〔敢于当面〕冒犯他。"

14.23　子曰:"君子上達,小人下達〔一〕。"

【注】〔一〕上达、下达:历来解释颇多,有影响的主要有两种:(1)仁义与财利。皇侃《义疏》:"上达者,达于仁义也。下达谓达于财利,所以与君子反也。"此说与"君子喻于义,小人喻于利"(4.16)相合。(2)天理与人欲。朱熹《集注》:"君子循天理,故日进乎高明;小人殉人欲,故日究乎污下。"这里取第一说。

【译】　孔子说:"君子向上通达于仁义,小人向下通达于财利。"

14.24　子曰:"古之學者爲己,今之學者爲人〔一〕。"

【注】〔一〕为己、为人:这里采用荀子的解释。《荀子·劝学》:"古之学者为己,今之学者为人。君子之学也以美其身,小人之学也以为禽犊。"1.1注中已引,可参见。

【译】　孔子说:"古代学者〔的学习目的是〕为了〔充实提高〕自己;当今学者〔的学习目的是〕为了〔炫耀〕给别人看。"

【记】　古今学者求学宗旨不同。孔子不主张默默无闻,但反对自我炫耀。

14.25　蘧伯玉使人於孔子。孔子與之坐而問焉,曰:"夫子何爲?"對曰:"夫子欲寡其過而未能也〔一〕。"
　　使者出。子曰:"使乎! 使乎!"

【注】〔一〕寡其过:省身克己,使过失日少。蘧伯玉善于与时俱进,知非改过。《庄子·则阳篇》:"蘧伯玉行年六十而六十化,未尝不始于是之而卒诎之以非也,未知今之所谓是之非五十九非也。"《淮南子·原道训》:"蘧伯玉年五十而知四十九年非。"

【译】　蘧伯玉派使者去拜访孔子,孔子跟他同坐,问道:"〔蘧〕夫子〔近来都〕做了些什么?"〔使者〕回答说:"〔蘧〕夫子想尽量少犯错误,却还未能做到。"
　　使者出去以后,孔子说:"〔难得的〕使者啊!〔难得的〕使者啊!"

14.26　子曰:"不在其位,不谋其政〔一〕。"
曾子曰:"君子思不出其位〔二〕。"

【注】　〔一〕"不在"二句:已见 8.14。〔二〕思不出其位:考虑事情不超过自己的职权范围。思:考虑;位:职位。《易•艮》象辞:"兼山,艮。君子以思不出其位。"

【译】　孔子说:"不在那个职位上,就不过问那职位上的政务。"
曾子说:"君子考虑事情,不超出自己的职权范围。"

14.27　子曰:"君子恥其言而過其行〔一〕。"

【注】　〔一〕而:之。说详杨树达《词诠》。皇侃《义疏》本及日本足利本,这一"而"字径作"之"字。

【译】　孔子说:"君子以说得多而做得少为耻。"

14.28　子曰:"君子道者三〔一〕,我無能焉:仁者不憂,知者不惑,勇者不懼〔二〕。"子貢曰:"夫子自道也〔三〕。"

【注】　〔一〕君子道者:君子之道。〔二〕"仁者不忧,知者不惑,勇者不惧"三句又见于《子罕篇》,只是次序有异。参见:"子曰:'知者不惑,仁者不忧,勇者不惧。'"(9.29)〔三〕自道:自己说自己。朱熹《集注》:"自责以勉人也。道,言也。自道,犹云谦辞。"

【译】　孔子说:"君子之道有三条,我都没能做到:仁者不忧愁,知者不迷惑,勇者不畏惧。"子贡说:"〔这正是〕夫子您的自我表述啊!"

14.29　子貢方人〔一〕。子曰:"賜也賢乎哉?夫我則不暇〔二〕。"

【注】　〔一〕方人:指责他人。刘宝楠《正义》:"《释文》云:'方人,郑本作"谤",谓言人之过恶。'卢氏文弨考证,古《论》'谤'字作'方',盖以声近通借。"〔二〕不暇:没有时间,忙不过来。

【译】 子贡〔经常〕指责别人。孔子说："赐呀，你就比别人强吗？要叫我呀，可没有那种闲工夫〔指责别人〕。"

14.30 子曰："不患人之不己知，患其不能也〔一〕。"

【注】 〔一〕其：指自己。不能：无能，才能低下。

【译】 孔子说："不忧虑别人不知道自己〔的能力〕，只忧虑自己无能。"

【记】 本章记孔子谈君子治学的态度和目的。君子应该把充实自己当作头等要务。朱熹《集注》："凡章指同而文不异者，一言而重出也。文小异者，屡言而各出也。此章凡四见，而文皆有异。则圣人于此一事，盖屡言之，其丁宁之意亦可见矣。"参见："人不知而不愠，不亦君子乎"(1.1)、"不患人之不己知，患不知人也"(1.16)、"不患莫己知，求为可知也"(4.14)、"君子病无能焉，不病人之不己知也"(15.19)。

14.31 子曰："不逆诈〔一〕，不亿不信〔二〕，抑亦先觉者〔三〕，是贤乎！"

【注】 〔一〕逆：预测，揣度。〔二〕亿：同"臆"。主观推测，猜测。《大戴礼·曾子立事篇》："君子不先人以恶，不疑人以不信。"〔三〕抑亦：副词，表示转折。

【译】 孔子说："〔事前〕不预先怀疑别人欺诈，不主观猜测别人不诚实，〔但若遇上欺诈与不诚实的人〕却也能及早地发现察觉，这样的人该是贤人吧！"

14.32 微生亩谓孔子曰："丘何为是栖栖者与〔一〕？无乃为佞乎〔二〕？"孔子曰："非敢为佞也，疾固也〔三〕。"

【注】 〔一〕是：副词，如此。栖栖(xī)：忙碌不安，到处奔波不安定的样子。〔二〕无乃：莫非、恐怕是，表示委婉测度的语气。佞：花言巧语，卖弄口才。〔三〕疾固：谓憎恶世俗固塞鄙陋。何晏《集解》引包咸曰："疾世固陋，欲行道以化之。"孔子自称他到处游说的目的在于说服那些固鄙的当政者。

【译】 微生亩对孔子说:"孔丘,为什么做这样一个忙碌不安〔到处游说〕的人呢?莫非是要卖弄口才吗?"孔子说:"不敢卖弄口才,而是厌恶那些顽固不化的人。"

【记】 古注说微生亩是隐士。从他对孔子说话的口气看,应该比孔子年长。朱熹认为其为"年长之隐者"(《论语集注》)。

14.33　子曰:"骥不稱其力〔一〕,稱其德也〔二〕。"

【注】 〔一〕骥(jì):相传能日行千里的良马。曹操《步出夏门行·龟虽寿》:"老骥伏枥,志在千里。"〔二〕德:指吃苦耐劳的优良品质。孔子尚德不尚力。

【译】 孔子说:"〔对于〕千里马,不称赞它〔善跑〕的气力,称赞它〔吃苦耐劳的〕品质。"

14.34　或曰:"以德報怨〔一〕,何如?"子曰:"何以報德? 以直報怨〔二〕,以德報德。"

【注】 〔一〕以德报怨:不记别人的仇,反而用恩惠回报与别人之间的仇恨。这种调和化解矛盾的思想是孔子时代一种流行的观点,如《老子·六十三章》:"大小多少,报怨以德。"〔二〕以直报怨:用正直之道对待有怨恨的人。邢昺《注疏》:"言当以直道报雠怨。"朱熹《集注》:"于其所怨者,爱憎取舍,一以至公而无私,所谓直也。"刘宝楠《正义》:"凡直之道非一,视吾心何如耳。吾心不能忘怨,报之,直也,既报则可以忘矣;苟能忘怨而不报之,亦直也,虽不报,固非有所匿矣。"

【译】 有人说:"用恩德来报答仇怨,如何呢?"孔子说:"〔那么〕用什么来报答恩德呢?〔应该〕以正直之道来对待仇怨,用恩德来报答恩德。"

14.35　子曰:"莫我知也夫〔一〕!"子貢曰:"何爲其莫知子也〔二〕?"子曰:"不怨天,不尤人〔三〕,下學而上達〔四〕。知我者其天乎!"

论语精读

【注】〔一〕莫我知：即"莫知我"的倒装。没有人了解我。〔二〕何为：为何。〔三〕尤：责怪，埋怨。〔四〕下学而上达：下学人事，上达天命。皇侃《义疏》云："下学，学人事；上达，达天命。我既学人事，人事有否有泰，故不尤人。上达天命，天命有穷有通，故我不怨天也。"

【译】 孔子说："没有人了解我啊！"子贡说："为什么没有人了解您呢？"孔子说："〔我〕不埋怨天，不责备别人，下学人事，上达天命。了解我的大概是天吧！"

14.36 　公伯寮愬子路於季孙〔一〕。子服景伯以告，曰："夫子固有惑志〔二〕，於公伯寮，吾力猶能肆諸市朝〔三〕。"

子曰："道之將行也與，命也；道之將廢也與，命也。公伯寮其如命何！"

【注】〔一〕愬(sù)：同"诉"。告发，背后说人的坏话。〔二〕夫子：指季孙。惑志：疑心。按，何晏《集解》及《史记·仲尼弟子列传》均于"志"下断句出注。朱熹《集注》此处不断，将"于公伯寮"连上，恐非古意。〔三〕肆：杀人陈其尸。据《周礼·乡士》，周制有陈尸三日之法。市朝：市井与朝廷。被处死的罪犯中，自大夫以上的，陈尸于朝廷；自士以下的，陈尸于市集。公伯寮为士，当陈尸于市。"市朝"是偏义复词，偏指市井。

【译】 公伯寮对季孙说子路的坏话。子服景伯把这事告知孔子，并说："〔季孙〕夫子已经〔对子路〕产生了疑心，对于公伯寮，我的力量还足能〔杀掉公伯寮〕把他的尸首摆到街市上去示众。"

孔子说："〔我的〕道或许将会实行，这是天命；我的道或许将会废止，也是天命。公伯寮能把天命怎么样？"

14.37 　子曰："賢者辟世〔一〕，其次辟地，其次辟色，其次辟言。"

子曰："作者七人矣〔二〕。"

【注】〔一〕辟世：谓逃避浊世，隐居不仕。"辟"，同"避"，避开。〔二〕作：为。七人：七位贤人隐士。具体所指，主要有两种说法。(1)出现在《论语》中的七位隐士。何晏《集解》引包咸注："为之者凡七人，谓长沮、桀溺、丈人、石门、荷蒉、仪封人、楚狂接舆。"(2)七位"逸民"(18.8)。皇侃《义疏》引王弼注曰："七人：伯夷、叔齐、虞仲、夷逸、朱张、柳下惠、少连也。"

238

【译】 孔子说:"贤人避开乱世而隐居;其次是〔离开乱国〕避到别的地方去;再其次是避开别人难看的脸色;再其次是避开难听的恶言。"

孔子〔又〕说:"这样做的已经有七人了。"

14.38 子路宿於石門〔一〕。晨門曰〔二〕:"奚自〔三〕?"子路曰:"自孔氏〔四〕。"曰:"是知其不可而爲之者與〔五〕?"

【注】 〔一〕石门:春秋时期鲁国都城(曲阜)外城的城门。《后汉书·张皓王龚传论》:"故晨门有抱关之夫,柱下无朱文之轸也。"李贤注引郑玄《论语注》:"石门,鲁城外门也。"一说地名(皇侃《义疏》、朱熹《集注》)。〔二〕晨门:主管城门晨夜开闭的人,即守门人。何晏《集解》:"晨门者,阍人也。"邢昺《注疏》:"晨门,掌晨昏开闭门者,谓阍人也。"〔三〕奚自:"自奚"的倒装。从哪里(来)。奚:何。〔四〕孔氏:指孔子。〔五〕知其不可而为之:明知不可行,却偏要挺身去做。谓孔子意志坚决,同时也有讥讽他倔强固执的意思。

【译】 子路在石门过夜。〔第二天清早进城,〕守城门的人问:"你从哪里〔来〕?"子路说:"从孔氏那儿。"〔守城门的人〕说:"就是那位明知做不成而偏要坚持去做的人吗?"

【记】 本章记鲁国都城的守门人评论孔子。连一个守门人都说孔子是"知其不可而为之者",可见孔子的执著当时已经天下闻名。这段对话应当发生在孔子结束14年的周游列国,返鲁之前。阎若璩《四书释地》:"如'子路宿于石门',郑注云:'鲁城外门。'盖郭门也。因悟孔子辙环四方久,使子路归鲁视其家,甫抵城而门已阖,只得宿于外之郭门,次日晨兴伺门人。掌启门者讶其太早,曰汝何从来乎,若城门既大启后,往来如织,焉得尽执人而问之? 此可想见者一也。'自孔氏',言自孔氏处来也。不曰孔某,而曰孔氏,以孔子为鲁城中人,举其氏辄可识,不必如答长沮之问为孔某,此可想见者二也。'知其不可而为之者与',分明是孔子正栖栖皇皇历聘于外,若已息驾乎洙泗之上,不必作是语,此可想见者三也。总从鲁郭门三字悟出情踪,谁谓地理不有助于经学与?"

14.39 子擊磬於衛〔一〕,有荷蕢而過孔氏之門者〔二〕,曰:"有心哉,擊磬乎!"既而曰〔三〕:"鄙哉,硜硜乎〔四〕! 莫己知也〔五〕,斯己而已矣〔六〕。深則厲,淺則揭〔七〕。"

子曰:"果哉! 末之难矣。"

【注】〔一〕磬(qìng):一种打击乐器,形状像曲尺,用玉或美石制成。〔二〕荷(hè):背,扛,担负。蒉(kuì):草编的筐。朱熹《集注》:"蒉,草器也。"《高士传》:"荷蒉者,卫人也,避乱不仕,自匿姓名,故荷草器而自食其力也。"朱熹《集注》:"此荷蒉者亦隐士也。"〔三〕既而:不久,一会儿。〔四〕鄙:狭隘,鄙陋。硁硁(kēng):象声词。击石声。这里用来形容敲磬的声音。刘宝楠《正义》:"此硁硁者,亦谓磬声也。"这里兼有"硁硁然小人哉"(13.20)中的"硁硁"之义,指浅薄固执。〔五〕莫己知也:即"莫知己也"。〔六〕斯:则。己:守己。〔七〕"深则厉"句:出自《诗·邶风·匏有苦叶》:"匏有苦叶,济有深涉。深则厉,浅则揭。"大意是说:葫芦带叶叶儿黄,济水深处也能蹚。水深连着衣裳过,水浅提起长衣裳(余冠英译文)。厉:连衣而涉(毛传)。揭(qì):提起下衣渡水。这里"荷蒉者"以涉水为喻,讥孔子不知与时同进退。

【译】 孔子在卫国击磬,有位挑着草筐的人从孔子门口经过,说:"有〔忧世的〕心思啊,击磬〔的人〕!"过了一会儿,又说:"鄙陋啊,那硁硁的磬声透着固执!〔既然〕没有人了解自己,那么自己就〔停止〕算了吧。〔涉世如蹚水,《诗》上说得好:〕'水深,就索性穿着衣裳蹚过去;水浅,无妨提起衣裳蹚过去。'"

孔子说:"说得真果断坚决啊!〔如果真像蹚水那样,〕就没有什么困难的了。"

14.40 子張曰:"《書》云:'高宗諒陰,三年不言〔一〕。'何謂也?"子曰:"何必高宗,古之人皆然。君薨〔二〕,百官總己以聽於冢宰三年〔三〕。"

【注】〔一〕"高宗"句:出自《尚书·无逸篇》。谅阴(旧读 liáng ān):亦作"谅闇"。居丧时所住的房子,又叫"凶庐"。《礼记·丧服四制》:"《书》曰:'高宗谅闇,三年不言。'善之也。"郑玄注:"闇,谓庐也。"古代天子居丧,住在凶庐,政事全权委托大臣处理,三年默而不言。三年:古时居丧的期限。〔二〕薨(hōng):周代诸侯之死叫"薨"。〔三〕总己:总揽自己的职务。朱熹《集注》:"总己,谓总摄己职。"冢(zhǒng)宰:为六卿之首,最高长官。

【译】 子张说:"《尚书》上说:'殷高宗居丧守孝,住在凶庐,三年不问政事。'为何这样呢?"孔子说:"何必高宗这样,古人都如此。君主死了,文武百官总摄自己的职务来听命于冢宰三年。"

14.41 子曰:"上好禮,則民易使也。"

【译】 孔子说:"居上位的人好礼,那么民众就容易役使。"

14.42 子路問君子。子曰:"修己以敬。"
曰:"如斯而已乎?"曰:"修己以安人〔一〕。"
曰:"如斯而已乎?"曰:"修己以安百姓。修己以安百姓,堯舜其猶病諸〔二〕?"

【注】 〔一〕人:与"己"相对。这个"人"字应该不包括下文的"百姓",大概是指贵族。〔二〕尧舜其犹病诸:尧舜对此或许还感到为难呢! 参见:"博施于民……尧舜其犹病诸"(6.30)。病:为难,忧虑。

【译】 子路问什么是君子。孔子说:"修养自己而恭敬从事。"
〔子路〕说:"像这样就够了吗?"〔孔子〕说:"修养自己而安抚别人。"
〔子路〕说:"像这样就够了吗?"〔孔子〕说:"修养自己而安定百姓。修养自己而安定百姓,尧舜对此或许还感到为难呢!"

14.43 原壤夷俟〔一〕。子曰:"幼而不孫弟〔二〕,長而無述焉〔三〕,老而不死,是爲賊〔四〕。"以杖叩其脛〔五〕。

【注】 〔一〕夷俟:伸两足箕踞而坐。古人视作倨傲无礼之态。何晏《集解》引马融曰:"夷,踞。俟,待也。"刘宝楠《正义》引焦循补疏:"夷俟即是踞肆。"〔二〕孙:同"逊"。弟:同"悌"。〔三〕无述:无可称道,无人称道。朱熹《集注》:"述犹称也。"〔四〕贼:害。朱熹《集注》:"贼者,害人之名。以其自幼至长,无一善状,而久生于世,徒足以败常乱俗,则是贼而已矣。"〔五〕胫(jìng):小腿。朱熹《集注》:"胫,足骨也。孔子既责之,而因以所曳之杖,微击其胫,若使勿蹲踞然。"

【译】 原壤坐无坐相,放肆地伸着两腿等〔孔子〕。孔子说:"年幼时就不谦逊敬长,长大了又无可称道,老了还不死,简直是个祸害!"〔说着〕就用手杖敲了敲原壤的小腿〔让他把腿收回去〕。

14.44　闕黨童子將命〔一〕。或問之曰："益者與〔二〕?"子曰："吾見其居於位也〔三〕,見其與先生並行也〔四〕。非求益者也,欲速成者也〔五〕。"

【注】〔一〕闕(què)党:即阙里,孔子旧里。刘宝楠《正义》:"阙党是孔子所居。"一说鲁国地名,在今山东省曲阜境内。童子,儿童;未成年的男子。将(jiāng)命:传话。朱熹《集注》:"将命,谓传宾主之言。"〔二〕益:长进。〔三〕居于位:居于席位。按古礼规定童子没有席位,不可居于成人之位。《礼记·檀弓上》:"童子隅坐而执烛。"郑玄注:"隅坐,不与成人并。"这个童子与大人坐在一起是无礼的。〔四〕先生:对年长者、长辈的尊称。并行:并排行走。按古礼规定童子不可与长者并行。《礼记·曲礼上》:"五年以长,则肩随之。"〔五〕速成:在短期内很快完成事功。孔子反对速成,认为"欲速则不达"(13.17)。

【译】阙党的一个儿童负责为宾主传话。有人问孔子:"〔这儿童〕是要求上进的人吗?"孔子说:"我见他坐在成年人的位子上,又见他与年长者并肩而行。〔他〕不是要求上进的人,而是一个想急于求成的人。"

卫灵公篇第十五

【题解】 《卫灵公篇》共 42 章。南宋·朱熹《四书章句集注》把 15.1、15.2 两章合为一章,故作 41 章。

本篇各章均为孔子之语,记述的内容比较广泛。以论道德修养、为人处世的内容为多。孔子特别集中地论述了君子的人格要求,相关章节达 10 章之多:15.2、15.18、15.19、15.20、15.21、15.22、15.23、15.32、15.34、15.37。还有章节论及政治、教育、学术。另外,还品评了舜(15.5)、史鱼(15.7)、蘧伯玉(15.7)、臧文仲(15.14)、柳下惠(15.14)等人物。刘宝楠《正义》据"宪问耻"句说:"宪不称氏,疑此篇即宪所记。"此说可以重视。

出自本篇的名言或成语有:君子固穷、小人穷斯滥、一以贯之、卷而怀之、志士仁人、杀身成仁、工欲善其事、必先利其器、人无远虑、必有近忧、群居终日、言不及义、好行小慧、君子求诸己、小人求诸人、君子不以言举人、不以人废言、己所不欲、勿施于人、巧言乱德、小不忍则乱大谋、人能弘道、非道弘人、君子谋道不谋食、君子忧道不忧贫、当仁不让于师、有教无类、道不同不相为谋、辞达而已矣等。

15.1 衛靈公問陳於孔子[一]。孔子對曰:"俎豆之事[二],則嘗聞之矣;軍旅之事,未之學也。"明日遂行[三]。

【注】 〔一〕陈(zhèn):同"阵"。军伍行列,战斗队形。朱熹《集注》:"陈,谓军师行伍之列。"北齐颜之推《颜氏家训·书证》:"太公《六韬》,有天陈、地陈、人陈、云鸟之陈。《论语》曰:

'卫灵公问陈于孔子。'《左传》：'为鱼丽之陈。'俗本多作阜（阝）傍车乘之车。案诸陈队，并作陈、郑之陈。夫行陈之义，取于陈列耳，此六书为假借也。《苍》《雅》及近世字书，皆无别字；唯王羲之《小学章》，独阜傍作车，纵复俗行，不宜追改《六韬》《论语》《左传》也。〔二〕俎（zǔ）豆之事：俎和豆是古代盛肉食的器皿，俎似几，用以放牲体。豆是高脚盘。行礼时用俎和豆，因之借以表示礼仪之事。"俎豆之事"与"笾豆之事"（8.4）义同。〔三〕明日：次日。遂（suì）行：于是就走了。《史记·孔子世家》："他日，灵公问兵陈。孔子曰：'俎豆之事则尝闻之，军旅之事未之学也。'明日，与孔子语，见蜚雁，仰视之，色不在孔子。孔子遂行，复如陈。"

【译】　卫灵公向孔子问作战的阵法。孔子回答说："礼仪方面的事，我曾经听到过；军队的事情，却未曾学习过。"第二天，〔孔子〕便起行离开卫国。

【记】　本章记孔子拒接回答卫灵公提出的军事问题。孔子见卫灵公无道，而又有志于战伐，就以不懂军事为由，避免与之谈战伐之事。虽然孔子主张礼治，反对使用武力，实际上他并非不懂军事。孔子精通"六艺"，其中的射（射箭）、御（驾驭战车）都是重要的军事体育项目。《史记·孔子世家》记冉求自称军旅之事"学之于孔子"。孔子把"足兵"列为治国的三个条件之一，主张必须教民作战（13.29、13.30）。又认为军事必须放在礼治、德政的统帅之下，教民作战必须"善人"为之。卫灵公决非"善人"，所以孔子不跟他谈"军旅之事"。何晏《集解》引郑玄曰："军旅末事，本未立，不可教以末事。"

15.2　在陳絕糧，從者病〔一〕，莫能興〔二〕。子路慍見曰："君子亦有窮乎？"子曰："君子固窮〔三〕，小人窮斯濫矣〔四〕。"

【注】　〔一〕病：苦，困。这里指为饥饿所困，即饿坏了。〔二〕兴：起身，起来。朱熹《集注》："兴，起也。"〔三〕君子固穷：君子能够安贫乐道，不失节操。固穷：安守贫穷。朱熹《集注》引程子曰："固穷者，固守其穷。"〔四〕滥：像水一样泛滥，引申为没有操守，胡作非为。朱熹《集注》引何晏曰："滥，溢也。言君子固有穷时，不若小人穷则放溢为非。"

【译】　〔孔子与弟子们〕在陈国断绝了粮食，跟从的人都饿坏了，没有人能爬得起来。子路气冲冲地来见〔孔子〕说："君子也有穷困的时候吗？"孔子说："君子穷困时尚能安守，小人穷困了就不约束自己而胡作非为了。"

【记】　本章记孔子在陈蔡绝粮时教导子路于困厄中坚守节操。鲁哀公四年（公元前 491 年），孔子一行辗转来到陈国、蔡国两国边境，正好遇上吴陈交战，兵荒马乱之际，断绝了粮食。《史记·孔子世家》："孔子迁于蔡三岁，吴伐陈。楚救陈，军于城父。闻孔子在陈蔡之间，楚使人聘孔子。孔子将往拜礼，陈蔡大夫谋曰：'孔子贤者，所刺讥皆中诸侯之疾。今者久留陈蔡之间，诸大夫所设行皆非仲尼之意。今楚，大国也，来聘孔子。孔子用于楚，则陈蔡用事大夫危矣。'于是乃相与发徒役围孔子于野。不得行，绝粮。从者病，莫能兴。孔子讲诵弦歌不衰。子路愠见曰：'君子亦有穷乎？'孔子曰：'君子固穷，小人穷斯滥矣。'"崔述《洙泗考信录》认为，陈蔡大夫围攻孔子之事出于后人附会，不足信。

15.3　子曰："賜也，女以予爲多學而識之者與〔一〕？"對曰："然，非與？"曰："非也，予一以貫之〔二〕。"

【注】　〔一〕识(zhì)：记。〔二〕一以贯之：用"忠恕"之道贯穿起孔子的学术。以：用。一：一个基本的原则、思想，即"忠恕"之道。贯：贯穿，贯通。参见："夫子之道，忠恕而已矣"（4.15）。

【译】　孔子说："端木赐啊，你以为我〔的学问是〕博学强识〔而成的〕吗？"〔端木赐〕回答说："是的。难道不是这样吗？"〔孔子〕说："不是的，我是用一个基本的观念把它们贯穿起来的。"

【记】　本章记孔子自称他的学术是一个一以贯之的体系。世人尊重孔子的博学多才，而孔子自己所重视的，则在于以忠恕之道贯穿于其整个学行之中。据《史记》，这段问答是紧接着上一章。《史记·孔子世家》："子贡色作。孔子曰：'赐，尔以予为多学而识之者与？'曰：'然。非与？'孔子曰：'非也。予一以贯之。'"

15.4　子曰："由！知德者鮮矣。"

【译】　孔子说："由，懂得道德的人少啊。"

15.5　子曰："無爲而治者其舜也與〔一〕？夫何爲哉？恭己正

南面而已矣〔二〕。"

【注】 〔一〕无为而治:孔子主张任用贤人,以德化民,不施加刑罚,而能平治天下。何晏《集解》:"言任官得其人,故无为而治。"朱熹《集注》:"圣人德盛而民化,不待其有所作为也。独称舜者,绍尧之后,而又得人以任众职,故尤不见有为之迹也。"〔二〕恭己:恭谨以律己。南面:古代以坐北朝南为尊位,君主临朝南面而坐。《易·说卦》:"圣人南面而听天下,向明而治。"

【译】 孔子说:"能够无所烦劳就能使天下得到治理的,大概只有虞舜吧?他做了些什么呢?他只是恭敬郑重地脸朝南面〔坐着〕而已。"

【记】 本章记孔子谈"无为而治"。儒家与道家都讲"无为而治",字面一样,面实质不同。《老子》第三章:"为无为,则无不治。"道家的"无为而治"以虚无、清静为本,主张不强行妄作,顺应自然而有所作为,既反对道德修养,又反对举贤使能,与儒家思想绝不同调。儒家的圣人则强调以身作则教化民众,选贤与能管理万民,此外不需再多做什么。

15.6 **子张**问行。子曰:"言忠信,行笃敬,雖蠻貊之邦〔一〕,行矣。言不忠信,行不笃敬,雖州里〔二〕,行乎哉?立則見其參於前也〔三〕,在輿則見其倚於衡也〔四〕,夫然後行。"**子張**書諸紳〔五〕。

【注】 〔一〕蛮貊(mò):泛指四方落后部族。蛮族、貊族,蛮在南方,貊在东北方,地处边远。蛮貊都被视为落后部族。〔二〕州里:泛指乡里或本土。邻(5家)、里(25家)、党(500家)、州(2500家)、乡(12500家),都是古代行政建制。〔三〕参(cān):直向,对着。王引之《经义述闻·通说上》:"家大人曰,参字可训为直,故《墨子·经篇》曰:'直,参也。'"〔四〕舆(yú):车厢。衡:置于车辕前端的横木。〔五〕书诸绅:即"书之于绅"。绅:士大夫束于腰间,一头下垂的大带。邢昺《注疏》:"此带束腰,垂其余以为饰,谓之绅。"《礼记·玉藻》:"绅长,制:士三尺,有司二尺有五寸。"古时,士大夫为加强修养常把箴言写在绅上,从而时时提醒自己,指导自己的言行。

【译】 子张问〔自己的主张〕如何才能行得通。孔子说:"说话忠诚信实,行为笃实敬慎,即使在蛮貊之国,也能行得通。说话不忠诚信实,行为不笃实敬慎,即使在本乡州里，能行得通吗？站着，仿佛看见〔"忠信笃敬"这四个字〕直立在眼前；坐车，仿佛看见这四个字依靠在车辕的横木上。这样做了以后就能行得通。"子张把这段话写在自己的大带上。

15.7　子曰："直哉史鱼！邦有道，如矢；邦無道，如矢。君子哉蘧伯玉！邦有道，則仕；邦無道，則可卷而懷之〔一〕。"

【注】〔一〕卷而怀之：谓藏身隐退，收心息虑。朱熹《集注》："卷，收也。怀，藏也。"

【译】　孔子说："正直啊史鱼！国家有道，〔他的言行〕像箭一样直；国家无道，也像箭一样直。君子啊，蘧伯玉！国家有道时，则出来做官；国家无道时，则能退缩而藏身。"

15.8　子曰："可與言而不與之言，失人；不可與言而與之言，失言。知者不失人，亦不失言。"

【译】　孔子说："应该与之交谈的人却不与他谈，是错过了对象；不应该与之交谈的人却与他谈，是说错了话。明智的人既不错过对象也不说错话。"

15.9　子曰："志士仁人〔一〕，無求生以害仁〔二〕，有殺身以成仁〔三〕。"

【注】〔一〕志士仁人：具有远大的志向抱负和高尚的仁德之心的人。〔二〕求生：谋求生路，设法活下去。这里是贪生怕死的意思。害：损害。〔三〕杀身以成仁：为了实现"仁"这个最高的道德准则而不惜舍弃生命。

【译】　孔子说："志士仁人，决不能因贪生怕死而损害仁德，而应勇于牺牲来成全仁德。"

【记】　本章记孔子提倡自我牺牲的精神。孔子的"道"分"天道"和"人道"。孔子避谈"天道"，主要讲"人道"（人事、人伦、为人之道）。孔子以"仁"为人生理想,仁的内容就是"己欲立而立人,己欲达而达人"(6.30),以做仁人为人生的最高境界。在孔子看来,仁的价值高于生命,为了维护仁,志士仁人必要时应该勇于牺牲自己的生命。孟子又提出"义"具有和"仁"同样的道德价值。《孟子·告子上》:"生亦我所欲也,义亦我所欲也;二者不可得兼,舍生而取义者也。"又说:"志士不忘在沟壑,勇士不忘丧其元。"(《孟子·滕文公下》)孔、孟以实现仁义为人伦之至,体现出儒家以完善德性为最高价值的人生宗旨。这种思想极大地激励了后世的志士仁人。文天祥《衣带歌》:"孔曰'成仁',孟曰'取义',惟其义尽,所以仁至。读圣贤书,所学何事,尔今尔后,庶几无愧。"文天祥的这种英豪气概继承的就是孔孟所提倡的自我牺牲精神。

15.10　子貢問爲仁。子曰:"工欲善其事,必先利其器〔一〕。居是邦也,事其大夫之賢者,友其士之仁者。"

【注】〔一〕工欲善其事,必先利其器:工匠要做好他的工作,必须首先使他的工具精良。善:用作动词。做好,干好。利:用作动词。搞好,弄好,使其精良。邢昺《注疏》:"将答为仁,先为设譬也。若百工欲善其所为之事,当先修利所用之器。"

【译】　子贡问如何培养仁德。孔子说:"工匠要做好他的工作,必须首先使他的工具精良。〔要培养仁德,〕住在一个国家,就要事奉大夫中的贤人,结交士人中的仁人。"

15.11　顏淵問爲邦〔一〕。子曰:"行夏之時〔二〕,乘殷之輅〔三〕,服周之冕〔四〕,樂則《韶舞》〔五〕。放鄭聲〔六〕,遠佞人〔七〕。鄭聲淫,佞人殆〔八〕。"

【注】〔一〕为:治理,建设。邦:邦国,诸侯国。〔二〕夏之时:夏代的历法,就是沿用至今的夏历(又称阴历,农历)。古代历法有夏历、殷历、周历之分。周历建子(以夏历十一月为正月),殷历建丑(以夏历十二月为正月),夏历建寅(以建寅之月的朔日为岁首),而夏历最合于农时,有利于农业生产,故孔子主张推行夏历。一说"时"指节令,即类似于《大戴礼记·夏小正》那样依据自然变化来安排人事,以保持天人和谐的节令。〔三〕辂(lù):大车。殷代的大车木质而无饰,俭朴实用,朱熹《集注》认为"朴素浑坚而等威已辨,为质而得其中",故孔子提倡"乘殷之辂"。〔四〕冕:礼帽。周代的礼帽体制完备而华美,朱熹《集注》认为"虽华而不为靡,

虽费而不及奢"，"文而得其中"，故孔子要"服周之冕"。〔五〕《韶舞》：即《韶》，舜时的音乐，孔子称赞其"尽美""尽善"，参见：3.25。〔六〕放：驱逐，排斥，禁止。郑声：郑国的乐曲。《礼记·乐记》："郑音好滥淫志。"朱熹《集注》："放，谓禁绝之。郑声，郑国之音。"郑国民间音乐被认为是靡靡之音，故孔子主张"放郑声"。参见："恶郑声之乱雅乐也"(17.18)。〔七〕远：疏远。佞人：用花言巧语狡辩谄媚的小人。朱熹《集注》："佞人，卑谄辩给之人。"〔八〕殆：危险。朱熹《集注》："殆，危也。"

【译】　颜渊问怎样治国。孔子说："遵行夏代的历法，乘殷代的车子，戴周代的礼帽，音乐则用舜时的《韶舞》，禁止郑国的乐曲，疏远花言巧语的小人。郑国的乐曲淫荡不正派，花言巧语的小人危险。"

15.12　子曰："人無遠慮，必有近憂〔一〕。"

【注】　〔一〕远虑：长远的打算。近忧：眼前的忧患。按，远与近，就时间而言，就是未来和现在。皇侃《义疏》："人生当思渐虑远，防于未然，则忧患之事不得近至。若不为远虑，则忧患之来不朝则夕，故云必有近忧也。"就空间而言，就是远方与身旁。朱熹《集注》引苏轼曰："人之所履者，容足之外，皆为无用之地，而不可废也。故虑不在千里之外，则患在几席之下矣。"

【译】　孔子说："人没有长远的考虑，必定会出现眼前的忧患。"

【记】　本章记孔子常怀忧患意识。"人无远虑，必有近忧"，这句话告诫人们要目光远大，居安思危，作好防备祸患的思想准备。参见："必也临事而惧，好谋而成者也"(7.11)。

15.13　子曰："已矣乎〔一〕！吾未見好德如好色者也〔二〕。"

【注】　〔一〕已矣：表示绝望的叹词，有罢了、完了的意思。朱熹《集注》："已矣乎，叹其终不得而见也。"〔二〕"吾未"句：已见9.18，可参阅。

【译】　孔子说："完了啊！我从未见过爱慕德行像爱慕美色〔那样热切〕的人。"

15.14　子曰:"臧文仲其窃位者與〔一〕! 知柳下惠之賢而不與立也〔二〕。"

【注】〔一〕窃位:窃据高位,谓才德不称职位。刘宝楠《正义》:"窃如盗窃之窃,言窃居其位,不让进贤能也。"〔二〕与立:给予官位。朱熹《集注》:"与立,谓与之并立于朝。"一说"立"通"位"。"与立",即"与位"。俞樾《群经平议》:"立,当读为位。"

【译】　孔子说:"臧文仲大概是个〔嫉贤妒能〕窃据官位的人吧? 明知柳下惠是贤人,却不给他官位。"

15.15　子曰:"躬自厚而薄責於人〔一〕,則遠怨矣〔二〕。"

【注】〔一〕躬自厚而薄责于人:严以律己,宽以待人。躬自厚:对自己严格要求,责己要重,应多多反省责备自己。躬自:自己。厚:这里指厚责,因下文"薄责"而省略"责"字。薄责于人:对他人不苛刻要求,少挑剔责备别人。薄责:轻责,少责备。〔二〕远:远离,避开。

【译】　孔子说:"自己多责备自己而少责备别人,就可以避开怨恨。"

15.16　子曰:"不曰'如之何〔一〕,如之何'者,吾末如之何也已矣〔二〕。"

【注】〔一〕如之何:犹言怎么办。连言"如之何",表示凡事要多问几个"该怎么办"。《荀子·大略篇》:"天子即位,上卿进曰,如之何,忧之长也。""不曰如之何"意思就是不肯想办法解决问题。朱熹《集注》:"如之何如之何者,熟思而审处之辞也。不如是而妄行,虽圣人亦无如之何矣。"〔二〕末如之何:犹言无法对付,莫可奈何。即拿他没有办法的意思。末:副词。表示否定。相当于"未""没有""不"。如之何:怎么样,怎么办。

【译】　孔子说:"不说'怎么办,怎么办'的人,我〔对这种人也〕不知道怎么办啊。"

15.17　子曰:"羣居終日,言不及義,好行小慧〔一〕,難矣哉〔二〕!"

【注】〔一〕好行小慧：爱耍小聪明。何晏《集解》引郑玄曰："小慧，谓小小之才知。"慧，一本作"惠"。〔二〕难矣哉：难以有所成就。何晏《集解》引郑玄曰："言终无成。"孔子认为士人相聚应切磋学问，进德修业，否则将一事无成。

【译】 孔子说："众人整天聚在一处，说的话从不涉及道义，只喜欢卖弄小聪明，〔这种人〕难以有所成就啊！"

15.18　子曰："君子義以爲質〔一〕，禮以行之，孫以出之〔二〕，信以成之。君子哉！"

【注】〔一〕君子义以为质：即"君子以义为质"，君子以义为自己人生追求的目标。质：箭靶。泛指目标。一说质干，即根本、主体。朱熹《集注》："义者制事之本，故以为质干。"〔二〕孙：通"逊"，谦顺。出：出言，表达。何晏《集解》引郑玄曰："义以为质谓操行，孙以出之谓言语。"

【译】 孔子说："君子把'义'当成自己人生追求的目标，以礼法来实行〔义〕，以谦逊的语言来表达〔义〕，以忠诚的态度来完成〔义〕，这就是君子啊！"

15.19　子曰："君子病無能焉，不病人之不己知也。"

【译】 孔子说："君子只忧虑〔自己〕无能，不忧虑别人不知道自己。"

15.20　子曰："君子疾没世而名不稱焉〔一〕。"

【注】〔一〕疾：恨，怕。没(mò)世：死，终身。称：称道，称颂。

【译】 孔子说："君子就怕死后名声不流传后世。"

【记】 本章记孔子重视身后名声的心态。君子的人生目标是求道，而不是以求名，但也在乎身后的名声，追求"不朽"。《孝经·开宗明义》："立身行道，扬名于后世，以显父母，孝之终也。"朱熹《集注》引范祖禹曰："君子学以为己，不求人知。然没世而名不称焉，则无为善之实可知矣。"春秋穆叔（叔孙豹）有"三不朽"之说:"大上有立德,其次有立功,其次有立言,虽久不废,此之谓不朽。"(《左传·襄公二十四年》)儒家首先崇尚道德,把道德作为最高的价值取向。其次倡导建功立业,为国家做出贡献。再次是建言立说。"立言"之不朽,应该在"立德""立功"的基础之上。孔子不图扬名,但恨所学不能传世。《史记·孔子世家》:"子曰:'弗乎弗乎,君子病没世而名不称焉。吾道不行矣,吾何以自见于后世哉?'乃因史记作《春秋》。"

15.21 子曰:"君子求諸己,小人求諸人〔一〕。"

【注】〔一〕求:有两说:(1)责求。何晏《集解》:"君子责己,小人责人。"则本章意为:君子责求自己,小人责求他人。(2)前一"求"字为责求,后一"求"字为请求。朱熹《集注》引杨时曰:"君子虽不病人之不己知,然亦疾没世而名不称也。虽疾没世而名不称,然所以求者,亦反诸己而已。小人求诸人,故违道干誉,无所不至。三者文不相蒙,而义实相足,亦记言者之意。"则本章意为:君子责求自己,小人请求他人。译文姑且按字面意思译出。

【译】 孔子说:"君子求之于自己,小人求之于别人。"

15.22 子曰:"君子矜而不争〔一〕,羣而不黨〔二〕。"

【注】〔一〕矜(jīn):端正、庄重。何晏《集解》引包咸曰:"矜,矜庄也。"〔二〕党:结党营私,拉帮结伙。朱熹《集注》:"然无阿比之意,故不党。"参见:"周而不比"(2.14)、"和而不同"(13.23)。

【译】 孔子说:"君子端正庄重而不与人争,合群团结却不结党营私。"

15.23 子曰:"君子不以言舉人〔一〕,不以人廢言〔二〕。"

【注】〔一〕举人:推举,选拔人才。何晏《集解》引包咸曰:"有言者不必有德,故不可以言举人。"参见:"有言者不必有德"(14.4)。〔二〕废:废弃,排斥。何晏《集解》引王弼曰:"不可以无德而废善言。"

【译】 孔子说:"君子不根据言论推举选拔人才,也不因某人有缺点错误而排斥他〔有价值〕的言论。"

【记】　本章记孔子强调人品与言谈可能不一致。有的人有口才,但不一定有品德,所以不能"以言举人";有的人虽然品德有亏,但也能说出一些有道理的话来,所以不能"因人废言"。

15.24　子貢問曰:"有一言而可以終身行之者乎〔一〕?"子曰:"其恕乎〔二〕!己所不欲,勿施於人〔三〕。"

【注】　〔一〕一言:一个字。〔二〕其,句首语气词,有"大概"的意思。恕:即"己所不欲,勿施于人"。《论语·里仁》载曾子语:"夫子之道,忠恕而已矣"(4.15)。朱熹《集注》:"尽己之谓忠,推己之谓恕。而已矣者,竭尽而无余之辞也。"孔子认为,"忠""恕"相通而有别。"忠"要求积极为人,是从积极方面表述的宽厚待人之道,未必每个人都有条件来实行。参见:"己欲立而立人,己欲达而达人"(6.30)。"恕"要求推己及人,是从消极方面(有所禁止)表述的宽厚待人之道,谁都可能做到。参见:"己所不欲,勿施于人"(12.2、15.24)。孔子在这里只言"恕"不言"忠"。〔三〕己所不欲,勿施于人:意即"我不欲人之加诸我也,吾亦欲无加诸人"(5.12)。孔子又称为"能近取譬"(6.30)。"己所不欲,勿施于人"又见于12.2。

【译】　子贡问道:"有一个字而可以终身奉行的吗?"孔子说:"大概那就是'恕'吧!自己不愿意的事情,不要强加给别人。"

15.25　子曰:"吾之於人也,誰毀誰譽〔一〕? 如有所譽者,其有所試矣。斯民也〔二〕,三代之所以直道而行也。"

【注】　〔一〕毁:诋毁。誉:吹捧。朱熹《集注》:"毁者,称人之恶而损其真。誉者,扬人之善而过其实。夫子无是也。"〔二〕斯民:即指前面所讲那些经得起考验、真正值得称赞的人。三代:指夏、商、周。朱熹《集注》:"三代,夏、商、周也。"直道:犹正道。

【译】　孔子说:"我对于别人,诋毁过谁? 吹捧过谁? 如果有称赞别人的情况,那一定是经过考验了的。这些〔经得起考验、真正值得称赞的〕人,正是〔夏、商、周〕三代推行正道的依靠。"

15.26 子曰:"吾猶及史之闕文也〔一〕,有馬者借人乘之。今亡矣夫〔二〕!"

【注】〔一〕闕文:有疑而空缺的文字。〔二〕亡:无。皇侃《义疏》引包咸曰:"古之史于书字有疑,则阙之以待知者。……有马者不能调良,则借人使乘习之。孔子自谓及见其人如此,至今无有矣。言此者,以俗多穿凿。"但是,"史之阙文"和"有马借人乘之"两事之间的关联不很清晰,如果强作解人,难免穿凿。朱熹《集注》引胡寅曰:"此章义疑,不可强解。"

【译】孔子说:"〔以前〕我还能看到史官存疑的阙文,〔就像〕有马的人〔不能自己驾驭,就把马〕借给别人乘用〔一样〕。如今则没有这种情况了。"

15.27 子曰:"巧言亂德。小不忍則亂大謀〔一〕。"

【注】〔一〕小不忍:小处细节上不能忍耐。朱熹《集注》:"小不忍,如妇人之仁、匹夫之勇皆是。"杨伯峻《译注》:"'小不忍'不仅是不忍小忿怒,也包括不忍小仁小恩,没有'蝮蛇螫手,壮士断腕'的勇气,也包括吝财不忍舍,以及见小利而贪。"

【译】孔子说:"花言巧语会扰乱德行。小处不能忍耐就会败坏大事。"

15.28 子曰:"衆惡之,必察焉;衆好之,必察焉〔一〕。"

【注】〔一〕"众恶"四句:是说对舆论必须坚持是非标准,独立观察,不盲从众人意见。参见4.3、13.24。

【译】孔子说:"众人都厌恶他,一定要考察其中缘故;众人都喜欢他,一定要考察其中缘故。"

15.29 子曰:"人能弘道,非道弘人〔一〕。"

【注】〔一〕本章简短而笼统,实在费解。朱熹《集注》:"弘,廓而大之也。人外无道,道外无人。然人心有觉,而道体无为;故人能大其道,道不能大其人也。"朱熹的解释是不是孔子的真意,叫人怀疑。郑皓《论语集注述要》:"此章最不烦解而最可疑。"译文仅就字面译出。

【译】　孔子说:"人能够弘扬道,不是道能弘扬人。"

15.30　子曰:"過而不改,是謂過矣[一]。"

【注】　〔一〕过:错误。第一个"过"为动词,第二个"过"为名词。《韩诗外传》卷三曾引孔子的话说:"过而改之,是不过也。"

【译】　孔子说:"犯有错误而不改正,这才真叫做错误呢。"

15.31　子曰:"吾嘗終日不食,終夜不寢,以思,無益;不如學也。"

【译】　孔子说:"我曾经整天不吃饭,整夜不睡觉,去冥思苦想,〔结果〕没有什么获益;还不如去学习。"

【记】　本章记孔子认为凭空思考不如踏实学习。《荀子·劝学》:"吾尝终日而思矣,不如须臾之所学也。"孔子主张把学与思结合起来,如果偏执一端,就会产生流弊。参见:"学而不思则罔,思而不学则殆"(2.15)。

15.32　子曰:"君子謀道不謀食。耕也,餒在其中矣[一];學也,禄在其中矣。君子憂道不憂貧。"

【注】　〔一〕餒:饥饿。何晏《集解》引郑玄曰:"餒,饿也。"朱熹《集注》:"耕所以谋食,而未必得食。"参见:"樊迟请学稼"(13.4)。

【译】　孔子说:"君子谋求大道而不谋求饭食。耕作,〔或许〕从中得到饥饿;学习,〔或许〕从中得到俸禄。君子担忧大道〔荒废〕,不担忧贫穷。"

15.33　子曰:"知及之[一],仁不能守之;雖得之,必失之。知及之,仁能守之。不莊以涖之[二],則民不敬。知及之,仁能守之,莊以涖之,動之不以禮[三],未善也。"

【注】〔一〕知：同"智"，才智。之：本章记孔子论治民之道。凡 11 个"之"字（"及之""守之""得之""失之""莅之""动之"），究竟何指，原文未曾说明。据上下文，当是指卿大夫士的禄位。〔二〕莅(lì)：同"莅"，临，对待。朱熹《集注》："莅，临也。"〔三〕动：这里指运作。

【译】孔子说："依靠才智得到的〔禄位〕，〔但是如果〕不用仁德去守住它，即使得到了它，必定会失掉它。依靠才智得到它，能用仁德去守住它，〔但是如果〕不用庄严的态度去对待它，百姓也不会敬服。依靠才智得到它，能用仁德去守住它，又能用庄严的态度去对待它，〔但是如果〕不以礼来运作它，也不能算是完善的。"

15.34 子曰："君子不可小知而可大受也，小人不可大受而可小知也。"

【注】〔一〕小知：有两说：（1）从小事情上去了解察知。知：了解，识别。朱熹《集注》："此言观人之法。知，我知之也。受，彼所受也。盖君子于细事未必可观，而材德足以任重；小人虽器量浅狭，而未必无一长可取。"（2）任用做小事情，管小范围内的具体事务。知：主持，主管。日·物双松《论语征》："故此章非观人之法矣。盖用人之法也，大受者大任之也，小知者小用之也。君子务大者以成其德，其材足以大任，而不可小用之。小人无大者于内，然亦不无小长，故其材虽不足大任，而可小用之焉。"译文从后说。

【译】孔子说："对君子，不可让他只做小事情，而可让他接受重大任务；对小人，不可让他接受重大任务，而可让他做些小事情。"

15.35 子曰："民之於仁也，甚於水火〔一〕。水火，吾見蹈而死者矣，未見蹈仁而死者也。"

【注】〔一〕"民之于"二句：有两解：（1）民众对于仁的需求，比水火更迫切。朱熹《集注》："民之于水火，所赖以生，不可一日无。其于仁也亦然。但水火外物，而仁在己。无水火，不过害人之身，而不仁则失其心。是仁有甚于水火，而尤不可以一日无也。"（2）民众都不愿求仁，躲避仁，好像仁比无情的水火还危险似的。皇侃《义疏》引王弼曰："民之远于仁，甚于远水火也。见有蹈水火死者，未尝蹈仁死者也。"译文从前说。

【译】 孔子说:"民众对于仁的需求,比水火更迫切。〔但是〕我见到过蹈践水火而死去的人,却没见到过蹈践仁而死去的人。"

15.36　子曰:"當仁不讓於師〔一〕。"

【注】 〔一〕当(dāng):面对着。朱熹《集注》:"当仁,以仁为己任也;虽师亦无所逊。言当勇往而必为也。"成语"当仁不让"即本于此,泛指遇到应该做的事,积极主动去做,不退让。

【译】 孔子说:"面临实践仁德的机会,即使对老师,也不必同他谦让。"

15.37　子曰:"君子貞而不諒〔一〕。"

【注】 〔一〕贞:诚信。杨伯峻《译注》:"贞,《贾子·道术篇》云:'言行抱一谓之贞。'所以译文以'大信'译之。"谅:固执,固守"小信"。朱熹《集注》:"谅,则不择是非而必于信。"刘宝楠《正义》:"谅者,信而不通之谓。"参见:"言必信,行必果,硁硁然小人哉"(13.20)、"岂若匹夫匹妇之为谅也"(14.17)。

【译】 孔子说:"君子诚信,但不拘泥于小信。"

15.38　子曰:"事君,敬其事而後其食〔一〕。"

【注】 〔一〕"敬其"句:事指职事,食指俸禄。何晏《集解》引孔安国曰:"先尽力而后食禄。"而后其食:据宋晁公武《郡斋读书志》,蜀石经作"而后食其禄"。

【译】 孔子说:"事奉君主,应该恭敬谨慎地办事,而把领取俸禄的事放到后面。"

15.39　子曰:"有教無類〔一〕。"

【注】 〔一〕有教无类:对受教育者不分高低贵贱,一视同仁。类:动词。区分,限制。孔子希望教育所有的人而同归于仁,提倡全民教育,对族类、种类不加区别。把教育对象扩大到贵族成员以外,打破了周礼"学在官府",只准"国之贵游子弟学焉"(《周礼·地官·师氏》)的

教育成规。参见:"自行束修以上,吾未尝无诲焉"(7.7)。

【译】 孔子说:"对任何人都可以有所教诲,没有〔贫富、地域等的〕限制。"

【记】 本章记孔子主张有教无类。但有教无类仅指对受教育者一视同仁,具体的教育内容和教育方法还是要因人而异,这就是"因材施教"。

15.40 子曰:"道不同〔一〕,不相爲謀。"

【注】 〔一〕道:道路,引申为见解、主张、理想、信仰等。不同:指根本性分歧。

【译】 孔子说:"信仰之道不同,决不共同谋划。"

15.41 子曰:"辭達而已矣〔一〕。"

【注】 〔一〕辞达而已矣:孔子主张言辞以达意为要,反对不必要的雕琢浮夸。但孔子又说过"言之无文,行之不远"(说话没有文采,就传播不远)。《左传·襄公二十五年》:"仲尼曰:'《志》有之:"言以足志,文以足言。"不言,谁知其志? 言之无文,行而不远。'"把孔子的这两句话合起来看,意思就完整了。既有文采,又能达意,文质彬彬,才是理想的言辞。

【译】 孔子说:"言辞能表达意思就行了。"

【记】 本章记孔子对言语的基本要求是达意。表达清楚了之后,才可作进一步修饰。如果不在达意这个基本要求上下工夫,单纯注重修辞,乃是本末倒置。其实,孔子也很注重修辞。比如:孔子说"不学诗,无以言"(16.13);"言语"是孔门"四科"之一,"言语:宰我,子贡"(11.3)。

15.42 師冕見〔一〕,及階,子曰:"階也。"及席,子曰:"席也。"皆坐,子告之曰:"某在斯,某在斯。"

師冕出。子張問曰:"與師言之道與?"子曰:"然。固相師之道也〔二〕。"

【注】 〔一〕师：乐师。一般是盲人。冕：乐师的名字。古代宫廷设"师工"，即乐师和讽诵箴言之盲人。〔二〕相（xiàng）：帮助，辅助。

【译】 师冕来见孔子，走到台阶前，孔子〔提醒〕说："这是台阶。"走到坐席前，孔子〔提醒〕说："这是坐席。"大家都坐定后，孔子告诉他说："孔某在这里，孔某在这里。"

师冕走了以后，子张问："这就是与盲乐师讲话的礼道吗？"孔子说："是的。这本来就是帮助盲乐师的礼道。"

【记】 此章记孔子接待盲乐师的礼节。仁者爱人。对残疾人，孔子更加地关心爱护。

季氏篇第十六

【题解】《季氏篇》共 14 章。

本篇内容主要有四部分组成:(一)"季氏将伐颛臾"章(16.1)。该章是孔子与冉有的对话,其中呈现了孔子对鲁国时局的分析,提出了"不患寡而患不均,不患贫而患不安"的治国主张。(二)孔子语录 10 章(16.2—16.11)。这一部分有两个特点:一是与《论语》常用的"子曰"的提法不同,这十章全部采用"孔子曰"。这种称呼似乎说明这十章的记录者不是孔子弟子。二是喜用数字,如十世、五世、四世、三世、三友、三乐、三愆、三戒、三畏、九思等,加工整理的痕迹明显。(三)杂记 2 章。齐景公之死与伯夷叔齐之死(16.12)、邦君之妻的种种称谓(16.14)。(四)"陈亢问于伯鱼"章(16.13)。

出自本篇的名言或成语有:分崩离析、祸起萧墙、友直友谅友多闻、血气方刚、畏天命、畏大人、畏圣人之言、不学诗、无以言、不学礼、无以立等。

16.1 季氏將伐顓臾〔一〕。冉有、季路見於孔子曰:"季氏將有事於顓臾〔二〕。"

孔子曰:"求!無乃爾是過與〔三〕?夫顓臾,昔者先王以爲東蒙主〔四〕,且在邦域之中矣,是社稷之臣也〔五〕。何以伐爲〔六〕?"

冉有曰:"夫子欲之〔七〕,吾二臣者皆不欲也。"

孔子曰:"求!周任有言曰:'陳力就列,不能者止〔八〕。'危而不持,顛而不扶,則將焉用彼相矣〔九〕？且爾言過矣,虎兕出於柙,龜玉毀於櫝中,是誰之過與〔十〕?"

【注】〔一〕季氏:指季康子。颛臾(zhuān yú):据说是太皞(hào)氏(伏羲)的后裔,风姓,鲁国的附庸小国。现在山东费县西北八十里有颛臾村,当是颛臾之故地。〔二〕有事:指军事行动。事,指戎事(军事,战事)。《左传·成公十三年》:"国之大事,在祀与戎。"〔三〕无乃尔是过与:恐怕应该责备你吧。无乃……与:古汉语中的固定格式,表示一种推测语气,可译为"恐怕……吧"。尔是过:尔作"过"的宾语,前置。是:表示倒装的指示代词,在这里复指宾语"尔"。过:责备。用作动词。〔四〕先王:前代君王。东蒙:即蒙山,因在鲁国东边,故称东蒙。在今山东蒙阴南,接费县界。主:主持祭祀的人。〔五〕邦域之中:指在鲁国国境之内。邦域:疆土,国境。社稷:指鲁国公室。颛臾为鲁国的附庸,故称其为鲁国的社稷之臣。〔六〕何以……为:表示反问的固定格式,可译为"为什么要……呢"。为:助词。用在句末,与"何"相配合,表反诘。〔七〕夫子:指季康子。春秋时,对大夫、老师等尊者都可以尊称夫子。〔八〕陈力就列,不能者止:(能)施展出自己的才能,(就去)担任相应的职务;如果不能,就该辞职。陈:陈列,这里是施展的意思。就:动词。走向。这里是担任的意思。列:职位。何晏《集解》引马融曰:"周任,古之良史。言当陈其才力,度己所任,以就其位。"邢昺《注疏》:"言为人臣者,当陈其才力,度己所任,以就其列位,不能则当自退也。"〔九〕"危而不持"三句:(主子)遇到了危险却不去护持,将要跌倒却不去搀扶,那何必要你们这些辅佐之臣呢? 相(xiàng):辅助,佑助。按:当时冉有、子路都做季氏家臣,所以孔子认为他们二人对"季氏将伐颛臾"负有不可推卸的责任。〔十〕兕(sì):犀牛一类的兽名。皮厚,可以制甲。《尔雅·释兽》:"兕,似牛。"郭璞注:"一角,青色,重千斤。"《集韵·旨韵》:"兕,一说雌犀也。"柙(xiá):关野兽的木笼,也用来拘禁罪重的犯人。《说文·木部》:"柙,槛也,以藏虎兕。"龟玉:指龟甲和宝玉。龟甲用以占卜吉凶;宝玉用于祭祀,都是古时国家的重器。椟(dú):柜、匣一类的藏物器。何晏《集解》引马融曰:"椟,匮也。"

【译】　季氏将去攻打颛臾。冉有、子路两人进见孔子,说:"季氏就要对颛臾发动战争。"

孔子说:"冉求,这难道不应该责备你吗? 颛臾,从前先代的君王曾经授权它做东蒙山的主祭者,而且在鲁国疆土之内,是鲁国公室的臣属,为什么要去攻打它呢?"

冉有说:"夫子(季氏)要这么做,我们两个臣下本来都是不同意的。"

孔子说:"冉求! 周任曾经说过这样的话:'能够施展自己的才能,就去担任相应的职务;如果不行,就该辞职。'主子遇到了危险却不去护持,将要跌倒却不去搀扶，那何必要你们这些辅佐之臣呢？并且你说的话也不对。老虎兕牛从笼子里跑出来，龟甲美玉被毁坏在匣子里，这是谁的过错呢？"

冉有曰："今夫颛臾，固而近於费〔一〕。今不取，後世必爲子孙忧。"

孔子曰："求！君子疾夫舍曰欲之而必爲之辞〔二〕。丘也聞有國有家者〔三〕，不患寡（當作貧）而患不均，不患貧（當作寡）而患不安〔四〕。蓋均無貧，和無寡，安無傾〔五〕。夫如是，故遠人不服，則修文德以來之〔六〕。既來之，則安之〔七〕。今由與求也，相夫子〔八〕，遠人不服，而不能來也；邦分崩離析〔九〕，而不能守也；而謀動干戈於邦内〔十〕。吾恐季孙之憂，不在颛臾，而在蕭牆之内也〔十一〕。"

【注】〔一〕今夫：句首语气词，表示接下来要发议论。固：指城墙坚固。费（旧读 bì）：僖公元年，鲁君赐给季友汶阳之田及费，于是费成为季氏世代的采邑。今山东费（fèi）县西南七十里有费城，是其故地。〔二〕疾：厌恶，憎恨。夫：指示代词，那个。舍曰：回避说。欲之：想要那样。为之辞：给它找个借口。之：指伐颛臾。辞：借口，托辞。之、辞是"为"的双宾语。〔三〕有国有家者：指诸侯（有国者）和大夫（有家者）。皇侃《义疏》引孔安国曰："国，诸侯也。家，卿大夫也。"〔四〕不患寡而患不均，不患贫而患不安：这两句文字互误，当作"不患贫而患不均，不患寡而患不安"。俞樾《古书疑义举例·上下两句互误例》："按：寡、贫二字，传写互易，此本作'不患贫而患不均，不患寡而患不安'。'贫'以财言，'不均'亦以财言。不均则不如无财矣，故'不患贫而患不均'也。'寡'以人言，'不安'亦以人言；不安则不如无人矣，故'不患寡而患不安'也。《春秋繁露·度制篇》引孔子曰：'不患贫而患不均'，可据以订正。"另外，"贫"和"均"都是从财富的角度而言，下文"均无贫"也可以证明"贫"与"均"在孔子的这段话里存在逻辑关系。〔五〕盖均无贫，和无寡，安无倾：如果分配平均，就无所谓贫穷；国家和谐，就无所谓人少；社会安定，就不会倾覆。盖：副词，表委婉地论断原因。倾：倾覆。〔六〕远人：远方的人，关系疏远的人。这里指本国以外的外族人或外国人。朱熹《集注》："远人，谓颛臾。"文德：指礼乐仁义的政治教化。与"武功"相对。〔七〕来之：使之来。来：不及物动词，用作使动。安之：使之安。之：三个之字都是指远人。〔八〕也：句中语气词，表停顿。相：辅佐。〔九〕分崩离析：崩塌解体，四分五裂。形容国家分裂瓦解。分、崩、离、析四字并列。崩：倒塌。离：开裂。析：分开。〔十〕干戈：干和戈是古代常用兵器，泛指武器，比喻战争。〔十一〕萧墙之内：指鲁国宫廷内部，喻指鲁哀公，亦指鲁国朝政。萧墙：萧，通"肃"。国君宫门内作为屏障的矮墙，即照壁。何晏《集解》引郑玄曰："萧之言肃也；墙谓屏也。君臣相见之礼，至屏而加肃敬焉，是以谓

之萧墙。后季氏之家臣阳虎果囚季桓子也。"按，当时季氏等"三桓"权臣与鲁哀公之间，以及"三桓"与阳虎等家臣之间都存在激烈的权力之争。"吾恐季孙之忧，不在颛臾，而在萧墙之内也"句乃承上文"今不取，后世必为子孙忧"而言。孔子驳斥冉有所言季氏伐颛臾的理由，一针见血地指出季氏并非为后世子孙着想，而是为自己所处的政治乱局而担忧。

【译】　冉有说："现在的颛臾国势强固并且离季孙的采邑——费邑很近。现今不取下它，将来一定会给子孙留下祸害。"

孔子说："冉求！君子就讨厌〔那种态度，〕不直说自己贪求什么，却一定另找些借口。我听说不论有国的诸侯，还是有家的大夫，不必忧虑国家贫穷而只忧虑财富不均，不必忧虑人口稀少而只忧虑动乱不安。如果分配平均，就无所谓贫穷；国家和谐，就无所谓人少；社会安定，就不会倾覆。正因为这样，如果远方的人还不归服，就整顿礼乐教化、凭借仁德来招引他们。他们来了之后，就要好好安顿他们。如今你子路和冉有两人辅佐季氏夫子，远方之人不归服，却不能招引他们；国家分崩离析，却不能保全；反而策划在国内大动干戈。我恐怕季孙的忧愁不在颛臾，而在鲁国的政治乱局。"

【记】　本章记孔子分析当时鲁国的政局。孔子从维护周礼的角度出发，极力反对季氏吞并颛臾的内战，并提出了他的一些治国安邦的主张。"不患寡而患不均，不患贫而患不安"反映了孔子平均贫富、安定内部、用德政招徕远人的政治思想。这虽然在当时几近空谈，但是对后世却不无启发。

16.2　孔子曰："天下有道，则禮樂征伐自天子出〔一〕；天下無道，則禮樂征伐自諸侯出〔二〕。自諸侯出，蓋十世希不失矣〔三〕；自大夫出〔四〕，五世希不失矣〔五〕；陪臣執國命〔六〕，三世希不失矣〔七〕。天下有道，則政不在大夫。天下有道，則庶人不議〔八〕。"

【注】　〔一〕礼乐征伐：制礼作乐的立法权及发令征伐的军权。自天子出：天子号令一切，在天子、诸侯、大夫、士的贵族等级制度下，礼乐征伐这种最高权力专属于天子。《礼记·中庸》说："非天子不议礼，不制度，……虽有其德，苟无其位，亦不敢作礼乐焉。"《孟子·尽心下》："征者，上伐下也。敌国（地位相等的国家）不相征。"孔子认为尧、舜、禹、汤以及西周都是"礼乐征伐自天子出"的时代。〔二〕礼乐征伐自诸侯出：诸侯掌握制礼作乐的立法权及征伐的军权。朱熹《集注》："先王之制，诸侯不得变礼乐，专征伐。"《史记·孔子世家》："孔子之时，

周室微而礼乐废。"春秋时期,随着一些诸侯国国力军力的上升,衰微的周王室失去了对诸侯国的控制能力。诸侯并峙,大国争霸,政由方伯,出现了"礼乐征伐自诸侯出"的割据形势。〔三〕十世:十代。齐国自桓公称霸,历孝公、昭公、懿公、惠公、顷公、灵公、后庄公、景公、悼公、简公十公,至简公而为陈恒所杀;晋国自文公称霸,历襄公、灵公、成公、景公、厉公、悼公、平公、昭公、顷公九公,六卿专权。"十世希不失",当是孔子观察研究齐、晋两个霸主国政变动实况而得出的结论。希:同"稀",少有。愈近动荡时代,权力斗争愈激烈,政权愈不巩固。"十世"及下文中的"五世""三世"均为约数。朱熹《集注》:"逆理愈甚,则其失之愈速。大约世数,不过如此。"〔四〕自大夫出:春秋末期,诸侯权力削弱,大夫专权公室。如:鲁国在僖公以后到春秋末,政权基本上由"三桓"(孟孙、叔孙、季孙)所把持。〔五〕五世:五代。鲁国自季友("三桓"之一)专政,历文子、武子、平子、桓子四代而为阳虎所执,所以说"五世希不失"。〔六〕陪(péi)臣执国命:大夫的家臣把持国政。春秋晚期,鲁国的"三桓"走向衰微,其家臣南蒯、阳虎、侯犯等先后起来反对季氏和叔孙氏,季氏的家臣阳虎(阳货)甚至一度执掌鲁国的政权,即所谓的"陪臣执国命"。陪臣:这里指卿、大夫的家臣。诸侯的大夫对天子自称为"陪臣",大夫的家臣亦称为"陪臣"。天子以诸侯为臣,诸侯以大夫为臣,大夫又自有家臣。因之大夫对于天子,大夫之家臣对于诸侯,都是隔了一层的臣,即所谓"重臣",因之都称为"陪臣"。朱熹《集注》:"陪臣,家臣也。"〔七〕三世:三代。鲁国造反的家臣南蒯、公山弗扰、阳虎之流,都是当身而败,不曾到过三世。孔子说"三世希不失",是结合其他诸侯国家臣专政的情况而宽言之。〔八〕不议:不加非议。指政治清明,无可非议。

【译】　孔子说:"天下有道,那么制礼作乐和发令征伐的权力都出自天子;天下无道,那么制礼作乐和发令征伐的权力都出自诸侯。出自诸侯,大概传十代就很少有不丧失政权的;出自大夫,传五代就很少有不丧失政权的;如果是大夫的家臣操纵了国家,大概传上三代就很少有不丧失政权的。天下有道,国家政权不会落在大夫手里。天下有道,黎民百姓就不议论朝政了。"

【记】　本章记孔子考察历史,对自己所处的礼坏乐崩、乱象丛生的时代非常不满。孔子所处的春秋末期是社会大变动的时代,出现了"礼乐征伐自诸侯出""政在大夫""陪臣执国命"等政权下移的僭越行为。孔丘有"大一统"的政治理想,在法律上他主张制礼作乐的立法权应归天子统一掌握,出兵征伐应由天子作出决定。孔丘期盼着能像周初那样再出现一个周天子一统天下、"礼乐征伐自天子出"的"有道"盛世。

16.3　孔子曰:"禄之去公室五世矣〔一〕,政逮於大夫四世

矣〔二〕,故夫三桓之子孙微矣〔三〕。"

【注】 〔一〕禄:爵禄,指代表政权的授官颁爵。何晏《集解》引郑玄曰:"爵禄不出公室。"公室:王室,指鲁国国君。五世:五代,指鲁宣公、成公、襄公、昭公、定公五代。鲁国君丧失政治权力是从鲁宣公开始的。公元前 608 年,鲁文公死,大夫东门遂(襄仲)杀嫡长子子赤而立宣公,掌握了鲁国政权。孔子生于鲁襄公二十二年(公元前 551 年),历襄公、昭公、定公、哀公四君。这段话当是在鲁定公时(公元前 509 年—前 495 年)所说的。〔二〕逮:及,到。四世:公元前 591 年,鲁宣公死,季文子驱逐了东门氏,由季氏为正卿。此后,鲁国国政主要把持在季孙氏家族手中。鲁国"由此公室卑,三桓强"(《史记·鲁周公世家》),"政在季氏"(《左传·昭公三十二年》)。从季孙氏文子、经武子、平子、桓子,到孔子说这段话时,正为四代。说本毛奇龄《论语稽求篇》。〔三〕三桓:春秋时鲁国的三卿仲孙氏(任司空)、叔孙氏(任司马)、季孙氏(任司徒)都是鲁桓公的后代,故称"三桓"。微:衰微。鲁定公时,出现"陪臣执国命"的局面,三桓势力走向衰微。参见:"自大夫出,五世希不失矣"(16.2)。

【译】 孔子说:"国家政权不在鲁国国君手里已经有五代了,政权落在大夫〔季孙氏〕手里已经有四代了,所以,三桓的子孙现在也衰微了。"

【记】 本章记孔子考察鲁国"三桓"专权的历史。上一章是谈天下大势,本章是以同样的视角观察鲁国政局。

16.4 孔子曰:"益者三友,损者三友。友直,友谅〔一〕,友多闻,益矣。友便辟〔二〕,友善柔〔三〕,友便佞〔四〕,损矣。"

【注】 〔一〕谅:诚信。《说文·言部》:"谅,信也。"《论语》中的"谅"有时指小信,参见:14.17、15.37。〔二〕便辟(pián pì):装腔作势,矫揉造作。邢昺《注疏》:"便辟,巧辟人之所忌以求容媚者也。"朱熹《集注》:"便,习熟也。便辟,谓习于威仪而不直。"〔三〕善柔:柔媚惑人,阳奉阴违。邢昺《注疏》:"善柔,谓面柔,和颜悦色以诱人者也。"朱熹《集注》:"谓工于媚悦而不谅。"〔四〕便佞(pián nìng):巧言善辩,言不符实。何晏《集解》引郑玄曰:"便,辩也。谓佞而辩。"朱熹《集注》:"谓习于口语而无闻见之实。"

【译】 孔子说:"益友有三种,损友也有三种。与正直的人交友,与诚信的人交友,与见识广博的人交友,是有益处的。与装腔作势的人交友,与阳奉阴违的人交友,与巧言善辩的人交友,是有损害的。"

16.5 孔子曰：“益者三樂〔一〕，損者三樂。樂節禮樂〔二〕，樂道人之善〔三〕，樂多賢友，益矣。樂驕樂〔四〕，樂佚遊〔五〕，樂宴樂〔六〕，損矣。”

【注】〔一〕乐:喜好,即"知者乐水,仁者乐山"(6.23)之"乐"。〔二〕节礼乐:以礼乐来规范自己的言谈举止。节:制约。参见:"克己复礼为仁"(12.1)、"约之以礼"(12.15)。〔三〕道人善:称道别人的好处。孔子主张对人扬善隐恶。参见:"君子成人之美,不成人之恶"(12.16)。〔四〕骄乐:骄纵享乐。朱熹《集注》:"骄乐,则侈肆而不知节。"〔五〕佚游:逸游,无节制的游荡。佚:通"逸",安乐,舒闲。何晏《集解》引王弼曰:"佚游,出入不知节也。"朱熹《集注》:"佚游,则惰慢而恶闻善。"〔六〕宴乐:宴饮游乐。朱熹《集注》:"宴乐,则淫溺而狎小人。"

【译】 孔子说:"有益处的喜好有三种,有损害的喜好有三种。喜好言谈举止合于礼乐,喜好称道别人的好处,喜好广交贤朋良友,便有益处。喜好骄奢享乐,喜好游荡无度,喜好吃吃喝喝,便有损害。"

16.6 孔子曰：“侍於君子有三愆〔一〕：言未及之而言謂之躁，言及之而不言謂之隱〔二〕，未見顏色而言謂之瞽〔三〕。”

【注】〔一〕君子:在位的贤人。朱熹《集注》:"君子,有德位之通称。"愆(qiān):过失,罪过。何晏《集解》引孔安国曰:"愆,过也。"〔二〕隐:隐瞒。皇侃《义疏》引孔安国曰:"隐,隐匿不尽情实也。"〔三〕瞽(gǔ):盲人。瞽者双目失明,以此比喻说话不看时机者如同盲人一样不能察言观色。朱熹《集注》:"瞽,无目,不能察言观色。"

【译】 孔子说:"侍奉君子〔往往〕有三种过失:〔君子〕还未说到,〔你〕就先说了,叫做急躁;〔君子〕已经说到,〔你〕还不说,叫做隐瞒;不察颜观色就贸然开口,叫做眼瞎。"

16.7 孔子曰：“君子有三戒：少之時，血氣未定〔一〕，戒之在色；及其壯也〔二〕，血氣方剛〔三〕，戒之在鬥；及其老也，血氣既衰，戒之在得〔四〕。”

266

【注】〔一〕血气:精力,元气。这里指人的自然属性,即"性相近"的"性"。孔子认为"克己复礼为仁",修养乃是不断约制自然属性,使之合乎社会伦理规范的过程。未定:未成熟,未固定。〔二〕壮:壮年。《礼记·曲礼》:"三十曰壮。"〔三〕血气方刚:谓年轻人精力正旺盛。方:正。刚:强劲。刘宝楠《正义》:"壮谓气力方当刚强,喜于争斗。"〔四〕得:泛指对于名、利、权、色等的贪求。何晏《集解》引孔安国曰:"得,贪得。"邢昺《注疏》:"老谓五十以上。得谓贪得。血气既衰,多好聚敛,故戒之。"

【译】 孔子说:"君子有三项禁戒:年轻的时候,血气未定,要禁戒女色;到了壮年,血气方刚,要禁戒好斗;到了老年,血气衰微,要禁戒贪得。"

【记】 本章记孔子谈"君子三戒"。孔子把人的心理的发展分为少、壮、老三个阶段,还对各阶段"血气"的特点作了简明的概括,又针对不同年龄层次提出了三个修养重点:少时戒色;壮时戒斗;老时戒得。《淮南子·诠言训》:"凡人之性,少则猖狂,壮则强暴,老则好利。"意即本于本章。古人常说的"人生四戒"(酒色财气)也是对本章"君子三戒"的发挥。嗜酒、好色、贪财、逞气,最为常人所好,却最易害人,所以世俗每并言此四事以为戒。"人生四戒"最初只有"三戒",源自东汉杨秉的名言:"我有三不惑,酒色财也"(《后汉书·杨秉传》)。宋人把杨秉的"三不惑"与孔子所说的"君子三戒"相糅合,始益以"气",形成"酒色财气"这个成语。

16.8　孔子曰:"君子有三畏〔一〕:畏天命,畏大人〔二〕,畏聖人之言。小人不知天命而不畏也,狎大人〔三〕,侮聖人之言〔四〕。"

【注】〔一〕畏:怕,敬畏。朱熹《集注》:"畏者,严惮之意也。"〔二〕大人:在高位者,如王公贵族。杨伯峻《译注》:"这里的'大人'是指在高位的人,而'圣人'则是指有道德的人。"〔三〕狎(xiá):狎侮,不尊重。《广雅·释诂三》:"狎,轻也。"〔四〕侮:轻慢,亵渎。邢昺《注疏》:"侮谓轻慢。"朱熹《集注》:"侮,戏玩也。"

【译】 孔子说:"君子有三项敬畏:敬畏天命,敬畏在高位的大人,敬畏圣人的话。小人因为不知天命而不敬畏,轻慢在高位的大人,亵渎圣人的话。"

16.9　孔子曰:"生而知之者上也;學而知之者次也;困而學

之,又其次也;困而不學,民斯爲下矣。"

【译】 孔子说:"生下来就知道的,是上等;经过学习才知道的,是次一等;遇到困惑才学习的,是又次一等;遇到困惑仍不学习,这样的人就是下等的愚民。"

【记】 本章记孔子根据知识来源和求知态度,将人分为四等:生而知之者、学而知之者、困而学之者和困而不学者。虽设想有"生而知之"的圣人,却又说:"圣人,吾不得而见之矣"(7.26);虽然宣称"天生德于予"(7.23),然而却又称自己"我非生而知之者"(7.20)。所以,在孔子那里,"生而知之者"只是"虚悬的一格",实质上主张人非生而知之,而是学而知之的。"生而知之者"既然不存在,"困而不学者"又不值得教诲,所以针对"学而知之"和"困而学之"的中等人,孔子十分强调后天学习修养的重要性。

16.10 孔子曰:"君子有九思:視思明,聽思聰,色思温,貌思恭,言思忠,事思敬,疑思問,忿思難,見得思義〔一〕。"

【注】 〔一〕"視思明"九句:君子日常修养的九个要点。难(nàn):危难,祸患。这里指发怒可能留下的后患。朱熹《集注》:"难,去声。视无所蔽,则明无不见。听无所壅,则聪无不闻。色,见于面者。貌,举身而言。思问,则疑不蓄。思难,则忿必惩。思义,则得不苟。"

【译】 孔子说:"君子在九个方面要多用心考虑:眼看,要考虑能否看透;耳听,要考虑能否听清;脸色,要考虑是否温和;态度,要考虑是否恭敬;说话,要考虑是否忠诚;做事,要考虑是否谨慎;疑惑,要考虑是否请教;忿怒,要考虑能否承担后果;获利,考虑是否合于仁义。"

16.11 孔子曰:"見善如不及〔一〕,見不善如探湯〔二〕。吾見其人矣〔三〕,吾聞其語矣。隱居以求其志,行義以達其道〔四〕。吾聞其語矣,未見其人也〔五〕。"

【注】 〔一〕如不及:好像赶不上似的。形容急切追求。〔二〕探汤:把手伸到沸水中,出于自我保护的本能,手会立即缩回来。形容戒惧。探:试。汤:热水;开水。〔三〕吾见其人矣:指

孔门弟子。朱熹《集注》："真知善恶而诚好恶之，颜、曾、闵、冉之徒，盖能之矣。语，盖古语也。"〔四〕达：达到，实现。〔五〕未见其人也：指已去世的颜回。朱熹《集注》："求其志，守其所达之道也。达其道，行其所求之志也。盖惟伊尹、太公之流，可以当之。当时若颜子，亦庶乎此。然隐而未见，又不幸而蚤死，故夫子云然。"

【译】 孔子说："看见善良，〔就努力追求，〕如同怕自己赶不上似的；看见邪恶，〔就赶紧躲开，〕如同把手伸进沸水一样。我见过这样的人，也听过这样的话。避世隐居以保全自己的志向，按义行事以实现自己的主张。我听过这样的话，却见不到这样的人了。"

16.12 齐景公有馬千駟〔一〕，死之日，民無德而稱焉〔二〕。伯夷、叔齊餓于首陽之下〔三〕，民到于今稱之。其斯之謂與〔四〕?

【注】〔一〕駟：古代一车套四马，因以称驾一车之四马或四马所驾之车。千駟，四千匹马，即"千乘"。有马千駟，指有千乘之国。〔二〕无德而称：即"无得而称"(8.1)。皇侃《义疏》本"德"字正作"得"。〔三〕首阳：山名，在今何地，前人说法不一。何晏《集解》引汉马融曰："首阳山在河东蒲阪(今山西永济)，华山之北，河曲之中。"〔四〕其斯之谓与：这一句有些突兀。另外，本章起始没有"子曰"字样，不免让人怀疑章中也脱漏了文字。朱熹《答江德功书》："此章文势或有断续，或有阙文，或非一章，皆不可考。"程颐以为《颜渊篇》的"诚不以富，亦祇以异"(12.10)两句诗应该放在此处"其斯之谓与"之上，但也无法确证。

【译】 齐景公有四千匹马，死的时候，老百姓也无法来称赞他。伯夷、叔齐饿死在首阳山下，老百姓直到如今还在称颂他们。大概就是说的这个吧?

16.13 陳亢問於伯魚曰："子亦有異聞乎〔一〕?"
對曰："未也。嘗獨立，鯉趨而過庭〔二〕。曰：'學《詩》乎?'對曰：'未也。''不學《詩》，無以言〔三〕。'鯉退而學《詩》。他日，又獨立，鯉趨而過庭。曰：'學禮乎?'對曰：'未也。''不學禮，無以立。'鯉退而學禮。聞斯二者。"
陳亢退而喜曰："問一得三，聞《詩》，聞禮，又聞君子之遠其子也〔四〕。"

【注】 〔一〕异闻：特别的听闻。何晏《集解》："以为伯鱼孔子之子，所闻当有异。"按，陈亢怀疑孔子偏私自己的儿子孔鲤，会多给他一些关照和教诲。〔二〕趋：小步疾行。古时表示恭敬的礼节。〔三〕不学《诗》，无以言：当时贵族及士人在交际和外交等场合需要赋《诗》，故云。孔子敦促儿子孔鲤学《诗》，参见：17.10。〔四〕远其子：与自己的儿子保持距离，以免偏私、溺爱。远：远离，不亲近。

【译】 陈亢问伯鱼："您〔从夫子那里〕也许听到过与众不同的教诲吧？"

〔伯鱼〕回答："没有。〔有一天，我父亲〕一个人站在庭中，孔鲤我恭敬地快步走过庭院。〔父亲〕问：'学《诗》了吗？'〔我〕回答：'没有。'〔父亲说：〕'不学《诗》，〔在社会交往中〕就无法说话。'我退下后便学起《诗》来。〔又一天，父亲〕又一个人站在庭中，孔鲤我恭敬地快步走过庭院。〔父亲〕问：'学礼了吗？'〔我〕回答：'没有。'〔父亲说：〕'不学礼，〔在社会上做人〕无法立足。'我退下后便学起礼来。〔我〕只听说过这两件事。"

陈亢退下后很高兴地说："问一件事而得知三件事，得知学《诗》的意义，得知学礼的好处，还得知君子疏远自己的儿子〔而不偏私〕。"

16.14 邦君之妻〔一〕，君称之曰夫人，夫人自称曰小童〔二〕；邦人称之曰君夫人，称诸异邦曰寡小君〔三〕；异邦人称之亦曰君夫人。

【注】 〔一〕邦君：诸侯国的国君。〔二〕小童：谦称。犹说自己无知如童子。《礼记·曲礼下》："夫人……自称于其君，曰'小童'。"〔三〕诸：代词"之"和介词"于"的合音。

【译】 国君的妻子，国君称她为"夫人"，夫人自己〔谦〕称"小童"；本国人称她为"君夫人"，在外国人面前〔谦〕称她为"寡小君"；其他国家的人也称呼她"君夫人"。

【记】 本章记录了邦君之妻的种种称谓。朱熹《集注》引吴棫曰："凡《语》中所载如此类者，不知何谓。或古有之，或夫子尝言之，不可考也。"

阳货篇第十七

【题解】 《阳货篇》共 26 章。三国·魏·何晏《论语集解》把
17.2、17.3 两章及 17.9、17.10 两章各并为一章，故作 24 章。

本篇主要记孔子教育弟子讲究仁德，阐发以礼乐治国的道理。内
容比较重要，涉及政治、礼乐、诗教、道德、人性、天命等。篇中提出了
"天何言哉？四时行焉，百物生焉，天何言哉"的天道观，并认为君子小
人为行各异，今之与古其疾不同："性相近也，习相远也"，"唯上知与下
愚不移"。篇首有三章是叛乱者拉拢孔子的史料，这是本篇的一个突出
特点。

出自本篇的名言或成语有：性相近习相远、唯上知与下愚不移、割
鸡焉用牛刀、色厉内荏、乡愿德之贼、道听途说、患得患失、饱食终日、无
所用心、唯女子与小人为难养也、近之则不孙、远之则怨等。

17.1　陽貨欲見孔子[一]，孔子不見，歸孔子豚[二]。孔子時其
亡也，而往拜之[三]。遇諸塗[四]。

謂孔子曰："來！予與爾言。"曰[五]："懷其寶而迷其邦[六]，可
謂仁乎？"曰："不可。——好從事而亟失時，可謂知乎[七]？"曰：
"不可。——日月逝矣，歲不我與[八]。"孔子曰："諾；吾將
仕矣[九]。"

【注】　〔一〕欲见(xiàn)孔子：想让孔子谒见他。〔二〕归：通"馈"(kuì)，赠送。豚(tún)：小

猪。邢昺《注疏》："豚，豕之小者。"〔三〕时：通"待"，等待。亡：无，指不在家。往拜之：按照当时的礼俗，地位高的人赠送礼物，受赠者如果没能当面接受，事后应当回拜。阳货送孔子豚就是打算让孔子回拜他，借此能见得着孔子，孔子不愿和阳货见面，趁他不在家的时候去回拜。《孟子·滕文公下》亦载此事，云："阳货欲见孔子而恶无礼。大夫有赐于士，不得受于其家，则往拜其门。阳货瞰（kàn，窥视）孔子之亡也，而馈孔子蒸豚。孔子亦瞰其亡也，而往拜之。"〔四〕塗：同"途"，道路。何晏《集解》引孔安国曰："塗，道也。"〔五〕这里的"曰"和下文的两个"曰"字后面的话，均为阳货自问自答之辞（说本毛奇龄《论语稽求篇》引明人郝敬之说）。详见俞樾《古书疑义举例·一人之辞而加曰字例》。〔六〕怀宝：比喻怀藏着才能、善道。怀：藏，揣在怀里。迷：混乱，这里指任其混乱。这里是说孔子有了不起的政治才能却藏着不拿出来而听任鲁国陷入混乱之中。皇侃《义疏》："宝，犹道也。言仁人之行当恻隐救世以安天下，而汝怀藏佐时之道，不肯出仕，使邦国迷乱，为此之事，岂可谓为仁乎？"〔七〕好（hào）从事：指喜欢搞政治。亟（qì）：屡次。时：时机。知（zhì）：有智慧，聪明。这个意义后来写作"智"。〔八〕岁不我与：犹时不我待，谓时光不等人。与：等待。《后汉书·冯衍传下》："岁忽忽而日迈兮，寿冉冉其不与。"李贤注："与，犹待也。"〔九〕吾将仕矣：孔子只是答以将仕，没有明确说要仕于阳货。皇侃《义疏》引孔安国曰："以顺辞免害也。"此语为孔子为摆脱阳货的纠缠，敷衍他的话。孔子在阳虎当权期间，并没做官。事可参阅《左传》定公八、九年传。

【译】 阳货想要孔子来拜会他，孔子不去，于是就赠送孔子一只〔蒸熟了的〕小猪，〔以便让孔子到他家来道谢。〕孔子等他不在家的时候，前往拜谢以还礼。不巧在路上遇见了阳货。

阳货对孔子说："来！我跟你讲话。"〔孔子走了过去。他于是〕说："把自己的才德藏起来，任凭自己的国家陷入混乱，可以说是仁吗？"〔孔子没回答。〕他接着又说："不可以；——自己喜欢从政却又屡次错失时机，可以说是智吗？"〔孔子仍然没吭声。〕接着又说："不可以；——日月流逝，年岁可不等人啊。"孔子这才说道："好吧，我打算做官了。"

【记】 本章记孔子与阳货的对话。阳货（《史记·孔子世家》作"阳虎"）是一个唯利是图、耍弄权术的人物，他本是季孙氏家臣，却因季桓子，进而专权鲁政。其时，阳货看到孔子反对三桓僭越，欲争取笼络孔子，劝其出仕。事见《左传》定公五年至九年。孔子反对"政在大夫"，更反对"陪臣执国命"，与阳货的政见根本不同。所以，孔子以机变来对待小人，当时是口头答应了，但并未在阳货当政之时出仕。

17.2 子曰:"性相近也,習相遠也。"

【译】 孔子说:"人的本性是相近的,由于习染的不同才相差很远的。"

【记】 孔子最早探讨了人性的问题,提出"性相近,习相远"的命题,认为人性是在先天"相近"的自然本性的基础上,由于后天习染而发展起来的不同的社会本性。此后各家发挥孔子的这一思想,展开了人性论的争鸣。孟子提出性善说,荀子提出性恶论,二人同是引申孔子之言,但是各执一端,背道而驰。

17.3 子曰:"唯上知與下愚不移〔一〕。"

【注】 〔一〕唯:句首助词。上:即"中人"以下者。知:同"智",聪明。下:即"中人"以下者。愚:愚笨。不移:不可改变。孔子把人的智力分为"上智""中人"和"下愚"三种类型。参见:"中人以上,可以语上也;中人以下,不可以语上也"(6.21)、"生而知之者上也;学而知之者次也;困而学之,又其次也;困而不学,民斯为下矣"(16.9)。

【译】 孔子说:"'中人'以上者聪明,'中人'以下者愚笨,是不可改变的。"

【记】 "唯上知与下愚不移",也就是说"中人"以上者的自然本性是聪明,"中人"以下者的自然本性是蠢笨,聪明和蠢笨都是自然本性,所以,难以改变。根据"性相近,习相远"(17.2),"中人"(常人)的自然本性"相近",通过后天习染可以发展出不同的社会本性。所以,这一章是在强调教育对"中人"(常人)的重要性。

17.4 子之武城〔一〕,聞弦歌之聲〔二〕。夫子莞爾而笑〔三〕,曰:"割鷄焉用牛刀〔四〕?"
　　子游對曰:"昔者偃也聞諸夫子曰〔五〕:'君子學道則愛人〔六〕,小人學道則易使也。'"
　　子曰:"二三子! 偃之言是也。前言戲之耳〔七〕。"

【注】 〔一〕武城:鲁国的城邑。当时子游正担任武城邑宰,参见:6.14。〔二〕弦歌:依琴

瑟而咏歌。《史记·孔子世家》:"三百五篇,孔子皆弦歌之。"这里指礼乐教化。礼乐为孔子学说核心之一,子游任武城宰,谨遵师教,以弦歌为教民之具。朱熹《集注》:"弦,琴瑟也。时子游为武城宰,以礼乐为教,故邑人皆弦歌也。"〔三〕莞(wǎn)尔:微笑的样子。何晏《集解》:"莞尔,小笑貌。"〔四〕割鸡焉用牛刀:杀鸡何必用宰牛刀,以喻做小事情不值得用大的力量。此处是指治理小城何须用礼乐。何晏《集解》引孔安国曰:"言治小何须用大道也。"邢昺《注疏》:"道谓礼乐也。"割鸡:杀鸡。《礼记·杂记下》:"其铒(ěr,古祭礼杀牲取血)皆于屋下。割鸡,门当门,夹室中室。"〔五〕诸:代词"之"和介词"于"的合音。〔六〕道:此处指礼乐,兼有教化、道德等义。何晏《集解》引孔安国曰:"道,谓礼乐也。乐以和人,人和则易使。"〔七〕戏:开玩笑。朱熹《集注》:"治有大小,而其治之必用礼乐,则其为道一也。但众人多不能用,而子游独行之。故夫子骤闻而深喜之,因反其言以戏。而子游以正对,故复其言,而自实其戏也。"

【译】 孔子到了武城,听见弹琴唱歌的声音。孔子微微一笑,说:"杀鸡何必用牛刀呢?"

〔武城宰〕子游答道:"过去我听夫子说:'君子学礼乐之道就会爱人,小人学礼乐之道就容易使唤。'"

孔子〔对随从的弟子〕说:"诸位,言偃的话是对的。〔我〕刚才说的话不过是跟他开玩笑罢了。"

17.5 公山弗擾以費畔〔一〕,召,子欲往〔二〕。
子路不説,曰:"末之也已〔三〕,何必公山氏之之也〔四〕?"
子曰:"夫召我者,而豈徒哉〔五〕? 如有用我者,吾其爲東周乎〔六〕?"

【注】 〔一〕费:见6.9注。畔:通"叛"。背叛,叛变。皇侃《义疏》:"畔,背叛也。"季氏家臣公山弗扰(公山不狃)背叛季氏。朱熹《集注》:"弗扰,季氏宰。与阳货共执桓子,据邑以叛。"〔二〕子欲往:关于此章所说孔子拟应公山弗扰之召事,许多学者提出质疑。《左传·定公十二年》记载公山不狃叛鲁时,正做司寇的孔子派军队平定了这场叛乱,没有应召去见过公山不狃。赵翼《陔余丛考》、崔述《洙泗考信录》都以为本章不可信。刘宝楠《论语正义》却认为不应据《左传》而疑《论语》。其实,更大的可能是《论语》《左传》都没有记错。公山弗扰背叛季氏,非常可能欲与孔子结成联盟一致对抗"三桓"。而孔子当初也有意利用公山弗扰削弱季氏,恢复鲁君的权力。当然,结果是孔子没有与公山弗扰结成联盟。《论语》所记大概正是这一段历史,可补《左传》之缺。〔三〕末之也已:没有可去的地方就算了。末:无。之:往。已:止,算了。邢昺《注疏》引孔安国曰:"之,适也。无可之则止,何必公山氏之适?"〔四〕"何必"

句:何必非去公山氏那个地方呢?句中第一个"之"是助词,起着将宾语提前的语法作用。第二个"之"是动词,去,往。〔五〕而岂徒哉:"徒"下省略动宾结构,即"而岂徒召我哉"。朱熹《集注》:"岂徒哉,言必用我也。"〔六〕为东周:在东方复兴文武之道。何晏《集解》:"兴周道于东方,故曰东周。"

【译】 公山弗扰据费邑叛乱,召〔孔子〕,孔子想去。

子路不高兴,说:"没有可去的地方就算了,何必去公山氏那里呢?"

孔子说:"召我去的人,难道会让我白去吗? 如果有人用我,我就要在东方复兴周公之道啊!"

17.6 子张問仁於孔子。孔子曰:"能行五者於天下爲仁矣。"

"请問之。"曰:"恭,寬,信,敏,惠。恭則不侮,寬則得众,信則人任焉,敏則有功,惠則足以使人。"

【译】 子张向孔子问什么是仁。孔子说:"能在天下实行这五项,就是仁了。"

〔子张说:〕"请问哪五项?"〔孔子〕说:"恭,宽,信,敏,惠。恭敬就不会受到侮辱,宽厚就能获得众人拥护,信实就得到别人信任,敏捷就能取得成功,施恩惠就足以役使别人。"

17.7 佛肸召,子欲往。

子路曰:"昔者由也聞諸夫子曰:'親於其身爲不善者〔一〕,君子不入也。'佛肸以中牟畔〔二〕,子之往也,如之何?"

子曰:"然,有是言也。不曰堅乎,磨而不磷〔三〕;不曰白乎,涅而不緇〔四〕。吾豈匏瓜也哉〔五〕? 焉能繫而不食?"

【注】 〔一〕"亲于"二句:这是孔子的明哲保身之道。参见:"危邦不入,乱邦不居"(8.13)。〔二〕中牟(móu):春秋时晋邑,故址当在今河北邢台和邯郸之间。与河南的中牟无涉。〔三〕乎:语气助词,表示句中语气的停顿。磷(lìn):薄,减损。何晏《集解》引孔安国曰:"磷,薄也。"〔四〕涅(niè):即黑矾石。又名黑石脂、石墨,古人用作黑色染料的矿物。《淮南

子·俶真训》:"今以涅染缁,则黑于涅。"东汉·高诱注:"涅,矾石也。"
这里为动词,染黑、染污之意。缁:黑色。《广雅·释器》:"缁,黑也。"
〔五〕匏(páo)瓜:即瓠(hù)。一年生草本植物,葫芦的一种,果实比葫
芦大而扁,可食用。老熟晒干后可对半剖开,做水瓢舀水用。也可当
涉水的交通工具,即所谓"腰舟"。古人以瓠系于腰间,用以泅渡。《庄
子·逍遥游》"今子有五石之瓠,何不虑以为大樽,而浮于江湖"陆德明
《释文》引司马彪曰:"樽如酒器,缚之于身,浮于江湖,可以自渡。虑,
犹结缀也。案所谓'腰舟'。"朱熹《集注》:"匏瓜系于一处而不能饮食,
人则不如是也。"

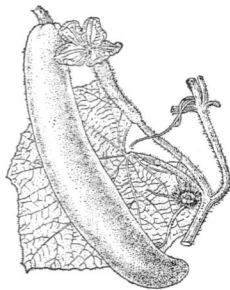

瓠

【译】 佛肸(bì xī)召孔子,孔子打算去。

子路说:"从前我听夫子说过:'亲自为非作歹的人那里,君子是不去的。'〔如
今〕佛肸盘踞中牟叛乱,您却要去,这又怎么解释呢?"

孔子说:"是,〔我〕说过这样的话。〔但是,〕不是说坚硬的东西磨是磨不薄的
吗?不是说洁白的东西染是染不黑的吗?我难道是匏瓜吗?怎么能只悬挂在那
里而不给人吃呢?"

【记】 本章记孔子急于用世。《史记·孔子世家》载,晋国赵简子攻晋国大
夫范氏和中行氏,伐中牟。佛肸为中牟宰,据中牟叛范氏。据《左传·哀公五
年》,赵简子围中牟发生在哀公五年(公元前 490 年),当时孔子正在周游列国。
孔子本想应召去中牟,这与应公山弗扰之召请的用意是一样的。孔子是想借家
臣的叛乱反对大夫专权,抑私门以张公室,先达到"礼乐征伐自诸侯出",进而恢
复"礼乐征伐自天子出"的有道天下。子路忧虑孔子的名声受损,所以有了这一
段对话。匏瓜之喻,与"吾其为东周"(17.5)是一个意思,孔子于其中表达了不会
与叛乱者同流合污的自信。唐·韩愈《论语笔解》:"仲尼意在东周,虽佛肸小邑,
亦往矣。"

17.8　子曰:"由也!女闻六言六蔽矣乎〔一〕?"對曰:"未也。"
"居〔二〕!吾語女。好仁不好學〔三〕,其蔽也愚〔四〕;好知不好
學〔五〕,其蔽也蕩〔六〕;好信不好學,其蔽也賊〔七〕;好直不好學,其蔽
也絞〔八〕;好勇不好學,其蔽也亂〔九〕;好剛不好學,其蔽也狂。"

【注】〔一〕女:你。后作"汝"。言:字。因为下文的仁、知、信、直、勇、刚等是六种品德,所以这个"言"指品德。杨伯峻《译注》:"这个'言'字和'有一言而可以终身行之'的'言'相同,名曰'言',实是指'德'。"蔽:弊端,毛病。这里是指因不好学(礼)而给具备了仁、知、信、直、勇、刚等六种品德的人带来的种种缺陷。〔二〕居:坐。因子路之前起立回答孔子问话,所以孔子让他坐下。邢昺《注疏》引孔安国曰:"子路起对,故使还坐。"邢昺《注疏》:"居,由坐也。"〔三〕学:主要指学礼。孔子认为"不学礼,无以立"(16.13)。即使是有德者,如果不以礼加以节制,也会出现种种弊端。〔四〕愚:遭人愚弄、欺骗。朱熹《集注》:"愚,若可陷可罔之类。"参见:"君子可逝也,不可陷也;可欺也,不可罔也"(6.26)。〔五〕知:同"智"。〔六〕荡:放荡不羁。邢昺《注疏》引孔安国曰:"荡,无所适守。"〔七〕贼:害。孙钦善《本解》:"贼,败坏。好信不好学就会流于小信,小信易坏事。"参见:"言必信,行必果,硁硁然小人哉"(13.20)、"岂若匹夫匹妇之为谅也"(14.17)、"君子贞而不谅"(15.37)。〔八〕绞:言语偏激,尖酸刻薄。皇侃《义疏》:"绞,犹刺也,好讥刺人之非,以成己之直也。"参见:"直而无礼则绞"(8.2)。〔九〕乱:作乱闯祸。参见:"勇而无礼则乱"(8.2)。

【译】 孔子说:"仲由,你听过有六种品德便会有六种弊病吗?"〔子路起身〕答道:"没有。"

〔孔子说:〕"坐下!我告诉你。爱好仁德却不好学习,其弊病是愚笨易欺;爱好智慧却不好学习,其弊病是放荡不羁;爱好诚信却不好学习,其弊病是拘守小信而坏大事;爱好直率却不好学习,其弊病是尖刻偏激;爱好勇敢却不好学习,其弊病是容易作乱闯祸;爱好刚强却不好学习,其弊病是狂妄自大。"

17.9 子曰:"小子何莫學夫《詩》?《詩》,可以興〔一〕,可以觀〔二〕,可以羣〔三〕,可以怨〔四〕。邇之事父〔五〕,遠之事君;多識於鳥獸草木之名。"

【注】〔一〕兴:从学《诗》角度而言,"兴"指激发读者的情感。读《诗》可以提高鉴赏能力。朱熹《集注》:"感发志意。"一说,譬喻。"兴"本为《诗》六义之一,即先言他物以引起所咏之词的一种写作手法。何晏《集解》引孔安国曰:"兴,引譬连类。"〔二〕观:观察人间万象,包括社会、历史、风俗、人物,等等。何晏《集解》引郑玄曰:"观风俗之盛衰。"朱熹《集注》:"考见得失。"读《诗》可以提高观察能力。〔三〕群:使合群,促进人际交往和团结。何晏《集解》引孔安国曰:"群居相切磋。"杨树达《论语疏证》:"春秋时朝聘宴享动必赋诗,所谓可以群也。"读《诗》可以增强团队精神。〔四〕怨:讥讽,抒发悲怨不平之情。何晏《集解》引孔安国曰:"怨,刺上政。"读《诗》可以提高创作能力。〔五〕迩(ěr):近。何晏《集解》引孔安国曰:"迩,近也。"

【译】　孔子说:"弟子们何不学《诗》呢?《诗》可以激发人的情感,可以观察人间万象,可以促进人际交往,可以抒发悲怨不平;近则可以用来事奉父母,远则可以用来事奉君主;还可以多认识鸟兽草木的名称。"

17.10　子謂伯魚曰:"女爲《周南》《召南》矣乎〔一〕? 人而不爲《周南》《召南》,其猶正牆面而立也與〔二〕?"

【注】〔一〕为:这里指学习。皇侃《义疏》:"为,犹学也。"《周南》和《召(shào)南》是《诗经》十五国风中的前两部分。"周南"是周公所治的南国,"召南"是召公所治的南国,以陕地(今河南陕县)为分界线,其东为"周南",大体上是从洛阳向南抵湖北北部江、汉一带;其西为"召南",大体上是今陕西南部到湖北西北部地区。这两个地域收集在《诗经》中的民歌,就叫《周南》《召南》。《毛诗序》:"《周南》《召南》,正始之道,王化之基。""二南"二十五篇诗中言男女之事最多,是因为人道相处,道至切近莫如男女,修身齐家,起化夫妇,终化天下。孔子认为《周南》《召南》富于教化之道,所以提倡学"二南"。朱熹《集注》:"《周南》《召南》,诗首篇名。所言皆修身齐家之事。"〔二〕犹正墙面而立:就像面壁而立,无法前进。面:对着。朱熹《集注》:"正墙面而立,言即其至近之地,而一物无所见,一步不可行。"李泽厚《论语今读》:"《诗》在古代的功能作用远远不只是表达抒发情感,而有着广泛的实用价值和用途。其中,特别是学习礼制和办外交时必须援引以作为依据。因为《诗经》乃当时经典,具有很高的权威性。不学则寸步难行,不能办公应事也。"一说,《周南》《召南》中的诗多用于乡乐合唱,一个人如果不会"二南",就无法参加合唱而陷于孤立。沈括《梦溪笔谈》卷三:"学者之事,其始也学《周南》《召南》,末至于舞《大夏》《大武》,所谓'为《周南》《召南》'者,不独诵其诗而已。"刘宝楠《正义》:"'二南'之诗,用于乡人,用于邦国。当时乡乐未废,故夫子令伯鱼习之。"孔子敦促其子孔鲤学《诗》,参见:"陈亢问于伯鱼"(16.13)。

【译】　孔子对伯鱼说:"你学了《周南》《召南》了吗? 人如果不学《周南》《召南》,大概就好像面对墙壁站着啊!"

17.11　子曰:"禮云禮云〔一〕,玉帛云乎哉〔二〕? 樂云樂云,鐘鼓云乎哉〔三〕?"

【注】〔一〕礼乐:礼仪和音乐。孔子将"礼乐"并称,用来概括周代的典章制度和文化教养活动,以兴"礼乐"为手段来营造尊卑有序、远近和合的和谐社会。礼,指社会规范和道德规范。乐,指礼仪活动中合于礼的诗歌、音乐、舞蹈。孔子提出"礼乐不兴,则刑罚不中"(13.3);

将礼乐作为教化的重要内容，"文之以礼乐，亦可为成人矣"(14.12)。〔二〕玉帛：圭璋和束帛。古代祭祀、会盟、朝聘等礼仪场合所使用的玉器、丝帛等礼器、礼品。邢昺《注疏》引郑玄曰："玉，圭璋之属。帛，束帛之属。言礼非但崇此玉帛而已，所贵者，乃贵其安上治民。"〔三〕钟鼓：钟和鼓，都是礼乐器。朱熹以"敬""和"为礼乐的可贵之处。朱熹《集注》："敬而将之以玉帛，则为礼；和而发之以钟鼓，则为乐。遗其本而专事其末，则岂礼乐之谓哉？"其实，孔子以"仁"为"礼乐"的精神实质，认为如果只是在形式上铺陈玉帛、大敲钟鼓，而忽略了"仁"的原则，礼乐不过是一个空洞的形式。本章是孔子针对当时"人而不仁"、礼乐徒具形式的情况而发出的感叹。参见："人而不仁，如礼何；人而不仁，如乐何"(3.3)。

【译】 孔子说："总是说礼呀礼呀，难道仅仅是指供献玉帛之类的礼物吗？总是说乐呀乐呀，难道仅仅是指敲打钟鼓之类的乐器吗？"

17.12 子曰："色厉而内荏〔一〕，譬诸小人〔二〕，其犹穿窬之盗也与〔三〕？"

【注】 〔一〕色厉而内荏(rěn)：外表严厉强横，内心软弱怯懦。何晏《集解》引孔安国曰："荏，柔也。谓外自矜厉而内柔佞者。"色：神色，脸色。荏：软弱，怯懦。朱熹《集注》："厉，威严也。荏，柔弱也。"〔二〕譬诸：譬之于，譬如。小人：这里指坏人。朱熹《集注》："小人，细民也。"〔三〕穿窬(yú)：挖墙洞和爬墙头，指偷窃。窬：通"逾"，翻越。何晏《集解》引孔安国曰："穿，穿壁。窬，窬墙。"刘宝楠《正义》："云'窬，窬墙'者，谓窬即逾之假借。"一说，从墙洞穿入行窃。窬：即"圭窬"，门旁上锐下方的圭形小窗户。江声《论语俟质》："窬，读与窦同。《礼记·儒行》'筚门圭窬'，即左氏《传》所云'筚门圭窦'也。穿窬，谓穴墙而入窃一事也。孔解穿为穿壁，窬为逾墙，非也。"

【译】 孔子说："神色严厉而内心怯懦，若用小人作比喻，大概就像是挖墙洞、爬墙头行窃的小偷吧！"

17.13 子曰："乡愿〔一〕，德之贼也〔二〕。"

【注】 〔一〕乡愿：指乡里中貌似谨厚，而实际上与流俗合污、不辨是非的欺世盗名者。一本作"乡原"，《孟子》也作"乡原"。原，通"愿"，谨厚貌。朱熹《集注》："乡者，鄙俗之意。原，与'愿'同。《荀子》'原悫'，《注》读作愿是也。盖其同流合污，以媚于世，故在乡人之中独以愿称。夫子以其似德非德，而反乱乎德，故以为德之贼而深恶之。"〔二〕德之贼：即贼德，败坏道

德。之:助词,起宾语前置的作用。句型同"德之弃也"(17.14)。贼:败坏,破坏。《说文·戈部》:"贼,败也。"

【译】 孔子说:"所谓'乡愿'这种人,是对道德的败坏。"

【记】 本章记孔子抨击"乡愿"。孟子详细解说过这一章。《孟子·尽心下》:"阉然媚于世也者,是乡原也。……非之无举也,刺之无刺也。同乎流俗,合乎污世。居之似忠信,行之似廉洁。众皆悦之,自以为是,而不可与入尧舜之道。故曰'德之贼'也。"孔子反对表里不一、无是非观念的"乡愿"式的伪君子。王永彬《围炉夜话》:"孔子何以恶乡愿,只为他似忠似廉,无非假面孔;孔子何以弃鄙夫,只因他患得患失,尽是俗人心肠。"针对一味讨好人的"乡愿",孔子提出了一个判断"乡愿"与正人君子的方法:"乡愿"一定是"乡人皆好之"的人;"乡人之善者好之,其不善者恶之"(13.24)的才是是非分明的正人君子。

17.14 子曰:"道聽而塗説〔一〕,德之棄也。"

【注】 〔一〕"道听"句:在道路上听到无根据的传闻,又在道路上向别人传说。涂,同"途",道路。皇侃《义疏》:"道,道路也。涂,亦道路也。记问之学,不足以为人师,师人必当温故而知新,研精久习,然后乃可为人传说耳。若听之于道路,道路仍即为人传说,必多谬妄,所以为有德者所弃也,亦自弃其德也。江熙曰:'今之学者不为己者也,况乎道听者哉?逐末愈甚,弃德弥深也。'"

【译】 孔子说:"在道路上听到无根据的传闻,又在道路上向别人传说,〔这种行为〕是有德者所遗弃的。"

【记】 本章记孔子反对道听途说,主张切实的道德修养。

17.15 子曰:"鄙夫可與事君也與哉〔一〕?其未得之也,患得之〔二〕。既得之,患失之。苟患失之,無所不至矣〔三〕。"

【注】 〔一〕鄙夫:庸俗、浅薄、道德品质恶劣的人。朱熹《集注》:"鄙夫,庸恶陋劣之称。"此"鄙夫"与"有鄙夫问于我"(9.8)之"鄙夫"不同。〔二〕患得之:当作"患不得之"。刘宝楠《正

义》引《荀子·子道》《说苑·杂言》、王符《潜夫论·爱日》等称《论语》古本"得"上当有"不"字。〔三〕无所不至:没有不到的地方。犹言无所不为,什么事都干得出来。何晏《集解》引郑玄曰:"无所不至者,言其邪媚,无所不为。"

【译】 孔子说:"鄙夫,可以跟他一起事奉君主吗? 当他未得到利益的时候,总怕不能得到利益;得到利益之后,又总怕再失掉利益。如果总怕失掉既得利益,那就什么事都干得出来了。"

17.16 子曰:"古者民有三疾〔一〕,今也或是之亡也〔二〕。古之狂也肆〔三〕,今之狂也荡〔四〕;古之矜也廉〔五〕,今之矜也忿戾〔六〕;古之愚也直,今之愚也诈而已矣。"

【注】 〔一〕疾:病。这里指气质上的缺点。朱熹《集注》:"气失其平则为疾,故气禀之偏者亦谓之疾。"〔二〕亡:通"无"。皇侃《义疏》:"亡,无也。"朱熹《集注》:"昔所谓疾,今亦无之,伤俗之益衰也。"当时世风日下,人心不古,孔子认为同样是缺点今人也不如古人。〔三〕肆:放肆直言。何晏《集解》引包咸曰:"肆,极意敢言。"朱熹《集注》:"狂者,志愿太高。肆,谓不拘小节。"〔四〕荡:放荡无礼。何晏《集解》引孔安国曰:"荡,无所据。"朱熹《集注》:"荡则逾大闲矣。"参见"大德不逾闲"(19.11)。〔五〕矜(jīn):矜持而不自然。廉:本义是器物的棱角。这里引申为不可触犯,惹不得。何晏《集解》引马融曰:"有廉隅(棱角)。"朱熹《集注》:"矜者,持守太严。廉,谓棱角峭厉。"〔六〕忿戾(lì):蛮横无理,动辄发怒。何晏《集解》引孔安国曰:"恶理多怒。"刘宝楠正义:"注以'恶理'训戾,'多怒'训忿……乖戾则多违理,故注云恶理。"朱熹《集注》:"忿戾则至于争矣。"

【译】 孔子说:"古代的民众有三种毛病,如今,或许连那样的毛病也没有了。古人的狂妄还能肆意直言,不拘小节,今人的狂妄却是放荡无礼,肆无忌惮了;古人的矜持还能方正威严,不可触犯,今人的矜持却是蛮横无理,歇斯底里了;古人的愚蠢还能透出直率,今人的愚蠢却是带着欺诈,如此罢了。"

17.17 子曰:"巧言令色,鲜矣仁〔一〕。"

【注】 〔一〕本章重出,已见1.3。皇侃《义疏》本、刘宝楠《正义》本无此章。

17.18　子曰："惡紫之奪朱也〔一〕,惡郑聲之亂雅樂也〔二〕,惡利口之覆邦家者〔三〕。"

【注】〔一〕恶(wù):厌恶,讨厌。夺:侵夺、取代。紫之夺朱:古代服色以青、黄、赤、白、黑为正色,其他颜色称为"间色"。"朱"为大红色,比绛色(深红色)浅,比赤色深,被视为五色中红的正色。紫是红色和蓝色混合而成的颜色,是"间色"(杂色)。红色、紫色都尊贵,如:"红紫不以为亵服"(10.5)。但在春秋时期,紫色成为时尚流行色,取代了朱色的正色传统地位。从《左传·哀公十七年》所载卫国浑良夫因穿"紫衣"而被杀的例子来看,那时的紫色已经成为诸侯服色的正色了。孔子把这种时尚色彩的更替视为礼坏乐崩的一个表现。何晏《集解》引孔安国曰:"朱,正色。紫,间色之好者。恶其邪好而夺正色。"〔二〕郑声:郑国的乐曲。参见:"放郑声""郑声淫"(15.11)。雅乐:祭祀、朝贺及宴享时所用的正乐。何晏《集解》引包咸曰:"郑声,淫声之哀者。恶其乱雅乐。"紫色和郑声这些似是而非的东西扰乱了人们的是非标准,打破了原有的等级次序,所以孔子憎恶它们。〔三〕邦家:诸侯的封国("邦")与大夫的封邑("家")。

【译】　孔子说:"〔我〕憎恶紫色侵夺了朱色〔的正色地位〕,憎恶郑国靡靡之音破坏了雅乐〔的正乐地位〕,憎恶用巧嘴利舌颠覆了国家与世族的人。"

17.19　子曰:"予欲無言〔一〕。"子貢曰:"子如不言,則小子何述焉〔二〕?"子曰:"天何言哉〔三〕?四時行焉〔四〕,百物生焉〔五〕,天何言哉?"

【注】〔一〕予欲无言:这句话多半是句绝望的话,是孔子在发现其政治理想无法实现后说的。孔子在修养上主张慎言:"敏于事而慎于言"(1.14)。在教育方面重身教,故"欲无言"。邢昺《注疏》:"此章戒人慎言也。"按,老子也主张"不言之教",要求在上位者以德化民,不待言词训诫,而天下平治。《老子》第二章:"是以圣人处无为之事,行不言之教。"〔二〕述:遵循,继承。刘宝楠《正义》:"《诗》:'日月报我不述。'毛传:'述,循也。'言弟子无所遵行也。"一说,传述。即"述而不作"之"述"。〔三〕天何言:孔子的意思是他要以天为师,行不言之教。孔子相信天命,同时承认天意幽微,难以感知。古人崇拜天,早就发现天主宰万物而不语言,这一点与世间的统治者不同。《诗·大雅·文王》:"上天之载,无声无臭。"〔四〕四时:四季。〔五〕百物:犹万物。

【译】　孔子说:"我想不说话了。"子贡说:"您如果不讲话〔教导我们〕,那么弟子们还遵循什么呢?"孔子说:"天何尝说话呢? 四季〔照样〕运行,万物〔照样〕生长。天何尝说话呢?"

17.20　孺悲欲見孔子〔一〕,孔子辭以疾。將命者出戶〔二〕,取瑟而歌,使之聞之〔三〕。

【注】　〔一〕孺悲欲见孔子:本章记孺悲初见孔子之事。据《礼记·杂记下》,鲁哀公曾派孺悲向孔子学习士丧礼。当时,孔子不知何故不愿见孺悲。朱熹《集注》:"孺悲,鲁人,尝学士丧礼于孔子。当是时必有以得罪者。故辞以疾,而又使知其非疾,以警教之也。程子曰:'此孟子所谓不屑之教诲,所以深教之也。'"《孟子·告子下》:"教亦多术矣。予不屑之教诲也者,是亦教诲之而已矣。"本章中所记孔子的行事有些不可思议,其真实性让人怀疑。崔述《洙泗考信录》卷四:"未可以尽信也。或当日曾有辞孺悲见之事,而传之者增益之以失其真。"〔二〕将命者:传话人,指为孺悲传口信的人。邢昺《注疏》:"将犹奉也。奉命者,主人传辞出入人也。"〔三〕之:指将命者。何晏《集解》:"孔子不见,故辞以疾。为其将命者不知己,故歌令将命者悟,所以令孺悲思也。"

【译】　孺悲想见孔子,孔子托辞有病加以拒绝。传话的人刚出门,〔孔子〕就拿过瑟来又弹又唱,〔故意〕让传话的人听到。

17.21　宰我問:"三年之喪,期已久矣〔一〕。君子三年不爲禮,禮必壞;三年不爲樂,樂必崩。舊穀既没,新穀既升,鑽燧改火〔二〕,期可已矣〔三〕。"

子曰:"食夫稻,衣夫錦〔四〕,於女安乎〔五〕?"

曰:"安。"

"女安,則爲之! 夫君子之居喪,食旨不甘〔六〕,聞樂不樂〔七〕,居處不安〔八〕,故不爲也。今女安,則爲之!"

宰我出,子曰:"予之不仁也! 子生三年,然後免於父母之懷。夫三年之喪,天下之通喪也〔九〕,予也有三年之愛於其父母乎〔十〕!"

【注】　〔一〕期:时间,期限。指三年的守丧期。〔二〕钻燧(suì):钻燧取火。原始的取火法。燧为取火的工具,有金燧(阳燧)、木燧两种。改火:古人钻木取火,四季换用不同木材,称

为"改火",又称改木。何晏《集解》引马融曰:"《周书·月令》(已佚)有更火之文。春取榆柳之火,夏取枣杏之火,季夏取桑柘之火,秋取柞楢之火,冬取槐檀之火。一年之中,钻火各异木,故曰改火也。"刘宝楠《正义》引徐颋《改火解》:"改火之典,昉于上古,行于三代,迄于汉,废于魏晋以后,复于隋而仍废……盖四时之火,各有所宜,若春用榆柳,至夏仍用榆柳便有毒,人易以生疾,故须改火以去兹毒,即是以救疾也。"钻燧改火,即指过了一年。〔三〕期(jī):同"朞",一周年。〔四〕食夫稻,衣夫锦:居丧者不宜吃米饭、穿锦缎。古代守丧,必须穿专门的丧服,吃粗糙的食物,以表示内心的悲哀。夫:指示代词。这,那。朱熹《集注》:"礼,父母之丧:既殡,食粥、粗衰。既葬,疏食、水饮,受以成布。期而小祥,始食菜果,练冠缥缘、要绖不除,无食稻衣锦之理。夫子欲宰我反求诸心,自得其所以不忍者。故问之以此,而宰我不察也。"〔五〕女:你。后作"汝"。〔六〕旨:美味,好吃的食物。何晏《集解》引孔安国曰:"旨,美也。"〔七〕乐:第一个"乐",指音乐。第二个"乐",指快乐。〔八〕居处:指住在平时所住的房子里。古代孝子要住在临时用草料木料靠东墙搭建的凶庐内,晚上睡在草垫子上,用土块做枕头,以表示不忍心住在安适的屋子里。《礼记·丧大记》:"父母之丧,居倚庐,不涂,寝苫枕凷(块),非丧事不言。"〔九〕通丧:上下通行的丧礼。何晏《集解》引孔安国曰:"自天子达于庶人。"〔十〕"予也"句:宰予是不是也有三年的爱心报答给他的父母呢?于:给,与。一说,于:自,从。则这句的意思就是:难道宰予没从父母那里得到过三年的爱护抚育吗?

【译】 宰我问:"〔父母去世,〕子女守孝三年,时间太长了。君子三年不习礼,礼一定会败坏;三年不作乐,乐一定会毁掉。陈谷子已经吃完,新谷子已经登场,钻火改木周而复始,满一年也就可以了。"

孔子说:"〔父母去世还不满三年,〕吃大米饭,穿锦绸缎,你心安吗?"

〔宰我〕说:"〔我〕心安。"

〔孔子说:〕"你〔若是〕心安,就那样做吧!君子居丧守孝,吃美味不觉甘美,听音乐不觉快乐,住好房子不觉安适,所以不那样做。如今你心安,就那样做吧!"

宰我出去后,孔子说:"宰予不仁啊!孩子生下三年之后,然后才能脱离父母的怀抱。为父母守孝三年,是天下通行的丧礼。宰予是不是也有三年的爱心报答给他的父母呢?"

17.22 子曰:"飽食終日〔一〕,無所用心〔二〕,難矣哉〔三〕!不有博弈者乎〔四〕?爲之,猶賢乎已〔五〕。"

【注】 〔一〕终日:从早到晚,整天。〔二〕无所用心:不动脑思考,对什么事情都不关心。

〔三〕难矣哉：难以有所成就。见15.17注。〔四〕博弈：博戏和围棋。博：指博戏，又叫局戏，为古代的一种棋类游戏，近似后代的双陆。双方各六棋，以黑白为别。先掷采（骰子），视采以走棋，以争输赢。盛行于先秦两汉，今已失传。弈（yì）：围棋。早先棋盘上有纵横各十一、十五、十七道线几种，唐以后为纵横各十九道，交错成三百六十一个位。双方用黑白棋子对着，互相围攻，吃掉对方棋子，占据其位，占位多者为胜，故名"围棋"。《方言》第五："围棋谓之弈。"朱熹《集注》："博，局戏；弈，围棋也。"〔五〕贤乎：强于。已：止。指什么都不干。朱熹《集注》："已，止也。李氏（郁）曰：'圣人非教人博弈也，所以甚言无所用心之不可尔。'"

【译】 孔子说："饱食终日，无所用心，〔这种人〕难以有所成啊！不是有博戏和围棋吗？下下棋，也比闲着好些。"

17.23 <u>子路</u>曰："君子尚勇乎〔一〕？"子曰："君子義以爲上〔二〕，君子有勇而無義爲亂，小人有勇而無義爲盜。"

【注】 〔一〕尚：尊崇，崇尚。邢昺《注疏》："子路有勇，意谓勇可崇尚。"朱熹《集注》："尚，上之也。"〔二〕上：通"尚"。崇尚，看重。邢昺《注疏》："'子曰：君子义以为上'者，言君子不尚勇而上义也。上即尚也。"孔子尚德，不尚勇。参见："勇而无礼则乱"（8.2）、"恶勇而无礼者"（17.24）。

【译】 子路问道："君子崇尚勇吗？"孔子说："君子以义为上。君子有勇而无义，就会犯上作乱；小人有勇而无义，就会做盗贼。"

17.24 <u>子貢</u>曰："君子亦有惡乎〔一〕？"子曰："有惡：惡稱人之惡者，惡居下流而訕上者〔二〕，惡勇而無禮者，惡果敢而窒者〔三〕。"

曰："<u>賜</u>也亦有惡乎？""惡徼以爲知者〔四〕，惡不孫以爲勇者〔五〕，惡訐以爲直者〔六〕。"

【注】 〔一〕恶（wù）：憎恶。〔二〕流：据惠栋《九经古义》和冯登府的《论语异文考证》，"流"字当是衍文。讪（shàn）：诽谤，讥讽。何晏《集解》引孔安国曰："讪，谤毁。"〔三〕窒（zhì）：阻塞，不通。引申为固执，僵化，顽固。何晏《集解》引马融曰："窒，窒塞也。"朱熹《集注》："窒，不通也。"〔四〕徼（jiāo）：抄袭，剽窃。何晏《集解》引孔安国曰："徼，抄也。抄人之意以为己有。"一说，私察他人之言行动静，而自作聪明，假以为知。朱熹《集注》："徼，伺察也。"知：同

"智"。〔五〕孙:通"逊",恭顺。〔六〕讦(jié):揭发、攻击他人的隐私、过错或短处。何晏《集解》引包咸曰:"讦,谓攻发人之阴私。"孔子主张待人扬善隐恶,参见:"君子成人之美"(12.16)、"乐道人之善"(16.5)。尤其强调亲亲相隐,参见:"父为子隐,子为父隐"(13.18)。

【译】 子贡问道:"君子也有憎恶吗?"孔子说:"有憎恶。憎恶宣扬别人坏处的人,憎恶在下者毁谤在上者,憎恶勇而无礼的人,憎恶果敢而固执的人。"

〔孔子又〕说:"赐呀,你也有憎恶吗?"〔子贡说:〕"憎恶抄袭剽窃却自以为聪明的人,憎恶高傲不逊却自以为勇敢的人,憎恶揭发别人阴私却自以为直率的人。"

17.25 子曰:"唯女子與小人爲難養也〔一〕。近之則不孫,遠之則怨〔二〕。"

【注】 〔一〕唯:唯独,只有。女子:这里应有具体所指(已无法确知),不可能泛指女性。本章"女子"两字历来主要有四种解释:(1)一般理解为泛指女性。邢昺《注疏》:"此言女子,举其大率耳。若其禀性贤明,若文母(周文王之妻,周武王之母)之类,则非所论也。"孔子仁者爱人,不可能非要站在人类另一半的对立面。此外,长者、尊者中亦有女性,孔子绝不会以不敬之辞"难养"称之。(2)妾与使女之类。朱熹将"女子"连同"小人"解作"臣妾"。朱熹《集注》:"此小人,亦谓仆隶下人也。君子之于臣妾,庄以莅之,慈以蓄之,则无二者之患矣。"林希元《四书存疑》:"女子,婢妾也。"(3)处女。(4)女儿。本书认为这里的"女子"与下文的"小人"应有具体所指,不过其所指的女人究竟为哪个或哪些女人,已不得而知了。小人:仆隶下人(朱熹《集注》)。养:供养,共同相处。〔二〕不孙:傲慢无礼,放肆胡为。孙,通"逊"。李泽厚《论语今读》:"这章最为现代妇女所诟病。好些人写文章来批评,好些人写文章来辩说,其实都不必要。相反,我以为这句话相当准确地描述了妇女性格的某些特征。对她们亲密,她们有时就过分随便,任意笑骂打闹。而稍一疏远,便埋怨不已。这种心理性格特征本身并无所谓好坏,只是由性别差异产生的不同而已;应说它是心理学的某种事实。至于把'小人'与妇女连在一起,这很难说有什么道理。但此'小人'作一般人解,或作修养较差的知识分子解,亦可说通。自原始社会后,对妇女不公具有普遍性,中国传统对妇女当然很不公平很不合理,孔学尤然。"

【译】 孔子说:"唯独女子与小人是难以相处的。亲近了就放肆无礼,疏远了就心生怨恨。"

17.26 子曰:"年四十而見惡焉〔一〕,其終也已〔二〕。"

【注】 〔一〕见恶：被人所厌恶。见：助词，表示被动。四十：四十岁为"不惑"(2.4)之年。古人的平均寿命短暂，四十岁还无所成就，反被人憎恶，也就不值一提了。参见："四十、五十而无闻焉，斯亦不足畏也已"(9.23)。〔二〕终：终生，一生。已：止。朱熹《集注》："四十，成德之时。见恶于人，则止于此而已，勉人及时迁善改过也。苏氏(轼)曰：'此亦有为而言，不知其为谁也。'"

【译】 孔子说："年纪到了四十岁还被人厌恶，他这一辈子算是完了。"

微子篇第十八

【题解】《微子篇》共 11 章。

本篇内容由五部分组成：（一）孔子对一组人物的品评：殷之三仁（18.1）、伯夷等七个逸民（18.8）。（二）与孔子有关的历史事件：孔子离开齐国（18.3）、孔子离开鲁国（18.4）。（三）周游列国途中遇到的四个隐士：楚狂接舆（18.5）、长沮与桀溺（18.6）、荷蓧丈人（18.7）。这三章通过展示孔子与隐士们的思想对立来反映孔子的处世态度。其中，子路两次出场。（四）其他人物语录：柳下惠语录（18.2）、周公语录（18.10）。（五）其他人物：出走的八个乐师（18.9）、周之八士（18.11）。

出自本篇的名言或成语有：父母之邦、凤兮凤兮、何德之衰、往者不可谏、来者犹可追、子路问津、天下有道、四体不勤、五谷不分、不仕无义、长幼之节、君臣之义、不降其志、不辱其身等。

18.1　微子去之，箕子爲之奴，比干諫而死。孔子曰："殷有三仁焉。"

【译】〔纣王无道，〕微子离开了纣王，箕子被纣王拘囚降为奴隶，比干〔屡次〕劝谏被〔纣王〕杀死。孔子说："殷朝有这三位仁人啊！"

【记】　本章记孔子评商代的"三仁"。微子、箕子和比干三人的行为虽然不同，但他们都以自己的方式践行了仁道，所以孔子称他们为"仁人"。

288

18.2　柳下惠爲士師〔一〕，三黜〔二〕。人曰："子未可以去乎?"曰："直道而事人，焉往而不三黜？枉道而事人，何必去父母之邦〔三〕?"

【注】〔一〕士师：古代掌管司法刑狱的官员。朱熹《集注》："士师，狱官。"〔二〕三黜（chù）：多次被罢免。朱熹《集注》："黜，退也。"三：多次。〔三〕父母之邦：父母所在之国，即祖国。

【译】　柳下惠担任士师，多次被免职。有人说："您不可以离开〔这个国家另谋出路〕吗?"〔柳下惠〕说："正直地事奉人君，到哪里去不会被多次免职？〔如果〕不正直地事奉人君，何必要离开自己的父母之邦?"

【记】　本章记柳下惠坚守直道、宠辱不惊的事迹。因内容与孔子或其弟子没有直接关联，所以有人怀疑孔子原来评价柳下惠的话已经散失了。朱熹《集注》引胡寅曰："此必有孔子断之之言而亡之矣。"

18.3　齊景公待孔子曰："若季氏，則吾不能；以季、孟之間待之〔一〕。"曰："吾老矣，不能用也〔二〕。"孔子行。

【注】〔一〕季、孟之间：即上卿和下卿之间。鲁国三卿，季氏为上卿，孟氏为下卿。

【译】　齐景公〔本打算任用孔子，〕讲到给孔子〔的待遇时〕说："像季氏那样的〔地位〕，我不能给；将用季氏、孟氏之间的待遇来安置他。"〔后来齐景公又〕说："我老了，不能用他了。"孔子便动身离开了〔齐国〕。

【记】　本章记孔子离开齐国的原因。据《史记·孔子世家》，鲁昭公二十七年（公元前515年），孔子三十七岁时，在齐国。齐景公终于没有任用孔子，又有齐大夫扬言要害他。据说孔子去齐时行色匆忙，是捧着已经淘湿的米离开的。《孟子·万章下》："孔子之去齐，接淅而行。"崔述《洙泗考信录》认为本章所记之事不一定可靠，主要的理由是当时孔子太年轻，还没有什么地位和声望，齐景公不太可能给孔子那么高的待遇。

18.4　齐人歸女樂〔一〕，季桓子受之〔二〕，三日不朝。孔子行。

【注】〔一〕齐人归(kuì)女乐(yuè)："归"，通"馈"，赠送。女乐：歌伎舞女。鲁国用孔子得治，齐国惧，欲败其政，乃选美女八十人，衣以文衣，并文马三十驷馈鲁君。季桓子受之，君臣怠于政事，多日不听朝政，也不按礼制分送膰肉(当时郊祭用的供肉)给孔子，孔子失望，遂去鲁适卫。孔子开始周游列国的年代，《韩非子·内储说下》说是哀公时，非是；《史记·孔子世家》定为鲁定公十四年；《阙里志》根据鲁国郊祭一般在春三月，故将其时系于鲁定公十三年(公元前497年)春，孔子时年五十五岁。〔二〕季桓子：季孙斯。他自鲁定公五年至鲁哀公三年时任鲁国执政上卿。

【译】　齐国人赠送了许多歌姬舞女〔给鲁国〕，季桓子接受了，三天不上朝。孔子于是便离开了〔鲁国〕。

18.5　楚狂接輿歌而過孔子曰〔一〕："鳳兮鳳兮〔二〕！何德之衰〔三〕？往者不可諫〔四〕，來者猶可追〔五〕。已而〔六〕！已而！今之從政者殆而〔七〕！"
孔子下〔八〕，欲與之言。趨而辟之〔九〕，不得與之言。

【注】〔一〕歌而过孔子：一边唱着歌，一边从孔子的旁边走过。而：连词。表并列关系。〔二〕凤：古代传说中的百鸟之王。羽毛五色，声如箫乐。雄的叫凤，雌的叫凰，通称为凤或凤凰。常用来象征祥瑞。《礼记·礼运》："麟、凤、龟、龙，谓之四灵。"韩愈《送何坚序》："吾闻鸟有凤者，恒出于有道之国。"接舆以凤比喻有圣德之人，这里指孔子。邢昺《注疏》："知孔子有圣德，故比孔子于凤。"〔三〕何德之衰：为什么德行竟如此衰败？这是讥讽孔子生逢乱世而到处游说，以求进用，不能隐退。古时传说凤鸟待圣君治世则现，世无道则隐。孔子有悖于凤之德，因此说"德衰"。李白诗句"我本楚狂人，凤歌笑孔丘"(《庐山谣寄卢侍御虚舟》)，用的便是这个典故。兮：语气助词，多见于古代诗歌韵文，用于句末或句中，表示停顿或感叹，大致和现代汉语的"啊"相似。〔四〕往者：过去的事。谏：规劝(君主、尊长或朋友)，使改正错误。何晏《集解》引孔安国曰："已往所行，不可复谏止。""往者"句：参见："遂事不谏"(3.21)。〔五〕来者犹可追：未来的事还可能来得及计议。暗指孔子现在醒悟，隐退还来得及。来者：将来的事。犹可：尚可，还可以。追：及。这里是来得及补救、改正的意思。〔六〕已而：罢了，算了。而：语气词，表示感叹，相当于"啊""吧"。朱熹《集注》："已，止也。而，语助辞。"〔七〕今之从政者殆而：现在的从政之人危险了！殆：危险。而：语助词，相当于"矣"。邢昺《注疏》："殆，危也。言今之从政者皆无德，自将危亡无日，故曰殆而。"〔八〕下：指下车。邢昺《注疏》引包咸："'孔子

下,欲与之言'者,下,谓下车。孔子感其言,故下车,欲与语。"〔九〕辟:通"避"。朱熹《集注》:"接舆自以为是,故不欲闻而避之也。"

【译】 楚国的狂人接舆,唱着歌经过孔子的车旁,歌中唱道:"凤凰呀! 凤凰呀! 为何德行竟如此衰败? 过去的错事已经无可挽回,将来的事还来得及计议。算了吧! 算了吧! 如今的从政者危险啦。"

孔子下车,想同他说话。〔接舆却〕急行避开了,〔孔子〕没能同他说上话。

18.6 長沮、桀溺耦而耕〔一〕,孔子過之,使子路問津焉〔二〕。

長沮曰:"夫執輿者爲誰〔三〕?"子路曰:"爲孔丘。"曰:"是魯孔丘與〔四〕?"曰:"是也〔五〕。"曰:"是知津矣〔六〕。"

問於桀溺。桀溺曰:"子爲誰?"曰:"爲仲由。"曰:"是魯孔丘之徒與〔七〕?"對曰:"然〔八〕。"

【注】 〔一〕長沮(jǔ)、桀溺:两位在泥水中从事劳动的隐者。耦耕是古代耕田的一种方法。陈文华《试论我国农具史上的几个问题》(《考古学报》1984 年第 4 期):"西藏错那县勒布区门巴族使用木耒耕地时,正是两人执二耒并排耕地。……耦耕是两人执二耜(畬)同时并耕,一人向右翻土,一人向左翻土,它是适应当时实行的垄作制和后来的代田法农艺要求的。"耦耕的方法,古来说法不少,但都难说清楚,这里的耦耕当是泛指庄稼活儿。春秋时代已经用牛耕田,冉耕字伯牛、司马耕字子牛,可证明。〔二〕问津:询问渡口。津:渡口。〔三〕执舆:执辔(缰绳)于车。执:这里是执辔的意思。朱熹《集注》:"执舆,执辔在车也。盖本子路御而执辔,今下问津,故夫子代之也。"〔四〕是:代词。这个人。下文两个"是"字用法相同。与(yú):同"欤"。助词。表示疑问或反问,相当于"吗"或"呢"。〔五〕是也:这里有"(是)这个人"的意

思。〔六〕知津:认识渡口。犹言识途。何晏《集解》引马融曰:"言数周流,自知津处。"〔七〕徒:弟子,门徒。〔八〕然:表示肯定的答语,等于说"是的"。

【译】 长沮、桀溺两人一起耕田,孔子经过那里,让子路去打听渡口。

长沮说:"那个在车中执辔的人是谁?"子路说:"是孔丘。"〔长沮〕说:"此人是鲁国的孔丘吗?"〔子路〕说:"正是此人。"〔长沮〕说:"那他自己该知道渡口〔在哪里〕。"

去问桀溺。桀溺说:"您是谁?"〔子路〕说:"是仲由。"〔桀溺〕说:"是鲁国孔丘的门徒吗?"〔子路〕回答:"是的。"

曰:"滔滔者,天下皆是也〔一〕,而谁以易之〔二〕?且而与其从辟人之士也〔三〕,岂若从辟世之士哉〔四〕?"耰而不辍〔五〕。

子路行,以告〔六〕。夫子怃然〔七〕,曰:"鸟兽不可与同群〔八〕。吾非斯人之徒与而谁与〔九〕?天下有道,丘不与易也〔十〕。"

【注】 〔一〕滔滔者,天下皆是也:如洪水滔天,天下都是这个样子。比喻社会动荡。滔滔:形容大水滚滚奔流的样子。朱熹《集注》:"滔滔,流而不反之意。"《经典释文》引郑玄注本作"悠悠",《史记·孔子世家》也作"悠悠"。裴骃《史记集解》引孔安国曰:"悠悠者,周流之貌也。"因为子路来问渡口,所以桀溺用水作比喻。〔二〕而谁以易之:你们和谁来改变它呢?以:与。"谁以"即"谁与",跟谁的意思。易:改变。朱熹《集注》:"以,犹与也。言天下皆乱,将谁与变易之?"〔三〕且:而且。而:同"尔",你,指子路。辟人之士:躲避坏人的志士,指孔子。孔子奔波于列国,不与志不同道不合者合作,故称。辟,通"避"。〔四〕与其……岂若……:表示经过比较决定取舍。"与其"用在舍弃的一面,选取的一面用"岂若"呼应。相当于现代汉语的"与其……不如……"。辟世之士:躲避乱世的隐士。桀溺自谓。参见:"贤者辟世"(14.37)。〔五〕耰(yōu):古代农具,状如槌,用以击碎土块,平整土地和覆种。这里指用耰翻土去覆盖已经播下的种子,并把土耙平。辍(chuò):停止,中止。〔六〕以告:把长沮、桀溺的话告诉孔子。"以"字之后省略了宾语。〔七〕怃(wǔ)然:形容失望的样子。邢昺《注疏》:"怃,失意貌。"〔八〕鸟兽不可与同群:人不可以和鸟兽同群。即人不能隐居在山林,必须生活在社会之中。何晏《集解》引孔安国曰:"隐居于山林,是与鸟兽同群也。吾当自当与此天下人同群,安能去人从鸟兽居乎?"〔九〕吾非斯人之徒与而谁与:我不同世人生活在一起又同谁在一起呢?这是说不能隐居山林。斯人之徒:世人,实际指现实社会的那些从政者、统治者。斯:这。徒:徒众。与:同……交往。两个"与"字同义。〔十〕天下有道,丘不与易也:如果天下有道,我孔丘就不会同你们一起来改变现状了。与:同,和。易:改变,改革。孔子的这句话是对桀溺问子路的

问题（"滔滔者，天下皆是也，而谁以易之？"）的回应。

【译】 〔桀溺〕说："〔世间礼坏乐崩，〕如洪水滔天，天下都是这个样子。你们和谁去改变这种现状呢？而且，你与其跟随躲避恶人的志士，还不如跟随躲避乱世的隐士呢。"一边说一边不停地翻土覆盖播下的种子。

子路走回来，把〔长沮、桀溺的话〕告诉了〔孔子〕。孔子失意地叹息说："〔人〕与鸟兽是不可同群的，我不同世人交往又同谁交往呢？如果天下有道，我孔丘就不会同〔你们一起来〕改变〔现状〕了。"

18.7　　子路從而後。遇丈人，以杖荷蓧〔一〕。

子路問曰："子見夫子乎？"

丈人曰："四體不勤，五穀不分〔二〕。孰爲夫子？"植其杖而芸〔三〕。

子路拱而立〔四〕。

止子路宿，殺鷄爲黍而食之〔五〕，見其二子焉〔六〕。

【注】 〔一〕从：跟随。后：动词，落在后面。丈人：古时对老者的尊称。何晏《集解》引包咸曰："丈人，老人也。荷(hè)：肩负，扛。蓧(diào)：耘田除草用的竹编农器。何晏《集解》引包咸曰："蓧，竹器。"邢昺《注疏》："《说文》作莜。芸田器也。"杨伯峻注："蓧，古代除田中草所用的工具。"〔二〕四体不勤，五谷不分：四肢不劳动，分不清五谷。形容读书人脱离劳动，缺乏实用的生活技能。四体：四肢。勤：劳。五谷：古代五种主要谷物。古书中对"五谷"有不同的说法，通常指稻、黍、稷、麦、豆(《孟子·滕文公上》赵岐注)，泛指粮食作物。按，关于丈人所谓"四体不勤，五谷不分"二句所指何人，从来有四种说法：(1)丈人指自己。吕本中《紫微杂说》："四体不勤二语，荷蓧丈人自谓。"(2)丈人责备子路。皇侃《义疏》："子路既借问丈人，丈人故答子路也。言当今乱世，汝不勤劳四体以播五谷，而周流远走，问谁为汝之夫子，而问我索之乎？"朱熹《集注》："分，辨也。五谷不分，犹言不辨菽麦尔，责其不事农业而从师远游也。"(3)丈人责备孔子。皇侃《义疏》引袁乔曰："其人已委曲识孔子，故讥之四体不勤，不能如禹稷躬殖五谷，谁为夫子而索耶？"(4)丈人责备孔子、子路等一干儒士。丈人是隐士，不赞同儒家学说。他故意当面批评子路，其实是讥刺孔子。这两句可译成〔你们这帮人，〕四肢不勤劳，五谷分不清。〔三〕植：挂，倚扶。何晏《集解》引孔安国曰："植，倚也。"一说为插在地上。朱熹《集注》："植，立之也。"均可通，以后说为优。芸：通"耘"，除草。何晏《集解》引孔安国曰："除草曰芸。"〔四〕拱：拱手。两手在胸前相合以示敬意。〔五〕止：留。为黍：做黄米饭。黍(shǔ)：

黍的子实淡黄色,去皮后叫黄米,即黏的小米。李时珍《本草纲目·谷二·稷》:"稷与黍,一类二种也。黏者为黍,不黏者为稷。稷可做饭,黍可酿酒。犹稻之有粳与糯也。"食(sì)之:给子路吃。〔六〕见(xiàn)其二子:使他的两个儿子拜见(子路)。见:使……见。

【译】 〔孔子周游列国时〕子路跟从,〔有一次〕落在后面。碰到一个老人,用拐杖扛着除草用的竹编农器。

子路问道:"您见过夫子吗?"

老人说:"〔你们这帮人,〕四肢不勤劳,五谷分不清,谁晓得夫子是什么人?"说完,把拐杖插在地上除起草来。

子路一直拱着手恭敬地站在那里。

老人便留子路到他家住宿,杀鸡做饭给他吃,又叫他两个儿子出来与子路见面。

明日,子路行,以告〔一〕。

子曰:"隱者也。"使子路反見之〔二〕。至,則行矣〔三〕。

子路曰:"不仕無義〔四〕。長幼之節,不可廢也〔五〕;君臣之義,如之何其廢之〔六〕?欲潔其身,而亂大倫〔七〕。君子之仕也,行其義也〔八〕。道之不行,已知之矣〔九〕。"

【注】 〔一〕以告:"以之告"的省略。意思是把这件事告诉孔子。〔二〕反:返回。后多作"返"。〔三〕至,则行矣:到(丈人家时),丈人已经外出不在家了。朱熹《集注》:"孔子使子路反见之,盖欲告之以君臣之义。而丈人意子路必将复来,故先去之以灭其迹,亦接舆之意也。"〔四〕不仕无义:不做官是不合乎义的。无义:不义,即不符合下文所谓"君臣之义"。〔五〕长幼之节,不可废也:长幼之间的礼节,是不能废弃的。子路的意思是:荷蓧丈人"见其二子",可见他也明白不可废弃长幼之节的道理。〔六〕君臣之义,如之何其废之:君臣之间的义,又因为什么缘故要废弃呢?这里所说的"君臣之义",是指应当出去做官,以尽人臣的责任。如之何:固定结构。这里是询问原因。其:句中语气词,加强反问语气。〔七〕洁其身:使其身洁。乱:这里是破坏、废弃的意思。大伦:基本的伦理道德。《孟子·公孙丑下》:"内则父子,外则君臣,人之大伦也。"这里指君臣之间的伦常关系。朱熹《集注》:"伦,序也。人之大伦有五:父子有亲,君臣有义,夫妇有别,长幼有序,朋友有信是也。仕所以行君臣之义,故虽知道之不行而不可废。然谓之义,则事之可否,身之去就,亦自有不可苟者。是以虽不洁身以乱伦,亦非忘义以殉禄也。"〔八〕君子之仕也:主谓结构之间插入"之"字,变成名词性词组,作主语。也:句中

语气词,表停顿。行其义:实现君臣之义。〔九〕道之不行,已知之矣:至于理想的政道实际行不通,早就知道了。道:这里指儒家的政治主张。之:两"之"字词性不同,前者是连词,将主谓结构变成名词性词组。后者是指示代词,指"道不行"这件事。有人认为以上的话是子路返回后孔子对他说的。朱熹《集注》:"福州有国初时写本,路下有'反子'二字,以此为子路反而夫子言之也。未知是否。"

【译】 第二天,子路赶上了孔子一行,报告了这件事。

孔子说:"这是一位隐士。"让子路返回去再看看他。子路到了那里,〔老人却已经〕出门不在家了。

子路便说:"不做官是不合乎义的。长幼之间的关系,都不可废弃;君臣之间的大义,又怎么能废弃呢?你原想避开乱世洁身自保,却搞乱了最重要的伦理关系。君子出来做官,只是为了实现君臣之义。〔至于〕理想的政道实际行不通,〔我们〕早已知道了。"

【记】 本章记荷蓧丈人鄙弃孔子周游列国、汲汲于仕进的行为;而子路则以明知不可为而为之的入世情怀反过来批评隐者洁身自好的出世主张。这是儒家思想和道家思想的一次交锋。

18.8 逸民^{〔一〕}:伯夷、叔齊、虞仲、夷逸、朱張、柳下惠、少連。子曰:"不降其志,不辱其身,伯夷、叔齊與!"謂:"柳下惠、少連,降志辱身矣,言中倫^{〔二〕},行中慮,其斯而已矣。"謂:"虞仲、夷逸,隱居放言,身中清,廢中權^{〔三〕}。我則異於是,無可無不可^{〔四〕}。"

【注】 〔一〕逸民:遗落于民间的贤者,指隐士。何晏《集解》:"逸民者,节行超逸也。"逸:同"佚",隐遁、不为世用。《说文·人部》:"佚,佚民也。"段玉裁注:"《论语·微子篇》:'逸民:伯夷、叔齐、虞仲、夷逸、朱张、柳下惠、少连。'按许作'佚民',正字也。作'逸民'者假借字。"此章提到的一些"逸民",生平、行事多不可考。〔二〕中(zhòng):合乎。伦:伦理。〔三〕废中权:弃官合乎权宜。朱熹《集注》:"放言自废,合乎道之权。"〔四〕无可无不可:没有什么可以的,也没有什么不可以的。表示怎么样都行,没有一定的选择。邢昺《注疏》:"我之所行,则与此逸民异,亦不必进,亦不必退,唯义所在。"

【译】 逸民有:伯夷、叔齐、虞仲、夷逸、朱张、柳下惠、少连。孔子说:"不降低自己的志向，不辱没自己的身份，〔这样的人是〕伯夷、叔齐吧？"又说："柳下惠、少连，〔被迫〕降低了志向，辱没了身份；但是讲话有伦理，做事有谋虑；他们不过如此罢了。"又说："虞仲、夷逸，避世隐居，放肆敢言，修身保持清白，弃官合乎权宜。我则跟这些人不同，没有什么可以的，也没有什么不可以的。"

【记】 本章记孔子评论逸民的德行。孔子认为逸民们都各自持守一项德行，而自己则是"无可无不可"。"无可无不可"表明了孔子以"义"为底线的积极用世的灵活态度。《孟子·公孙丑上》："可以仕则仕，可以止则止，可以久则久，可以速则速，孔子也。"

18.9　大師摯適齊〔一〕，亞飯干適楚〔二〕，三飯繚適蔡，四飯缺適秦，鼓方叔入於河，播鼗武入於漢〔三〕，少師陽、擊磬襄入於海〔四〕。

【注】 〔一〕大师：古代乐官之长。朱熹《集注》："大师，鲁乐官之长。"〔二〕亚饭：古代天子、诸侯第二次进食时奏乐侑食的乐师。邢昺《注疏》："天子、诸侯每食奏乐，乐章各异，各有乐师。次饭乐师名干，往楚。"古代天子、诸侯用饭时都奏乐相伴，一日几餐，各用不同的乐师奏乐。周天子一日四餐，鲁国得用周天子礼乐，故也有"二饭""三饭""四饭"之称。《白虎通·礼乐》："王者食所以有乐何？乐食天下之太平，富积之饶也，明天子至尊，非功不食，非德不饱，故《传》曰：'天子食时举乐。'王者所以日食者何？明有四方之物，食四时之功也。四方不平，四时不顺，有彻乐之法焉，所以明至尊著法戒也。王平居中央，制御四方。平旦食，少阳之始也；昼食，太阳之始也；脯食，少阴之始也；暮食，太阴之始也。《论语》曰：'亚饭干适楚，三饭繚适蔡，四饭缺适秦。'诸侯三饭，卿大夫再饭，尊卑之差也。"但这些人究竟是何人，已经无从知晓。〔三〕播：摇。鼗（táo）：长柄的小摇鼓，俗称"拨浪鼓"。朱熹《集注》："播，摇也。鼗，小鼓。两旁有耳，持其柄而摇之，则旁耳还自击。"〔四〕少师：古代乐官的副佐。朱熹《集注》："少师，乐官之佐。"

鼗

【译】 太师挚去了齐国，二饭乐师干去了楚国，三饭乐师繚去了蔡国，四饭乐师缺去了秦国，鼓师方叔入居黄河岸边，摇鼗的乐师武入居汉水边，少师阳、击磬的乐师襄入居海滨。

【记】 本章记八个出走的乐师,反映了春秋时代"乐崩"的情况。此章内容与孔子及其弟子无关,是不是《论语》原有的内容,让人怀疑。

18.10 周公谓鲁公曰:"君子不施其亲〔一〕,不使大臣怨乎不以〔二〕。故旧无大故,则不弃也〔三〕。无求备于一人〔四〕!"

【注】 〔一〕施:通"弛"。弃置,忘却,即疏远。朱熹《集注》:"弛,遗弃也。"刘宝楠《论语正义》:"《释文》作'不弛'。施、弛二字古多通用……郑注《坊记》云:'弛,弃忘也。'以训此文最当。""君子不施其亲"句参见:"因不失其亲"(1.13)、"君子笃于亲,则民兴于仁"(8.2)。〔二〕以:用。朱熹《集注》:"弛,遗弃也。以,用也。大臣非其人则去之,在其位则不可不用。"〔三〕故旧:旧交,旧友。"故旧"句参见:"故旧不遗,则民不偷"(8.2)。〔四〕求备:要求事事做到完善无缺。"无求备于一人"句参见:"及其使人也,求备焉"(13.25)。

【译】 周公对鲁公说:"君子不疏远怠慢自己的亲族,不让大臣怨恨不被信用。故臣旧属没有犯严重过失的,就不要遗弃。不要对一个人求全责备!"

【记】 本章记周公旦对其子鲁公伯禽的训诫。据《史记·鲁世家》,西周初年,周公被封于鲁。由于周公要留在朝廷辅佐周王,无法亲自治理封国,所以周王特别命令由周公的儿子伯禽代替他去鲁国就封。在伯禽临行时,周公旦作了这篇诫子箴言。此章内容也与孔子及其弟子无关。朱熹《集注》引胡寅曰:"此伯禽受封之国,周公训诫之辞。鲁人传诵,久而不忘也。其或夫子尝与门弟子言之欤?"

18.11 周有八士:伯达、伯适、仲突、仲忽、叔夜、叔夏、季随、季騧〔一〕。

【注】 〔一〕季騧(guā):人名。本章所列伯达等"八士"相传为周代八个有才能的人。关于八士所处的时代,历代注家说法不一。《汉书·古今人表》及贾逵谓文王时人,郑玄说是成王时人,刘向、马融说是宣王时人。并见何晏《集解》、邢昺《注疏》。朱右曾《逸周书集训校释》又谓为八士为武王时人。又有古注说"八士"即是"八虞"(周代八个掌管山泽的官员)。《国语·晋语四》:"及其即位也,询于八虞。"韦昭注:"贾唐曰:'八虞,周八士,皆在虞官,伯达、伯括、仲突、仲忽、叔夜、叔夏、季随、季騧。'"此说亦无法考证。朱熹《集注》:"或曰'成王时人',

或曰'宣王时人'。盖一母四乳而生八子也,然不可考矣。张子曰:'记善人之多也。'"

【译】 周朝有八个贤士:伯达、伯适、仲突、仲忽、叔夜、叔夏、季随、季騧。

【记】 本章记周时贤才济济。但这里所提到的八位贤士,生平、行事都已无可考了。

子张篇第十九

【题解】《子张篇》共 25 章。朱熹《集注》:"此篇皆记弟子之言,而子夏为多,子贡次之。盖孔门自颜子以下,颖悟莫若子贡;自曾子以下,笃实无若子夏。故特记之详焉。"

《子张篇》记录了 5 位孔子弟子的语录。(1)子张语录 3 章。两章讲道德修养,一章论交友,并且批评了子夏。(2)子夏语录 10 章。主要谈好学、道德修养。其中一章批评了子游。(3)子游语录 2 章。一章讲丧礼,一章品评子张。(4)曾子语录 4 章。三章讲孝与仁,一章品评子张。(5)最后 6 章是子贡的语录,主要是对孔子的赞美之辞。说话人中,除子贡一人属于早期弟子外,子张、子夏、子游、曾子全部是晚期弟子。本篇保存了孔门弟子之间互相批评的 4 章语录,这对于研究孔门的分化,很有价值。

出自本篇的名言或成语有:见危致命、见得思义、仕而优则学、学而优则仕、君子恶居下流、君子之过也如日月之食焉、文武之道、未坠于地等。

19.1　子張曰:"士見危致命〔一〕,見得思義,祭思敬,喪思哀,其可已矣。"

【注】〔一〕致命:捐躯,舍弃生命。朱熹《集注》:"致命,谓委致其命,犹言授命也。"《易·困》:"君子以致命遂志。"

【译】 子张说:"士遇到危难肯献出生命;见到所得能想到是否合乎义;祭祀时,能想到恭敬严肃;临丧时,能想到由衷地致哀。这样做也就可以了。"

【记】 本章记子张论士人应有的德行。朱熹《集注》:"(见危致命、见得思义、祭思敬、丧思哀)四者立身之大节,一有不至,则余无足观。故言士能如此,则庶乎其可矣。"

19.2 子張曰:"執德不弘〔一〕,信道不篤,焉能爲有? 焉能爲亡〔二〕?"

【注】 〔一〕弘:弘扬,发扬光大。一说,"弘"即今之"强"字,坚定(见章炳麟《广论语骈枝》)。〔二〕"焉能"两句:意谓无足轻重。亡,同"无"。何晏《集解》:"言无所轻重。"这两句可能是当时的成语。

【译】 子张说:"执守道德不能发扬光大,信仰道义不能诚心实意,〔这种人〕怎么能算他存在? 又怎么能算他不存在?"

19.3 子夏之門人問交於子張〔一〕。子張曰:"子夏云何?"
對曰:"子夏曰:'可者與之〔二〕,其不可者拒之〔三〕。'"
子張曰:"異乎吾所聞〔四〕。君子尊賢而容衆〔五〕,嘉善而矜不能〔六〕。我之大賢與〔七〕,於人何所不容〔八〕? 我之不賢與,人將拒我,如之何其拒人也?"

【注】 〔一〕交:指交友之道。何晏《集解》引孔安国曰:"问交,问与人交接之道。"〔二〕可者与之:可以交往的,就跟他交往。与:同……交往。〔三〕拒:拒绝。〔四〕异乎吾所闻:和我所听到的不同。乎:于。〔五〕容众:谓心怀宽广,能与各种人交往。容:包容。众:普通人。〔六〕嘉善:赞美善人。邢昺《注疏》:"人有善行者,则嘉美之。"矜:怜悯、同情。《方言》卷一:"矜,哀也。齐鲁之间曰矜。"不能:指才能低下者。参见:"举善而教不能"(2.20)。〔七〕与:同"欤"。语气词。〔八〕何所不容:即"所不容者为何"。用反问的语气表示"无所不容"。

【译】 子夏的门人向子张询问交友之道。子张反问:"子夏是怎样说的?"
〔子夏的门人〕答道:"子夏说:'可以交往的,就跟他交往;不可以交往的,就拒绝他。'"

子张说:"这和我所听到的不同:君子尊敬贤人,也接纳普通人;赞美好人,也怜悯无能的人。如果我自己很好,对什么人不能容纳呢? 如果我自己不好,人家将会拒绝我,如何〔谈得上〕拒绝别人呢?"

【记】 本章记子夏与子张的交友之道。同是孔门弟子,但子夏与子张两人的交友之道并不一致。子夏拒人,看似褊狭,其实没有什么不妥。参见:"道不同,不相为谋"(15.40)、"损者三友。……友便辟,友善柔,友便佞,损矣"(16.4)。子张来者不拒,好似宽容大度,其实失之过激。朱熹《集注》:"子夏之言迫狭,子张讥之是也。但其所言亦有过高之病。盖大贤虽无所不容,然大故亦所当绝;不贤固不可以拒人,然损友亦所当远。学者不可不察。"孔子的交友之道,参见:"无友不如己者"(1.8)、"毋友不如己者"(9.25)、"友其士之仁者"(15.10)、"友直,友谅,友多闻,益矣"(16.4)、"乐多贤友"(16.5)。

19.4 子夏曰:"雖小道〔一〕,必有可觀者焉;致遠恐泥〔二〕,是以君子不爲也。"

【注】 〔一〕小道:技艺。朱熹《集注》:"小道,如农圃医卜之属。"一说异端,礼乐政教以外的学说。何晏《集解》:"小道谓异端。"〔二〕泥:妨碍,拘泥。朱熹《集注》:"泥,不通也。杨氏(时)曰:'百家众技,犹耳目鼻口,皆有所明而不能相通。非无可观也,致远则泥矣,故君子不为也。'"

【译】 子夏说:"就是小技艺,也一定有可取之处,但对远大的事业恐有妨碍,所以君子不从事〔这些小技艺〕。"

19.5 子夏曰:"日知其所亡〔一〕,月無忘其所能,可謂好學也已矣。"

【注】 〔一〕亡:同"无"。

【译】 子夏说:"每天知道一些过去所未知的,每月不忘记已经掌握的,〔这样〕可以说是好学了。"

19.6　子夏曰："博学而笃志〔一〕,切问而近思〔二〕,仁在其中矣。"

【注】〔一〕笃志:专心一志,立志不变。〔二〕切问:恳切求教。邢昺《注疏》:"切问者,亲切问于已所学未悟之事,不泛滥问之也。"

【译】子夏说:"广博地学习,坚定自己的志向,恳切地提问,多考虑当前的事,仁德就在其中了。"

【记】本章记子夏论实现"仁"的途径。关于求仁的方法,孔子多从进德方面来谈,而子夏这里是从修业方面说的。

19.7　子夏曰:"百工居肆以成其事〔一〕,君子学以致其道。"

【注】〔一〕百工:各种手工工匠。肆:营造器物的手工业作坊。陈列商品的店铺和市集,也叫肆。邢昺《注疏》:"肆,谓官府造作之处也。致,至也。言百工处其肆,则能成其事,犹君子勤于学,则能至于道也。"

【译】子夏说:"工匠们要〔整天〕在作坊里完成自己的活计,君子要〔终身〕学习来求自己的道。"

19.8　子夏曰:"小人之过也必文〔一〕。"

【注】〔一〕文:文饰,掩盖。何晏《集解》引孔安国曰:"文饰其过,不言情实。"

【译】子夏说:"小人犯了过错,一定加以掩饰。"

19.9　子夏曰:"君子有三变:望之俨然,即之也温,听其言也厉。"

【译】子夏说:"君子〔给人的印象让你感到〕有三种变化:远远望去,严肃可敬;跟他接近,温和可亲;听他的话,严厉不苟。"

19.10　子夏曰:"君子信而後勞其民〔一〕;未信,則以爲厲己也〔二〕。信而後諫;未信,則以爲謗己也〔三〕。"

【注】〔一〕信:取信。朱熹《集注》:"信,谓诚意恻怛而人信之也。"参见:"信则人任焉"(17.6)。劳:指役使,让百姓去服劳役。邢昺《注疏》:"此章论君子使下事上之法也。言君子若在上位,当先示信于民,然后劳役其民,则民忘其苦也。"〔二〕厉:虐待,折磨。皇侃《义疏》引王肃曰:"厉,病也。"邢昺《注疏》:"若未尝施信而便劳役之,则民以为从欲崇侈、妄加困病于己也。"〔三〕谤:毁谤,谩骂。

【译】　子夏说:"君子要先取信于民,然后才能役使民众;〔如果〕未取得信任,〔民众〕就会以为是在虐待自己。〔君子〕要先取信〔于君〕,然后才能去劝谏〔君主〕;〔如果〕未取得信任,〔君主〕就会以为是诽谤自己。"

19.11　子夏曰:"大德不踰閑〔一〕,小德出入可也。"

【注】〔一〕大德:与下文"小德"相对,犹言大节。小德即小节。朱熹《集注》:"大德、小德,犹言大节、小节。"大德指品德操守的主要方面,如伦理纲常方面的节操。小德指与原则无关的琐碎细节,如:仪表、言辞、生活作风等。踰(yú)同"逾",超过,越过。闲:本义是木栏。《说文·门部》:"闲,阑也。从门中有木。"引申为限制、规范、原则、底线(bottom line)。何晏《集解》引孔安国曰:"闲,犹法也。"

【译】　子夏说:"大节不得越过底线,小节有所出入是可以的。"

【记】　本章记子夏主张在坚守道德底线的同时,不要为无关原则的琐事所约束。但"小德"是相对"大德"而言的,忽视小德当然不是理想的选择,子夏的主张是退而求次。其实,有时候小节比大节更能体现一个人的本性。因为大节是深思熟虑后做出来的,而小节是本性的自然流露。朱熹《集注》:"言人能先立乎其大者,则小节虽或未尽合理,亦无害也。吴氏(棫)曰:'此章之言,不能无弊。学者详之。'"

19.12　子游曰："子夏之門人小子,當洒掃、應對、進退〔一〕,則可矣,抑末也〔二〕。本之則無,如之何?"

子夏聞之,曰:"噫〔三〕!言游過矣!君子之道,孰先傳焉?孰後倦焉〔四〕?譬諸草木,區以別矣。君子之道,焉可誣也〔五〕?有始有卒者,其惟聖人乎!"

【注】〔一〕洒扫:洒水扫地。此为古时礼仪规定少年应做之事,详见《礼记·曲礼》《管子·弟子职》。应对:酬答宾客。"应"为答应,"对"为回答。进退:应进而进,应退而退,泛指恰如其分的言行举止。洒扫、应对和进退都是儒家教育、学习的基本内容。〔二〕抑:连词,表示转折。但是,然而。末:不是根本的、主要的方面(跟"本"相对)。末节,这里指礼仪之末节。何晏《集解》引包咸曰:"言子夏弟子,但当对宾客、修威仪礼节之事则可。然此但是人之末事耳,不可无其本,故云本之则无,如之何?"〔三〕噫:叹词。何晏《集解》引孔安国曰:"噫,心不平之声。"〔四〕倦:"倦"字费解。在这里应是教、诲、传的意思。朱熹《集注》:"如诲人不倦之倦。"金池《论语新译》:"'倦'可能是'傳(传)'字之误,译文当'传'字解。"〔五〕诬:歪曲。何晏《集解》引马融曰:"君子之道,焉可使诬言我门人但能洒扫而已。"

【译】　子游说:"子夏的门人弟子,担当洒扫、应对、进退的礼仪那是可以的,但这不过是末节。根本的东西却没有〔学到〕,怎么可以呢?"

子夏听了这些话,说:"唉!子游错了!君子之道,哪些先传授,哪些后传授呢?〔君子之道〕好比草木,是区分〔为各种门类〕的。君子之道,怎么可以诬蔑歪曲呢?能够有始有终〔循序渐进教授弟子的〕,大概只有圣人吧!"

19.13　子夏曰:"仕而優則學,學而優則仕〔一〕。"

【注】〔一〕优:优秀,好(跟"劣"相对)。一说,宽绰,有余力。《说文·人部》:"优,饶也。"此章的意思则是:做官如有余力就去学习,学习如有余力就去做官。朱熹《集注》:"优,有余力也。仕与学理同而事异,故当其事者,必先有以尽其事,而后可及其余。然仕而学,则所以资其仕者益深;学而仕,则所以验其学者益广。"参见:"行有余力,则以学文"(1.6)。

【译】　子夏说:"官做好了就应该〔继续〕学习,学习好了才可以做官。"

19.14　子游曰:"喪致乎哀而止〔一〕。"

【注】 〔一〕致:达到。止:停止。

【译】 子游说:"居丧,能尽到悲哀之情就可以了。"

【记】 本章记子游强调居丧要致哀,而悲哀要适度。这句话包含两层含意:一是丧礼最重要的意义在于致哀,而不在虚礼排场。朱熹《集注》:"致极其哀,不尚文饰也。"二是悲哀要适可而止,不可过度悲哀以至毁身灭性。邢昺《注疏》:"此章言居丧之礼也。言人有父母之丧,当致极哀戚,不得过毁以至灭性,灭性则非孝。"参见:"哀而不伤"(3.20)、"临丧不哀,吾何以观之哉"(3.26)、"丧思哀"(19.1)。

19.15　子游曰:"吾友張也爲難能也〔一〕,然而未仁。"

【注】 〔一〕难能:不易做到,做不到。皇侃《义疏》:"张,子张也。子游言:吾同志之友子张,容貌堂伟,难为人所能及,故云为难能也。"

【译】 子游说:"我的朋友子张(颛孙师),是难能可贵的〔人物〕,然而还没达到仁。"

【记】 本章记子游赞子张"难能",但又说他"未仁"(还不是仁人)。孔子曾评价子张(颛孙师):"师也过"(11.16)、"师也辟"(11.18)。可知子张是个偏激的人。朱熹《集注》:"子张行过高,而少诚实恻怛之意。"像孔子一样,子游也不轻易以仁许人,所以说子张"未仁"。曾参对子张的看法与子游相同,参见下章。

19.16　曾子曰:"堂堂乎張也〔一〕,難與並爲仁矣。"

【注】 〔一〕堂堂:形容仪表壮伟,气派十足。何晏《集解》引郑玄曰:"言子张容仪盛,而于仁道薄也。"朱熹《集注》:"堂堂,容貌之盛。言其务外自高,不可辅而为仁,亦不能有以辅人之仁也。范氏(祖禹)曰'子张外有余而内不足,故门人皆不与其为仁。子曰:'刚、毅、木、讷近仁。'宁外不足而内有余,庶可以为仁矣。'"但据说子张神情颓废,衣冠不整。《荀子·非十二子篇》云:"弟佗其冠(帽子歪斜),神禫其辞(说话平淡),禹行而舜趋(跛足低头走路),是子张氏之贱儒也。"曾子这里所谓子张仪表"堂堂",也许是反话。

【译】 曾子说:"仪表堂堂的子张啊,〔却〕难以与他一起修养仁德。"

19.17 曾子曰:"吾闻诸夫子:人未有自致者也〔一〕,必也亲丧乎!"

【注】 〔一〕自致:竭尽自己的心力,指充分表露和发泄内心的真实感情。孝子丧父母,哀痛之心自然会尽情流露出来。朱熹《集注》:"致,尽其极也。盖人之真情所不能自已者。尹氏(焞)曰:'亲丧固所自尽也,于此不用其诚,恶乎用其诚。'"

【译】 曾子说:"我听夫子说过,人没有自动充分表露真情的〔的机会,如果有,〕必定是在父母去世的时候吧!"

19.18 曾子曰:"吾闻诸夫子:孟莊子之孝也,其他可能也;其不改父之臣與父之政〔一〕,是難能也。"

【注】 〔一〕不改父之臣与父之政:鲁国大夫仲孙速之父仲孙蔑(孟献子)死于鲁襄公十九年(公元前554年),他本人死于鲁襄公二十三年(公元前550年)。其时,孔子才两岁,曾子尚未出生。参见:"三年无改于父之道可谓孝矣"(1.11)。

【译】 曾子说:"我听夫子说过:孟庄子行孝,其他方面别的人都能做到;〔在父亲死后,〕不更换他父亲的旧臣,不改变他父亲推行的政道,这才是别人难以做到的。"

19.19 孟氏使陽膚爲士師〔一〕,問於曾子。曾子曰:"上失其道,民散久矣〔二〕。如得其情,則哀矜而勿喜〔三〕!"

【注】 〔一〕士师:掌管司法刑狱的官员。参见:"柳下惠为士师"(18.2)。〔二〕民散:民心涣散,指民众不诚心归附,与"天下之民归心"(20.1)相反。朱熹《集注》:"民散,谓情义乖离,不相维系。"康有为《论语注》:"民散,谓民心涣散,思背其上。"〔三〕情:案件的实情。哀矜(jīn):哀怜、怜悯,同情。康有为《论语注》:"情,实也。上未尝养之教之,则民之犯罪,迫于不得已,或出于无知,非其天性然也。士师审讯,虽得情,宜哀矜其本出无辜,而勿喜也。"本章记曾子告诫弟子做法官要有人文情怀,要了解普通人犯罪的社会原因。

【译】 孟孙氏任命〔曾子弟子〕阳肤为士师。〔阳肤〕向曾子请教。曾子说："在上者治民失去道义，民众离心离德已经很久了。如果掌握了百姓〔犯罪的〕实情，应当同情、可怜他们，而不要〔自鸣得意〕沾沾自喜。"

19.20　子貢曰："紂之不善，不如是之甚也〔一〕。是以君子惡居下流〔二〕，天下之惡皆歸焉〔三〕。"

【注】 〔一〕是：代词。指关于纣王残暴无道的种种传说。荀子也怀疑桀纣暴君传说的真实性。《荀子·非相》："古者桀、纣长巨姣美，天下之杰也。筋力越劲，百人之敌也，然而身死国亡，为天下大戮，后世言恶则必稽焉。"据顾颉刚《纣恶七十事的发生次第》（载《古史辨》第二集）考证，在《尚书》（除《伪古文》）中，纣只是个酗酒的糊涂人；在战国的书籍里，他的罪名却骤然增加很多，而且都是很具体的事实。"自晋代以后，他有没有再添什么罪状，我可不知道了。这或者因为纣的暴虐说到这等地步，已经充类至尽，再也不能加上去，或者因为学者的历史观念高了一点，知道耳朵里听来的传说不能作为信史，不肯写在纸本上，二者均不可知。但学者方面即是如此，民众的传说总不会因他们的不肯写在纸本上而终止其发展性的，它依然是这样地发展。结果就成了现在在下等社会中很有势力的《封神榜》一书，又把这些人事经过神话化了。"〔二〕恶（wù）：讨厌，憎恶。下流：河流的下游，比喻众恶所归的地位。邢昺《注疏》："谓为恶行而处人下，若地形卑下，则众流所归，人之为恶处下，众恶所归。"〔三〕恶（è）：坏事，罪恶。何晏《集解》引孔安国曰："纣为不善，以丧天下，后世憎甚之，皆以天下之恶归之于纣。"子贡之意不在为纣王开脱恶名，而是要提醒当权者。朱熹《集注》："子贡言此，欲人常自警省，不可一置其身于不善之地。非谓纣本无罪，而虚被恶名也。"

【译】 子贡说："商纣王的不善，不像传说的那样严重。因此，君子憎恶居于下流，〔一旦居于下流，〕天下的一切坏事〔恶名〕都会归到自己头上。"

19.21　子貢曰："君子之過也，如日月之食焉〔一〕：過也，人皆見之；更也〔二〕，人皆仰之〔三〕。"

【注】 〔一〕食：日食、月食。这个意义后来写作"蚀"。《释名·释天》："日月亏曰食。"皇侃《义疏》："日月之蚀，非日月故为；君子之过，非君子故为，故云如日月之蚀也。日月之蚀，人并见之，如君子有过不隐，人亦见之也。"〔二〕更（gēng）：更改，改变。何晏《集解》引孔安国曰："更，改也。"〔三〕仰：仰望，敬慕。皇侃《义疏》："日月蚀罢，改阖更明，则天下皆并瞻仰，君子之德，亦不以先过为累也。"

【译】 子贡说:"君子的过错,如同日食月食:犯了错,人人都能看得见;改了错,人人都能仰望到。"

【记】 本章记子贡赞扬君子勇于改错,不文过饰非。参见:"过,则勿惮改"(1.8、9.25)、"人之过也,各于其党。观过,斯知仁矣"(4.7)、"吾未见能见其过而内自讼者也"(5.27)、"不贰过"(6.3)、"丘也幸,苟有过,人必知之"(7.31)、"过而不改,是谓过矣"(15.30)、"小人之过也必文"(19.8)。

19.22 衛公孫朝問於子貢曰:"仲尼焉學〔一〕?"子貢曰:"文武之道〔二〕,未墜於地〔三〕,在人〔四〕。賢者識其大者〔五〕,不賢者識其小者。莫不有文武之道焉。夫子焉不學? 而亦何常師之有〔六〕?"

【注】〔一〕焉学:从哪里学。〔二〕文武之道:周文王、周武王圣人之道,包括修身治国之道和西周的礼乐文章。朱熹《集注》:"文武之道,谓文王、武王之谟训功烈,与凡周之礼乐文章皆是也。"文武之道也指宽严互济的治国策略。《礼记·杂记下》:"张而不弛,文武弗能也;弛而不张,文武弗为也。一张一弛,文武之道也。"孔子自诩为文王之道的传承者,参见:"文王既没,文不在兹乎"(9.5)。〔三〕坠于地:掉到地下,指"文武之道"渐渐衰落,被人遗忘,终于失传。〔四〕在人:在于人们之中,是说人们没有忘记"文武之道"。朱熹《集注》:"在人,言人有能记之者。"〔五〕识(zhì):记住。朱熹《集注》:"识,记也。"其大者:其中之大者。其:指"文武之道"。下文"其小者"同。〔六〕何常师之有:等于说"有何常师"。常师:固定的老师。之:代词,复指宾语"常师"。传说孔子善于向众人学习,曾经问礼于老聃(dān),访乐于苌弘,问官于郯子,学琴于师襄,甚至拜七岁的项橐为师。韩愈《师说》:"圣人无常师。孔子师郯子、苌弘、师襄、老聃。郯子之徒,其贤不及孔子。孔子曰:三人行,则必有我师。是故弟子不必不如师,师不必贤于弟子,闻道有先后,术业有专攻,如是而已。"

【译】 卫国的公孙朝问子贡:"仲尼的学问是从哪儿学来的?"子贡说:"文武之道,并未坠失在地〔而失传〕,〔它散〕在人间。贤人记住了大的方面,不贤的人记住小的方面。文武之道,无处不在。夫子何处不能学呢? 又为什么要有固定的老师呢?"

【记】 本章记子贡颂扬孔子"学无常师""不耻下问"的好学精神,并且指出孔子毕生的事业就是将文武之道发扬光大。

19.23　叔孙武叔語大夫於朝曰："子貢賢於仲尼。"

子服景伯以告子貢。

子貢曰："譬之宮牆〔一〕，賜之牆也及肩，窺見室家之好〔二〕。夫子之牆數仞〔三〕，不得其門而入，不見宗廟之美〔四〕，百官之富〔五〕。得其門者或寡矣。夫子之云，不亦宜乎〔六〕！"

【注】〔一〕宮墙：住宅的围墙。上古不论尊卑贵贱，住所都叫"宫"。陆德明《经典释文·尔雅音义》："宫，古者贵贱同称宫，秦汉以来惟王者所居称宫焉。"〔二〕室家：房舍，宅院。〔三〕仞(rèn)：古代长度单位。何晏《集解》引包咸曰："七尺曰仞。"一说，八尺为一仞。〔四〕宗庙：帝王、诸侯祭祀祖宗的庙宇。〔五〕百官：众官。古指公卿以下的各级官吏为"百官"。一说，房舍。杨伯峻《译注》："'官'字的本义是房舍，其后才引申为官职之义，说见俞樾《群经平议》卷三及遇夫先生《积微居小学金石论丛》卷一。这里也是指房舍而言。"〔六〕宜：适宜，自然。

【译】　叔孙武叔在朝廷上对大夫们说："子贡比孔子强。"

子服景伯把这话告诉了子贡。

子贡说："好比宫室的围墙，我的围墙，只够到肩膀那么高，〔人们〕都能窥见房屋的美好。〔孔〕夫子的墙有数仞之高，如果找不到门进去，就见不到宗庙的华美，文武百官的富裕。能找到门进去的人或许还很少呢。〔叔孙〕夫子那样说，不也是合乎情理的吗？"

19.24　叔孙武叔毁仲尼。子貢曰："無以爲也〔一〕！仲尼不可毁也。他人之賢者，丘陵也，猶可踰也〔二〕；仲尼，日月也，無得而踰焉。人雖欲自絶〔三〕，其何傷於日月乎？多見其不知量也〔四〕。"

【注】〔一〕以：有两说：(1)代词。此，这。"无以为也"，意谓不要这样做。(2)用。"无以为也"，意谓这样做是没有用的。朱熹《集注》："无以为，犹言无用为此。"两说都可通。〔二〕踰(yú)：同"逾"，超过，越过。〔三〕自绝：自行断绝跟对方之间的关系。朱熹《集注》："自绝，谓以谤毁自绝于孔子。"〔四〕多：适，正，只。何晏《集解》："适足自见其不知量也。"邢昺《注疏》："多，犹适也。"不知量：犹不自量。不知道自己的分量，过高地估计自己。邢昺《注疏》："多，与只同，适也。不知量，谓不自知其分量。"按，子贡应称孔子为"夫子"，如上下两章之例，但在本章却称孔子为"仲尼"。这种称呼不当，也许是由于记录别人转述子贡的话而造成的。

【译】 叔孙武叔毁谤仲尼。子贡说:"不要这样做啊! 仲尼是不可诋毁的。别的贤人,好比丘陵,还可以逾越;仲尼,好比日月,是无法逾越的。有人纵使想要自绝〔于日月〕,对日月又会有什么损害呢? 恰好表明这种人自不量力罢了。"

19.25　陳子禽謂子貢曰:"子爲恭也〔一〕,仲尼豈賢於子乎?"

子貢曰:"君子一言以爲知〔二〕,一言以爲不知,言不可不慎也。夫子之不可及也,猶天之不可階而升也〔三〕。夫子之得邦家者,所謂立之斯立,道之斯行〔四〕,綏之斯來〔五〕,動之斯和〔六〕。其生也榮,其死也哀,如之何其可及也?"

【注】 〔一〕子为恭也:您(对仲尼)是客气谦让吧。为:是。朱熹《集注》:"为恭,谓为恭敬推逊其师也。"〔二〕知:同"智"。聪明,明智。〔三〕阶:攀登。朱熹《集注》:"阶,梯也。"〔四〕道(dǎo):通"導(导)",引导。朱熹《集注》:"道,引也,谓教之也。行,从也。"〔五〕绥(suí):安抚。朱熹《集注》:"绥,安也。来,归附也。"〔六〕动:动员,感化。朱熹《集注》:"动,谓鼓舞之也。"

【译】 陈子禽对子贡说:"您〔对仲尼〕是客气谦让吧,仲尼难道比您还贤明吗?"

子贡说:"君子能由一句话表现出〔他的〕明智,能由一句话表现出〔他的〕不明智,说话不可不谨慎啊。夫子是不可企及的,犹如天是不能通过阶梯登上去一样。夫子如能获得封国、封邑,正所谓:要百姓立足于社会,〔百姓〕就会立足于社会;要引导百姓,〔百姓〕就会跟着走;要安抚百姓,〔百姓〕就会来归附;要动员百姓,〔百姓〕就会团结协力。〔夫子〕生得光荣,死得令人哀痛。〔我〕怎么能赶上〔夫子〕呢?"

尧曰篇第二十

【题解】《尧曰篇》共3章。

本篇包括三章,记古代贤王尧、舜、禹、汤的言论以及孔子对为政的论述。《尧曰篇》三章体例与他篇不类。第一章编织"道统",称述尧、舜、禹、汤及周武王。其中"宽则得众,信则民任焉,敏则有功,公则说",与《阳货篇》17.6章孔子答子张语几乎完全相同;第二章记孔子答子张问从政。第三章论君子立身处世,所记孔子语多重复前文。可见,这《论语》的最后一篇极有可能是由子张的后学勉强补缀而成的。

出自本篇的名言或成语有:允执其中、四海困穷、天禄永终、朕躬有罪、无以万方、万方有罪、罪在朕躬、百姓有过、在予一人、宽则得众、敏则有功、公则说、尊五美、屏四恶、惠而不费、劳而不怨、欲而不贪、泰而不骄、威而不猛、不教而杀谓之虐、不戒视成谓之暴、慢令致期谓之贼、不知命无以为君子、不知礼无以立、不知言无以知人等。

20.1　堯曰:"咨〔一〕!爾舜!天之曆數在爾躬〔二〕,允執其中〔三〕。四海困窮〔四〕,天禄永終〔五〕。"

舜亦以命禹〔六〕。

【注】〔一〕"咨"六句:为尧禅让时告诫舜的训导之辞。朱熹《集注》:"此尧命舜,而禅以帝位之辞。"咨:叹词。表赞赏。朱熹《集注》:"咨,嗟叹声。"〔二〕历数:帝王代天理民的顺序,即帝王相继的次序。何晏《集解》:"历数,谓列次也。"邢昺《注疏》:"孔注《尚书》云:谓天道。谓天历运之数。帝王易姓而兴,故言历数谓天道。"〔三〕允:信,诚。何晏《集解》引包咸曰:

311

"允，信也。"执：持守，保持。其：代词。中：不偏不倚的正中之道，指中庸之道。允执其中：真诚地坚持不偏不倚的中庸之道。即"允执厥中"。《尚书·大禹谟》："人心惟危，道心惟微，惟精惟一，允执厥中。"〔四〕四海：古人以为中国四境为海环绕，四海犹言天下。困：极。何晏《集解》引包咸曰："困，极也。"四海困穷：即穷尽四海，犹统一天下之意。〔五〕天禄：天所授予的福禄。《书·大禹谟》："四海困穷，天禄永终。"永终：长久，永久。〔六〕舜亦以命禹：朱熹《集注》："舜后逊位于禹，亦以此辞命之。今见于《虞书·大禹谟》，比此加详。"

【译】 尧说："啊！舜啊！登上大位的天命已经降到你的身上了，〔你〕一定要坚持中庸之道，穷尽四海，一统天下，上天授与你的禄位也会天长地久。"

舜〔在禅让的时候，〕也用一番话嘱咐了禹。

曰："予小子履敢用玄牡〔一〕，敢昭告于皇皇后帝〔二〕：有罪不敢赦。帝臣不蔽〔三〕，简在帝心〔四〕。朕躬有罪，无以万方；万方有罪，罪在朕躬〔五〕。"

【注】 〔一〕"予小子"九句是商汤灭夏桀后昭告天下的诰词。朱熹《集注》："此引《商书·汤诰》之辞。盖汤既放桀而告诸侯也。与《书》文大同小异。曰上当有'汤'字。"予小子：上古帝王对先王或长辈的自称的谦词。下文的"予一人"与此相同。履：商代开国君主汤之名。据《史记·殷本记》，汤名天乙，甲骨卜辞作"大乙"，相传汤又名履。何晏《集解》引孔安国曰："履，殷汤名。"玄牡：祭天地用的黑色公牛。殷尚白色，此用黑色，当时还未改变夏礼。何晏《集解》引孔安国曰："殷家尚白，未变夏礼，故用玄牡。"〔二〕后帝：天，天帝。何晏《集解》引孔安国曰："皇，大。后，君也。大，大君。帝，谓天帝也。"《墨子》引《汤誓》，其辞若此。〔三〕帝臣：天帝之臣，汤自称。帝臣不蔽：《墨子·兼爱下》引此句作"有善不敢蔽"，《书·汤诰》作"尔有善，朕弗敢蔽"。《墨子·兼爱下》和《吕氏春秋·顺民》都说这是成汤战胜夏桀以后，遭逢大旱，向上天祈祷求雨之词。〔四〕简：简阅，考察。〔五〕朕躬：我。天子自称。《书·汤诰》："尔有善，朕弗敢蔽；罪当朕躬，弗敢自赦。"

【译】 〔商汤〕说："在下后辈小子履，冒昧地用黑色公牛祭享来明告伟大的天帝：有罪之人〔我〕从不敢擅自赦免，天帝的臣仆〔我〕也不隐瞒掩蔽，请天帝明鉴。〔如果〕我一人有罪，不要因此连累天下万方；天下万方〔如果〕有罪，罪过都归我一个人来承担。"

周有大赉〔一〕，善人是富。"虽有周亲，不如仁人。百姓有过，在予一人〔二〕。"

【注】 〔一〕赉(lài):赏赐。何晏《集解》:"赉,赐也。"朱熹《集注》:"此以下述武王事。赉,予也。武王克商,大赉于四海。见《周书·武成篇》。此言其所富者,皆善人也。《诗序》云'赉所以锡予善人',盖本于此。"《书·尚武》:"散鹿台之财,发巨桥之粟,大赉于四海,而万姓悦服。"〔二〕"虽有周亲"四句:旧注说是周武王封诸侯之辞,尤其像封姜太公于齐之辞。朱熹《集注》:"此《周书·太誓》之辞。孔氏曰:'周,至也。言纣至亲虽多,不如周家之多仁人。'"

【译】 周朝〔初年〕大发赏赐〔分封诸侯〕,善人都富贵起来。〔周武王说:〕"即使有周族至亲,也不如有仁人。百姓如果有罪过,责任在我一人身上。"

謹權量〔一〕,審法度〔二〕,修廢官〔三〕,四方之政行焉。興滅國,繼絕世,舉逸民,天下之民歸心焉。

【注】 〔一〕旧注多以为这以下是孔子的话,但已无法确知。权:秤,量度重量的器具。量:量度容量的器具,如斗、斛。何晏《集解》引包咸曰:"权,秤也。量,斗斛。"权与量概指度量衡。〔二〕法度:长度。也指度量衡制度。"谨权量,审法度"句:权是量轻重的衡量,量是容量,度就应是长度。此句即统一度量衡之意。"法度"一词见于《史记·秦始皇本纪》及秦权、秦量的刻辞,指长度单位分、寸、尺、丈、引而言。《汉书·律历志上》:"审法度。"唐·颜师古注:"法度,丈尺也。"〔三〕废官:废缺的职官。刘宝楠《正义》引清·赵佑《四书温故录》云:"或有职而无其官,或有官而不举其职,皆曰废。"

【译】 〔孔子说:〕慎重地检验和审定度量衡,整治废缺的职官,政令就能在全国通行。复兴被灭亡的国家,接续已断绝的世系,举用隐逸的贤人,天下的老百姓就会真心实意归服。

所重:民、食、喪、祭〔一〕。

【注】 〔一〕何晏《集解》引孔安国曰:"重民,国之本也。重食,民之命也。重丧,所以尽哀。重祭,所以致敬。"

【译】 应该重视的〔国家大事〕:人民、粮食、丧礼、祭祀。

寬則得衆,信則民任焉〔一〕,敏則有功,公則説。

【注】〔一〕"信則"句:正平本等许多版本均无此五字。有人疑这五字是因"信則人任焉"(17.6)句而误增的。刘宝楠《正义》:"《汉石经》无'信則民任焉'句,皇本、足利本、高丽本亦无。翟氏灏、阮氏元校勘记并疑为子张问仁章误衍。"所以此句不在译文中译出。

【译】宽厚就会得到大众的拥护,勤敏就会有功绩,公平就会使众人高兴。

【记】本章记儒家推崇的古代贤君的言论。其中有尧禅让时告诫舜的教训,有商汤伐夏桀后昭告天下的诰词,有周武王灭商后分封诸侯时的讲话等。这一章前后文风不一致,文字也不连贯,自古就颇有人疑心有所脱漏。编者这样安排,可能意在"祖述尧舜,宪章文武"(《礼记·中庸》),以暗示孔子是继承了古圣贤的道统的。朱熹《集注》引杨时曰:"《论语》之书,皆圣人微言,而其徒传守之,以明斯道者也。故于终篇,具载尧舜咨命之言,汤武誓师之意,与夫施诸政事者。以明圣学之所传者,一于是而已。所以著明二十篇之大旨也。《孟子》于终篇,亦历叙尧、舜、汤、文、孔子相承之次,皆此意也。"

20.2　子張問於孔子曰:"何如斯可以從政矣?"

子曰:"尊五美,屏四惡〔一〕,斯可以從政矣。"

子張曰:"何謂五美?"

子曰:"君子惠而不費〔二〕,勞而不怨〔三〕,欲而不貪,泰而不驕〔四〕,威而不猛〔五〕。"

子張曰:"何謂惠而不費?"

子曰:"因民之所利而利之,斯不亦惠而不費乎? 擇可勞而勞之,又誰怨? 欲仁而得仁,又焉貪? 君子無衆寡,無小大,無敢慢,斯不亦泰而不驕乎? 君子正其衣冠,尊其瞻視,儼然人望而畏之,斯不亦威而不猛乎?"

子張曰:"何謂四惡?"

子曰:"不教而殺謂之虐;不戒視成謂之暴;慢令致期謂之賊〔六〕;猶之與人也,出納之吝謂之有司〔七〕。"

【注】〔一〕屏(bǐng)：屏除，摈弃，除去。何晏《集解》引孔安国曰："屏，除也。"〔二〕惠：施予恩惠，给人好处。费：花费，耗费。惠而不费：施惠于人而自己又无所耗费。与"惠"相关说法参见："小人怀惠"(4.11)、"其养民也惠"(5.16)、"恭、宽、信、敏、惠。……惠则足以使人。"(17.6)。〔三〕劳：劳苦，劳累。劳而不怨：虽然辛苦劳累，却没有怨言。指当政者使民辛劳而民无抱怨。与"劳"相关说法参见："使民以时"(1.5)、"劳而不怨"(4.18)、"爱之，能勿劳乎"(14.7)、"君子信而后劳其民"(19.10)。〔四〕泰而不骄：雍容大方而不骄傲。多指有地位、有权势后不骄傲。相关说法参见："君子泰而不骄，小人骄而不泰"(13.26)、"富而无骄"(1.15)、"贫而无怨难，富而无骄易"(14.10)。〔五〕威而不猛：威严庄重，而不凶猛。参见："君子不重，则不威"(1.8)、"威而不猛"(7.38)。〔六〕慢令：命令松懈。致期：限期紧迫。贼：残害，祸害，坑害。朱熹《集注》："致期，刻期也。贼者，切害之意。缓于前而急于后，以误其民，而必刑之，是贼害之也。"〔七〕出纳：支出。"出纳"是偏义复词。"出""纳"一对反义词并列，这里只有"纳"表义，而"出"不表义。俞樾《群经平议·论语二·出纳之吝》："此自言出之吝耳，纳则何吝之有。因出纳为人之恒言，故言出而并及纳，古人之辞如此。"有司：官吏，管事者。古代设官分职，各有专司，故称"有司"。办理一般事务的官吏，职卑权微，缩手缩脚，小气拘谨，常常显得没有气派。朱熹《集注》："犹之，犹言均之也。均之以物与人，而于其出纳之际，乃或吝而不果。则是有司之事，而非为政之体。所与虽多，人亦不怀其惠矣。项羽使人，有功当封，刻印刓，忍弗能予，卒以取败，亦其验也。"

【译】 子张向孔子问道："如何就可以从政了呢？"

孔子说："尊尚五美，屏除四恶，就可以从政了。"

子张问道："什么是五美？"

孔子说："君子给人民以恩惠，而自己却不须破费；役使人民，百姓却不怨恨；有欲望却不贪心；雍容大方，却不骄傲自大；威严庄重，而不凶猛。"

子张问道："什么叫给人以恩惠而自己却不须破费？"

孔子说："借着人民能够得利的事情使他们得利，这不就是给人以恩惠却又不须破费吗？选择可以役使人民的事情和时机来役使人民，这不就是役使人民又能使人民没有怨恨吗？想得到仁就得到仁，又贪求什么呢？无论人多人少，无论势力大小，君子都不敢怠慢，这不就是雍容大方却不骄傲自大吗？君子端正自己的衣冠，庄重自己的仪态，严肃可敬使人望而生畏，这也不是威严庄重却不凶猛吗？"

子张问道："什么是四恶呢？"

孔子说："不加教育，〔犯了罪〕就把人杀死，叫做残虐；不加申饬，就检视成绩，叫做凶暴；起先政令松懈，突然限期紧迫，叫做贼害；同样给予人东西，出手吝啬,叫做有司的小家子气。"

【记】 本章是讲从政的基本原则:尊五美,屏四恶,属于孔子的实用政治学。

20.3 孔子曰:"不知命,无以爲君子也〔一〕;不知禮,无以立也〔二〕;不知言,无以知人也〔三〕。"

【注】 〔一〕"不知命"句:相关说法参见:"知天命"(2.4、16.8)、"畏天命"(16.8)。〔二〕"不知礼"句:相关说法参见:"立于礼"(8.8)、"不学礼,无以立(16.13)"。与孔子同时的孟僖子(?—前518)也说过类似的话。《左传·昭公七年》:"(孟僖子)召其大夫,曰:'礼,人之干也。无礼,无以立。吾闻将有达者曰孔丘,圣人之后也,而灭于宋。"〔三〕知言:谓善于辨析他人之言。《孟子·公孙丑上》:"'何谓知言?'曰:'诐辞知其所蔽,淫辞知其所陷,邪辞知其所离,遁辞知其所穷。'(偏颇的言辞,我知道其片面性之所在;浮夸的言辞,我知道其失实之所在;邪异的言辞,我知道其偏离正道之所在;搪塞的言辞,我知道其理屈词穷之所在。)"与"不知言"句相关说法参见:"巧言令色"(1.3)、"听其言而观其行"(5.10)、"察言而观色"(12.20)。

【译】 孔子说:"不懂得命运,便无从成为君子;不懂得礼,便无从立足社会;不懂得辨析他人言语,便无从了解他人。"

【记】 本章是《论语》的最后一章,记孔子论君子立身处世的三个要点。"不知命""不知礼"和"不知言"三句分别与《为政篇》"五十而知天命"(2.4)、"三十而立"(2.4)和"六十而耳顺"(2.4)对应。朱熹《集注》引尹焞曰:"知斯三者,则君子之事备矣。弟子记此以终篇,得无意乎?学者少而读之,老而不知一言为可用,不几于侮圣言者乎?夫子之罪人也,可不念哉?"

附录一：

孔子事略

（一）早年在鲁（前551—前519年，孔子前半生的33年一直在鲁国）

出生 （公元前551年9月28日）孔子生于鲁国陬邑昌平乡（今山东曲阜东南）。因父母祷于尼丘山神而生，故名丘，字仲尼。世人尊称孔子。

3岁 （公元前549年）父叔梁纥（hé）卒，葬于防山。母颜徵在携孔子移居鲁都曲阜阙里，贫苦度日。孔子少时"贫且贱"。

17岁 （公元前535年）母颜徵在卒。孔子将父母合葬于防山。孔子赴季氏宴，被其家臣阳虎拒之门外。

19岁 （公元前533年）孔子娶宋女亓（qī）官氏为妻。

20岁 （公元前532年）子孔鲤（字伯鱼）生。此期间，孔子先后充任管理仓库的委吏、管理畜牧的乘田吏。

27岁 （公元前525年）郯（tán）国的国君郯子朝鲁，孔子见之，学古官制。

30岁 （公元前522年）齐景公、晏婴入鲁，问礼孔子。孔子"三十而立"，约在此时于曲阜城北设学舍课徒，进行私人讲学，开始创办平民教育。最初的弟子有颜路（颜回的父亲）、曾点（曾参的父亲）、子路等人。

（二）游周仕齐（前518—前516年，34—37岁，孔子适周观礼，适齐求仕，凡3年）

34岁 （公元前518年）孟僖子遗命其二子何忌（孟懿子）与阅（南宫敬叔）师事孔子。鲁昭公资助孔子与南宫敬叔往周都洛阳，观周朝文物制度，问礼于老聃。

35岁 （公元前517年）鲁国内乱。"三桓"，即鲁桓公的后代孟孙（仲孙）、叔孙、季孙三家联合反抗鲁昭公，昭公兵败奔齐。孔子避乱携弟子适齐为高昭子家臣。

36岁 （公元前516年）孔子在齐闻《韶》乐。齐景公问政于孔子。

（三）中年在鲁（前 515—前 498 年，37—54 岁，孔子在鲁先治学后出仕，凡 18 年）

37 岁 （公元前 515 年）齐景公以老辞孔子，孔子匆匆自齐返鲁。吴公子季札聘齐，其子死，葬子于赢、博间，孔子往观其葬礼。

47 岁 （公元前 505 年）阳虎囚季孙斯（季桓子）而专鲁政。阳货欲孔子出仕。孔子不仕，退而修《诗》《书》、礼、乐，以教弟子。

50 岁 （公元前 502 年）冬，阳虎欲去"三桓"，谋杀季氏未遂。鲁国三家攻阳虎，阳虎奔讙、阳关以叛。是年，公山弗扰以费叛，召孔子。孔子欲往，因子路反对而未成行。

51 岁 （公元前 501 年）鲁伐阳虎，阳虎突围奔齐。孔子始出仕，为鲁中都宰，卓有政绩。

52 岁 （公元前 500 年）孔子由中都宰升小司空，又升大司寇，摄相事。孔子诛少正卯。齐景公与鲁定公媾和，会于夹谷。孔子以大司寇身份为定公相礼。齐国欲劫持鲁定公，孔子以礼斥之。齐君敬畏，遂定盟约，并将侵占的鲁地归还鲁国以谢过。

54 岁 （公元前 498 年）孔子建议鲁定公削弱三家（三桓）势力，主张堕三都。于是先拆毁了叔孙氏的郈邑。堕费时，费宰公山弗扰攻鲁定公，被孔子挫败，逃奔齐国。遂堕费。最后堕孟氏的成邑时失败。堕三都至此陷于停顿。

（四）周游列国（前 497—前 484 年，55—68 岁，孔子周游列国，凡 14 年）

55 岁 （公元前 497 年）齐国欲败鲁政，馈赠鲁君女乐、文马。季桓子受之。鲁君臣荒于女色，怠于政事。孔子失望，于是去鲁适卫，开始率弟子周游列国。志欲改良时政，复兴周礼。卫灵公监视孔子，于是孔子去卫适陈。过匡地时被围，后经蒲地，返回卫都。

56 岁 （公元前 496 年）孔子见卫灵公夫人南子，子路不悦。灵公与南子让孔子乘次车招摇过市，孔子耻之。晋佛肸（bì xī）来召，孔子欲往，不果，重反卫。

59 岁 （公元前 493 年）卫灵公不能用孔子。孔子离卫投奔晋国赵简子。闻晋国事变，临河未渡，返回卫国，然后去卫如曹适宋。在适宋途中曾与弟子习礼于檀树之下，宋司马桓魋（tuí）欲加害孔子，派人砍倒大树。孔子微服逃到郑国，又取道适陈。

60 岁 （公元前 492 年）秋，鲁国季康子派使召冉求。

63 岁　(公元前 489 年)吴伐陈,楚来救,陈国大乱。孔子去陈过蔡地。绝粮七日于陈、蔡之间。弟子饥馁皆病,孔子依然讲诵,弦歌不止。路上遇到长沮、桀溺、荷蓧丈人和楚狂接舆等隐士。孔子到负函见楚国贤大夫沈诸梁(叶公)。楚昭王欲重用孔子,使使奉币来聘,将以书社地七百里封孔子,由于楚令尹子西的阻拦,此议遂止,终不见用。

64 岁　(公元前 488 年)孔子自叶反陈,自陈反卫。

67 岁　(公元前 485 年)孔子在卫。孔子夫人亓官氏卒。

(五)晚年在鲁(前 484—前 479 年,68—73 岁,孔子在鲁整理古籍教书育人,凡 6 年)

68 岁　(公元前 484 年)冉求为季氏将左师,荐孔子于季氏。季康子以币迎孔子归鲁。至此,孔子结束了十四年的周游列国。虽然鲁哀公、季康子曾问政于孔子,终不能用孔子,孔子亦不求仕,乃专力从事著述和讲学,直到逝世。删《诗》《书》、定礼乐、修《春秋》。

70 岁　(公元前 482 年)孔子子孔鲤卒。孔鲤之子孔伋约于此年生。伋字子思,受学于曾子。子思及其门人作《中庸》,后世称之为"述圣"。孟子是子思再传弟子。

71 岁　(公元前 481 年)颜回卒,享年 41 岁,孔子哭之恸。六月,齐国的陈恒(又叫田成子)弑其君齐简公。宰予死于此次齐乱。孔子请鲁哀公及"三桓"讨之,鲁君臣不从。是年,鲁西狩获麟,孔子感叹:"吾道穷矣!"至此绝笔,停修《春秋》。

72 岁　(公元前 480 年)冬,卫有政变。子路死于卫乱。孔子悲伤不已。

73 岁　(公元前 479 年 3 月 4 日)孔子寝疾七日而殁。众弟子为之守墓三年。子贡不忍离去,又独自结庐于墓旁三年。

附录二：

《论语》人物小传

A

【哀公】 即"鲁哀公"。

【奡(ào)】 上古传说中的大力士。《左传》作"浇"，又作"敖"。夏朝后羿之相寒浞(zhuó)之子，力大无穷。《论语·宪问》："羿善射，奡荡舟。"三国·魏·何晏《论语集解》引孔安国曰："羿，有穷国之君，篡夏后相之位。其臣寒促杀之，因其室而生奡。奡多力，能陆地行舟，为夏后少康所杀。此二子者，皆不得以寿终焉。"（奡：14.5。）

B

【比干】 又称王子比干、干叔。商代贵族。商纣王的叔父（一说纣王庶兄），官至少师。史称纣王淫乱，比干因屡次犯颜直谏，被纣王剖心而死。此即《论语·微子》所载的"比干谏而死"。参阅《史记·殷本纪》《史记·宋微子世家》。比干是孔子称赞的"殷有三仁"（微子、箕子与比干）之一。（比干：18.1。）

【佛肸(bì xī)】 亦作佛肹、茀肹。春秋末年晋国大夫范氏、中行氏的家臣，为中牟（今属河北）宰。鲁哀公五年（前490），晋国正卿赵简子攻打范中行，包围中牟，佛肸据中牟抵抗赵氏，曾召孔子往。当时孔子正在周游列国途中。一说佛肸为赵简子的邑宰，据中牟而叛赵氏。见三国·魏·何晏《论语集解》、南宋·朱熹《四书集注》。（佛肸：17.7。）

【卞庄子】 一作管庄子、弁庄子。《汉书》避汉明帝刘庄讳，改"庄"为"严"，称卞严子。春秋时鲁国卞邑大夫。卞邑（今山东泗水县东）人。周曹叔振铎之支庶，食邑于卞，谥"庄"。著名的勇士。传说卞庄子曾以智勇刺双虎。"齐人欲伐鲁，忌卞庄子，不敢过卞"（《荀子·大略》）。《韩诗外传》卷十载其母在时三战三北，"交游非之，国君辱之。卞庄子受命，颜色不变"。其母死后三年，鲁起兵出征，他连获三甲首，并以"节士不以辱生"之志，"杀七十人而死"（《新序·义勇》记"杀十人而死"）。孔子说"卞庄子之勇"是"成人"标准之一。（卞庄子：14.12。）

【播鼗武】 古乐官，其名为武。生卒年不详。奏乐时负责摇鼗(táo)鼓。鼗为长柄的摇鼓，即"拨浪鼓"。《论语·微子》："播鼗武入于汉。"三国·魏·何晏《论语集解》引孔安国曰："播，摇也。武，名也。"北宋·邢昺《注疏》："播，摇也。鼗如鼓而小，有两耳，持其柄摇之，旁耳还自击。摇鼗鼓者名武，入居于汉中也。"（播鼗武：18.9。）

【伯达】 "八士"之一。相传为周代贤人。生卒年及生平不详。《论语·微子》："周有八士。"三国·魏·何晏《论语集解》引包咸曰："周时四乳生八子，皆为显士，故记之耳。"南宋·朱熹《四书集注》："或曰'成王时人'，或曰'宣王时人'。盖一母四乳而生八子也，然不可考矣。"（伯达：18.11。）

【伯牛】　即"冉耕"。

【伯氏】　名偃，春秋时齐国大夫。生卒年不详。采地骈邑。管仲相齐时，削夺伯氏之地，伯氏自知其罪，而心服管仲之功，终身无怨言。《论语·宪问》："问管仲。曰：'人也。夺伯氏骈邑三百，饭疏食，没齿无怨言。'"三国·魏·何晏《论语集解》引孔安国曰："伯氏，齐大夫。"南朝·梁·皇侃《论语集解义疏》："伯氏名偃，大夫。骈邑者，伯氏所食采邑也。时伯氏有罪，管仲相齐，削夺伯氏之地三百家也。"程树德《论语集释》："伯氏名偃，未知出何书。六朝时古籍尚多，必有所据，今不可考矣。"（伯氏：14.9。）

【伯适】　"八士"之一。相传为周代贤人。生卒年及生平不详。参见"伯达"。（伯适：18.11。）

【伯夷】　姓墨，名允，字公信。夷是谥号。墨胎氏。生卒年不详。商末孤竹君之长子。《论语·公冶长》："伯夷叔齐不念旧恶，怨是用希。"三国·魏·何晏《论语集解》引孔安国曰："伯夷、叔齐，孤竹君之二子。孤竹，国名。"北宋·邢昺《注疏》引《春秋少阳篇》："伯夷姓墨，名允，字公信。伯，长也。夷，谥。叔齐名智，字公达，伯夷之弟。齐亦谥也。"孤竹国是商代小国，在今河北省卢龙县东南。相传孤竹君遗命要立次子叔齐为继承人。叔齐让位给其兄伯夷。伯夷不受，叔齐也不愿登位。后兄弟二人闻周文王善养老，先后投奔到周国。周武王伐纣时，二人叩马谏阻，以为不忠不孝。及殷商灭亡，他们耻食周粟，采薇而食，饿死于首阳山。事见《吕氏春秋·诚廉》《史记·伯夷列传》。古人把伯夷、叔齐兄弟二人当作抱节守志的典范，《论语·微子》把两人列为节行超逸的古代"逸民"。在《论语》中，孔子多次称赞伯夷、叔齐。（伯夷：5.23；7.15；16.12；18.8。）

【伯鱼】　即"孔鲤"。

【卜商】　（前507—　？）孔子弟子。姓卜，名商，字子夏。春秋末晋国温（今河南温县西南）人，或说魏人，或说卫人。比孔子小44岁。子夏出身贫苦。为孔门高足，才思敏捷，长于文学，列孔门文学科。曾任鲁国的莒父宰，又事卫灵公。子夏的许多主张得到了孔子的赏识。其"学而优则仕"等说法，对后世产生了巨大影响。孔子殁后，子夏自立门户，讲学于魏国西河（济水、黄河间），魏文侯师事之。田子方、段干木、吴起等皆为其门人。子夏晚年丧子，双目失明，离群索居。在儒家经艺传授上，子夏是重要人物。相传《诗》《书》《礼》《春秋》等大部分经典皆赖其得以流传。《论语》中共有20章提及卜商。（商：3.8；11.16；12.5。子夏：1.7；2.8；3.8；6.13；11.3；12.5、12.22；13.17；19.3—13。）

C

【柴】 即"高柴"。

【长沮(jù)】 春秋时隐士。孔子在周游列国途中,"使子路问津"。正在一起耕田的长沮与桀溺对子路说了一番话,讽刺孔子恢复周礼的努力是徒劳的。长沮、桀溺多半不是真名。《论语·微子》:"长沮、桀溺耦而耕。"清·刘宝楠《论语正义》引金履祥《集注考证》:"长沮、桀溺名皆从水,子路问津,一时何自识其姓名?谅以其物色名之。如荷蒉、晨门、荷蓧丈人之类。盖二人耦耕于田,其一人长而沮洳,一人桀然高大而涂足,因以名之。"两人在水边耕作,因而称"沮"(沮洳,低湿之地),称"溺"(身浸水中);两人都身形壮硕,因而称"长"(高大),称"桀"(魁梧,也作"傑"或"杰")。其真正姓名在当时可能没有记下来,后世已无从考证。(长沮:18.6。)

长沮桀溺 不知何许人

【陈成子】 即陈恒。一作陈常,谥成。春秋时齐国大夫。"陈"又写作"田",陈成子亦称田成子、田常。("陈""田"古音相近,字通。《史记》因避汉文帝刘恒讳,改"田恒"为"田常"。)生卒年不详。陈釐子(一作僖子)之子。是齐国田氏家族的首领之一。齐简公时,与阚止(字子我)任齐左右相。承其祖先争取民心之法,以大斗出贷粮食,小斗收进。鲁哀公十四年(前481),攻杀阚止与齐简公,立简公弟骜为齐平公。自任执政,独揽齐国大权,尽杀公族中的强者。不断巩固田氏家族势力,致使陈成子的封邑大于齐平公能管辖的地区。陈成子因惧怕诸侯兴兵诛己,主动与诸侯通好,尽归鲁、卫侵地。此后齐国由陈氏专权。"田常乃选齐国中女子长七尺以上为后宫,后宫以百数,而使宾客舍人出入后宫者不禁。及田常卒,有七十余男。"(《史记·田敬仲完世家》)陈成子弑齐简公时,孔子曾请求鲁国出兵讨伐,未果。(陈成子:14.21。陈恒:14.21。)

【陈恒】 即"陈成子"。

【陈亢】 (前511— ?)孔子弟子。姓陈,名亢,字子亢,一字子禽。春秋末陈国人。比孔子小40岁。陈亢好学而多疑。《论语》中凡三见,记陈亢与子贡及孔鲤的对话。《史记·仲尼弟子列传》没有单独为陈亢作传,只在子贡传中附带提及。《孔子家语·弟子解》将其列为弟子。郑玄注《论语》和《礼记·檀弓》都说陈亢是孔子弟子。但后世学者多有怀疑陈亢非七十子中人者。清·崔述《洙泗考信余录》卷三:"若陈亢,乃尊子贡而轻视孔子者。《孟》所谓'中心悦而诚服'者,必不如是。且《论语》中,亢凡两问子贡,一问伯鱼,而绝未尝一问孔子。《论语》中,门人未有相称以'子'者。而亢称伯鱼、子贡皆以'子',则亢乃子贡、伯鱼之后辈,非孔子弟子也。明矣。"陈亢的孔子弟子的身份,确实可疑。(子禽:1.10。陈亢:16.13。陈子禽:19.25。)

先賢陳子

【陈子禽】 即"陈亢"。

【晨门】 春秋鲁城外门的守门人。生卒年不详。可能是一位隐于市井的贤者。《论语·

宪问》:"子路宿于石门。晨门曰:'奚自?'子路曰:'自孔氏。'"三国·魏·何晏《论语集解》:"晨门者,阍人也。"北宋·邢昺《注疏》:"晨门,掌晨昏开闭门者,谓阍人也。"南宋·朱熹《四书集注》:"石门,地名。晨门,掌晨启门,盖贤人隐于抱关者也。"(晨门:14.38。)

【陈司败】 春秋时人。生卒年及生平不详。陈司败曾向孔子问鲁昭公是否知礼,孔子为尊者讳,答曰"知礼"。陈司败因此认为孔子有偏袒之心。三国·魏·何晏《论语集解》引孔安国曰:"司败,官名,陈大夫。"《经典释文》引郑玄注:"司败,人名,齐大夫。"南宋·朱熹《四书集注》:"陈,国名。司败,官名,即司寇也。"程树德《论语集释》:"司败或以为人名,或以为官名,或以为齐人,或以为陈人。《集注》从孔不从郑是也。主齐人说者,以为陈是时已灭于楚,虽复封之,夷于九县,所谓'陈蔡不羹'也,安能自通上国为楚所使?余考孔子于定公十四年自郑至陈,居三岁,复于哀二年自卫如陈,皆在陈侯稠时,屡主司城贞子家。司败之问,盖孔子在陈时也。司败之官惟陈楚有之,其为陈人无疑。"(陈司败:7.31。)

【陈文子】 春秋时齐国大夫。名须无,谥文。陈厉公之少子陈完(田完)的曾孙。《论语·公冶长》记载,齐国大夫崔杼弑杀齐庄公,陈文子弃其马十乘离齐。然而他对所到之国的国政也同样不满,又两度离去。杨伯峻《论语译注》:"可是《左传》没有记载他离开的事,却记载了他以后在齐国的行为很多,可能是一度离开,终于回到本国了。"(陈文子:5.19。)

【赤】 即"公西赤"。

【赐】 即"端木赐"。

【崔子】 即崔杼(zhù)(? —前546)春秋时齐国大夫。谥武子。齐灵公二十八年(前554),他乘齐灵公有病,迎废太子光即位(即齐庄公)。因庄公与其妻棠姜私通,崔杼欲袭庄公。《左传·襄公二十五年》记载,齐庄公六年(前548)五月,崔杼称疾不视事。乙亥日,庄公探望崔杼,又与崔妻棠姜幽会。崔杼携妻从侧门出。庄公被围,不得已逾墙而逃,却被射中大腿,坠于墙里,被杀。崔杼另立杵臼为君(即齐景公),自任右相。齐太史及弟三人三次记"崔杼弑其君"于史书,均被杀。后太史弟再书,终因不能屈而罢。后崔氏诸子内乱,左相庆封乘机攻灭崔氏,崔杼自缢而死,尸体为景公戮曝。孔子评"崔子弑齐君"之时的齐国大夫陈文子"清",但没有达到"仁"。(崔子:5.19。)

D

【达巷党人】 春秋时人。与孔子同时,生卒年不详。《论语·子罕》:"达巷党人曰:'大哉孔子! 博学而无所成名。'"南宋·朱熹《四书集注》:"达巷,党名。其人姓名不传。"一说达巷党人是七岁而为孔子师的项橐。《史记·孔子世家》作"达巷党人(童子)"。《汉书·董仲舒传》:"臣闻良玉不瑑,资质润美,不待刻瑑,此亡异于达巷党人不学而自知也。"唐·颜师古注引孟康曰:"人,项橐也。"项橐是古代传说中的神童。《战国策·秦策五》:"甘罗曰:'夫项橐生七岁而为孔子师,今臣生十二岁于兹矣! 君其试焉,奚以遽言叱也?'"钱穆《项橐考》:"孔子必有所称赏之,于是后人遂有项橐七岁为孔子师之说。"达巷其地在何处,也已无可考。何晏《集解》引郑玄曰:"达巷者,党名也,五百家为党,此党之人美孔子博学道艺,不成一名而已。"刘宝楠《正义》:"《一统志》:达巷,在滋阳县西北五里,相传即达巷党人所居。滋阳,今属兖州府。此出方志附会,未敢信也。《礼记·曾子问》,子曰:'昔者吾从老聃助葬于巷党。'其地当在王畿。翟氏灏《考异》,疑即此巷党,亦未必然。"(达巷党人:9.2。)

【大夫僎(zhuàn)】 春秋时卫国大夫。生卒年不详。曾是卫国大夫公叔文子的家臣。《论语·宪问》:"公叔文子之臣大夫僎与文子同升诸公。"三国·魏·何晏《论语集解》引孔安国曰:"大夫僎本文子家臣,荐之使与己并为大夫,同升在公朝。"《后汉书·吴良传》:"私慕公叔同升之义,惧于臧文窃位之罪。"唐·李贤注:"公叔文子,卫大夫公孙拔之谥也。文子家臣名僎,操行与文子同,文子乃升进之于公,与之同为大夫。"一说《论语》此章中的"臣大夫"是一个词,"家大夫"之意,"升诸公"为家臣升大夫。清·毛奇龄《四书剩言》:"臣大夫,即家大夫也。其曰同升诸公,则家臣升大夫之书法耳。《左传》:'子伯季氏初为孔氏臣(即孔悝家臣也),新登于公。'"(大夫僎:14.18。)

【点】 即"曾点"。

【定公】 即"鲁定公"。

【端木赐】 (前520— ?)孔子弟子。复姓端木,名赐,字子贡,也作子赣,亦称卫赐。春秋末卫国人。比孔子小31岁。在孔门弟子中,子贡在外交、经商上最有能力,成就非凡,名气也最大。子贡聪明敏捷,闻一知二,能言善辩,以口才著称,列于孔门言语科。子贡是善于游说的外交家。历仕鲁、卫期间,出使各国与诸侯分庭抗礼。齐侵鲁之时,孔子曾命子贡出使救鲁。子贡于齐、吴、越、晋诸国之间游说,制衡各方,劝齐国田常舍鲁伐吴,促吴国伐齐救鲁,结果"子贡一出,存鲁,乱齐,破吴,强晋而霸越"。(《史记·仲尼弟子列传》)子贡又很有经济头脑,料事多中,善于货殖,以致家累千金,成为一代富商。孔子非常器重子贡,在《论语》中曾多次赞扬他。孔子去世后,子贡独自庐墓六年,师生之情胜于父子。子贡颂扬孔子最为卖力,孔门中无人能及。有人曾赞扬子贡比孔子还高明,为维护孔子声望,他坚决予以否定。子贡晚年居齐,直至终老。《论语》记孔子与诸弟子答问之语,以子贡最多,共有38章提及子贡,次数仅次于子路。(赐:1.15;3.17;5.4、5.9、5.12;6.8;11.19;14.29;15.3;17.24;19.23。子贡:1.10、1.15;2.13;3.17;5.4、5.9、5.12—13、5.15;6.30;7.15;9.6、9.13;11.3、11.13、11.16;12.7—8、12.23;13.20、13.24;14.17、14.28—29、14.35;15.10、15.24;17.19、17.24;19.20—25。)

先賢端木子

F

【樊迟】 即"樊须"。

【樊须】 (前515— ?)孔子弟子。姓樊,名须,字子迟,通称樊迟。春秋末鲁国人,一说齐国人。比孔子小36岁,一说小46岁。樊须好学广问,从道德文章到生产劳动无所不问,尤善追问,直至通达。《论语》

先賢樊子

记其三问"仁"、两问"知"、一问"孝"、一问"崇德、修慝、辨惑",但请学稼、学圃时,被孔子斥责为"小人"。樊须少仕于鲁季氏。《左传·哀公十一年》记载樊须曾协助冉求打败侵鲁的齐军,在历史上留下了他少年勇武的形象。《论语》中共有6章提及樊须。(樊须:13.4。樊迟:2.5;6.22;12.21—22;13.4、13.19。)

【宓子贱】 (前521或前502— ?)孔子弟子。姓宓(fú,今又读 mì),名不齐,字子贱。春秋末鲁国人。比孔子小30岁,或说少49岁。以德行著称。孔子曾赞宓不齐为"君子"。他治理单父,能仁民、举贤,提倡孝悌,常以贤者为师。《吕氏春秋》等古书记载了宓不齐为单父宰时鸣琴而治的政绩。宓不齐向孔子述职后,孔子肯定了他的政治能力。《韩非子·难言》记载宓不齐"不斗而死人手"(与世无争却被人害死),其事不详。《汉书·艺文志》儒家类著录《宓子》十六篇,久佚。清·马国翰辑有《宓子》一卷(《玉函山房辑佚书》)。(子贱:5.3。)

<h2 style="text-align:center">G</h2>

【高柴】 (前521或前511— ?)孔子弟子。姓高,名柴,字子羔。春秋末齐国人,一说是卫国人。比孔子小30岁。高柴身躯矮小,相貌丑陋。孔子评其为"愚"(才智不足),但又认为高柴适应能力不弱,会随机应变。子路曾举其为费邑宰,当时孔子并不赞同。在随孔子周游列国期间,子路任卫国蒲邑宰,高柴为卫之"士师"(刑狱官),执法公正。鲁哀公十五年(前480),卫国内乱。子路不听高柴劝阻,遇害身亡。高柴到鲁国继续从政,先后任武城宰、成邑宰。这些都表明高柴是一个处事灵活,富有经验的从政者。(柴:11.18。子羔:11.25。)

先贤高子

【高宗】 即殷高宗武丁。商代国王。传说名昭,为盘庚弟小乙之子。武丁为庙号。后世尊称作高宗。传少时居于民间,知"稼穑之艰难"。继小乙即位。即位后沉默三年,观察国情。选拔原为刑徒的傅说执政,并重用甘盘,勤于理政。武丁向四方连年用兵,进行大规模征伐,征服了从商朝西北直到南方的广大地区,将商王朝推向极盛,被称作"中兴之王"。武丁在位59年(前1250—前1192),死后,由其子祖庚继承王位。参阅《史记·殷本纪》。(高宗:14.40)

【皋陶(yáo)】 一作"咎繇"。传说中远古时人。偃姓。被虞舜任命为掌管刑政司法之士。《书·舜典》记舜曰:"皋陶,蛮夷猾夏,寇贼奸宄,汝作士。'"曾献谋于舜前,见《书·皋陶谟》。因佐禹平水土有功,禹欲让位于皋陶,早死,未果。春秋时英(即英氏,今安徽金寨东南)、六(即今安徽六安东北)之君即其后裔。见《史记·夏本纪》。《大戴礼记·五帝德》记孔子对皋陶的品评:"皋陶作士,忠信疏通,知民之情。"(皋陶:12.22。)

【公伯寮】 孔子弟子。姓公伯,名寮,又作缭(《史记·仲尼弟子列传》),又作辽或僚(《史记索隐》),字子周。春秋末鲁国人。生卒年不详。公伯寮曾与同门子路同为季孙氏家臣,却向季孙氏谗害子路。鲁大夫子服景伯欲杀之,被孔子制止。《史记》共列孔子弟子77人,公

公伯僚字子周鲁人

伯寮名列第24。而《孔子家语》未列其名。唐宋诸儒以为公伯寮为谗愬之人,非弟子之流。更有程敏政等明儒指公伯寮为圣门蟊螣,奏请朝廷罢其祀。因此,公伯寮在明嘉靖九年被赶出孔庙。清·朱彝尊《孔子弟子考》:"然《论语》圣门六十人,所记公是公非,有过未尝少隐。即宰我、冉有、陈亢过皆不免,似未可以一眚而尽掩其生平也。"(公伯寮:14.36。)

【公绰】 即"孟公绰"。

【公明贾】 春秋时卫国人。姓公明,名贾。生卒年及生平不详。南宋·朱熹《四书集注》:"公明姓,贾名,亦卫人。"清·洪颐煊《读书丛录》推测公明贾即为《礼记·杂记》中的公羊贾。《论语》记他曾对孔子夸赞卫国大夫公叔文子。(公明贾:14.13。)

【公山弗扰】 可能是公山不狃(唯陈天祥《四书辨疑》认为公山弗扰非即公山不狃)。春秋末鲁国执政大夫季氏的家臣,费邑宰。公山氏,字子洩。《左传·定公五年》:季桓子巡视东野,至费邑,"子洩为费宰,逆劳于郊,桓子敬之。""定公八年,公山不狃不得意于季氏"(《史记·孔子世家》),于是内结阳虎,将在蒲圃设享礼招待季氏而杀之。桓子知其谋,以计得脱。鲁定公十二年(前498)孔子和鲁定公发动"堕三都"战争,将堕费邑,公山不狃率费邑的兵力先发制人袭击鲁国都曲阜。孔子时为鲁司寇,命人打败费人,公山不狃逃亡齐国,遂费邑被堕。参阅《左传》定公五年、八年、十二年及哀公八年。《论语·阳货》所载"公山弗扰以费畔,召,子欲往"之事,不见于《左传》,故后世多有怀疑者。清代学者崔述、赵翼都疑心《论语》所记不可信,因为此时孔子为鲁国司寇,公山不狃不会召孔子,即便有召,孔子也不会"欲往"(清·崔述《洙泗考信录》、清·赵翼《陔余丛考》)。清·刘宝楠《论语正义》则认为赵、崔不该信《左传》而疑《论语》。今人钱穆也认为"因其时不狃反迹未著","故孔子闻召,偶动其欲往之心"(《孔子传》)。此事当在公山不狃对季氏的叛迹未著之时(匡亚明《孔子评传》)。(公山弗扰:17.5。公山氏:17.5。)

【公山氏】 即"公山弗扰"。

【公叔文子】 春秋时卫国大夫。即公叔拔(亦作公叔发),卫献公之孙,卫灵公之大臣。谥曰贞惠文子。生卒年不详。《论语·宪问》"子问公叔文子于公明贾曰:'信乎夫子不言、不笑、不取乎?'"三国·魏·何晏《论语集解》引孔安国曰:"公叔文子,卫大夫公孙拔。文,谥。"南宋·朱熹《四书集注》:"公叔文子,卫大夫公孙拔也。公明姓,贾名,亦卫人。文子为人,其详不可知,然必廉静之士,故当时以三者称之。"公叔文子富有,事迹参阅《左传》定公六年、十三年。《礼记》记载了卫灵公赐公叔文子谥号之事。《礼记·檀弓下》:"公叔文子卒,其子戍(公叔戍)请谥于君,曰:'日月有时,将葬矣。请所以易其名者。'君曰:'昔者卫国凶饥,夫子为粥与国之饿者,是不亦"惠"乎?昔者卫国有难,夫子以其死卫寡人,不亦"贞"乎?夫子听卫之政,修其班制,以与四邻交,卫国之社稷不辱,不亦"文"乎?故谓夫子"贞惠文子"。'"公叔文子为人廉静寡欲,不苟言笑。能荐贤,曾推荐自己的家臣大夫僎"同升诸公",得到孔子的赞扬。(公叔文子:14.13。文子:14.18。)

【公孙朝】 春秋时卫国大夫。生卒年不详。《论语·子张》："卫公孙朝问于子贡曰。"三国·魏·何晏《论语集解》引马融曰："公孙朝,卫大夫也。"清·翟灏《四书考异》："春秋时,鲁有成大夫公孙朝,见昭二十六年《传》；楚有武城尹公孙朝,见哀十七年《传》；郑子产有弟曰公孙朝,见《列子》。记者故系'卫'以别之。"公孙朝曾向子贡问"仲尼焉学"。(公孙朝:19.22。)

先賢公西子

【公西赤】 (前509— ？)孔子弟子。复姓公西,名赤,字子华,通称公西华。春秋末鲁国人。比孔子小42岁。公西赤生活较优裕。从学于孔子后,有志于从事相礼活动,长于祭祀之仪、宾客之礼。孔子曾用其熟习礼仪的长处,派遣公西赤到齐国活动。《礼记·檀弓上》记载公西赤为孔子设计了葬礼,并撰写墓志铭。《论语》中共有5章提及公西赤。(赤:5.8；6.4；11.22、11.26。子华:6.4。公西华:7.34；11.22、11.26。)

【公西华】 即"公西赤"。

【公冶长】 孔子弟子。复姓公冶,名长,又作苌(《史记索隐》引《孔子家语》)。字子长,又作子芝或子之。春秋末齐国人(一说鲁国人)。生卒年不详。为人能忍耻。不知何故,公冶长曾蒙冤入狱。孔子认为他清白无辜,招其为女婿。可能因为公冶长深谙鸟类习性,后世传说他通鸟语(见南朝·梁·皇侃《论语集解义疏》卷三及清·马骕《绎史》卷九十五引《留青日札》)。(公冶长:5.1。)

先賢公冶子

【公子荆】 春秋时卫国大夫。卫献公之子,字南楚。生卒年不详。清·刘宝楠《论语正义》："云'卫公子荆',金氏文淳《蛾术篇》谓鲁亦有公子荆,哀公庶子。见《左》哀二十五年《传》。故《论语》特加'卫'以别白之。是也。"吴季札适卫,曾赞叹"卫多君子",把他与蘧瑗、史鳅等并列为卫国的君子。参阅《左传·襄公二十九年》。《孔子家语》有"荆公子",可能就是公子荆。《孔子家语·六本》："荆公子行年十五而摄荆相事,孔子闻之,使人往观其为政焉。使者反,曰:'视其朝清静而少事,其堂上有五老焉,其廊下有二十壮士焉。'孔子曰:'合二十五人之智以治天下,其固免矣,况荆乎？'"孔子曾赞卫公子荆"善居室"。(公子荆:13.8。)

【公子纠】 (？—前685)春秋时齐国公子。亦称子纠。齐僖公之子,齐襄公之弟。齐襄公言行无常,杀诛不当,公子纠由管仲和召忽侍奉逃往鲁国。其庶弟公子小白逃往莒国。后公孙无知杀齐襄公,无知又为人袭杀,齐国无君。小白先入齐国,高傒立之为君,是为齐桓公。齐桓公兴兵伐鲁,逼迫鲁人杀公子纠。事见《左传》庄公八年、九年。《论语·宪问》中有两处提及"桓公杀公子纠"之事。(公子纠:14.16—17。)

【鼓方叔】 古乐官,其名为方叔。生卒年不详。奏乐时负责击鼓。《论语·微子》："鼓方叔入于河。"三国·魏·何晏《论语集解》引包咸曰："鼓,击鼓者。方叔,名。入,谓居其河内。"(鼓方叔:18.9。)

【管氏】 即"管仲"。

【管仲】（? —前 645）春秋初期齐国政治家。名夷吾,字仲,谥敬。又称"管敬仲"。姬姓之后。齐颍上（颍水之滨）人。少贫,与鲍叔牙为友。齐襄公无道,群弟恐祸及,公子纠（齐桓公之兄）奔鲁,管仲和召忽为其傅;公子小白（即齐桓公）奔莒,鲍叔牙为其傅。襄公被杀,二公子争先回国继承君位。鲁发兵送公子纠,并使管仲截公子小白归路。小白被管仲射中带钩而未伤。鲁军以为小白已死,行动迟缓,小白先到即位,是为齐桓公。齐军战胜鲁军,鲁国被迫处决公子纠,召忽自杀,管仲被囚。后由鲍叔牙推荐,齐桓公不念前仇,于鲁庄公九年（前 685）任之为卿,以谷（今山东东阿东南）为采邑,尊为"仲父"。鲁僖公九年（前 651）,助桓公召集诸侯于葵丘（今河南考城东）,订立盟约,遂使齐国威大振。管仲主执齐政凡四十年,因势制宜,对齐国的政治、经济及军事实行了重大改革。在齐国国力增强的基础上,管仲积极促使齐桓公采取尊王攘夷的方针,以建立霸权。所谓"尊王",即尊崇周王的权力,维护周天子下的宗法制度。所谓"攘夷",是对侵占华夏地区的戎、狄进行抵御。管仲辅佐齐桓公,九合诸侯,成为春秋第一个霸主。今本《管子》虽然主要是战国中期齐国法家托名管仲写的,但存有其遗说。管仲的事迹见于《左传》《国语·齐语》及《史记·管晏列传》。孔子对管仲的才、仁、礼、俭、器等方面都有述评,在肯定了管仲的功业和才干的同时,又认为管仲"器小",不知礼和俭。（管仲:3.22;14.9;14.16—17。管氏:3.22。）

H

【荷篠(diào)丈人】 春秋时隐士。姓名不详。生卒年及生平不详。《论语》记载其与子路相遇时,正"以杖荷篠",即用木杖担着"篠"（除田中草的竹器）,故称"荷篠丈人"。《论语·微子》:"子路从而后,遇丈人以杖荷篠。"三国·魏·何晏《论语集解》引包咸曰:"丈人,老人也。篠,竹器。"南宋·朱熹《四书集注》:"丈人亦隐者。"荷篠丈人热情地招待过独行的子路,还以"四体不勤,五谷不分"之语讥讽过孔子。（荷篠丈人:18.7。）

【荷蒉(kuì)而过孔氏之门者】 春秋时隐士。姓名不详。生卒年及生平不详。一个身背草筐的人,曾在卫国孔子寓所门前评论孔子击磬。《太平御览》卷五百七十六引《论语》注:"子击磬者,乐也。蒉,草器也。荷此器,贤人避世也。"南宋·朱熹《四书集注》:"荷,担也。蒉,草器也。此荷蒉者亦隐士也。"（荷蒉而过孔氏之门者:14.39。）

【互乡难与言童子】 互乡为风俗鄙陋之乡,不详其所在。《论语·述而》:"互乡难与言。"三国·魏·何晏《论语集解》引郑玄曰:"互乡,乡名也。其乡人言语自专,不达时宜。"孔子曾经接见了一个来自互乡的童子,意在鼓励他进步。（互乡难与言童子:7.29。）

【桓公】 即"齐桓公"。

【桓魋(tuí)】 春秋时宋国大臣。为宋桓公后代,故称桓魋。官至司马,称桓司马。本向氏,向因成之曾孙,故又名向魋。生卒年不详。宋景公宠信桓魋,后来桓魋势力做大,为患于宋。宋景公讨伐之,桓魋逃亡。先逃到曹国,又逃到卫国。事见《左传》定公十年、十一年及哀公十一年、十四年。孔子周游列国,离曹过宋。桓魋欲杀孔子未遂。孔子微服离宋。《史记·孔子世家》:"孔子去曹适宋,与弟子习礼大树下。宋司马桓魋欲杀孔子,拔其树。孔子去。弟子曰:'可以速矣。'孔子曰:'天生德于予,桓魋其如予何?'"(桓魋:7.23。)

【回】 即"颜回"。

J

【箕子】 又称箕伯、箕仁。名胥余。生卒年不详。商朝贵族。商纣之诸父。一说为庶兄(见《史记·宋微子世家》司马贞《索隐》)。任太师。一说《书·微子》中的父师即指箕子。一说箕(今山西太谷东北)为其封国,故称箕子。因见纣王无道,屡谏不听。人劝其去,认为"为人臣谏不听而去,是彰君之恶而自说于民,吾不忍为也"(《史记·宋微子世家》),乃披发佯狂,降为奴隶,被纣王囚禁。此即《论语·微子》所载的"箕子为之奴"。至纣杀比干,遂隐而鼓琴以自悲,后人传其词为《箕子操》。周武王灭商后,释箕子。武王曾"问箕子殷所以亡",并"问以天道"(《史记·殷本纪》)。箕子乃作《洪范》以"天地之大法"对答武王关于天道之问(见《尚书·洪范》)。周武王"乃封箕子于朝鲜而不臣也"(《史记·宋微子世家》)。箕子是孔子称赞的"殷有三仁"(微子、箕子与比干)之一。(箕子:18.1。)

【棘子成】 春秋时卫国大夫。生卒年及生平不详。《论语·颜渊》:"棘子成曰。"三国·魏·何晏《论语集解》引郑玄曰:"旧说云:棘子成,卫大夫。"棘子成曾与子贡讨论过"文"与"质"的关系。(棘子成:12.8。)

【季騧(guā)】 "八士"之一。相传为周代贤人。生卒年及生平不详。参见:"伯达"。(季騧:18.11。)

【季桓子】 (? —前492)即季孙斯。春秋末鲁国执政上卿、"三桓"之一季氏("季"本是鲁公子友的字,他的后代就以"季"为氏)第七代,季平子之子。季孙氏,名斯。鲁定公五年(前505年),父季平子卒,季桓子得嗣位为鲁国执政。时公山不狃从阳虎为乱,他被囚,与阳虎订盟后方获释。定公八年,阳虎设宴欲除三桓,他于赴宴途中察觉有异,乃逃奔孟孙氏家。定公九年(前501),鲁起用孔子,季桓子与孔子密切合作,鲁国一度振兴。定公十二年(前498)季桓子在大司寇孔子的支持下,发动"堕三都"行动。季桓子与孟懿子帅师堕费。再堕郈,将堕成,受阻力而罢。据《史记·孔子世家》记载,鲁国振兴后,齐国惧怕,认为孔子为政必霸,乃选女乐八十人,并文马三十驷赠鲁定公,"季桓子微服往观再三,将受,乃语鲁君为周道游,往观终日,怠于政事"。《论语·微子》中亦有"齐人归女乐,季桓子受之,三日不朝,孔子行"之说。以后孔子失望,离鲁适卫,开始14年的周游列国。鲁哀公三年(前492)秋,季桓子病,乘车而见鲁城,懊悔未能用孔子而影响了鲁国振兴,遂叹曰:"昔此国几兴矣,以吾获罪于孔子,故不兴也。"嘱其子季康子:"我即死,若必相鲁;相鲁,必召仲尼"(《史记·孔子世家》)。(季桓子:18.4。季氏:13.2;18.3。)

【季康子】　（？—前468）即季孙肥。春秋末鲁国执政上卿，"三桓"之一季氏第八代，季桓子之庶子。季孙氏，名肥。仕于鲁哀公之世。哀公三年（前492），季桓子卒，康子继位。其父死前曾嘱康子召回孔子相鲁，后由于公之鱼阻拦，康子改变主意，派人召回孔子弟子冉求为其宰。鲁哀公十一年（前484）春，齐师伐鲁。他使冉有为季氏帅左师，与齐军战于鲁郊，克之。冉有趁机向季康子推荐孔子，季康子遂"以币迎孔子"（《史记·孔子世家》），得使孔子周游列国14年后重返鲁。哀公十二年（前483），季康子实行"田赋"。《论语》中多次记载孔子答季康子的问政之语。又曾问孔子弟子"孰为好学"，还曾"馈药"于孔子。但"终不能用孔子"（《史记·孔子世家》）。（季康子：2.20；6.8；11.7；12.17—19。季氏：11.17；16.1。）

【季路】　即"仲由"。

【季平子】　（？—前505年）春秋时鲁国执政上卿，"三桓"之一季氏第六代。季孙氏，名意如。季武子之孙。季悼子之子。鲁昭公、定公时期执政。自季武子"三分公室"，"四分公室"后，季孙氏掌鲁国政，鲁君失去军赋、军役，公室衰弱。季平子在鲁专权多年，曾伐莒，以人牺祭亳社。鲁昭公二十五年（前517），鲁昭公联合郈氏、东门氏等讨伐季孙氏，被困于宅，由于叔孙氏、孟孙氏援救，解围。季平子杀郈昭伯，逼鲁昭公逃亡。昭公奔齐、晋求助，季平子抗齐赂晋，使昭公居乾侯（今河北成安东南）。后因晋调停，乃遣晋使荀跞至乾侯迎昭公。定公继位后，季平子继续执政。《论语·八佾》载孔子批评季氏"八佾舞于庭"。据《左传·昭公二十五年》，鲁昭公谓"不忍"季氏之僭越，可能孔子批评的"季氏"即季平子。（季氏：3.1。）

【季随】　"八士"之一。相传为周代贤人。生卒年及生平不详。参见："伯达"。（季随：18.11。）

【季文子】　（？—前568）春秋时鲁国执政。季孙氏，字行父，谥文。鲁桓公少子季友之孙。历仕文公、宣公、成公、襄公四代鲁君。据《左传》记载，鲁文公于十八年（前609）卒，襄仲杀嫡立庶（宣公为文公妾所生），季文子为相而故纵之，且为之使齐纳赂。但又抓住宣公之短以夺其权。宣公患文子专权，欲去之。当时襄仲之子归父欲除去三桓，被他驱逐。鲁成公元年（前590）为防齐入侵，提出作丘甲（按"丘"为单位）征收军赋。次年齐侵鲁、卫，晋出师来救，他率师会战于鞍（今山东济南西北），得胜。成公六年，为夸耀战功而建武宫。成公十六年（前575），因叔孙宣伯潜于晋，一度被晋拘留。文子颇忠于公室，见鲁欲背晋事楚而挽之（成公四年），见晋欲将鲁地汶阳归齐而责之（成公八年）。季文子以节俭著称，连相四君，家无私积，无衣帛之妾，食粟之马，无藏金玉、重器备。鲁称社稷之臣，与孟献子齐名。但其生平利害之计太明，遇事常"三思而后行"，世故太深，谨慎太过，故孔子讥之。（季文子：5.20。）

【季子然】　人名，春秋时鲁国人。应当是季氏家族中一员。生卒年及生平不详。《论语·先进》："季子然问。"三国·魏·何晏《论语集解》引孔安国曰："季子然，季氏子弟。"《史记·仲尼弟子列传》作"季孙问曰"。（季子然：11.24。）

【稷】　姬姓,名弃。即周人的始祖后稷。传说姜嫄履巨人足迹而生子,曾三次将婴儿遗弃而不死,故得名为弃。稷自幼喜好农耕,尧举为农官,教民耕稼。舜封之于邰(tái,或作斄,今陕西省武功县西南)。曾助夏禹治水,播种百谷,勤作农事,终老山野。后世因以"稷"为主管农事之官号。后稷也被尊为五谷之神——稷神之一。(稷:14.5。)

【击磬襄】　古乐官,其名为襄。生卒年不详。奏乐时负责击磬。《论语·微子》:"少师阳,击磬襄入于海。"三国·魏·何晏《论语集解》引孔安国曰:"鲁哀公时,礼坏乐崩,乐人皆去。阳、襄皆名。"南宋·朱熹《四书集注》:"少师,乐官之佐。阳、襄,二人名。襄即孔子所从学琴者。海,海岛也。"击磬襄可能是春秋时善于鼓琴的乐官师襄。《孔子家语·辨乐解》:"孔子学琴于师襄子,襄子曰:'吾虽以击磬为官,然能于琴。'"(击磬襄:18.9。)

【简公】　即"齐简公"。

【接舆】　春秋末楚隐士,佯狂避世。相传其"漆身而为厉,被发而为狂"(《战国策·秦策》),故亦称楚狂接舆。《韩诗外传》卷二记楚狂接舆躬耕以食,不愿为仕。为拒楚王之聘。变易姓字,携妻逃亡。《论语》记载他曾唱歌讽刺孔子,却拒绝与孔子交谈。《论语·微子》:"楚狂接舆,歌而过孔子。"三国·魏·何晏《论语集解》引孔安国曰:"接舆,楚人。"一说接舆不是名字,因其与孔子的车相接而歌,故名。曹之升《四书摭余说》云:《论语》所记隐士皆以其事名之。门者谓之'晨门',杖者谓之'丈人',津者谓之'沮''溺',接孔子之舆者谓之'接舆',非名亦非字也。"一说姓陆名通,字接舆。晋·皇甫谧《高士传·陆通》:"陆通,字接舆,楚人也。好养性,躬耕以为食。楚昭王时,通见政令无常,乃佯狂不仕,故时人谓之'楚狂'。"(接舆:18.5。)

【桀溺】　春秋时隐士。与长沮并称。桀溺是绰号,真姓名无传。详"长沮"。(桀溺:18.6。)

【晋文公】　(前697或前671—前628)春秋时晋国国君。姬姓,名重耳。谥文。晋献公次子。在位9年(前636—前628)。为公子时,因献公欲立宠妾骊姬之子奚齐为嗣,杀太子申生,重耳被迫出奔在外十九年。献公死,数传至怀公圉。鲁僖公二十四年(前636),借秦穆公之力归晋即位。晋文公任用狐偃、赵衰诸贤,整顿内政,强军兴晋。二十五年,率兵平定周室王子叔带作乱,迎周襄王复位,以尊王为号召,树立威信。二十七年在被庐"大蒐以示之礼,作执秩以正其官"(《左传·僖公二十七年》)。二十八年,于城濮(今山东鄄城西南)大败楚、陈、蔡三国联军。旋会诸侯于践土(今河南荥阳东北),继齐桓公为诸侯盟主,成为春秋五霸之一。孔子曾评"晋文公谲而不正。"(晋文公:14.15。)

K

【孔鲤】 （前532—前482）春秋末鲁国人，孔子之子。名鲤，字伯鱼。母为亓官氏。孔鲤生孔伋（子思）。尝趋庭受《诗》《礼》之训。孔子70岁时，孔鲤死。《孔子家语·本姓解》："鱼之生也，鲁昭公以鲤鱼赐孔子。荣君之贶，故因以名曰鲤。"此事不见于他书，后人不免怀疑其真实性，做出种种猜测。张秉楠《孔子传》："此时孔子贫贱无闻，与鲁贵族还未发生关系，何缘受君之贶？故此说不可从。"钱穆《孔子传》："古者国君诸侯赐及其下，事有多端。或逢鲁君以捕鱼为娱，孔子以一士参预其役，例可得赐。而适逢孔鲤之生。不必谓孔子在二十岁前已出仕，故能获国君之赐。"（鲤：11.8；16.13。伯鱼：16.13；17.10。）

【孔文子】 即"孔圉"。

【孔圉(yǔ)】 （？—约前480）春秋时卫国大夫。名圉，亦称仲叔圉、孔文子。孔圉娶卫太子蒯聩的姐姐卫伯姬为妻，生子孔悝(kuī)。事卫灵公及卫出公为卿，执国政，掌外交，善于应对，有贤名。为人敏而好学，不耻下问，故得谥号为"文"。《论语·公冶长》："子贡问曰：'孔文子何以谓之"文"也？'"三国·魏·何晏《论语集解》引孔安国曰："孔文子，卫大夫孔圉。文，谥也。"据《左传·哀公十一年》记载：太叔疾娶宋国子朝之女。子朝逃亡。孔圉让太叔疾休妻，娶自己的女儿孔姞(jí)。因为太叔疾与前妻之妹通奸。孔圉欲攻太叔疾，问策于孔子。孔子以不懂军事推辞，并命驾归鲁。正好鲁国季康子派人来召孔子。虽然孔圉一再挽留，孔子还是结束了周游列国，回到鲁国。孔圉从太叔疾处抢回女儿。太叔疾又在外州与女通奸，外州人夺其车，太叔疾逃到宋国。孔圉又让太叔疾之弟太叔遗娶嫂孔姞为妻。孔子曾评孔圉"敏而好学，不耻下问"。（孔文子：5.15。仲叔圉：14.19。）

L

【牢】 人名。一说是孔子弟子子牢。《论语·子罕》："牢曰：'子云："吾不试，故艺。"'"三国·魏·何晏《论语集解》引郑玄曰："牢，弟子子牢也。"一说是孔子弟子琴牢。南宋·朱熹《四书集注》："牢，孔子弟子，姓琴，字子开，一字子张。"《史记·仲尼弟子列传》无子牢，也无琴牢或琴张。琴张亦见于《左传·昭公二十年》《孟子·尽心下》《庄子·大宗师》。《孔子家语·七十二弟子解》："琴牢，卫人，字子开，一字子张。与宗鲁友，闻宗鲁死，欲往吊焉。孔子弗许，曰：'非义也。'"清·王念孙《读书杂志》卷四之三引王引之认为琴牢为琴张之误，不是子牢，子牢、琴张非一人。史载不详，已不能确知为何人。（牢：9.7。）

【老彭】　人名。不能确知为何人。一说是商代贤臣。《论语·述而》："述而不作，信而好古，窃比于我老彭。"三国·魏·何晏《论语集解》引包咸曰："老彭，殷贤大夫，好述古事。"另《大戴礼记·虞戴德》记有孔子的话："昔商老彭及仲傀，政之教大夫，官之教士，技之教庶人，扬则抑，抑则扬，缀以德行，不任以言。"这个"商老彭"可能就是《论语》的"老彭"。一说老彭是彭祖。相传他善养生，历夏至商，活到八百高龄。因封于彭城，故称彭祖。南朝·梁·皇侃《论语集解义疏》："老彭，彭祖也。年八百岁，故曰老彭也。"一说老彭是老子和彭祖两个人。《经典释文》引郑玄注："老，老聃；彭，彭祖。"亦有说老彭不是古人，可能是孔子同时代之人，与孔子关系密切。杨伯峻《论语译注》："又有人说孔子说'我的老彭'，其人一定和孔子相当亲密，未必是古人。"（老彭：7.1。）

【鲤】　即"孔鲤"。

【林放】　姓林，名放，字子丘（《阙里文献考》）。春秋末鲁国人。生卒年不详。林放曾向孔子问礼之本，似乎是孔子弟子。但《史记·仲尼弟子列传》与《孔子家语·弟子解》均不列其名。唐·司马贞《史记索隐》所引汉·文翁《孔庙图》把林放列为孔子弟子。《孔庙图》一书今已不传，林放是不是孔子弟子，已不可考。（林放：3.4、3.6。）

【令尹子文】　即斗(dǒu)毂於菟(wū tú)。春秋时楚国令尹(楚国执政官，相当于宰相)。姓斗，名毂，字於菟。生卒年不详。斗伯比之子。《左传·宣公四年》记载，楚国大夫若敖娶郧(yún)国妻子，生了斗伯比。斗伯比和郧君之女私通，生子文，遂被遗弃于云梦泽中。母虎用奶水喂养子文。郧君狩猎时遇见，将其收养。楚人称"乳"为"毂"，称"虎"为"於菟"，因以为名。鲁庄公三十年(前664)秋，申公斗班杀令尹子元，由斗毂於菟继任令尹。执法不避亲贵，又捐家财，毁家以解楚难，楚遂治。先后率师灭弦(今河南息县西南)、灭黄(今河南潢川西北)、伐随(今湖北随州)，逼随附楚。又率师与宋作泓之战，楚战胜宋师，使宋襄公图霸失败。斗毂於菟相楚成王28年，国而忘家，公而忘私。史载其曾"三舍令尹"(《国语·楚语下》)，得官不喜，罢官不怒，忠于事君，勤于社稷，而家无一日之积。鲁僖公二十三年(前637)，因楚成得臣(字子玉)伐陈有功，斗毂於菟以令尹之位让之。孔子赞其"忠"。（令尹子文：5.19。）

【柳下惠】　即展禽。春秋时鲁国贤者。本姓展氏，名获，字禽，又字季。生卒年不详。"柳下"可能是其所居，故又称柳下惠。柳下惠是《论语·微子》所列七位节行超逸的古代"逸民"之一。《论语·卫灵公》："臧文仲其窃位者与？知柳下惠之贤，而不与立也。"南宋·朱熹《四书集注》："柳下惠，鲁大夫展获，字禽，食邑柳下，谥曰惠。""惠"是其妻倡议给他的私谥（《列女传·柳下惠妻》）。另清·刘宝楠《论语正义》引高诱《淮南子·说林训》注："柳下惠，鲁大夫，展无骇之子，名获，字禽。家有大柳树，行惠德，因号柳下惠。一曰柳下邑。"柳下惠在臧文仲执政时任士师(掌刑狱之官)。有海鸟名爰居，停留于鲁东门之外，臧文仲使国人祭祀，他认为不合祀典(《国语·鲁语上》)。公元前634年，齐攻鲁，他使人以尊先王"世世子孙无相害也"之命为辞进说齐孝公，使退兵(《左传·鲁僖公二十六

年》)。柳下惠以善于讲究贵族礼仪著称,有著名的"坐怀不乱"传说。相传他夜宿城门,遇一无家女子,恐其冻伤将其裹于怀中,竟宿而没有发生越礼行为(《荀子·大略》《诗·小雅·巷伯》毛传及元·胡炳文《纯正蒙求》)。柳下惠仕途不得意,却始终不肯离开鲁国,后来成为逸民。孔子赞柳下惠为贤者,并指责当时的重臣臧文仲"知柳下惠之贤而不与立"。(柳下惠:15.14、18.2、18.8。)

【鲁哀公】 (?—前468)春秋末战国初鲁国国君。姬姓,名将,一作蒋,谥哀。鲁定公之子。在位27年(前494—前468)。时鲁公室衰弱,三桓(季孙、叔孙、孟孙)势力超过公室,前537年三家四分公室,季氏独得二分,执掌政权。季桓子(季孙斯)、季康子(季孙肥)相继执政。十一年(前484)率兵随吴伐齐,于艾陵(今山东莱芜东)败齐军。十二年"用田赋"。十四年,鲁"西狩获麟",《春秋》记事到此年止。二十四年至越,季氏惧越助鲁公室,贿赂越太宰嚭离间之。次年自越返鲁。二十七年(前468),季康子卒后,哀公欲借越伐三桓,反为三桓起兵所迫,出奔至卫,后又到邹(《左传》作"邾"),遂奔越。次年,国人迎之回国,不久卒于有山氏家。其子宁立,是为鲁悼公。参阅《左传·哀公元年》至《左传·哀公二十七年》。鲁哀公曾多向孔子及其弟子宰我、有若请教。(哀公:2.19;3.21;6.3;12.9;14.21。)

【鲁大(tài)师】 鲁国的乐官之长。不知是何人。可能是"大师挚"或"师挚"。孔子曾对他谈演奏音乐的道理。详"大(tài)师挚"。(鲁大师:3.23。)

【鲁定公】 (?—前495)春秋末鲁国国君。姬姓,名宋,谥定。鲁襄公之庶子,昭公之弟,一说为昭公之子。在位16年(前510—前495)。由季平子(季孙意如)和季桓子(季孙斯)先后任卿。定公五年(前505)季平子卒,其家臣阳虎囚禁季桓子而专鲁政三年。定公八年(前502)阳虎欲去"三桓",谋杀季氏未遂,据阳关(今山东泰安东南)而叛。定公九年(前501)鲁伐阳虎,阳虎逃亡。孔子始出任中都宰。定公十年(前500),以孔子为大司寇。是年夏,齐与鲁媾和,鲁定公与齐景公会于夹谷(今山东莱芜南),孔子以大司寇身份为定公相礼,齐人欲乘机劫持定公,孔子以礼斥之,齐君敬惧,遂定盟约,并将侵占的郓讙、龟阴等地归还鲁国以谢过,鲁国遂取得外交上的胜利。定公十二年(前498),为削弱"三桓"以强公室,定公接受孔子"堕三都"的建议,遂堕叔氏的郈邑、季氏的费邑,但堕孟氏的成邑失败,便半途而废。鲁国治,齐国惧,欲败其政,选美女八十人,并文马三十驷赠鲁君,季桓子受之,定公与季桓子往观终日,怠于政事。孔子遂失望离鲁,开始了14年的周游列国。公元前495年,鲁定公卒,其子蒋立,是为鲁哀公。参阅《左传·定公元年》至《左传·定公十五年》。曾两次向孔子问政。(定公:3.19;13.15。)

【鲁公】 姬姓,字伯禽。又称鲁公、禽父、鲁公伯禽。西周初年人。周公旦之长子。周代诸侯鲁国第一代国君。周公东征平乱后,周成王将殷氏六族和奄国之地及奄民,分封给他,国号鲁。建都曲阜(今山东曲阜)。一说周武王灭商,封周公于曲阜,为鲁公。周公留佐武王,命伯禽就封。即位后曾率师至费(今山东费县北)誓师,攻淮夷、徐戎。其誓辞即《书·费誓》。(鲁公:18.10。)

【鲁昭公】 (前560—前510)春秋末鲁国国君。姬姓,名裯(chóu),又作稠、袑(shào)。

谥昭。鲁襄公之庶子。在位 32 年(前 541—前 510)。据《左传·襄公三十一年》载,昭公年十九犹有童心,居丧而有喜色,比及葬,三易丧服。即位时鲁国公室卑弱,鲁国政令实出于"三桓"(季孙氏、叔孙氏、孟孙氏三家大夫)。初由季武子(季孙宿)执政。昭公五年(前 537),废中军,四分公室,季氏取其二,叔孙氏、孟孙氏各取其一,三家各以征收所入之部分贡于昭公,公室再次被削弱。七年,季武子卒,其孙季平子(季孙意如)执政。昭公二十五年(前 517)因季、郈二氏之争,昭公伐季氏。季平子请迁沂上,弗许;请因于费,弗许;请以五乘亡,又不许。于是季孙氏、叔孙氏、孟孙氏三家联合共伐昭公。昭公战败,出奔齐国。次年春,齐攻鲁,他随齐军返居郓(今山东郓城)。夏,齐景公欲送他返鲁,因季氏贿赂齐景公宠臣梁丘据而未果。二十七年,晋、宋、卫、曹、滕等国在扈(今河南原阳西)相会,谋送其返鲁,因晋范献子受季氏贿赂反对而未果。次年,至晋求援,晋使居乾侯(今河北成安东南)以待,因晋六卿均为季氏所贿,仍不得返鲁。三十一年,晋召季平子,欲使同归鲁,亦因六卿阻止而罢。昭公流亡八年,终死于乾侯。是年,昭公之子(一说其弟)宋立,是为鲁定公。《论语·述而》载陈司败曾就鲁昭公娶同姓女的违礼行为询问孔子。孔子为尊者讳的做法遭到陈司败的质疑。(昭公:7.31。)

M

【孟公绰】 春秋末鲁国大夫。孟氏支族,生当鲁襄公、昭公之世。为孔子所尊敬之人,"孔子之所严事,于鲁孟公绰"(《史记·仲尼弟子列传》)。《左传·鲁襄公二十五年》记载,是年(前 548)春,齐崔杼为报鲁伐齐(前 550 年鲁使孟孝伯为晋伐齐)而帅师伐鲁北鄙,襄公派人报告晋国。孟公绰预言崔杼将有大志,这次来不会危害鲁国,一定很快撤回。果如其言,齐师空回,公绰似有先见之明。他为人清廉寡欲,孔子认为"公绰之不欲"乃为"成人"的一个标准。但他似乎才能有限,孔子认为他能很好地胜任大国诸卿的家臣之长,而不能胜任小国的大夫。(孟公绰:14.11。公绰:14.12。)

【孟敬子】 即仲孙捷。春秋末战国初鲁国人。名捷,谥敬。鲁"三桓"之一孟氏第十代,孟武伯之子。仕于鲁哀公、鲁悼公之世。《礼记·檀弓下》记"三桓"居君丧非礼。鲁悼公之丧,季昭子问孟敬子:"为君何食?"敬子曰:"食粥,天下之达礼。吾三臣者之不能居公室也,四方莫不闻矣。勉而为瘠,则吾能;毋乃使人疑夫不以情居瘠者乎哉?我则食食。"孟敬子曾探望病中的曾子。曾子告以临事须动容正色,善为说辞,方可取信于人。(孟敬子:8.4。)

【孟皮】 孔子之兄。与孔子同父异母。字伯尼。春秋末鲁国人。生卒年不详。有足疾。因为女儿和残疾的孟皮都不宜继嗣,叔梁纥才与颜徵在"野合而生孔子"(《史记·孔子世家》)。《孔子家语·本姓解》:"方叔生伯夏,伯夏生叔梁纥。曰虽有九女是无子。其妾生孟皮,孟皮一字伯尼,有足病。于是乃求婚于颜氏。"《论语》中没有出现孟皮之名,只提到了孔子"其兄"。(其兄:5.2。)

【孟氏】 春秋时鲁桓公(?—前 694)之子庆父(?—前 660)的后裔,又称孟孙氏(一作仲孙氏),鲁"三桓"(孟孙氏、叔孙氏、季孙氏)之一。"三桓"又称"三家""三子",指春秋后期执掌鲁国国政的三卿。"三桓"都是鲁桓公的后裔,故称。鲁桓公之子庆父是鲁庄公之弟,与庄公夫人哀姜通。庄公薨,庆父欲篡位而两弑嗣君(太子般和鲁闵公),鲁人欲诛之,齐大夫仲孙湫乃有"不去庆父,鲁难未已"之叹。后出奔莒。鲁僖公即位,赂莒人求归庆父,庆父乃于途中自缢而死。庆父生穆伯敖,敖生文伯谷,谷生献子蔑(孟献子亦称孟孙蔑,或仲孙蔑),蔑生庄子速,速生孝伯羯,羯生僖子貜,貜生懿子何忌,何忌生武伯彘,彘生敬子捷。孟氏之中,献子最贤。自鲁宣公九年(前600)孟氏与季孙氏、叔孙氏三家始轮流执政,以季孙氏执政时间最久,势力最大。至鲁定公六年,季氏家臣阳虎与鲁侯、"三桓"盟于周社,与国人盟于亳社,诅于五父之衢,"陪臣执国命","三桓"失势。(孟氏:19.19。)

【孟孙】 即"孟氏"。"孟孙氏"亦称"仲孙氏"。鲁桓公之子仲庆父的后裔。鲁国"三桓"之一。自鲁宣公九年开始与季孙氏、叔孙氏轮流执政,至季氏家臣阳虎执国命而失势。(孟孙:2.5。)

【孟武伯】 即仲孙彘。春秋时鲁国人。鲁"三桓"之一孟氏第九代,孟懿子之子,名彘,又称孺子洩。生卒年不详。仕于鲁哀公之世。哀公十一年(前484)春,齐伐鲁,孟武伯率领的鲁国右师在战争中溃败。参阅《左传·哀公十一年》。孟武伯曾问孝于孔子,又曾问子路等有无仁德。(孟武伯:2.6。)

【孟懿子】 (？—前481)孔子弟子。复姓仲孙,名何忌,"懿"为谥号。春秋末鲁国人。鲁"三桓"之一孟氏第八代,孟僖子仲孙貜的长子。《左传·昭公七年》载,鲁大夫孟僖子将死,嘱两个儿子孟懿子与其弟南宫敬叔师事孔子,向孔子学礼。《论语·为政》载孟懿子曾向孔子问孝,可知孟懿子应为孔子弟子。但《史记·仲尼弟子列传》与《孔子家语》均不列其名。(孟懿子:2.5。)

【孟之反】 亦作"孟之侧"(《左传》)。春秋末鲁国人。鲁大夫,孟氏支族,名侧,字反。生卒年不详。仕于鲁哀公之世。《庄子·大宗师》有"孟子反",其人与子桑户、子琴张为友,有古注认为就是孟之反。据《左传·哀公十一年》记载,是年(前484)春,齐国借故伐鲁。孟武伯率领鲁国右师;冉求率领鲁国左师,樊迟为车右。孟之反在右师。及齐鲁两军相战于郊,冉求率左师攻入齐军,获胜。鲁国右师畏战溃逃。齐军追赶,齐大夫陈瓘、陈庄渡过泗水,逼近鲁国都城,"孟之侧后入以为殿,抽矢策其马,曰:'马不进也。'"孟之反为掩护全军,身处险地而不居功自夸,故孔子深异之,称其"不伐"。(孟之反:6.15。)

【孟庄子】 (？—前550)即仲孙速。春秋时鲁国大夫。鲁"三桓"之一孟氏第五代。名速,又称孺子速。谥庄。孟献子之子。仕于鲁襄公之世,与季武子宿同朝。其父孟献子有贤德,死于鲁襄公十九年(前554);他本人死于二十三年(前550),相距仅四年。孟庄子袭父位,"不改父之臣与父之政"。故孔子称赞"孟庄子之孝"。(孟庄子:19.18。)

【闵损】 (前536—前475或487)孔子弟子。姓闵,名损,字子骞。《论语》中尊称其为闵子。春秋末鲁国人。比孔子小15岁。闵子骞出身贫寒,性格沉静寡言,为人端正恭谨。入孔门后,成为孔子思想的忠实践行者。在孔门中和颜渊以德行并称,尤以孝行名闻天下。"单衣顺母"故事(《二十四孝》之一)成就了他大孝子的美名。闵损为人清高,无意仕

先贤闵子

进,曾婉拒鲁国季氏聘其为费邑宰,是孔门中唯一明确声明不愿走仕途的弟子。孔子很器重闵损,多次表扬他的品行。在对富贵的看法上,孔子没有否定人欲的正当性,只是否定了满足人欲的不正当的手段;而闵损却直接把"道"和人欲对立起来,已经走向禁欲主义,这就使他的清高洒脱缺失了一份儒家积极入世的进取之心。《论语》中对孔子的弟子多数称字,只有对曾参、有若、闵损、冉求四人尊称"子"。《论语》中有4章提及闵损。(闵子骞:6.9;11.5、11.14。闵子:11.3。)

【闵子】 即"闵损"。

【闵子骞】 即"闵损"。

N

【南宫适】 孔子弟子。复姓南宫,名适(kuò,又作"括"),又名韬,字子容,通称南容。春秋末鲁国人。南宫适为人崇尚道德,谨慎老练,善于明哲保身,因此孔子招其为侄女婿。南宫适尚德不尚力,提出了有水平的问题,被孔子赞为"君子",成为《论语》中被孔子嘉许为"君子"的两名弟子之一。孔子弟子中还有一位叫南宫敬叔,是鲁贵族孟僖子之子。原姓仲孙,名阅。后因居于南宫,遂以为氏。春秋末鲁国人。生卒年不详。《左传·昭公七年》载,孟僖子临终前嘱两个儿子南宫敬叔与其兄孟懿子(何忌)师事孔子,向孔子学礼。《史记·孔子世家》记载南宫敬叔曾向鲁昭公建议,请鲁君提供车马路费,支持孔子携他"适周问礼",观周朝文物制度,向东周王室的史官学习周礼。但清代学者崔述等疑其时南宫敬叔年龄尚小,恐难成行。《史记·仲尼弟子列传》与《孔子家语》都未列南宫敬叔。自战国时赵国史书《世本》把南宫适与南宫敬叔当作一人之后,历代注家(东汉·郑玄《礼记注》、唐·司马贞《史记索隐》、南宋·朱熹《论语集注》)相承袭用此说近两千年,至清·崔述考辨后才予以否定,析孔门南宫为二人(见《洙泗考信余录·南容》)。(南容:5.2;11.6。南宫适:14.5。)

【南容】 即"南宫适"。

【南子】 春秋时宋国贵族。姓子。卫灵公夫人。亦称釐夫人。得灵公宠幸。公叔文子之子公叔成谋划铲除南子势力,她告戒将为乱,成奔鲁。南子初与宋朝私通。灵公为南子召宋朝在洮地相会。卫太子蒯聩路过宋野,野人唱歌讽刺道:"即定尔娄猪(母猪,比喻淫乱女子,暗指南子),盍归吾艾豭(jiā,公猪,暗指宋朝)。"太子羞之,欲借朝见之机,使家臣戏阳速谋杀南子,未果,出奔宋。灵公四十二年(前493),灵公死,南子立蒯聩之子辄,即卫出公。后蒯聩潜回卫国即位为庄公,杀南子。参阅《左传》定公十三年、十四年、哀公二年及《列女传·卫二乱女》。孔子适卫期间,曾见南子,引起子路不悦。(南子:6.28。)

【宁武】 春秋中期卫国大夫。姓宁,名俞,也称宁子。谥武。生卒年不详。宁庄子之子,卫之世族大夫。宁武子在卫国出仕,历经卫文公、卫成公之时,辅政十余年。史载卫文公有道,宁武子大展其才,辅佐文公。卫文公死后,其子卫成公昏庸无道,国政昏乱,又得罪了大国晋国,不但失国,还险被晋文公毒死。宁武子不避艰险,周旋其间,买通医生,救下卫成公。事见《左传》僖公二十八年、三十年。《论语·公冶长》:"宁武子,邦有道,则知。"三国·魏·何晏《论语集解》引马融曰:"卫大夫宁俞。武,谥也。"孔子称赞宁武子是个能智也能愚的成熟的政治家。(宁武子:5.21。)

P

【裨谌(pí chén)】 一作卑谌。春秋时郑国大夫。生卒年不详。广有谋略,长于辞令。子产选为贤才,曾草创郑国外交辞命。《论语·宪问》:"裨谌草创之。"三国·魏·何晏《论语集解》引孔安国曰:"裨谌,郑大夫氏名也。谋于野则获,于国则否。郑国将有诸侯之事,则使乘车以适野,而谋作盟会之辞。"《左传·襄公三十一年》:"裨谌能谋,谋于野则获,谋于邑则否。"(裨谌能出谋划策,他在安静的野外思考能有正确的判断,在热闹的城邑中就不行。)所以郑国有外交事务时,子产就会让裨谌乘车去野外静思筹划。事迹另见《左传·襄公二十九年》。一说裨谌即为裨灶。(裨谌:14.8)

Q

【漆雕开】 (前540— ?)孔子弟子。复姓漆雕,名开,字子开,又称子若(《孔子家语·弟子解》)。春秋末鲁国人(一说蔡国人)。比孔子小11岁。宋·王应麟《汉书艺文志考证》卷五:"《史记·列传》:'漆雕开字子开。'盖名'启',字子开。《史记》避景帝讳也。"所以,漆雕开原为漆雕启,《史记》避汉景帝刘启讳改"启"为"开"。漆雕开研习《尚书》,不乐仕进。《韩非子·显学》的片言只语显示漆雕开是一位刚毅特立、勇气非凡之人。《墨子·非儒》言"漆雕刑残",表明漆雕开曾受刑致残。近人郭沫若推断说:"这显然是由于矜气尚廉,藐视权威的原故所致。"(《十批判书·儒家八派的批判》)后来他聚徒讲学,从学者众多,形成儒家八派之一——"漆雕氏之儒"。《汉书·艺文志》著录《漆雕子》十三篇,久佚。现存清·马国翰辑《漆雕子》一卷。(漆雕开:5.6。)

【齐桓公】 (?—前643)春秋时齐国国君。姜姓,名小白。齐僖公之子,齐襄公之弟。在位43年(前685—前643)。公元前686年,公孙无知杀襄公自立,公子纠奔鲁,公子小白奔莒。次年,无知被杀。鲁伐齐,欲纳公子纠,而齐高氏、国氏已召小白先入,击败鲁师,立为齐桓公。桓公即位后任用管仲为辅佐,改革内政、军制,齐国日益强大。时周王室衰弱,周边少数民族入侵,他以"尊王攘夷"为号召,联合中原诸夏,讨伐戎、狄、徐、楚,安定周室。公元前664年,齐北伐山戎,救燕;又逐狄,存邢救卫;公元前656年,齐合诸侯之师侵蔡伐楚,与楚盟于召陵,迫使强楚向周王纳贡;先后灭掉三十多诸侯,十一次召集诸侯会盟,即所谓"九合诸侯,一匡天下",成了诸侯中的霸主。公元前651年,齐会鲁、宋、卫、郑、许、曹于葵丘(今河南兰考境内),周天子赐齐侯胙,正式承认了齐桓公的霸主地位,齐国霸业达于顶峰。管仲死后,用竖刁、易牙、开方等,怠于政事。前643年桓公卒,五公子争立,霸业遂衰。参阅《左传·庄公八年》《史记·齐太公世

先贤漆雕子

家》。孔子评齐桓公"正而不谲"。(齐桓公:14.15。桓公:14.16—17。)

【齐简公】 (?—前481)春秋末齐国国君。姜姓,名壬,齐悼公之子。在位4年(前484—前481)。曾流于鲁。即位不久,即令国书、高无邳率师伐鲁,齐军至于鲁郊,招致吴、鲁伐齐。齐军在艾陵(今山东莱芜东北)之战中大败于吴师。齐简公宠爱阚止(即监止、子我),以之执政,引发陈成子的猜疑。鲁哀公十四年(前481),陈氏族人豹自请为阚氏臣,得阚止宠信。阚止向他表示,将尽逐陈氏而立豹,豹尽以告陈氏。五月,田常兄弟乘车赴公宫,阚止出迎。他们即将阚止拒于门外,又迁公于寝宫。阚止率家兵反攻失败,逃亡被杀。阚止既死,齐简公也被监禁。六月,陈成子杀简公于舒州(今河北大城),改立齐简公之弟骜,是为齐平公。参见《左传·哀公十四年》《史记·田敬仲完世家》。《论语·宪问》与《左传·哀公十四年》所记孔子对陈成子弑简公的评论有些差别。(简公:14.21)

【齐景公】 (?—前490)春秋末齐国国君。名杵臼。齐灵公之子,齐庄公之异母弟。在位59年(前548—前490)。齐庄公淫乱,为齐大夫崔杼所杀。景公被立为君。初以庆封为左相,以崔杼为右相。后以晏婴为正卿。崔杼有家乱,庆封乘机攻灭之,于是庆封专权。不久庆封被陈、鲍、栾、高四族所逐。齐景公在位时好治宫室,聚狗马,奢侈无度,朝夕偷安,恐死之将及。以公室为首的贵族剥削残酷,庶民的生产物要被剥夺三分之二,景公却有千驷之富;刑罚残酷,许多人被处刖足之刑;伐燕不克,又无端伐晋,穷年用兵,构怨大国;虽有贤相晏婴尽忠补过,也不能挽回齐之衰败情势。鲁昭公二十五年(前517)伐鲁取郓(今山东郓城东),以安置流亡至齐的鲁昭公。鲁定公十年(前500),与鲁举行夹谷(即祝其,在今山东莱芜南,一说在今淄博市淄川西南,在齐国境内)之会。孔子相鲁定公(为鲁定公相礼)赴会。齐景公以为孔子知礼而无勇,欲暴力威胁,使鲁国屈从于齐。会盟开始时,齐景公命莱夷人劫持鲁定公,孔子斥齐无礼,迫使莱夷人退去。盟时,齐方又提出此后齐师出境,鲁国必须以三百乘兵车从征,意即沦鲁国为附庸。孔丘则提出齐必须归还侵占已久的汶阳之田。齐人无奈,只得收回无理要求,两国盟誓和好。会后,又把侵占的汶水以北三邑归还了鲁国。其时,齐国内部新势力代表田氏(即陈氏)用大斗出贷、小斗收进等办法笼络人心,致民人逃离公室,归于田氏。景公对此却一筹莫展,无力制止。景公卒后不到十年,田氏代齐(前481),姜姓齐国从此成为田氏齐国。齐景公曾问政于孔子。又曾欲封赐尼溪于孔子,因晏婴劝阻未成。齐景公最后决定不用孔子,对他说:"吾老矣,不能用也。"参阅《左传·襄公二十七年》《左传·昭公三年》《史记·齐太公世家》。(齐景公:12.11;16.12;18.3。)

【齐君】 即"齐庄公"。

【齐庄公】 (?—前548)春秋时齐国国君。姜姓,名光。齐灵公之子。在位7年(前554—前548)。为太子时质于晋,曾代表齐国参与伐郑及会盟活动。鲁襄公二十九年(前554),齐灵公废立,改立牙为太子。灵公病危,齐庄公被大夫崔杼迎立为君。庄公三年(前551),庄公纳晋逐臣栾盈,晏婴谏,不听。次年,助盈潜入曲沃袭晋,并率军以伐卫为名,伐晋,登太行,无功而还,遂袭莒,伤股而退。六年,因与崔杼之妻棠姜私通,在崔家被射杀。庄公好勇,为勇爵以授勇士,使常从左右,同死于崔氏者有贾举等卫士八人。事见《左传·襄公二十五年》。

《论语·公冶长》中有"崔子弑齐君"之说,此齐君,即齐庄公。(齐君:5.19。)

【求】 即"冉求"。

【蘧伯玉】 春秋时卫国大夫。名瑗。蘧庄子(无咎)之子。谥成子。生卒年不详。蘧伯玉是孔子敬慕之人,"孔子之所严事"(《史记·仲尼弟子列传》)。其为人求进甚急并勤于改过,《淮南子·原道训》有"蘧伯玉年五十而知四十九年非"之说。《庄子·则阳篇》则说他"行年六十而六十化"。据《左传》,鲁襄公十四年(前559),卫国执政孙文子将逐卫献公,他闻而从近关奔。鲁襄公二十六年,卫献公谋除去孙文子而恢复君位,他闻而又从近关出奔。故孔子赞其能做到"邦有道则仕,邦无道则可卷而怀之"(《论语·卫灵公》)。孔子适卫,还曾住于蘧伯玉家,事见于《左传·襄公十四年》。汉·刘向《列女传·仁智传·卫灵夫人》记载,卫灵公与夫人(此夫人不是南子)夜坐,伯玉乘车过之。二人初闻车声辚辚,至阙而止,过阙又有声,夫人知是伯玉,称赞他为"卫之贤大夫";吴公子季札聘卫,赞许他为君子;卫大夫史鱼知其贤,屡荐于卫灵公而终不被用。孔子称颂蘧伯玉:"君子哉蘧伯玉!"孔子还称赞过蘧伯玉之使。(蘧伯玉:14.25;15.7。)

【阙党童子】 来自阙党的一个急于求成的童子。生卒年及生平不详。阙党即阙里,阙里是孔子的故里。因有两石阙,故名。在今山东曲阜城内阙里街。(阙党童子:14.44)

R

【冉伯牛】 即"冉耕"。

【冉耕】 冉耕(前544—?)孔子弟子。姓冉,名耕,字伯牛。春秋末鲁国人。比孔子小7岁。是孔门最早的弟子之一,以德行著称。孟子认为冉耕思想接近孔子,"具体而微"(《孟子·公孙丑上》)。汉·班固《白虎通·寿命》:"冉伯牛危言正行而遭恶疾。"冉耕不幸得了不治的恶疾,孔子亲往探视时,见其垂危,深为痛惜。(伯牛:6.10。冉伯牛:11.3。)

【冉求】 (前522—前489)孔子弟子。姓冉,名求,字子有,通称冉有。《论语》中尊称其为冉子。春秋末鲁国人。比孔子小29岁。出身微贱,长于政事,善于理财,是孔门中最有才干的弟子。孔子评其为"艺"(多才多艺,富有才干)。冉求早有经邦治国之志,曾追随孔子周游列国。应鲁国执政季康子之召,冉求先于孔子归鲁。季康子聘他为宰臣,才干显露。冉求还有军事才能。鲁哀公十一年(前484)齐侵鲁,在右师溃退的情况下,冉求师左师,以步兵执长矛的突击战术击败齐军。冉求趁机归功于孔子,并说服季康子迎孔子归鲁。但孔子并不认为冉求德才兼备。因为季氏常常僭越违礼,孔子多次严厉训斥冉求,指其无心求仁,甚至欲清理门户,让其他弟子"鸣鼓而攻之"。虽然在实际事务中的主张多有不合,冉求始终尊敬孔子。《论语》中对孔子的弟子多数称字,只有对曾参、有若、闵损、冉求四人尊称"子"。《论语》中有16章提及冉求。(冉求:6.12;11.24;14.12。求:5.8;6.8;11.17、11.22、11.24、11.26;16.1。冉有:3.6;7.15;11.3、11.13、11.22、11.26;13.9;16.1。冉子:6.4;13.14。)

【冉雍】 （前522—？）孔子弟子。姓冉,名雍,字仲弓。春秋末鲁国人。比孔子小29岁。与孔门中冉伯牛、冉有同宗。冉雍出身低微,其父为"贱人"（《史记·仲尼弟子列传》）,孔子曾把他比作"犁牛之子"。冉雍宽宏简重,以德行著称,列于孔门德行之科。冉雍早年入孔门,追随孔子周游列国,回到鲁国后曾任季氏宰。孔子十分器重冉雍,赞许他有人君风度,还向他传授为政之道。《荀子》屡称仲尼、子弓,唐·杨倞注:子弓盖仲弓也。后世学者大多据此认为战国后期的荀况推崇冉雍,将其与孔子并列为大儒。郭沫若则认为子弓非仲弓,而为传《易》之馯（hàn）臂子弓（见《十批判书·儒家八派的批判》）。《论语》中有7章提及冉雍。（雍:5.5;6.1－2;12.2。仲弓:6.2、6.6;11.3;12.2;13.2。）

【冉有】 即"冉求"。

【冉子】 即"冉求"。

【孺悲】 孔子弟子。春秋末鲁国人。生卒年不详。《论语·阳货》记孔子不知何故托病不见孺悲,又让孺悲知道是自己不屑见他。《史记·仲尼弟子列传》与《孔子家语·弟子解》均不列其名。《礼记·杂记下》:"恤由之丧,哀公使孺悲之孔子学士丧礼,《士丧礼》于是乎书。"若孔子以士丧礼传之,则孺悲当为弟子。（孺悲:17.20。）

S

【三饭缭】 古乐官,其名为缭。生卒年不详。三饭是乐官名,在天子、诸侯第三次进食时奏乐佐食。《论语·微子》:"三饭缭适蔡,四饭缺适秦。"三国·魏·何晏《论语集解》引包咸曰:"三饭、四饭,乐章名,各异师。缭、缺皆名也。"北宋·邢昺《注疏》:"天子、诸侯每食奏乐,乐章各异,各有乐师。次饭乐师名干,往楚,三饭乐师名缭往蔡,四饭乐师名缺往秦。"（三饭缭:18.9。）

【商】 即"卜商"。

【召忽】 （？—前685）春秋时齐国大夫。周召公之后。齐襄公时,与管仲同事襄公弟公子纠。齐襄公言行无常,杀诛不当,召忽与管仲奉公子纠逃亡鲁国。公子纠庶弟公子小白逃往莒国。后公孙无知杀齐襄公,无知又为人袭杀,齐国无君。小白先入齐国,高傒立之为君,是为齐桓公。齐桓公兴兵伐鲁,逼迫鲁人杀公子纠。召忽自杀殉主。事见《左传》庄公八年、九年。（召忽:14.16。）

【少连】 人名,《论语·微子》所列七位节行超逸的古代"逸民"之一。生卒年及生平不详。其人言行已不可考。南宋·朱熹《四书集注》:"少连,东夷人。"《礼记》记载孔子曾赞扬少连、大连虽生于夷狄却善守丧礼。《礼记·杂记下》:"孔子曰:'少连、大连善居丧,三日不怠,三月不解,期悲哀,三年忧。东夷之子也。'"（少连:18.8。）

【少师阳】 古乐官,其名为阳。生卒年不详。少师,也是乐工之长,大师之佐。《论语·微子》:"少师阳,击磬襄入于海。"三国·魏·何晏《论语集解》引孔安国曰:"鲁哀公时,礼坏乐崩,乐人皆去。阳、襄皆名。"南宋·朱熹《四书集注》:"少师,乐官之佐。阳、襄,二人名。"(少师阳:18.9。)

【参】 即"曾参"。

【申枨】 孔子弟子,姓申,名枨(chéng)。春秋末年人。生卒年不详。孔子评申枨:"枨也欲,焉得刚?"《史记·仲尼弟子列传》与《孔子家语·弟子解》均无其名。《史记·仲尼弟子列传》有申党,字周。《孔子家语·弟子解》有申绩,字子周。因"枨""党"古声相近,唐以前之人曾将申枨、申党视为一人。而唐宋之时,实把申枨、申党当作两个人。明嘉靖年间,朝廷依大学士张璁奏议,存申枨,去申党,将两者通称为申枨。清·朱彝尊则认为申枨、申党就是两个不同之人(见《孔子弟子考》)。其事实不可考。(申枨:5.11。)

【师】 即"颛孙师"。

【师冕】 春秋时乐师。名冕。亦作师免(《汉书》颜师古注)。生卒年及生平不详。盲人。当时乐官多由瞽者充当。《论语·卫灵公》:"师冕见。"三国·魏·何晏《论语集解》引孔安国曰:"师,乐人盲者,名冕。"《论语》记载了孔子对待盲人师冕的"相师之道"(即帮助盲人的礼仪)。(师冕:15.42。)

【师挚】 春秋时鲁国乐官之长。生卒年及生平不详。《论语·泰伯》:"师挚之始。"三国·魏·何晏《论语集解》引郑玄曰:"师挚,鲁太师之名。"一说《论语·泰伯篇》里"师挚之始"中的"师挚"与《论语·微子篇》里"大师挚适齐"中的"大师挚"为鲁哀公时同一人(见程树德《论语集释》卷三十七)。孔子曾赞其演奏。(师挚:8.15。)

【史鱼】 春秋时卫国大夫。字子鱼。亦称史鰌。生卒年不详。史鱼秉性刚直不阿,曾以"尸谏"劝卫灵公进用贤者蘧伯玉。《韩诗外传》卷七:"卫大夫史鱼病且死,谓其子曰:'我数言蘧伯玉之贤而不能进,弥子瑕不肖而不能退。为人臣生不能进贤而退不肖,死不当治丧正堂,殡我于室足矣。'卫君问其故,其子以父言闻,君造然召蘧伯玉而贵之,而退弥子瑕,徙殡于正堂,成礼而后去。生以身谏,死以尸谏,可谓直矣。"此事又见于汉·贾谊《新书》《新序·杂事》《大戴礼记·保傅》等篇。《孔子家语·困誓》亦载其事,还录有孔子评语:"古之列谏之者,死则已矣,未有若史鱼死而尸谏,忠感其君者也,不可谓直乎?"《说苑·杂事》:"仲尼曰:'史鰌有君子之道三:不仕而敬上,不祀而敬鬼,直能曲于人。'"《论语》记载孔子称赞史鱼直"如矢"。(史鱼:15.7。)

【世叔】 (?—前506)即子太叔。春秋时郑国大夫。姓游名吉。《论语·宪问》:"世叔讨论之。"三国·魏·何晏《论语集解》引马融曰:"世叔,郑大夫游吉也。"太叔才貌双全,善于辞令。《左传·襄公三十一年》说其"秀美而文"。并记载了"郑国将有诸侯之事",子产"乃授子太叔使行之,以应对宾客"。郑简公十五年(前551)为郑国卿。公元前547年为令正,主作辞令,负议议之责。曾出使楚、晋等国。郑定公八年(前522)子产病卒,太叔继为郑国执政。参阅《左传》襄公二十二、二十六、三十一年等。(世叔:14.8。)

【叔梁纥】 春秋时鲁国人。名纥,字叔梁。孔子之父。生卒年不详。身长十尺,武力绝伦,曾为郰邑大夫(郰 zōu,《左传·襄公十年》又作"郰",《史记·孔子世家》作"陬"。鲁邑,今山东曲阜东南)。郰大夫叔梁纥又被称为郰人纥(《左传·襄公十年》)、郰叔纥(《左传·襄公十七年》)。《论语》记载当时有人称孔子为"郰人之子"。《论语·八佾》:"孰谓郰人之子知礼乎?"三国·魏·何晏《论语集解》引孔安国曰:"郰,孔子父叔梁纥所治邑。"叔梁纥以勇力闻名,在作战中立有赫赫战功。鲁襄公十年(前563),晋国率诸侯联军攻打小国偪阳(fù yáng,今山东枣庄南),"偪阳人启门,诸侯之士门焉。县门发,郰人纥抉之以出门者"。叔梁纥力托悬门,避免了联军的重大伤亡。鲁襄公十七年(前556),齐国高厚率军入侵鲁国,围鲁大夫臧纥于防邑。叔梁纥同臧纥之弟臧畴、臧贾"帅甲三百",趁夜突围护送臧纥而出。事见《左传》。据《孔子家语·本姓解》记载,叔梁纥之妻(施氏)生九女,而无子。其妾生孟皮,孟皮一字伯尼,有足病。于是乃求婚于颜氏,与颜氏幼女徵在结合。颜徵在私祷于尼丘之山而生孔子。孔子三岁时,叔梁纥卒,葬于防山。(郰人;3.15。)

【叔齐】 姓墨,名智,字公达。齐是谥号。墨胎氏。生卒年不详。伯夷之弟。商末孤竹君之次子。《论语·微子》所列七位节行超逸的古代"逸民"之一。详"伯夷"。(叔齐;5.23;7.15;16.12;18.8。)

【叔孙武叔】 春秋末鲁国大夫,"三桓"之一。名州仇,谥曰武。生卒年不详。叔孙婼之孙。其采邑在郈。定公十年(前500),其家臣侯犯在郈邑叛乱,在定公十二年(前498)孔子发动的"堕三都"的斗争中,叔孙武叔首先率师堕郈邑。参阅《左传·定公十二年》。叔孙武叔好议论,曾说"子贡贤于仲尼",并且毁谤孔子,被子贡驳斥。(叔孙武叔;19.23—24。)

【叔夏】 "八士"之一。相传为周代贤人。生卒年及生平不详。参见:"伯达"。(叔夏;18.11。)

【叔夜】 "八士"之一。相传为周代贤人。生卒年及生平不详。参见:"伯达"。(叔夜;18.11。)

【舜】 传说中远古的贤明帝王,"五帝"之一。父系氏族社会后期部族联盟首领。黄帝的后裔。姚姓,一作妫姓,号有虞氏,名重华,史称虞舜。生于妫汭(guī ruì,今山西永济),或说"东夷之人"(《孟子·离娄下》)。舜不为父母所爱,但他笃守孝道,年二十以孝闻名。四岳荐举他为尧的继承人。尧察舜行事三年,命舜摄政。巡行四方,灭共工、驩兜、三苗及鲧等四凶。尧去世后继位,都于蒲坂(今山西永济西)。咨询四方,选贤任能,以禹为司空,平治洪水,遂以禹为继承人。又命弃、契、皋陶等分掌政事,天下大治。巡狩南方,死于苍梧之野,葬于零陵(今湖南宁远东南)。其事迹详见《书·舜典》《史记·五帝本纪》。一说禹逼迫舜让位(《韩非子·说疑》),舜并非南巡,而是被禹放逐后死于苍梧之野(《古本竹书纪年》)。据郭沫若研究,舜和帝俊(《山海经》中人名)、帝喾是

一人(《卜辞通纂》)。舜为孔子推崇的古帝之一。孔子赞舜礼让为国、无为而治,是博施济众的圣人。(舜:6.30;8.18、8.20;12.22;14.42;15.5;20.1。)

【四饭缺】 古乐官,其名为缺。生卒年不详。四饭是乐官名,负责在天子、诸侯第四次进食时奏乐佐食。《论语·微子》:"三饭缭适蔡,四饭缺适秦。"三国·魏·何晏《论语集解》引包咸曰:"三饭、四饭,乐章名,各异师。缭、缺皆名也。"北宋·邢昺《注疏》:"天子、诸侯每食奏乐,乐章各异,各有乐师。次饭乐师名干,往楚,三饭乐师名缭往蔡,四饭乐师名缺往秦。"(四饭缺:18.9。)

【司马耕】 孔子弟子。复姓司马,名耕,字子牛,亦称司马牛。春秋末宋国人。《史记·仲尼弟子列传》载司马耕为人"多言而躁"。曾问"仁"与"君子"于孔子。司马耕又多忧,曾向子夏抱怨无兄弟之亲。三国·魏·何晏《论语集解》引孔安国称司马耕为宋司马桓魋之弟,历来学者对此说没有异议。《左传·哀公十四年》载桓魋作乱于宋,兄弟中唯有其弟司马耕不赞同。结果桓魋谋反失败,司马耕逃亡,死于道路。但今人杨伯峻《论语译注》认为孔子弟子(名耕)与桓魋之弟(名犂)是两个人,可备为一说。司马耕在《论语》中凡三见。(司马牛:12.3、12.4、12.5。)

【司马牛】 即"司马耕"。

【宋朝(zhāo)】 又称公子朝、宋子朝。春秋末宋国公子。生卒年不详。仕卫为大夫,以美色为时人所知,后世常以"宋朝"为美男子的代称。曾先后与卫灵公嫡母卫襄公夫人宣姜和卫灵公夫人南子有染,因而两次引起卫国政治动荡。《左传·昭公二十年》:"公子朝通于襄夫人宣姜,惧,而欲以作乱",他和齐豹、北宫喜、褚师圃一起发动叛乱,把卫灵公赶出卫国。后来灵公复国,宣姜被杀,而宋朝逃亡到晋。灵公却又因为夫人南子的缘故,把宋朝召回卫国,和她在洮地相会。《左传·定公十四年》:"卫侯为夫人南子召宋朝。"晋·杜预注:"南子,宋女也。朝,宋公子,旧通于南子,在宋呼之。"卫太子蒯聩以为羞,派人杀南子未成,遂出奔宋,同时也丧失了君位继承权。《论语·雍也》:"不有祝鮀之佞,而有宋朝之美,难乎免于今之世矣。"三国·魏·何晏《论语集解》:"宋朝,宋之美人而善淫。"(宋朝:6.16)

T

【泰伯】 一作太伯。周朝先祖古公亶父(周太王)之长子。周文王之伯父。古公亶父共有三子,太伯、仲雍、季历。季历的儿子就是姬昌(周文王)。古公亶父器重姬昌,曾说:"我世当有兴者,其在昌乎!"《史记·周本纪》古公亶父欲打破惯例,把君位不传长子太伯,而传给幼子季历,从而传给可以兴周的姬昌。泰伯与仲雍知悉后避让,逃奔江南,断发纹身,示不可用,于吴(今江苏无锡东)建国,为吴国之始祖。姬昌

积极扩张国势,为灭商作准备。待其子姬发(周武王)伐纣,便推翻了殷商。《论语·泰伯》:"子曰:'泰伯,其可谓至德也已矣。三以天下让,民无得而称焉。'"三国·魏·何晏《论语集解》引王肃曰:"泰伯,周太王之长子。次弟仲雍,少弟季历。季历贤,又生圣子文王昌,昌必有天下,故泰伯以天下三让于王季。其让隐,故无得而称言之者,所以为至德也。"孔子称赞泰伯能"三以天下让",是有"至德"的贤人。(泰伯:8.1)

【大(tài)师挚】 古乐官之长,其名为挚。生卒年不详。大师即太师,为乐官之长,掌教诗乐。《论语·微子》:"大师挚适齐,亚饭干适楚。"三国·魏·何晏《论语集解》引孔安国曰:"挚、干皆名。"南宋·朱熹《四书集注》:"大,音泰。大师,鲁乐官之长。挚,其名也。"一说《论语·微子篇》里"大师挚适齐"中的"大师挚"与《论语·泰伯篇》里"师挚之始"中的"师挚"为鲁哀公时同一人(见程树德《论语集释》卷三十七)。(大师挚:18.9。)

【太宰】 官名。其人姓名与生平已不可考。太宰是古官名,相传始置于商代。周代称冢宰,为天官之长,掌建邦之六典,以佐王治邦国。春秋列国亦多置太宰之官,职权不尽相同。《论语·子罕》:"太宰问于子贡曰。"三国·魏·何晏《论语集解》引孔安国曰:"大宰,大夫官名,或吴或宋,未可分也。"关于此人是哪一国的太宰,前人有多种猜测。程树德《论语集释》:"太宰有吴、宋、鲁、陈之四说,以书法言之,当以鲁太宰为正。"这位太宰曾向子贡询问孔子"多能"的原因。(太宰:9.6。)

【澹台(tán tái)灭明】 (前522—?)孔子弟子。复姓澹台,名灭明,字子羽。春秋末鲁国武城(今山东平邑县南魏庄乡南武城村)人。比孔子小39岁(《史记·仲尼弟子列传》),或说小49岁(《孔子家语·弟子解》)。子游为武城宰时发现澹台灭明有君子之资,行不由径,非公事不见卿大夫。孔子曾叹:"以貌取人,失之子羽。"《韩非子·显学》载澹台灭明有"君子之容",孔子因此收为弟子,恐非。《史记·仲尼弟子列传》载澹台灭明貌恶而行高,起初不为孔子所重,以为材薄。既已受业,退而修行,南游传道至江,有弟子三百人,闻名诸侯。(澹台灭明:6.14。)

【汤】 又称武汤、武王、天乙、成汤,或称成唐。卜辞称唐、大乙,又称高祖乙。商朝的开国之君。名履。契之后裔,主癸之子。建都于亳(今河南郑州商城)。原为商族领袖,与有莘氏通婚。任用伊尹为辅佐,先后攻灭葛、豕韦、顾、昆吾等诸侯,成为当时强国。后进伐夏桀,连续获胜于有娀(今山西永济)、鸣条(今河南封丘东),放桀于南巢(今安徽巢县西南),终于在公元前1600年灭夏,建立商朝。在位三十年。其事迹详见《书·汤誓》等篇及《史记·殷本纪》。汤是儒家推崇的贤明古帝之一。(汤:12.22。)

W

【王孙贾】 春秋时卫国大夫。生卒年不详。《论语·八佾》:"王孙贾问曰。"三国·魏·何晏《论语集解》引孔安国曰:"王孙贾,卫大夫。"一说王孙贾自周出仕于卫,是王者之孙,故称王孙。有说是周灵王之孙的,有说是周顷王之后的。一说王孙贾本是卫人,非自周出仕。他是康叔子王孙年之后,则以王孙为氏。参见刘宝楠《论语正义》卷三。王孙贾是卫灵公手下能臣,灵公用他统率军队。参见《左传·鲁定公八年》。孔子周游列国至卫,王孙贾设辞试探孔子立场,被孔子婉拒。(王孙贾:3.13;14.19。)

【微生高】 复姓微生,名高。生卒年不详。春秋时鲁国人。《论语·公冶长》:"孰谓微生高直?"三国·魏·何晏《论语集解》引孔安国曰:"微生姓,名高,鲁人也。""微""尾"古音相近,字通,因此有古注认为微生高就是春秋时以守信闻名的尾生高。《汉书·古今人表》有"尾生高",唐·颜师古注:"即微生高也。"《庄子·盗跖》:"尾生与女子期于梁下,女子不来,水至不去,抱梁柱而死。"《战国策》《淮南子》诸书中亦有类似的记载。尾生守信可敬,但因小失大,固执而死,亦不足为法。微生高有"直"的美誉。但有人向微生高讨点儿醋,他竟向邻居索讨再转送于人。孔子据此对微生高的品行表示怀疑。(微生:5.24。)

【微生亩】 春秋时人。姓微生,名亩。生卒年及生平不详。古注说是隐者。《论语·宪问》:"微生亩谓孔子曰。"三国·魏·何晏《论语集解》引包咸曰:"微生姓。亩名。"北宋·邢昺《注疏》:"微生亩,隐士之姓名也。"《汉书·古今人表》有"尾生晦"。唐·颜师古注:"即微生亩也。晦,古亩字。"一说微生亩与微生高同族。《通志·氏族略》云"鲁武城人"。一说微生亩就是微生高。清·翟灏《四书考异》引郑晓说,以亩、高为一人,亩名,高字。微生亩尝问孔子:"丘何为是栖栖者与?无乃为佞乎?"(微生亩:14.32。)

【微子】 即"微子启"。

【微子启】 周代宋国的始祖。子姓,名启。"启"或作"开",汉人避景帝(刘启)名讳,以"开"代"启"。封于微(今山东梁山西北,或说今山西潞城东北),故称微子启。"微"或作"魏"。又称殷公。生卒年不详。商帝乙之长子,纣同母庶兄。"帝乙之元子,纣之庶兄"(《孔子家语·本姓解》)。出生时,其母尚未立为正妃,因不得嗣。一说启与纣异母,其母贱,故不得嗣。因见商代将亡,数谏纣王不听,遂愤而出走。此即《论语·微子》所载的"微子去之"。周代商之际,微子启投奔西周。周武王伐纣时,微子启持祭器前往军门,袒身反缚以告,武王释之,并复其位。周公旦相周成王,东征平"三监"。攻灭纣之子武庚后,以微子启代替武庚奉守商祀,封于宋(今河南商丘),为宋国第一代国君。其弟微仲相传为孔子之远祖。参阅《史记·殷本纪》《史记·宋微子世家》。《尚书·微子》记述微子启与箕子、比干问答之辞。微子是孔子称赞的"殷有三仁"(微子、箕子与比干)之一。(微子:18.1。)

【卫君】 即"卫出公"。

【卫出公】 春秋时卫国国君。姬姓,名辄,卫灵公之孙,卫后庄公之子。先后两度在位近20年(前492—前481、前476—前470)。鲁哀公二年(前493),灵公死,因卫太子蒯聩出亡在外,南子便立蒯聩少子辄为国君,是为卫出公。而蒯聩在晋国赵简子的支持下,欲归卫夺权,结果造成蒯聩、辄父子争夺君位的局面。鲁哀公十五年(前480),蒯聩得姊伯姬之助潜回卫国,胁迫执政孔悝(kuī)立己为国君,是为卫庄公。卫出公被逐奔鲁。子路死于这场政变中。

鲁哀公十七年（前478），晋国赵简子伐卫，庄公出奔。卫人立公子斑师（襄公孙，庄公堂弟）为卫君。晋兵退后，庄公又返卫，斑师被迫出奔。贵族石圃领工匠暴动，庄公越墙而逃。至戎州己氏家，为己氏所杀。后齐伐卫，俘虏了斑师，改立公子起（灵公子，庄公弟）为卫君。卫君起元年（前477），卫石曼專把国君赶到了齐国。卫出公由齐返卫，复为君。出公为政暴虐，役使工匠过甚，又与大夫褚师比等结怨。鲁哀公二十五年（前456），贵族褚师比等联合工匠暴动，出公被逐奔越。后卒于越。公子黔（出公叔父）赶走出公之子自立为国君，是为卫悼公。参阅《左传·哀公二十五年》《史记·卫康叔世家》。在孔子经陈、仪、蒲返卫后，卫出公以国家养贤之礼相待，但始终未委以重任。（卫君：7.15;13.3。）

【卫灵公】 （？—前493）春秋时卫国国君。姬姓，名元。卫襄公之子，卫后庄公之父，卫出公之祖父。继襄公即位。在位42年（前534—前493）。灵公十三年（前522），齐豹、北宫喜、褚师圃与宋朝作乱，把卫灵公赶出卫都。后北宫氏攻灭齐氏，得返。三十三年，与晋会盟时，遭晋侮，遂叛晋，后遭晋、鲁联军攻伐。灵公夫人南子与宋朝私通。灵公为南子召宋朝在洮地相会。卫太子蒯聩路过宋野，野人唱歌讽刺道："即定尔娄猪（母猪，比喻淫乱女子，暗指南子），盍归吾艾豭（jiā，公猪，暗指宋公子朝）。"太子羞之，欲借朝见之机，使家臣戏阳速谋杀南子，未果，出奔宋，又逃于晋。灵公欲立少子公子郢，公子郢推辞不受。在纷乱的卫国内政中，卫灵公竟然得以善终。卫灵公卒后，因蒯聩逃亡在外，公子郢又不愿继位，南子便立蒯聩少子辄为国君，是为卫出公。而蒯聩在晋国赵简子的支持下，欲归卫夺权，结果造成蒯聩、辄父子争夺君位的局面。孔子曾两次入卫来见，卫灵公终不能用。孔子师徒认为卫灵公老年荒淫，批评他"无道"。孔子所说"吾未见好德如好色者也"，似乎是指卫灵公而言。（卫灵公：14.19;15.1。）

【文王】 商末周族领袖。姬姓，名昌。文王为死后追尊之号。生卒年不详。季历之子，周武王之父。季历死后，姬昌继为西伯，亦称伯昌（《楚辞·天问》）。任用太颠、闳夭、散宜生等，施行裕民政策，势力日盛。为商纣所忌，囚于羑里（今河南汤阴北）。后经闳夭等人赂纣获释。归周后，评断虞、芮两国争端（《诗·大雅·绵》），得诸侯拥护。出兵攻灭黎（今山西长治西南），使商恐慌（《书·西伯勘黎》）。又击灭邘（今河南沁阳西北）、崇（今河南嵩县东）等国，诸侯归诸者日众。修建丰邑（今陕西西安西南沣水西岸），从周原迁都到丰。享国五十年（《书·无逸》），其晚年已取得"三分天下有其二"的局面，为周取代商奠定了基础。参见《史记·周本纪》。孔子向往文武之治，非常推崇周文王，以继承周文王的事业为己任。（文王：9.5。）

【文子】 即"公叔文子"。

【巫马期】 （前521— ？）孔子弟子。复姓巫马，名施，字子旗，又作子期，亦称巫马旗或巫马期。春秋末陈国人（一说鲁国人）。比孔子小30岁。《吕氏春秋》等古书记载巫马期担任单父宰时，奋勉尽力，勤于职守。《论语》中仅一见。（巫马期：7.31。）

【武王】 即周武王。西周王朝建立者。姬姓，名发。周文王之子。生卒年不详。公元前1046—前1043年在位。武王继承其父文王灭商遗志，重用太公望、周公旦、召公奭、毕公高等人辅政。即位第二年,观兵于盟津(今河南孟州西南)。武王认为时机尚未成熟,还师归周。继而于公元前1046年联合西南各族渡黄河进攻商的国都朝歌(今河南淇县)。会战于牧野(今河南淇县南),见《书·牧誓》和《逸周书·世俘》。因商朝奴隶兵阵前倒戈,纣王登鹿台自焚,商朝灭亡。周朝建立,建都于镐(hào,今陕西西安西南沣水东岸)。武王灭商后,为加强统治,在原来商的王畿,继续封纣之子武庚为殷君,并设三监加以监督。把同姓、异姓贵族分封为大小不同的诸侯,自己做了天下共主的周天子。灭商不久,武王病逝。其子成王继位,周公辅佐。参见《史记·周本纪》。孔子向往文武之治,推崇周武王。(武王:8.20。)

【吴孟子】 (? 一前483)春秋时鲁昭公夫人的称号。"孟子"可能是这位夫人的字。春秋时代,国君夫人的称号通常是所生长之国名加她的姓。鲁娶于吴,鲁与吴同姓姬(鲁的祖先是周公,吴的祖先是太伯),所以这位夫人原应被称为"吴姬"。但从西周起,就有了"同姓不婚"的婚姻制度。如果称鲁君夫人为"吴姬",就很明显地显示出鲁君违背了"同姓不婚"的周朝礼制,因而讳言"吴姬",而改称"吴孟子"。《论语·述而》:"陈司败问昭公知礼乎。"三国·魏·何晏《论语集解》引孔安国曰:"鲁、吴俱姬姓,礼同姓不婚,而君取之,当称吴姬,讳曰孟子。"吴孟子去世时,孔子曾往吊唁。《左传·哀公十二年》:"夏五月,昭夫人孟子卒。昭公娶于吴,故不书姓。死不赴,故不称夫人。不反哭,故不言葬小君。孔子与吊,适季氏。季氏不绖,放绖而拜。"《论语》记载陈司败就鲁昭公违背"同姓不婚"礼制之事问于孔子。(吴孟子:7.31)

X

【宪】 即"原宪"。

【行人子羽】 即公孙挥。春秋时郑国大夫。字子羽。生卒年不详。《论语·宪问》:"行人子羽修饰之。"三国·魏·何晏《论语集解》引马融曰:"行人,掌使之官。子羽,公孙挥。"子西(公孙夏)、子产(公孙侨)执政时任行人。他熟知各国风土人情,且长于辞令。"能知四国之为,而辨于其大夫之族姓、班位、贵贱、能否,而又善为辞令"(《左传·襄公三十一年》),"郑国将有诸侯之事,子产乃问四国之为于子羽,且使多为辞令"(同上)。郑国处于晋楚两强之间,子产择能而使,得子羽等人相助,与强者周旋,40余年无战乱之灾。参阅《左传》襄公二十六至三十一年。(行人子羽:14.8。)

Y

【亚饭干】 古乐官,其名为干。生卒年不详。亚饭是乐官名,在天子、诸侯第二次进食时奏乐佐食。《论语·微子》:"亚饭干适楚。"三国·魏·何晏《论语集解》引孔安国曰:"亚,次也。次饭,乐师也。挚、干皆名。"北宋·邢昺《注疏》:"天子、诸侯每食奏乐,乐章各异,各有乐师。次饭乐师名干,往楚,三饭乐师名缭往蔡,四饭乐师名缺往秦。"(亚饭干:18.9。)

【颜回】 (前521—前481)孔子弟子。姓颜,名回,字渊,亦作子渊。后世尊为颜子。春秋末鲁国人。比孔子小30岁。颜回是孔子最喜爱的,也是最聪慧、最有修养的一个学生。颜回天资聪颖,贫而好学,居于陋巷,箪食瓢饮,自得其乐。他形影不离追随孔子,一生未仕。颜回与孔子情同父子,更是孔子政治主张的知音。孔子在《论语》中最赏识颜回,数度称扬,甚至引他为唯一之同道。颜回德行出众,谦恭礼让,勤奋上进。《论语》中列于孔门德行科之首,后儒尊其为孔门七十二贤之冠。然而勤苦太过,不幸短命早卒,享年41岁。孔子为失去这位最理想的学术继承人而伤心恸哭。元朝文宗时,被追封为"复圣"。山东曲阜孔庙旁有复圣庙(颜庙)。《论语》中有21章提及颜回。(颜回:6.3;11.7。回:2.9;5.9;6.7、6.11;9.20;11.4、11.11、11.19、11.23;12.1。颜渊:5.26;7.11;9.11、9.21;11.3、11.8—11、11.23;12.1;15.11。)

【颜路】 (前545—?)孔子早期弟子。颜回之父。姓颜,名无繇,字路。《孔子家语·弟子解》作颜由。春秋末鲁国人。比孔子小6岁。颜回死,颜路曾求孔子之车以为椁,被孔子拒绝。(颜路:11.8)

【颜渊】 即"颜回"。

【言偃】 (前506—?)孔子弟子。姓言,名偃,字子游,通称言游。春秋末吴国人,或说鲁国人。比孔子小45岁。在礼的方面颇有造诣,以文学著称,与子夏并为孔门文学科的著名弟子。年轻时曾任鲁国武城宰(今山东费县西南)。后来课徒讲学,其后学在战国时期形成一个较有影响的学派。子游之儒的主要经典《礼记·礼运》记载了孔子对言偃谈大同、小康两种不同层次的社会理想,对中国历史的发展产生了深远影响。《论语》中共有8章提及言偃。(偃:6.14;17.4。子游:2.7;4.26;6.14;11.3;17.4;19.12、19.14—15。言游:19.12。)

【言游】 即"言偃"。

【偃】 即"言偃"。

【晏平仲】 (?—前500)春秋时齐国大夫。名婴,字仲,谥平,亦称晏平仲,又称晏子。夷维(今山东高密)人。齐灵公二十六年(前556),继其父晏弱任齐卿,历仕灵公、庄公、景公三世。前后从政五十六年,声名显于诸侯。节俭力行,能诤谏。主张计能定禄,诛不避贵,赏不遗贱。重视农业,提倡蚕桑,反对厚赋重刑和祈福禳灾。多次出使楚、晋、鲁等国。齐景公九年(前539)奉命使晋联姻,与晋大夫叔向议论齐政,预言齐国政权终将为陈(田)氏所取代。孔子之齐,与晏婴有交往。但晏婴认为孔子之道"不可以示世,其教也不可以导民"(《晏子春秋·外篇第八》),反对齐景公封孔子。旧题晏婴所撰的《晏子春秋》,实为战国时人搜集有关他的言行及遗闻轶事编辑而成。参阅《左传》《史记·管晏列传》及《晏子春秋》。孔子称赞晏婴"善与人交"。(晏平仲:5.17)

【阳肤】 人名,曾子弟子。生卒年及生平不详。《论语·宪问》:"孟氏使为士师。"三

国·魏·何晏《论语集解》引包咸曰:"阳肤,曾子弟子。"曾向曾子问为士师之道。(阳肤:19.19)

【阳货】 一作"阳虎"(《史记·孔子世家》)。春秋末鲁国贵族季孙氏家臣。生卒年不详。孔子年轻时,季孙氏飨士。孔子与往,阳虎绌曰'季氏飨士,非敢飨子也',孔子由是退"(《史记·孔子世家》)。起初,季氏掌鲁国政,鲁定公五年(前505)季平子卒,阳货遂挟持其子季桓子,据有阳关(今山东泰安东南),颇有权势。曾因与季桓子另一家臣仲梁怀有隙,囚季桓子,迫使结盟,驱逐仲梁怀等人。继又与定公及三桓盟于周社,遂专鲁政。其时,阳货欲笼络孔子,劝其出仕,孔子应而未仕。鲁定公八年(前502)阳货欲削除三桓势力,因劫定公与叔孙州仇以伐孟孙氏,战败。旋以谋杀季桓子未遂,取定公宫中宝玉大弓,入于阳关以叛。次年,鲁伐阳货,攻打阳关。阳货焚莱门突围奔齐,为齐所囚。旋又经宋奔晋,为赵简子(赵鞅)家臣。当孔子闻阳虎奔晋适赵时,认为"赵氏其世有乱乎"(《左传·定公九年》)。孔子周游列国至匡时,匡人因阳虎曾欺辱匡人,而孔子"状类阳虎",故遂误被匡人"拘焉五日"。事亦见《史记·孔子世家》。(阳货:17.1)

【尧】 传说中远古的贤明帝王,"五帝"之一。父系氏族社会后期部族联盟首领。名放勋。帝喾之子。初居于陶,后迁居唐,故称陶唐氏,史称唐尧。代挚登帝位,都平阳(今山西临汾西南)。相传在位百年,有德政。曾设官掌时令,定历法。命鲧治水,九年不成。晚年咨询于四岳,选择舜为继承人。察舜行事三年,命舜摄政。死后由舜继位,史称禅让。参阅《书·尧典》《史记·五帝本纪》。一说舜逼迫尧让位(《韩非子·说疑》)。尧晚年德衰,为舜所囚而夺其位(《古本竹书纪年》)。尧为孔子推崇的古帝之一。《大戴礼记·五帝德》载孔子赞尧曰:"高辛之子也,曰放勋。其仁如天,其知如神;就之如日,望之如云;富而不骄,贵而不豫;黄黼黻衣,丹车白马。"(尧:6.30;8.19;14.42;20.1。)

【叶公】 春秋时楚国大夫。姓沈,名诸梁,字子高。生卒年不详。沈尹戍之子。因封地在叶(旧读 shè,今河南叶县南),故称叶公,又称叶公子高、叶公诸梁。鲁哀公六年(前489),孔子在周游列国途中,离陈适卫,途经负函,会见叶公。鲁哀公十六年(前479),楚国令尹子西欲自吴召白公胜回楚,叶公以白公胜狡诈好乱劝阻,子西不从,于是托疾出居于蔡。不久,白公胜果于楚国都城郢作乱,杀令尹子西和司马子期,劫持楚惠王。叶公自蔡率兵至郢平乱,击杀白公胜,迎惠王复位,自此身兼令尹、司马二职。后局势安定,以子西之子宁为令尹,子期之子宽为司马,他仍返叶。事见《左传·哀公十六年》。汉·刘向《新序·杂事五》载有"叶公好龙"的寓言,把叶公描绘成表里不一、言不由衷的典型形象。叶公曾问政于孔子,与孔子讨论过"直躬",还曾向子路问孔子之为人。(叶公:7.19;13.16、13.18。)

【伊尹】 商初大臣。名伊,一名挚,尹是官名。原为汤妻有莘氏的陪嫁奴隶,入商辅佐汤伐桀灭夏,建立商朝,称为阿衡或保衡。汤去世后,其子太丁未立而卒,他先后辅立太丁之弟外丙(卜辞作卜丙)、中壬二君。中壬去世后,复辅立太丁之子太甲。太甲即位,因不遵汤法,被伊尹放逐到桐宫。伊尹摄政。太甲居桐三年后悔过,遂迎归,还以国政,复为相辅,至帝沃

帝尧

丁时卒。参阅《史记·殷本纪》。一说中壬去世后,伊尹放逐太甲而篡位自立。七年后,太甲潜回杀死伊尹,恢复君位,继续任用其子伊陟、伊奋。参阅《古本竹书纪年》。伊尹是为儒家推崇的古贤人之一。(伊尹:12.22)

【仪封人】 春秋时在仪看守边境的官员。生卒年及生平不详。仪,地名。有人说在河南开封市内,又有人说在河南兰考境内,难以确定。封人,古官名。《周礼》地官司徒的属官,掌守帝王社坛及京畿的疆界。春秋时为典守封疆之官。《左传》有颍谷封人、祭封人、萧封人、吕封人等。《论语·八佾》:"仪封人请见。"三国·魏·何晏《论语集解》引郑玄曰:"仪,盖卫邑。封人,官名。"南宋·朱熹《四书集注》:"仪,卫邑。封人,掌封疆之官,盖贤者而隐于下位者。"仪封人曾见过孔子,并把孔子比喻成"木铎"。(仪封人:3.24)

【夷逸】 人名。《论语·微子》所列七位节行超逸的古代"逸民"之一。生卒年及生平不详。其人言行已不可考。南宋·朱熹《四书集注》:"虞仲、朱张不见经传。"古书中倒是有一个名为"夷逸"的隐者。《尸子》:"夷逸者,夷诡诸之裔。或劝其仕,曰:'吾譬则牛也,宁服轭以耕于野,不忍被绣入庙而为牲。'"但此事又见于《庄子·列御寇》,发此高论的是庄子,而非夷逸。晚清学者夏炘认为"此三人者(虞仲、夷逸、朱张)皆无可考。强以古书近似之姓名实之,殊失附会"(《景紫堂文集·逸民虞仲夷逸朱张皆无考说》)。(夷逸:18.8)

【羿(yì)】 上古传说中的神箭手。又称"后羿""夷羿"。相传为夏代东夷有穷氏(今山东平原北)首领,以长臂善射闻名。夏初,因夏民以代夏政,夺取夏太康王位。尽弃贤臣不用,重用家臣寒浞(zhuó),沉溺田猎,不修民事,后被寒浞所杀。见《左传·襄公四年》。《论语·宪问》:"羿善射,奡荡舟。"三国·魏·何晏《论语集解》引孔安国曰:"羿,有穷国之君,篡夏后相之位。其臣寒促杀之,因其室而生奡。奡多力,能陆地行舟,为夏后少康所杀。此二子者,皆不得以寿终焉。"清·赵翼认为羿当为上古射箭能手之通名。黄帝(《吕氏春秋》)、帝喾(《说文解字》)、唐尧(《淮南子·本经训》)、夏代时皆有善射之羿,"古来名羿而善射者非一人"(《陔余丛考·羿奡非夏时人》)。(羿:14.5)

【雍】 即"冉雍"。

【由】 即"仲由"。

【有若】 (前508或前515或前518— ?)孔子弟子。姓有,名若,字子有。《论语》中尊称其为有子。春秋末鲁国人。比孔子小43岁(《史记·仲尼弟子列传》),一说小36岁(《孔子家语·七十二弟子解》),一说小33岁(唐·司马贞《史记索隐》引《孔子家语》)。有若相貌酷似孔子,身高体伟,有勇力。鲁哀公八年(前487),吴伐鲁,鲁大夫微虎欲夜袭吴王大本营,有若在当时入选了三百勇士敢死队。有若是孔子晚年的得意弟子,为人强记好古,特别重视孝与礼的作用,发挥了孔子思想,丰富了儒家学说。有若首先提出孝悌是"仁之本",其作用在于防范犯上作乱。主张用礼来调节人际关系,提出"礼之用,和为贵"。有若主张恢复什一税,反对鲁哀公在田税外复加赋的做法。孔子殁后,众弟子思念孔子,因有若"状似孔子",又对孔子思想有深刻理解,所以一度被众弟子共立为师,但不

先贤有子

久又作罢。《论语》中对孔子的弟子多数称字,只有对曾参、有若、闵损、冉求四人尊称"子"。《论语》中有 4 章提及有若。(有若:12.9。有子:1.2、1.12—13。)

【有子】 即"有若"。

【予】 即"宰予"。

【虞仲】 人名。《论语·微子》所列七位节行超逸的古代"逸民"之一。生卒年及生平不详。其人言行已不可考。历代学者对虞仲的身份有多种猜测:(1)朱熹认为虞仲即仲雍。南宋·朱熹《四书集注》:"虞仲即仲雍,与泰伯同窜荆蛮者。"(2)清末学者俞樾认为朱说不可信,推测虞仲是虞仲的后裔,春秋时虞公之弟。俞氏《群经平议·论语二·虞仲》:"虞仲不详何人。旧说以为仲雍,非也。仲雍在伯夷、叔齐前百余年,岂当反列于其后?且仲雍既君吴,子孙世有吴国,岂得目之为民?窃疑虞仲乃春秋时虞公之弟。"(3)明末清初学者顾炎武认为此虞仲是仲雍之曾孙、周章的弟弟、祖孙同号的吴虞仲(《日知录·虞仲》)。(4)晚清学者夏炘认为"此三人者(虞仲、夷逸、朱张)皆无可考。强以古书近似之姓名实之,殊失附会"(《景紫堂文集·逸民虞仲夷逸朱张皆无考说》)。(虞仲:18.8。)

【禹】 亦称"大禹""夏禹""戎禹"。夏朝开国之君。姒(sì)姓,名文命。鲧之子。原为夏后氏部族首领。鲧治水无功,禹奉舜命为司空继续治水。禹接受其父用埋塞之法治水失败的教训,以疏导方法疏通江河,兴修沟渠,平水治土,发展农业。栉风沐雨十三年,曾三过家门而不入。后以治水有功,大得民心,受虞舜禅让而即帝位。一说禹逼迫舜让位(《韩非子·说疑》)。《左传·哀公七年》:"禹合诸侯于涂山,执玉帛者万国。"又东巡狩至会稽之山,大会诸侯,于此计功。传曾铸象征国家之神器九鼎。又传禹年百岁,卒于会稽(今浙江绍兴东南)。今绍兴有大禹陵。禹本来以皋陶为继承人,但皋陶早死,最终让位于伯益。而禹之子启取代伯益,建立了中国历史上第一个奴隶制国家即夏朝。其事迹详见《书·舜典》等篇及《史记·夏本纪》。禹为孔子推崇的古帝之一。孔子赞禹是礼让为国的完人。(禹:8.18、8.21;14.5;20.1。)

【原壤】 春秋时鲁人。生卒年不详。孔子的老友。其人行事荒诞,不拘礼法。母死不哭,登椁叩木而歌(见《礼记·檀弓下》)。《论语》记载原壤无礼,伸两足箕踞而坐以待孔子。孔子骂其"老而不死",并"以杖叩其胫"。《论语·宪问》:"原壤夷俟。"三国·魏·何晏《论语集解》引马融曰:"原壤,鲁人,孔子故旧。"南朝·梁·皇侃《论语集解义疏》:"原壤者,方外之圣人也,不拘礼敬,与孔子为朋友。"杨伯峻《论语译注》:"大概这人是一位另有主张而立意反对孔子的人。"(原壤:14.43。)

【原思】 即"原宪"。

【原宪】 (前 515— ?)孔子弟子。姓原,名宪,字子思,通称原思。春秋末鲁国人,一说宋国人。比孔子小 36 岁。原宪天性旷达,以清净守节、贫而无怨著称。只作过孔子的家宰,终身未仕。孔子与粟九百,原宪不贪财,虽贫而辞。原宪曾向孔子问"耻"和求"仁"之道。孔子殁后,原宪明哲保身,无心投靠权贵,隐居于卫国。他既不当官,又不为人师,在草泽中过着与世隔绝的生活。子贡相卫期间,曾拜访原宪,被其穷不失志、安贫乐道的精神折服。(原思:6.5。宪:14.1。)

Z

【宰我】 即"宰予"。

【宰予】 (前 522—前 458)孔子弟子。姓宰,名予,字子我,通称宰我。春秋末鲁国人。比孔子小 29 岁。宰予善辞令,以言语著称,名列孔门言语科之首。宰予思想活跃,勤于思索,敢想问题,见解独到,是孔门中唯一对孔子仁礼学说持异议的另类弟子。曾因怀疑守孝三年的旧制时间过长,被孔子斥为"不仁";又因昼寝,被斥为"朽木不可雕"。宰予在追随孔子周游列国期间,曾出使齐、楚。据《史记·仲尼弟子列传》记载,宰予曾为齐国临淄大夫,后来参与了陈成子(田常)弑杀齐简公的政变,被陈成子夷族,"孔子耻之"。唐·司马贞怀疑司马迁此说有误,《左传》无此事,可能是把阚(kàn)止(阚止,字子我,因与陈成子争权被杀)当成了宰我。《论语》中有 5 章提及宰予。(宰予:5.10。予:5.10;17.21。宰我:3.21;6.26;11.3;17.21。)

【臧文仲】 (？—前 617)春秋时鲁国正卿。复姓臧孙,名辰,谥文仲。历仕鲁庄公、闵公、僖公、文公四君,执国政。孔子多有反对臧文仲的评论,甚至总结臧文仲有三不仁和三不智。《左传·文公二年》:"仲尼曰:'臧文仲,其不仁者三,不知者三。下展禽,废六关,妾织蒲,三不仁也。作虚器,纵逆祀,祀爰居,三不知也。'"一不仁"下展禽",指臧文仲明知柳下惠贤而使屈于下位。"臧文仲其窃位者与！知柳下惠之贤而不与立也"(《论语·卫灵公》);二不仁"废六关",指臧文仲废除关卡而便利了商人(《孔子家语》"废"作"置",以为设置关卡而征税);三不仁"妾织蒲",指臧文仲使妾织蒲韦贩卖而与民争利。一不智"作虚器",指臧文仲作室而蓄大蔡之龟,"臧文仲居蔡,山节藻棁,何如其知也"(《论语·公冶长》);二不智"纵逆祀",指臧文仲纵容夏父弗忌(又作夏父弗綦)变更享祀之位,升僖公于闵公之上。"臧文仲安知礼！夏父弗綦逆祀,而弗止也"(《礼记·礼器》);三不智"祀爰居",指臧文仲曾使国人祭祀一种名为爰居的海鸟。但臧文仲其实并非一无是处,他曾亲携币器告籴于齐,以赈鲁饥;也曾力劝晋人开释卫成公,以示亲于诸侯;废除关卡,以利经商,也非不仁。孔子讥臧文仲热衷占卜灵异,似乎他是个迷信思想严重的人。但《左传·僖公二十一年》记载,公元前 639 年夏大旱,鲁国为了求雨,将焚巫(女巫主祈雨者)、尪(wāng,瘠病而面向上的残疾人),臧文仲以为旱情与巫、尪无关,使鲁僖公取消了这次迷信行动。(臧文仲:5.18;15.14。)

【臧武仲】 春秋时鲁大夫。复姓臧孙,名纥,谥武仲。臧宣叔次子,臧文仲之孙。食邑于防。为人多智,时人谓之"圣人"。鲁襄公四年(前 569)邾、莒伐鄫,他率师救鄫而侵邾,败于狐骀(今山东滕州东南)。十七年(前 556)被齐高厚围困于防(今山东泗水西南),由叔梁纥(孔子之父)等人率甲三百,夜间突围护送而出。二十一年鲁多"盗",季武子因他任司寇而提出质问。鲁襄公二十三年(前 550),臧武仲卷入季氏、孟氏两家继位的政治斗争,因助季武子废长立幼而获罪于孟孙氏。被孟孙氏告发将作乱,季孙氏下令讨伐,臧武仲不得已出奔至邾。为了保存自己的封邑防,作为臧氏宗主的臧武仲请求他的异母兄弟臧贾向鲁襄公请求立臧贾为防地的继承人。最后,鲁国却立了臧贾之弟臧为。但孔子认为臧武仲的这种作法是在要挟国君。后逃至齐。因料知齐庄公不能久居其位,而设法推辞掉庄公所赐封地。后来庄公被杀,他才免受株连。不久,死于齐。事见《左传·襄公二十三年》。孔子赞其知,把"臧武仲之知"列为"成人"标准之一。(臧武仲:14.12、14.14。)

【曾点】 孔子弟子。姓曾,名点(《史记》作"蒧"),字晳,或说字子晳,通称曾晳。春秋末鲁国南武城(今山东枣庄市和费县之间)人。曾参之父。生卒年代不详。其先祖为贵族,至曾点已败落。曾子事父至孝,但曾点有家庭暴力倾向,曾子有小过则被其责打(《韩诗外传》卷八)。孟子说曾点狂放不羁,孔子将其与琴张、牧皮三人并称为狂士。四弟子侍坐一章中,潇洒超脱的曾点自述其志趣是弹琴唱歌,有春风沂水咏归之志,当时得到孔子赞许。(点、曾晳:11.26。)

【曾参】 (前505—前435)孔子弟子。姓曾,名参(一般读 shēn),字子舆。《论语》中尊称其为曾子。春秋末鲁国南武城(今山东枣庄市和费县之间)人。比孔子小46岁。其先祖为贵族,至其父曾点已败落,故曾子家贫食力,敝衣躬耕,年16受学于孔门。孔子曾评其"鲁",就是说曾子性格内向,处事谨慎,有些迟钝。但曾子以孝道名世,一生最注重修身守约,倡导"吾日三省吾身"的内省修养,还认为"忠恕"是孔子"一以贯之"的思想。曾子一度仕于莒,后课徒讲学,卒于鲁。在孔门中,曾子言论存世最多,弟子最众,为孔门最大的学术宗派。相传曾子著有《孝经》《大学》。《大戴礼记》收有《曾子》十篇(《汉书·艺文志》著录有18篇),大多阐发孝道。自古以来,人们相信曾子是思、孟学派的鼻祖:他将孔子学说传于子思,经子思弟子再传于孟子。所以,在儒家道统中,曾子是一位非常重要的传道者。自西汉起,曾子对社会的影响越来越大。自东汉明帝十五年起,配祭孔子。明世宗时,被追封为"宗圣"。《论语》中对孔子的弟子多数称字,只有对曾参、有若、闵损、冉求四人尊称"子"。《论语》中有15章提及曾子。(参:4.15;11.18。曾子:1.4、1.9;4.15;8.3—7;12.24;14.26;19.16—19。)

【曾晳】 即"曾点"。

【曾子】 即"曾参"。

【昭公】 即"鲁昭公"。

【仲弓】 即"冉雍"。

【仲忽】 "八士"之一。相传为周代贤人。生卒年及生平不详。参见:"伯达"。(仲忽:18.11。)

【仲叔圉】 即"孔圉"。

【仲突】 "八士"之一。相传为周代贤人。生卒年及生平不详。参见:"伯达"。(仲突:18.11。)

【仲由】　（前542—前480）孔子弟子。姓仲,名由,字子路。因曾为季氏家臣,故通称季路。春秋末鲁国之卞（今山东泗水县东卞桥镇）人。比孔子小9岁,是孔门早期弟子,而且是一生追随孔子的忠实门徒。子路出身贫贱,爽直好勇。从不隐瞒自己的观点,经常怀疑冲撞孔子,孔子也经常批评他。子路闻过则喜,虚心受教。子路在孔门四科中以政事著称。孔子为鲁大司寇时,做季氏宰的子路积极支持孔子"堕三都"以强公室的举措。后又任卫大夫孔文子、孔悝（kuī）父子的邑宰（即蒲大夫）,政绩显著。子路诚笃忠信,忠于职守,认真按孔子教诲躬行实践。鲁哀公十五年（前480）,卫国发生宫廷政变,他见义勇为,以"食其食者不避其难"的态度参与斗争,当被对手击断冠缨时,还记起孔子"君子死而冠不免"的礼仪教海,重结缨带,死于乱军之中,尸身被"醢"（砍成肉酱）,享年63岁。子路的杀身成仁,沉重打击了晚年的孔子。唐玄宗追封子路为"卫侯";宋代封其为"河内侯",又追封"卫公"。《论语》中有41章提及仲由。（仲由:6.8;11.24;18.6。由:2.17;5.7—8;6.8;9.12、9.27;11.13、11.15、11.18、11.22、11.24、11.26;12.12;13.3;15.4;16.1;17.7—8。子路:5.7—8、5.14、5.26;6.28;7.11、7.19、7.35;9.12、9.27;10.27;11.13、11.15、11.22、11.25—26;12.12;13.1、13.3、13.28;14.12、14.16、14.22、14.36、14.38、14.42;15.2;17.5、17.7、17.23;18.6—7。季路:5.26;11.3、11.12;16.1。）

【周公₁】　西周初年人。姬姓,名旦,也称叔旦。周文王之子,周武王之弟,周成王之叔。因以周地（今陕西岐山北）为其采邑,故称周公。辅佐武王伐纣灭商。建周次年,武王崩,成王幼,周公佐成王摄政。管叔、蔡叔等人联合纣之子武庚叛周,周公奉成王命东征,三年平定。营建东都雒邑（今河南洛阳）,称为成周。周公将许多殷贵族迁到雒邑,加强控制。封长子伯禽于鲁。并大规模分封诸侯,使周成为幅员广大而强盛的王朝。及成王长,周公还政于王。周公卒,成王赐鲁国天子礼乐以褒其德。相传周公依据周制损益殷礼,"制礼作乐",完善了典章制度。这些典章制度被称为"周礼"或"周公之典",对后世有深远影响。《尚书》保存了多篇周公言论,从中可见当时周王朝所推行的政策。参阅《史记·鲁周公世家》。周公是孔子最推崇的古代圣人。（周公:7.5;8.11;18.10。）

【周公₂】　与孔子同时之周公,非西周初年之周公。周公家族世代为周王朝卿士。周公旦的长子伯禽一系世袭了他被封于东方的鲁侯爵位,次子（当是君陈）一系则世袭了他在周王朝内的周公爵位。虽然史书没有记载周公旦之后几代周公的情况,但至宣王初立,有周公、召公辅政。此周公应当是周公旦之后裔。《左传》上记载了多位周公,桓公五年（前707）有周公黑肩,庄公十六年（前678）有周公忌父,文公十四年（前613）有周公阅,成公十一年（前580）有周公楚。可知从西周至春秋之世,屡代都有周公。《论语·先进》："季氏富于周公。"三国·魏·何晏《论语集解》引孔安国曰："周公,天子之宰卿士也。"南朝·梁·皇侃《论语集解义疏》："周公,天子臣。食采于周,爵为公,故谓为周公也,盖周公旦之后也。"清·王鸣盛《蛾术编·说人三·周公》:"《论语》:'季氏富于周公',孔安国注:'周公,天子之宰卿士也。'此明指春秋时之周公,皇侃疏亦不误。而邢昺《注疏》以为周公旦,朱子承之,非也。季氏即尽有鲁,亦不能如周公旦,此自当以季氏同时之周公为比;若远拟周公旦,则大辽阔矣。"(周公:11.17。)

【周任】 古之良史。一说周时大夫。其生平事迹已不可考。仅留有只言片语。《左传·昭公五年》:"周任有言曰:'为政者,不赏私劳,不罚私怨。'"又《左传·隐公六年》:"周任有言曰:'为国家者,见恶,如农夫之务去草焉。'"晋·杜预注:"周任,周大夫。"《论语·季氏》:"周任有言曰:'陈力就列,不能者止。'"三国·魏·何晏《论语集解》引马融曰:"周任,古之良史。"孔子服膺其言,当季氏将伐颛臾时,引用周任的话来责备冉有、子路未能尽臣下之责。(周任:16.1。)

【纣】 一作受,亦称帝辛(庙号)。商朝的末代君主。帝乙之子。纣是帝辛的谥号。《史记·殷本纪》:"帝乙崩,子辛立,是为帝辛,天下谓之纣。"南朝·宋·裴骃《史记集解》引《谥法》:"残义损善曰'纣'。"公元前1075—前1046年在位。帝辛才力过人,曾平定东夷,使中原文化在江淮流域得以传播。但其刚愎自用,耽于酒色,统治暴虐。加之连年对外作战,给人民带来深重的灾难。重用谀臣,得妲己而唯言是从。民怨而诸侯离叛,纣则设炮烙等法,施以重刑。九侯、鄂侯进谏被杀,又囚西伯昌(周文王)于羑里(今河南汤阴北),又残酷地杀害比干、梅伯等人。后周武王会合西南各族伐商,战于牧野(今河南淇县西南),因"前徒倒戈",兵败自焚于鹿台,商因此灭亡。参阅《尚书》中的三篇讨商文诰(《书·泰誓》《书·牧誓》及《书·武成》)和《史记·殷本纪》。子贡认为帝辛是被刻意抹黑的失败者。(纣:19.20。)

【朱张】 人名,《论语·微子》所列七位节行超逸的古代"逸民"之一。生卒年及生平不详。其人言行已不可考。南宋·朱熹《四书集注》:"虞仲、朱张不见经传。"晚清学者夏炘认为"此三人者(虞仲、夷逸、朱张)皆无可考。强以古书近似之姓名实之,殊失附会"(《景紫堂文集·逸民虞仲夷逸朱张皆无考说》)。七位"逸民"中,孔子独没有评论朱张。南朝·梁·皇侃《论语集解义疏》:"或问曰:'前七人,而此唯评于六人。不见朱张。何乎?'答曰:'王弼曰:"朱张,字子弓。荀卿以比孔子。今序六人而阙朱张者,明取舍与己合同也。"'"(朱张:18.8。)

【祝鮀】 一作祝佗(《左传·定公四年》)。春秋时卫国大夫。字子鱼。祝鮀能言善辩,孔子认为其"佞",即善言辞。据《左传》记载,鲁定公四年(前506),刘文公合诸侯,欲以蔡长于卫,祝鮀游说周敬王大夫苌弘,凡数百言,终以"长卫侯于盟"。祝鮀又善事鬼神,卫灵公用他作太祝,管理祭祀之事。孔子认为卫灵公无道而不败亡有三个原因,其中之一即为"祝鮀治宗庙"。(祝鮀:6.16;14.19。)

【颛孙师】 (前503— ?)孔子弟子。复姓颛孙(Zhuān sūn),名师,字子张,亦单称张。春秋末陈国阳城(今河南省淮阳)人,一说鲁人。比孔子小48岁。子张出身微贱,曾为马市经纪人。入孔门很晚,但从学后,学业出众,"子夏、子游、子张皆有圣人之体"(孟子语)。子张才貌过人,仪表堂堂,雍容大度;但秉性乖僻,不随和,难于接近,孔子评论他"辟"(失于偏激)。子张为学一生,终身未仕。曾追随孔子周游列国。孔子殁后,子张居陈,收徒讲学。其后学形成"子张之儒",成为儒家八派之首。子张在《论语》中共出现18次。(师:11.16、11.18。子张:2.18、2.23;5.19;11.20;12.6、12.10、12.14、12.20;14.40;15.6、15.42;17.6;19.1—3;20.2。)

【子产】 (? —前522)春秋时郑国杰出的政治家。公孙氏,名侨,字子产,又字子美,卒谥成子。因居东里(今属河南郑州),亦称东里子产(见《论语·宪问》)。子产是郑穆公之孙,司马子国之子。郑简公十二年(前554)为卿,二十三年为正卿,执政,相郑简公、郑定公二十二年。实行一系列政治、经济改革,整顿田地疆界及灌溉系统,订立丘赋制度;不毁"乡校"、听取"国人"议论朝政得失;铸刑书于鼎,公布了我国最早的成文法典。开展小国外交,子产周旋于晋、楚两强之间,既不低声下气,也不妄自尊大,保全了郑国。在为政治国上,子产主张"宽猛相济"的方略,将郑国治理得秩序井然。在世界观上,子产提出"天道远,人道迩",反对当时流行的占星、求神禳祭等传统的迷信观念。子产去世时,孔子30岁。"仲尼闻之,出涕曰:'古之遗爱也。'"(《左传·昭公二十年》)孔子对子产为政、为人都有很高的评价。(子产:5.16;14.8—9。)

【子服景伯】 复姓子服,名何,字伯,谥景。亦作"子服何""子服伯子""子景伯"。春秋末鲁国大夫。生卒年不详。子服景伯仕于鲁哀公之世,为人刚强,抗吴侵鲁,曾被吴囚而不惧。季康子欲攻邾,谋诸大夫。子服景伯反对大国侵凌小国,主张仁和信,以为小国所以事大国者信,大国所以保小国者仁;背大国者不信,攻小国者不仁。事迹见《左传》哀公六年至十五年。《论语·宪问》载子服景伯曾将公伯寮逸害子路之事告诉孔子,并欲杀公伯寮,被孔子制止。而《史记·仲尼弟子列传》与《孔子家语·弟子解》均不列其名。清·朱彝尊以为子服景伯为孔子弟子。朱氏《孔子弟子考》:"按:汉鲁峻石壁画七十二子像,有子服景伯。唐·刘怀玉作《孔圣真宗录》,以子服景伯在七十子之间。"(子服景伯:14.36;19.23。)

【子羔】 即"高柴"。

【子贡】 即"端木赐"。

【子华】 即"公西赤"。

【子路】 即"仲由"。

【子禽】 即"陈亢"。

【子桑伯子】 人名,至于其生卒行事,史皆不详。《论语·雍也》:"仲弓问子桑伯子。子曰:'可也简。'仲弓曰:'居敬而行简,以临其民,不亦可乎? 居简而行简,无乃大简乎?'子曰:'雍之言然。'"从冉雍的话中,可约略知道子桑伯子应当是春秋末年与孔子同时的鲁国大夫,他办事认真,临民简单不繁琐,但有时过于简单。旧注对这个子桑伯子说法不一。一说子桑伯子是秦大夫公孙枝。《经典释文》引郑玄注:"子桑,秦大夫。"三国·魏·何晏《论语集解》引王肃曰:"伯子,书传无见焉。"北宋·邢昺《注疏》:"书传无见,不知何人也。子桑伯子当是一人,故此注及下包氏皆唯言伯子而已。郑以《左传》秦有公孙枝字子桑,则以此为秦大夫,恐非。"据《左传·僖公九年》记载,公孙枝是秦穆公时的大夫,早于孔子一百余年。孔子与冉雍对话,突然提起一百多年前的秦国大夫,似乎显得突兀。一说子桑伯子即《庄子》中的子桑户。南宋·朱熹《四书集注》:"子桑伯子,鲁人。胡氏(寅)以为疑即《庄周》所称子桑户者是也。"《庄子·大宗师篇》中有一位崇尚简约生活的隐士子桑户,与孔子同时,孔门中人与之有交往。《庄子·大宗师》:"子桑户死,未葬。孔子闻之,使子贡往事焉。"又西汉·刘向《说苑·修文》:"孔子见子桑伯子,子桑伯子不衣冠而处。弟子曰:'夫子何为见此人乎?'曰:'其质美而无文,吾欲说而文之。'"孔子认可子桑伯子生活崇尚简约的一面,但又认为他"不衣冠而处"的生活态度,不合礼文,失之太简。但子桑户无非是庄周寓言中虚构的人物。今人杨伯峻《论语译注》:"此人已经无可考。有人以为就是《庄子》的子桑户,又有人以为就是秦穆公时的子桑(公孙枝),都未必可靠。既然称'伯子',很大可能是卿大夫。仲弓说'以临其民',也要是卿大夫才能临民。"(子桑伯子:6.2。)

【子西】 人名。春秋时先后出现过三个子西:楚斗宜申、郑公孙夏及楚公子申。第一个子西——楚斗宜申,生当鲁僖公(公元前659—前627年在位)、文公(公元前626—前609年在位)之世,这个子西大约比孔子早一个世纪。第二个子西——公孙夏,生当鲁襄公(公元前572—前542年在位)之世,为郑子产同宗兄弟,子产即继他而主持郑国国政。这个子西大约比孔子早半个世纪。第三个子西——楚公子申,曾为楚昭王时令尹,和孔子(前551—前479)同时。孔子周游列国时,楚昭王欲以"书社七百里封孔子"。楚公子申则认为孔子势力做大后,必将威胁到楚国利益,劝止了楚昭王(事见《史记·孔子世家》)。《论语》记载孔子似乎轻视子西的为人。关于子西的身份,历代注疏说法不一。《论语·宪问》:"问子西。曰:'彼哉!彼哉!'"三国·魏·何晏《论语集解》引马融曰:"子西,郑大夫。彼哉彼哉,言无足称。或曰楚令尹子西。"南宋·朱熹《四书集注》:"子西,楚公子申,能逊楚国,立昭王,而改纪其政,亦贤大夫也。然不能革其僭王之号。昭王欲用孔子,又沮止之。其后卒召白公以致祸乱,则其为人可知矣。"今人杨伯峻《论语译注》:"斗宜申去孔子太远,公子申又太近,这人所问的当是公孙夏。"(子西:14.9。)

【子夏】 即"卜商"。

【子游】 即"言偃"。

【子张】 即"颛孙师"。

【鄹人】 即"叔梁纥"。

【左丘明】 春秋时期鲁国之贤人。生卒年及生平不详。《论语·公冶长》:"左丘明耻之,丘亦耻之。"三国·魏·何晏《论语集解》引孔安国曰:"左丘明,鲁太史。"南宋·朱熹《四书集注》引程子曰:"左丘明,古之闻人也。"《论语·公冶长》此章是关于左丘明的最早记载。对左丘明的姓名历来有三种观点。唐·孔颖达认为姓左，名丘明（《春秋左氏传序疏》）；清·朱彝尊认为复姓左丘，名明（《经义考》）；清·俞正燮又认为姓邱名明，左是左史之官（《癸巳类稿·左丘明子孙姓氏论》）。古来多认为左丘明述孔子之志，依据《春秋》而作传，名《左氏春秋》，又作《国语》。汉·司马迁《史记·十二诸侯年表序》："鲁君子左丘明惧弟子人人异端，各安其意，失其真，故因孔子史记具论其语，成《左氏春秋》。"司马迁此说一出，后世相继转述渲染，进而左丘明被认为是孔门中人。《孔子家语·观周篇》："孔子将修《春秋》，与左丘明乘，如周，观书于周史，归而修《春秋》之经，丘明为之传，共为表里。"晋·杜预《〈春秋经传集解〉序》："说者以为仲尼自卫反鲁，修《春秋》，立素王，丘明为素臣。"又谓"丘明受经于仲尼"。唐·孔颖达《〈春秋正义〉序》："晋世杜元凯又为《左氏集解》，专取丘明之《传》以释孔氏之《经》，所谓子应乎母，以胶投漆，虽欲勿合，其可离乎！"清·朱彝尊《孔子弟子考》谓其为孔子弟子。主此说者虽众，但历来不缺怀疑者。杨伯峻《论语译注》："历来相传左丘明为《左传》的作者，又因为司马迁在《报任安书》中说过：'左丘失明，厥有《国语》。'又说他是《国语》的作者。这一问题，经过很多人的研究，我则以为下面的两点结论是可以肯定的：（甲）《国语》和《左传》的作者不是一人。（乙）两书都不可能是和孔子同时甚或较早于孔子（因为孔子这段言语把左丘明放在自己之前，而且引以自重）的左丘明所作。"孔子曾言其好恶与左丘明相同。（左丘明：5.25。）

附录三：

研读《论语》参考书目

（著作按作者生年排序）

一、《论语》历代注本

《论语集解义疏》，三国·魏·何晏集解，梁·皇侃义疏，上海：商务印书馆民国 26 年版《丛书集成初编》本。

《论语注疏》，魏·何晏注，宋·邢昺疏，北京：中华书局 1980 年影印清·阮元校刻《十三经注疏》本。

《四书章句集注》，宋·朱熹撰，北京：中华书局，1983 年。

《论语正义》，清·刘宝楠撰，高流水点校，北京：中华书局，1990 年。

《论语集释》，程树德撰，程俊英、蒋见元点校，北京：中华书局，2006 年。

《论语汇校集释》，黄怀信主撰，上海：上海古籍出版社，2008 年。

《论语歧解辑录》，高尚榘主编，北京：中华书局，2011 年。

二、《论语》现代译本

《论语今注今译》，毛子水，台北：台湾商务印书馆，1979 年第 3 版。

《论语新解》，钱穆，北京：生活·读书·新知三联书店，2002 年。

《论语译注》，杨伯峻，北京：中华书局，2009 年第 3 版。

《论语今读》，李泽厚，北京：生活·读书·新知三联书店，2008 年。

《论语本解》(修订版)，孙钦善，北京：生活·读书·新知三联书店，2013 年。

《论语现代版》(插图本)，洪丕谟，上海：上海古籍出版社，2007 年。

《丧家狗——我读论语》，李零，太原：山西人民出版社，2008 年。

《论语译注》，金良年，上海：上海古籍出版社，2004 年。

《论语新解》，邓球柏，长沙：湖南大学出版社，2009 年。

《论语之旅：从孔子的吃喝玩乐说起》：芮新林，上海：上海远东出版社，2013 年。

三、《论语》现当代研究专著

《论语疏证》,杨树达,上海:上海古籍出版社,1986 年。

《论语新探》,赵纪彬,北京:人民出版社,1976 年。

《论语导读》,蔡尚思,北京:中国国际广播出版社,2008 年。

《去圣乃得真孔子:论语纵横读》,李零,北京:生活·读书·新知三联书店,2008 年。

《杨伯峻〈论语译注〉商榷》,白平,太原:北岳文艺出版社,2012 年。

《论语札记》,牛泽群,北京:北京燕山出版社,2003 年。

《论语十论》,陈桐生,广州:暨南大学出版社,2012 年。

四、《论语》相关工具书

《孔子大辞典》,张岱年主编,上海:上海辞书出版社,1993 年。

《十三经辞典》(论语卷),十三经辞典编纂委员会编,西安:陕西人民出版社,2002 年。

《论语词典》,王文清编著,济南:山东教育出版社,2004 年。

《论语辞典》,安作璋主编,亓宏昌等撰稿,上海:上海古籍出版社,2004 年。

《孔子辞典》,夏乃儒主编,上海:上海辞书出版社,2008 年。

《孔子辞典》,傅佩荣主编,北京:东方出版社,2013 年。

《论语解读辞典》,何士明,上海:上海辞书出版社,2015 年。

后　记

　　我在大学给本科生讲解《论语》已经有几年了，一直苦恼手头没有一本称心如意的《论语》教材。坊间译注《论语》的读物虽有不少，但总觉不称手，不合用。今年初，在斗室中静坐，忽萌一念，于是开始编写这一部我自己的《论语》读本。

　　在解读形式上，为了保持这部经典的古典风貌，《论语》的原文采用了繁体字，译、注、评则用简体字。这样做，是为了帮助今天的读者，特别是年轻人，更加真切地走近这部古书，为以后进一步研读相关古籍引路。《论语》虽分了二十章，实则是杂乱无章的笔记汇编。所以，本书在注、评部分加了一些主题索引，试图彰显孔子及其弟子的思想脉络，方便读者从总体上检阅全书。本书还从古本中甄选了不少精美的版画插图，帮助读者理解文本，丰富阅读体验。

　　在解读内容上，串讲时兼取镕裁历代注家诠释，融合一得之见，并在各节附录自己的心得点评。因为《论语》是孔门言行录，所记之先秦口语生动简约，委婉细腻，长于譬喻。再加上，《论语》编者们出于各种考虑地删裁，都给阅读带来文字上的重重障碍。入情入理地还原再现古人话语，凝神倾听两千年多前的历史回响，是我的愿望，也是出版这部书的意义所在。

　　在解读语言上，讲解尽量与时俱进，使用当下鲜活口语，不拒人于千里之外，以改变古籍读本的呆板面貌，努力拉近《论语》与年轻人的距离。这样做的目的，无非是想为有心研读这部古老经典的青年读者提供一个可靠精当、雅俗共赏、方便高效的全新《论语》读本。

　　在附录里，我写了两个实用的人物资料汇编。一个是《孔子事略》，介绍男主角孔子的事迹，另一个是《〈论语〉人物小传》，按音序排列人名，集中介绍各位配角。这是因为《论语》篇幅虽然不长（近一万六千字），但涉及各色人等一百六十余个，出场人物密度过大是阅读《论语》的另一个大障碍。

　　来读《论语》吧！希望这部《论语精读》能燃起一盏昏黄的古灯，给读者洒下一点儿光亮，陪伴大家走进《论语》的悠远世界。

赵文源　二〇一三年九月于钱塘江畔

修订于二〇一七年七月

图书在版编目(CIP)数据

论语精读 / 赵文源著. —杭州:浙江大学出版社,
2017.8
ISBN 978-7-308-17029-1

Ⅰ.①论… Ⅱ.①赵… Ⅲ.①儒家②《论语》—研究
Ⅳ.①B222.25

中国版本图书馆 CIP 数据核字(2017)第 147175 号

论语精读

赵文源　著

责任编辑	张小苹
责任校对	宋旭华
封面设计	项梦怡
出版发行	浙江大学出版社
	(杭州市天目山路 148 号　邮政编码 310007)
	(网址:http://www.zjupress.com)
排　　版	浙江时代出版服务有限公司
印　　刷	杭州杭新印务有限公司
开　　本	710mm×1000mm　1/16
印　　张	23.25
字　　数	550 千
版 印 次	2017 年 8 月第 1 版　2017 年 8 月第 1 次印刷
书　　号	ISBN 978-7-308-17029-1
定　　价	68.00 元